공학도를 위한
글쓰기

권성규 지음

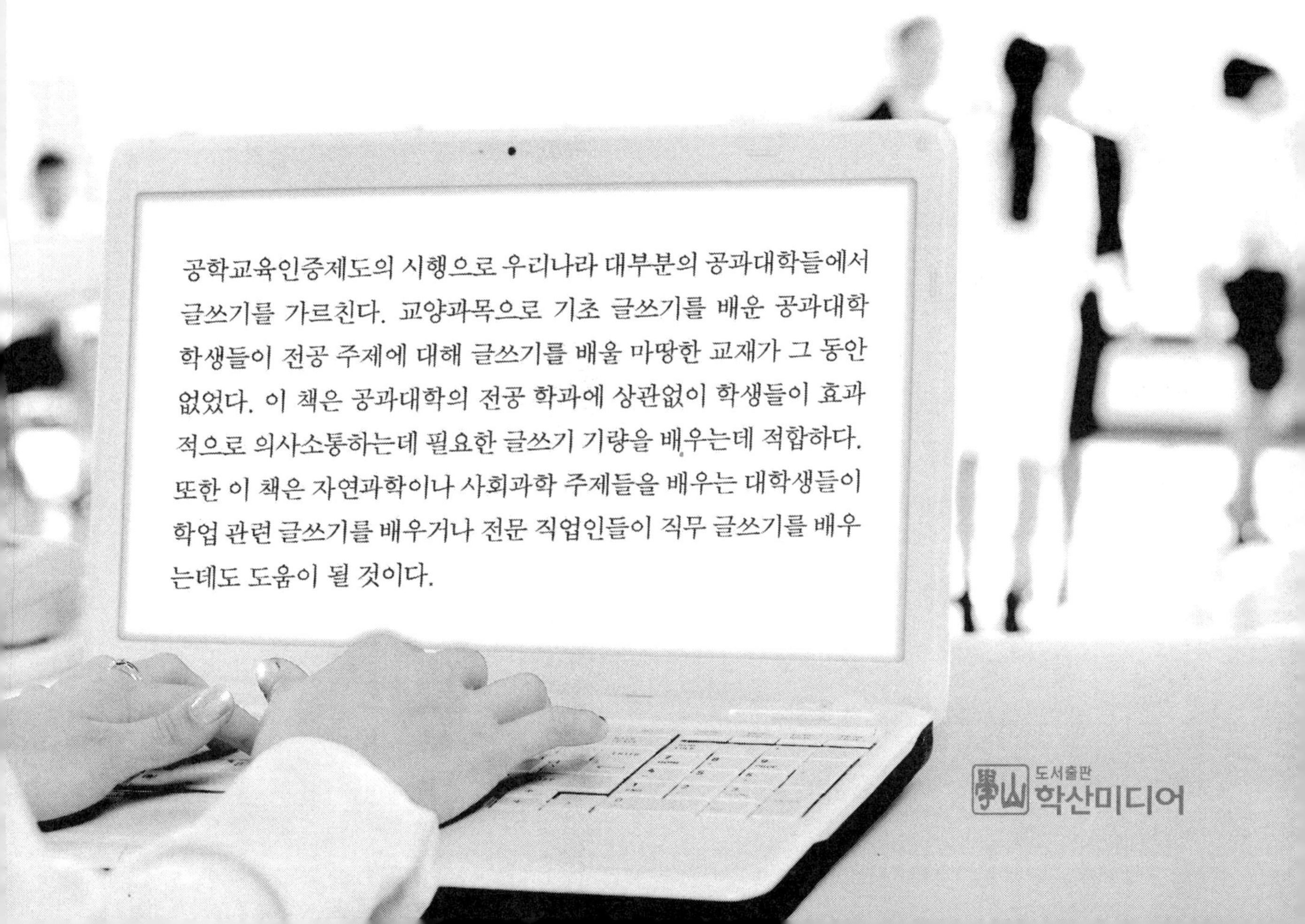

도서출판 학산미디어

머리말

Preface

우리나라 대부분의 대학교에서 학생들에게 글쓰기를 가르치고 있다. 이렇게 된 것은 사실 대부분의 공과대학들을 대상으로 시행하는 공학교육인증제도 때문이다. 인증기준에 명시된 학습 성과들 중 하나를 충족하기 위해서, 학과들은 학생이 졸업하는 시점에 "다양한 환경에서 효과적으로 의사소통할 수 있는 능력"을 갖추도록 교과과정을 운영한다.

그런 교과과정에 따라, 대부분의 공과대학 학생들은, '글을 써서 효과적으로 의사소통할 수 있는 능력'을 기르기 위해서, 한 과목 이상의 글쓰기를 배운다. 필수 과목이자 글쓰기 첫 과목으로 배우는 경우에, 학생들은 책을 읽어 느낀 바를 글로 표현하거나, 전공 관련 다양한 자료 조사하여 비판적으로 사고하고 지식을 생성하거나 정보를 합성하는 글을 쓰거나, 혹은 더 나아가 논문 작성에 대해 학습한다.

그런 글쓰기를 배운 학생들에게 전공 주제 학습 과정에서 지식을 생성하거나 의사소통 목적을 성취하는데 필요한 효과적인 글쓰기를 더 가르쳐야 한다는 인식이 확산되고 있다. 이 책은 그런 글쓰기 즉 공과대학 학생들이 전공글쓰기를 배우는데 이용할 교재이다.

전반부 내용은 의사소통 목적을 성취하는 글쓰기의 배경 이해와 과정 중심 글쓰기에 대한 것이다. 즉 전반부는, 의사소통이 무엇인지, 그를 위해 쓰는 글은 어떤 특성을 가지는지, 또 그런 글은 어떤 과정을 따라 생산하는지에 대한 내용이다.

1장에서는 효과적인 의사소통의 본질을 이해하는데 필요한, 의사소통에서 말이 의미하는바가 무엇인지, 의사소통의 세 요소와 그것들 간의 관계, 비판적 의사소통 및 기술 의사소통에 대해서 알아본다.

2장에서는 효과적으로 의사소통할 수 있는 글은 어떤 것인지에 대해 이해하도록, 글쓰기란 무엇인지, 학업을 위해 쓰는 대학문과 전문 직무와 관련하여 쓰는 기술문은 무엇이며, 그 둘은 어떻게 다른지, 그리고 공과대학 학생들과 엔지니어에게 글쓰기는 어떤 일인지를 설명한다.

3장은 글쓰기 과정에 대한 것이다. 특히 내용 생성과 내용 조직에 관한 '쓰기 전' 과정의 단계들에 대한 이해가 강조된다. 의사소통 목적을 성취하는 주제가 드러나는 글을 쓸 수 있기 위해서 주어진 문제로부터, 화제를 거쳐, 충분한 제재들을 수집하고 발굴하는 단계들이 자세히 설명되고, 서론-본론-결론 구성을 갖춘 글을 쓰기 위한 개요 짜기도 강조된다. '쓰기' 과정에서는 5-단락글 쓰기를 예로, 초벌 쓰기를 배우고, 표절 방지를 위한 인용과 상세히 바꿔 쓰기(paraphrasing)에 대해서도 배운다. '고쳐 쓰기'에 대해서는 개정, 편집, 교정을 구별하여 설명한다.

3장 내용을 제대로 배워서 필자 나름의 글쓰기 과정을 확립한다면, 글쓰기는 의사소통을 위해 글말로 자기를 표현하는 문제를 효과적으로 해결하는 도구가 된다.

책의 후반부는 글의 사회적 속성과 엔지니어들이 써야 하는 글의 특성에 비추어, 공과대학 학생들이 배워야 하는 서술의 패턴, 글의 장르, 및 시각자료의 가공과 이용 방법에 대한 것이다.

4장은 소주제를 드러내기 위해서 뒷받침문장들을 전개하는 혹은 글의 주제를 드러내기 위해 단락들을 전개하는 패턴에 대한 내용이다. 어떤 논리적 순서에 따라 제재들을 나열하는 서사, 물건이나 개념의 묘사, 예를 들어 소주제를 뒷받침하는 예증, 일이 진행되는 과정, 어떤 사건의 원인과 결과에 대한 서술, 물건이나 개념의 속성을 드러내기 위한 비교와 대조 및 분류와 분할, 사물이나 개념의 정의, 설득의 기본이 되는 논증, 및 여러 서술 방식들의 조합 등이 다양한 분야의 예문들과 함께 설명된다. 이 내용들은 3장의 '쓰기'와 '고쳐 쓰기' 에서 소주제를 드러내는 단락 쓰기와 주제를 드러내는 글의 구성을 위해 적절히 활용되어야 한다.

5장은 사회적 산물인 글의 사회성과 관련한 장르에 대해 이해하고 그에 대해 학습할 수 있는 몇 가지 사회 장르들을 다룬다. 먼저 전문 주제와 관련한 여러 용어들을 정의하는데 이용할 여러 기술(technical) 정의 기법들을 몇 가지 예문을 들어 설명한다. 다음으로, 묘사(description)와 과정(process) 서술에 바탕을 두어 제품과 과정에 대해 기술(technical description)하는 글쓰기를 배운다. 다음 절은 여러 기술문서 작성에 공통되는 요약문 작성에 대한 내용이다. 다음 두 절은 제안과 보고에 대한 것이다. 제안서와 보고서는 기술 프로젝트의 시작이나 정보 생산과 기술 활동의 종료에 관련되는 기술문서이다. 5장의 예문들은, 글쓰기 과정을 따라 생산된 다양한 사회 장르 글들이 특히 어떤 구성을 갖추고 있는지 그리고, 특히 패턴들이 문서 생산에 어떻게 활용되는지를 확인할 수 있는 것들이다.

6장은 시각자료의 생성과 이용에 대한 내용이다. 단락의 소주제를 뒷받침하는데 이용하기 위해서 표, 그래프, 차트, 다이어그램 등 다양한 시각자료들을 어떻게 가공하여 이용할 것인지에 대해 배운다. 시각자료가 주요 텍스트 자원이 되는 것은 공학 글의 특성이다.

책의 마지막, 7장은 정확한 문장, 소주제가 드러나는 단락, 주제가 뚜렷한 서론-본론-결론 구성의 글을 쓰는데 필요한 글쓰기 기초 내용이다. 특히 정확한 문장을 쓰는데 유용한 문장 부호의 이해, 단락의 구성 요소와 기능 및 글의 구성을 위한 단락 이어가기를 강조한다.

이 책의 후반부, 4장 패턴, 5장 장르, 6장 시각자료의 내용을 학습하고, 필자 나름의 글쓰기 과정을 따라 5장의 예문들과 같은 글을 쓰는 훈련을 제대로 한다면, 학생들은 예를 들어, 공학설계와 관련한 다양한 문서를 생산하는데 필요한 요소 기량들을 기를 수 있다.

이 책은 몇 가지 점에서 다른 책들과 구별된다. 먼저, 책 내용의 상당 부분이 technical communication 혹은 technical writing 교육용 교재들에 바탕을 두고 있다. 그런 글쓰기 교육 문화에서 개발된 다양한 자료와 예문들이 이 책에 소개된다. 다음으로, 그 자료와 예문들은 대부분 실제 기술문 쓰기 상황과 관련된 것들이다. 실제 의사소통 문제 상황에 대한 인식은 글쓰기 학습 성과를 증대하는데 중요한 요소이다. 또 상당수의 예문들은 다양한 공학 주제에 대한 것이다. 교양 글쓰기 교재에서 보던 것들과는 달리, 다양한 시각자료들이 포함된, 공학 주제의 텍스트로 인해 학생들이 예문을 정독할 것으로 기대할 수 있다.

매끄럽지 못한 번역으로 인해 읽기 어색한 텍스트들도 있을 것이다. 대부분 자료들의 출처는 각주나 참고문헌에 열거하였으므로, 미심쩍은 내용들은 확인될 수 있다. 출처를 밝히지 못한 참고자료들이 있어 마음이 무겁다.

이 책으로 실제 의사소통 상황과 좀 더 흡사한 맥락에서 글쓰기를 배워, 많은 대학생들이 '효과적으로 의사소통할 수 있는 능력'을 학습할 수 있기를 기대한다.

수년간 로봇공학실험실 학생들, 학과 조교, 그리고 근로 및 면학 장학생 여러 명이 원고를 입력하느라 수고를 많이 해 주어 고맙다. 또 이 책에 대해 여러 가지 조언을 해준 동료 교수들과 출판사에 감사드린다.

2015년 2월

계명대학교 기계자동차공학과

저자 권성규

차례

Contents

CHAPTER 04 패턴 _129

CHAPTER 05 장르 _191

Contents

CHAPTER

01 의사소통

CHAPTER 01 의사소통

우리나라에서도 공학교육인증[1]이 시행된 후 대부분의 공과대학들이 학생들에게 글쓰기를 가르치고 있다. KEC2005의 인증기준 2(프로그램 학습 성과 및 평가)의 12가지 학습 성과 중 일곱 번째가 "(7) 효과적으로 의사를 전달할 수 있는 능력 (an ability to communicate effectively)"이다. 이 학습 성과에 대한 설명은 다음과 같다: "효과적으로 의사를 전달할 수 있는 능력: 문서 및 구두로 자신의 의사를 원활히 전달할 수 있는 능력과 상대방의 의사를 비판적으로 들을 수 있는 능력은 공학 분야의 모든 종사자가 필히 갖추고 있어야 함을 의미한다."

이 설명이 뜻하는 바를 구체적으로 이해하기 위해서, 설명에 포함된 낱말들의 뜻을 하나씩 살펴보자. 먼저, 문서(文書)는 '(날마다 계속해서 하는)공무나 사업 따위에 관한 일을 실제로 하는데 필요한 사항을 문장으로 적어서 나타낸 글'이고, 구두(口頭)는 '마주 대하여 입으로 하는 말'이란 뜻이다. 의사(意思)는 '[무엇을 하려고 하는] 생각이나 마음'이고, 전달(傳達)은 '(상대에게 무엇을) 전하여 이르게 함'이다. 비판(批判)은 '사물의 좋고 나쁨, 옳고 그름 따위를 평가하여 판단함'이다.

'의사를 전달할'과 관련하여, 소통(疏通)이라는 낱말의 뜻은 '막히지 않고 잘 통함. 의견이나 의사가 상대편에게 잘 통함'이다. 그러면 의사소통(意思疏通)은 '[무엇을 하려고 하는] 생각이나 마음이(또는 의견이나 의사가) 상대편에 잘 통하는 것'을 말한다. 그래서 의사소통이란 소통과 같은 뜻의 낱말인 것을 알 수 있다.

영어 사전에 의하면, 타동사 communicate의 뜻은 '상대에게 (사상 · 지식 · 정보 따위를) 전하여 이르게 하다'이고, 자동사의 뜻은 '(길 · 방 따위가)통해 있다. 통신하다. 의사를 서로 통

1) 한국공학교육인증원의 새로운 공학교육인증기준2015(KEC2015)의 여덟 가지 기준 중, 두 번째 기준은 "2) 프로그램 학습 성과"에 관한 것이다. 학습 성과란 "학생이 졸업하는 시점까지 갖추어야 할 지식, 기술 그리고 태도를 나타내는" 것으로서 "프로그램(학과) 교육목표와 부합하는" 것이어야 한다. 필수 열 가지 학습 성과가 제시되어 있는데, 그 중 일곱 번째가 "7) 다양한 환경에서 효과적으로 의사소통할 수 있는 능력"이다. 단순히 말해서, 이 일곱 번째 학습 성과를 성취하기 위해서, 우리나라의 많은 공과대학들에 글쓰기(글말 의사소통) 과목이 개설되었다. 일부 대학에서는 글말 의사소통과 입말 의사소통이 한데 묶인 한 과목으로, 또 다른 대학들에서는 별도의 입말 의사소통 과목이 개설되어 있기도 하다. 2000년부터 시작해서 그 동안 몇 차례 인증기준이 개정되었다.

하다'이다. communication은 common을 뜻하는 라틴어 communis에서 유래한 것이다. 우리가 의사소통할 때, 우리는 누군가와 어떤 commonness(보통, 평범, 통속)를 설정하려고 시도하는 것이다(Weisman, 1974, p. 184). 사전에서는 그 일을 '말, 제스처, 글, 신호들에 의한 정보, 신호 또는 메시지 주고받기'로 정의한다.

이런 여러 낱말들의 뜻을 고려하면, '문서 및 구두로 자신의 의사를 원활히 전달'한다는 것은 곧 '(날마다 계속해서 하는)공무나 사업 따위에 관한 일을 실제로 하는데 필요한 사항과 그 일을 하는 당사자의 생각과 마음을 문장으로 적어서 나타낸 글이나 마주 대하여 말로 상대에게 거침없이 순조롭게 전하여 이르게 하는' 것이다. 같은 맥락에서, 또, '상대방의 의사를 비판적으로 들을 수 있는 능력'은 상대방의 생각이나 마음이 좋은지, 나쁜지, 옳은지 혹은 그른지 따위를 평가하여 판단할 수 있는 능력을 말한다.

글(writing)은 시각적인 상징물이나 기호들을 수단으로 하는 사람 의사소통의 한 시스템이다. 글을 쓰거나 또는 물건에 표기를 하는 가장 원시적인 단계들은 거의 가장 초기의 인류 시대쯤에 시작되었다. 그러나 완전히 개발된 최초의 글 시스템은 기껏해야 대략 5500년 전쯤에 등장했다.

언어(言語)가 어떻게 기원했는지에 대해서 언어학자들과 인류학자들은 의견이 다르다. 그러나 인류가 불을 사용하기 시작한 때가 있었던 것과 같이, 언제부터인가 언어를 사용하기 시작했다.

인류학자들은 언어가 문명의 탄생을 가져 왔다고 한다. 그런 의미에서 네안데르탈인이, 그의 두개골의 용량, 그의 직립 보행, 또는 심지어 그가 도구들과 불을 사용했는가라는 사실보다, 그가 그의 동료들과 말을 했거나 의사소통했는지 안 했는지 라는 사실이 그가 유인원(類人猿, anthropoid)이었는지 인류(人類)였는지를 판단하는 더욱 신빙성 있는 근거가 된다고 할 수 있다.

호모 로쿠엔스(Homo loquens, 언어적 인간)란 말이 있듯이, 인간의 특징을 가장 잘 대변할 수 있는 것이 바로 인간이 언어를 갖고 있다는 사실일 것이다. 언어를 통해 인간은 사상과 감정을 전달하고 지식을 전달할 수 있다. 오늘날 인간이 고도의 문명을 자랑할 수 있는 것은 바로 이 언어 덕분인 것이다. 또 만물의 영장으로 군림할 수 있는 것 역시 이 언어란 유용한 무기를 갖고 있기 때문일 것이다(한국교원대, 1995, p. 13).

인간의 언어는 크게 음성언어와 문자언어로 나눈다. 음성언어는 입으로 하는 입말로, 문자언어는 글로 하는 글말로, 생각이나 느낌을 나타낸다. 따라서 인간의 언어생활은 말과 글, 두 가지를 활용하는 생활이다. 그런데 인간의 언어능력이란 선천적이라기보다 후천적으로 길러지는 것이어서, 인간이 태어날 때는 그 능력은 전혀 없지만, 자라면서 늘 언어를 배우고 쓰다 보니 그 능력이 길러지는 것이다.

1-1 의사소통과 어의론

Dixon(1966)에 의하면, 의사소통은 거의 항상 기호나 부호가 관련되는 상징적인 것이다. 말(words, 글말이거나 입말)과 그림(pictures, 그래프, 도면, 스케치, 등)들은 통상적인 상징기호 혹은 부호들(symbols)이다. 그러나 일부 환경에서, 몸동작, 얼굴 표정, 음색, 말하는 방식, 등도 또한, 의식적으로거나 무의식적으로, 의사소통을 위해 사용된다.

효과적으로 의사소통하기 위해서는 general semantics(어의론(語義論), 의미론(意味論))의 기초적인 개념들을 반드시 이해해야 한다. 어의론이 단순히 "용어들을 정의하는 일"인 것으로 생각하면 오산이다. 어의론은 말, 사고, 및 행동 사이의 상호작용의 연구이다. 즉, 그것은 사람들이 어떻게 생각하고 행동하는지, 그리고 말이 사람들이 생각하고 행동하는데 어떻게 영향을 미치는지에 관한 연구이다. 어의론은 가장 일반적인 의미에서 인간 의사소통에 관한 과학이다 (Dixon, 1966, p. 208).

어의론에 의하면 말은 상징부호이다. 말은 사물 그 자체가 아니다. 어의론 학자들은, 지도가 영토가 아니라고 지적하는, 지도와 땅의 유사를 이용하기를 좋아한다. 같은 방식으로, "의자"라는 말은 지칭되는 물리적인 물건(사람이 앉기 위해 사용하는)이 아니다. 지칭되는 사물을 어의론자들의 특수 용어(통어(通語))로 지시물(referent, (말이)지시하는 대상(물))이라 부른다. 그래서 지도가 땅 그 자체가 아니듯이 말은 지시하는 대상물이 아니다. 지도는 그것이 나타내는 것으로 상상되는 땅의 엉성한 묘사일 뿐이다. 사실, 지도는 그것이 나타내는 땅이 전혀 없는 것에 대해서도 그려질 수 있다. 하물며 말은 어떤가(Dixon, 1966, p. 209)?

말은 무엇인가를 나타내기도 하고 그렇지 않기도 할 것이다. 그리고 말은 다른 사람에게 다른 것들을 의미한다. 상징부호는 사물이 상징하는 것이 아니다. 그것은 단지 무엇을 상징하는 부호일 뿐이다.

어떤 사람이 어떤 메시지를 어떤 접수자에게 전달하고자 할 때 그 소통이 성공하거나 실패하는 것을 이해하기 위해서 몇 가지 다이어그램을 이용해 보자. 그림 1-1a(Weisman, 1974, p. 193)에서, 악어 클립(alligator clip)(어떤 단순한 아이디어를 대표하는)을 네모로 대체함으로써, 어떤 의사소통 상황에서 발생할 수 있는 상실(loss)의 정도를 명백하게 알 수 있다. 그림 1-1b에서는 복잡한 아이디어에 대한 의사소통에 대해, 복잡한 기하 형상을 이용해서 상실의 정도를 나타낸다.

즉 표현하고자 하는 내용을 기호를 써서 메시지를 만드는 과정, 즉 암호화에 의해 원래 표현하고자 하는 내용이 온전히 암호화되지 않는다는 뜻이다. 그래서 필자의 '또렷한 생각'이 암호화되는 과정에서 상실되어 글로 표현된 것은 '또렷하지 않는 생각'이 된다. 또 그 '또렷하지 않는 생각'으로 암호화된 것이 독자에 의해 해독될 때, 또 상실이 되어서, 독자에게는, 원래 필자의 '또렷한' 아이디어가 '희미한 생각'으로 전달된다. 이러한 상황이 사실은 의사소통에서는 일상적이다.

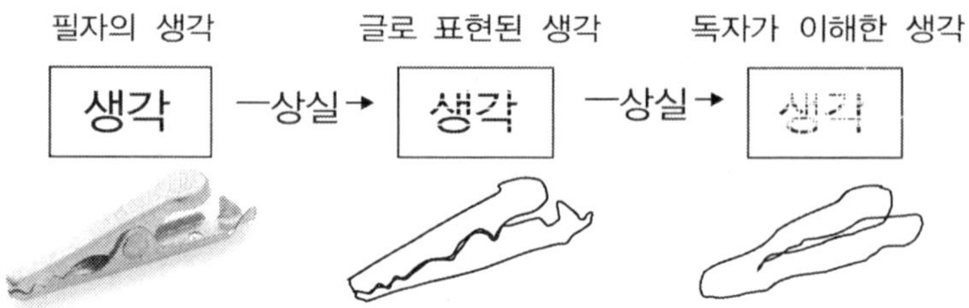

그림 1-1a 단순한 아이디어에 대한 부실한 의사소통

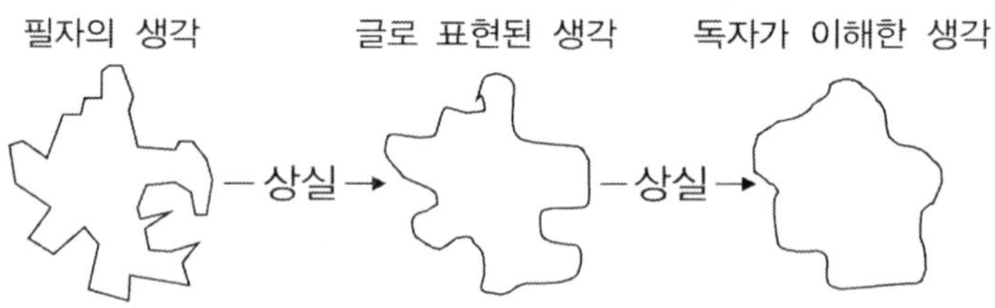

그림 1-1b. 복잡한 아이디어에 대한 부실한 의사소통

또 중요한 것은 이러한 의사소통이 필자에게서 독자로 일방적이라는 사실이다. 입말로 하는 대화와 달리, 글말에 의한 의사소통이 발생하는 필자와 독자의 때와 장소가 다르다. 따라서 의사소통 과정에서 상실로 인한 의미 전달이 불완전한지에 대해서 필자와 독자가 알 길이 없다. 다만, '소통에 문제가 있었구나'라고 나중에 판단될 수 있을 뿐이다.

만약 그림 1-1의 다이어그램들의 진행 방향을 거꾸로 한다면, 신호를 암호화해서 접수자에게 보내는 — 의사소통 — 과정이 어떻게 효과적인 메시지를 만드는데 도움이 되는지 알 수 있다. 그 경우에 진행 방향의 끝에 있는 접수자는 제대로 된 메시지를 받아 자신의 암호화 과정이 그 의미를 분명히 하는데 도움을 준다.

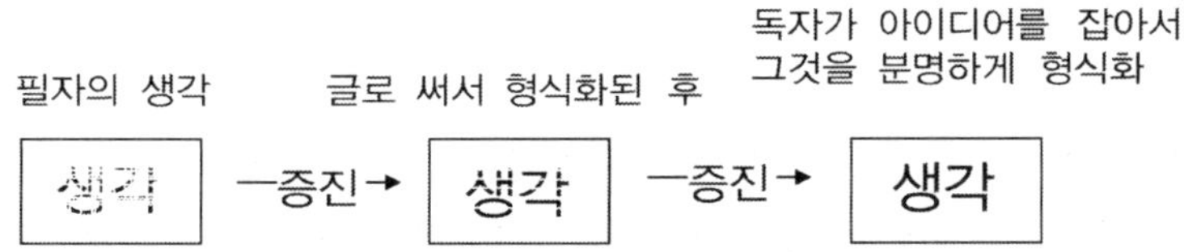

그림 1-2a 단순한 아이디어에 대한 바람직한 의사소통

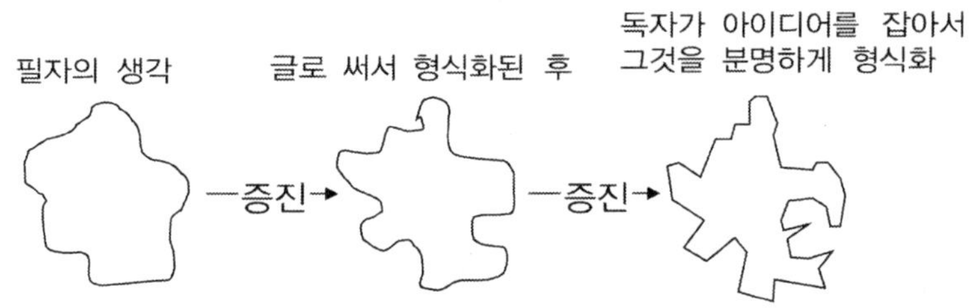

그림 1-2b 복잡한 아이디어에 대한 바람직한 의사소통

그림 1-2a와 1-2b(Weisman, 1974, p. 193)는 원천이 모호한 아이디어만을 가지고 시작하는 어떤 의사소통 상황을 나타낸다. 암호화의 과정에서, 즉, 그것을 언어로 표현하는 과정에서, 아이디어는 모양을 갖추기 시작한다. 보내는 사람은 메시지를 어떤 형식화 된 개념으로 또는 말과 문장들로 전송한다. 접수자는 그 개념이나 말 또는 문장들을 그의 경험에 비추어 해독하거나, 또는 접수자는 그 메시지를 접수할 때, 그것이 어떤 분명하고 한정된 진술로 해독되는 방식으로 메시지에 근거하여 행동을 취한다. 접수자가 아이디어나 개념을 자신의 부가된 사고 과정에 의해서 해독했기 때문에, 그것이 온전하고, 분명하며, 간결하고 그리고 의미 있는 것이 된다. 접수자는, 그가 접수한 신호들이 자극하는 경험과 연관들을 사용해서, 그 신호들을 그의 두뇌 과정을 통해 조직하고 그리고 메시지 상황의 요구 조건들에 의해서 지시된 적절한 의미를 만든다.

이것이 어떻게 작동되는지는 그림 1-2a에 예증돼 있다. 물론, 이 증진(gain) 과정은 매우 비일상적인 것이다. 이 다이어그램들은 우리가 글쓰기의 개정 국면에서 발생하는 것을 그려보는데 도움을 준다. 필자는, 애초에, 첫째나 두 번째 초벌에서 모호한 아이디어로 시작했을지도 모른다. 필자가 그의 아이디어를 써감에 따라, 그것은 명백해지고 (그림 1-2b 참조), 그래서 필자의 세 번째 또는 네 번째 교정본이 독자에 도달할 때 즈음에는, 필자의 머릿속에서 아이디어가 총체적으로 명백하게 된다.

의미의 생성

서로에게 말하거나 글을 쓸 때, 우리는 물리적인 신호들을 통해 우리의 생각을 내보낸다. 적절히 구조를 갖춰 조직된다면, 이 신호들은 정연하게 선정된 신호들과 상징물들의 메시지들이 된다. 그러고 나면 그 신호들이 우리의 메시지나 생각을 물리적으로 구체화하는 것들이 된다.

의미 전달에 연관되는 세 가지 요소들이 있다:

1. 생각을 가진 사람 A person having thoughts
2. 상징물, 기호 A symbol
3. (말이) 지시하는 대상 A Referent

이 세 요소들은 그림 1-3에서처럼 삼각형의 세 모서리들로 나타낼 수 있다.

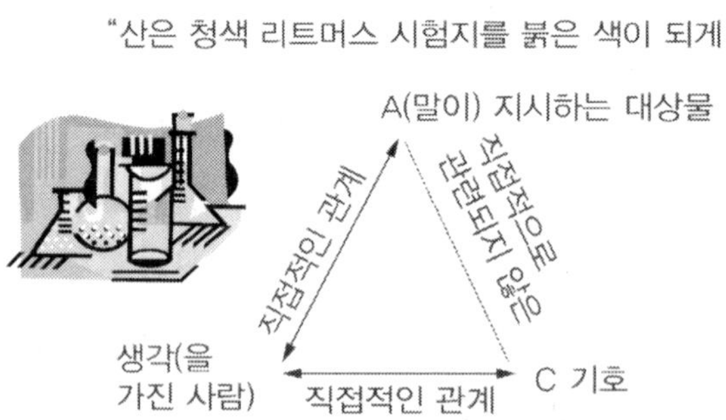

그림 1-3 메시지를 암호화하는 사람의 마음속에서 작동하는 의미 삼각형(Weisman, 1974, p. 195)

예를 들어, 어떤 사람이, '산은 청색 리트머스 시험지를 붉은 색이 되게 한다.'는 사실을 머릿속에서 생각하고 있다고 하자. 그 사실이 기호를 써서 나타내고자 하는 대상물(referent, 지시물)이다. 이 경우에, 그 사실을 생각하는 사람(B)과 기호(C), 그리고 그 사실(A) 사이에는, 그 사람으로 인해, 직접적인 관계가 성립된다.

그렇지만 기호나 언어 말(C) 그 자체는 그것들을 통해 표현되는 대상물(그 사실(A))과 아무 직접적인 관계가 없다. 그리고 그 기호나 말들을 듣거나 읽는 사람의 정신적인 과정을 간접적으로 거치는 것 외에, 그 기호나 말들이 상징하는 물리적인 사실(소리, 그림, 문자 등)만으로는 기호나 말들이 뜻하는 것의 정체를 확인할 수 없다. 그래서 그림 1-3의 삼각형에서 변 AC

양 끝의 두 요소 사이에는, 사람이 그 기호를 읽기 전에는, 서로 직접적인 관계가 없다. 사람이 기호를 읽는 때에야 비로소 '기호'와 그 기호나 말이 '지시하는 대상물' 사이의 관계가 형성되고; 상징(문자로 쓰인 "산은 청색 리트머스 시험지를 붉은 색이 되게 한다."는 문장)은 그것이 나타내는 사실(문장이 의미하는바)과 동일한 (기호를 읽은 사람이 생각하는 것과 동일한 것을 의미하는) 것이 된다.

말은 사실을 표현하는 상징 부호들의 모음이다. 어떤 사람이 '산이 청색 리트머스 시험지를 붉게 변하게 한다'는 사실을 안다. 그 사람은 감지된 사실이나 사물(말이 지시하는 대상물)을 가리키거나 의미할 메시지를 형성하기 위해서 적절한 말들을 선정한다. 그러고 나면 말은 그 사람의 마음을 통해 사실들을 나타낸다. 과거 경험은 기억과 외부 환경을 거쳐, 메시지를 암호화해서 보내는 사람이 지시하려는 대상물에 대해 기호를 써서 어떻게 반응할지에 영향을 미친다. 접수자에게 전달되는 의미는 의사소통 당사자들의 경험의 공유 과정에 의해 그 형상을 갖추게 된다.

의사소통과 관련하여 세 가지 유형의 의미가 있다:

1. 발신하려는 사람 또는 원천이 가리키고자 의도하는 것
2. 메시지에 의해서 어떤 특정한 접수자(목적지)에 제시되는 것
3. 주어진 사물을 가리키기 위해 상징 부호나 기호를 사용하는 일의 다소 일반적인 습관

의사소통을 하려는 사람이 의도하는 것과 접수자가 이해하는 것 둘 다는, 말이 사용되는 참조의 틀이나 맥락에 의해서 흔히 영향을 받는, 3번 유형의 의미에 대단히 의존한다.

말과 생각 사이의 불일치 해소

지식을 분명히 그리고 간결하게 의사소통해야 하는 직무와 관련한 기술문(技術文) 필자들은 언어-사용의 위험성에 대해 이해해야 한다. 언어는 외부 세계의 실상과 사람들의 마음에 있는 개념들이나 사고들 사이를 연결한다. 인간 신경 시스템은 다르기 때문에, 각 사람은 실상을 다르게 본다. 이것이 문제를 일으킨다.

예를 들어, '나무'라는 사물이 있고, 그것에 대해 소통하려는 어떤 사람이 침엽수를 의미하는 '나무'라고 썼다고 하자. 그런데 그것을 읽는 사람들 중에는 그 '나무'를, 자신의 상황에 따라, 침엽수가 아니라, 혹시, 다른 종류의 나무(활엽수나 유실수)로 이해할 수 도 있다.

효과적으로 의사를 소통하기 위해서는 특히 글은 분명하고, 간결하며, 정확해야 한다. 앞에서 소개된 어의론에 대한 지식은 기술문 필자뿐만 아니라 독자에게도 도움이 된다. 어의론에 대한 지식은 필자가 기술적 그리고 비기술적 용어들을 선택하고 사용하는데 지침을 주고 그리고 그것은 사용된 기호들과 용어들을 올바로 해석해서 이해하도록 독자들을 안내한다. 어의론에 대해 이해하면, 기술문 필자들은 지식뿐만 아니라 단어와 용어들이 감정적 연관들에 지배된다는 것을 깨닫게 된다. 그래서 그런 용어들이나 단어들이 감정적으로 영향을 받게 되는 문맥에 놓이지 않게, 주의를 해야 한다. 따라서 기술문 필자들은 독자들의 배경을 항상 명심하여서, 독자에게 통상적이거나 친숙한 용어, 단어, 그리고 다른 의사소통 기호들을 사용해야 한다.

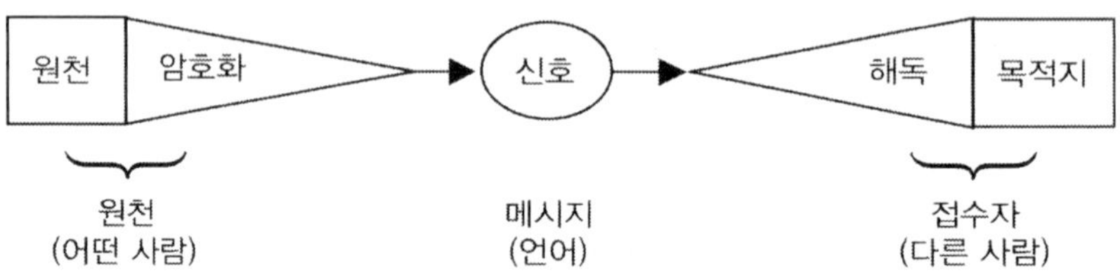

그림 1-4 의사소통에는 세 가지 기본적인 요소들이 있다– 메시지를 생성해서 보내는 원천; 메시지; 그리고 메시지 접수자(Weisman, 1974, p. 186)

의사소통은 세 가지 기본적인 요소들로 구성된다. ① 의사(意思)를 표현하려는 원천, communicator(source 또는 sender), ② 의사소통을 위해 표현되는 사고나 메시지(message, symbols or signal)[2], 그리고 ③ 메시지 접수자 receiver(또는 destination). 그림 1-4 다이어그램은 의사소통 과정을 이해하는데 도움을 준다. 비록 라디오나 전화 회로 용어들이 사용되지만 라디오나 전화 통신 시스템의 이론적인 개념들은 사람 의사소통 시스템에 바탕을 둔 것들이다.

---

2) 여기서 메시지(message)의 뜻을 사전에서 보면 : ① 어떤 사실을 알리거나 깨우치거나 내세우기 위한 전언(傳言). ② [문학 · 예술 작품 따위의] 나타내고자 하는 근본 뜻, 의도. ③ 언어나 기호로 전하는 정보 내용.

1-2 의사소통의 요소

메시지의 원천(源泉, source)이 그가 의도한 메시지 접수자(메시지의 목적지)와 경험을 공유(commonness 평범의 확립)하려고 할 때 무슨 일이 생기나? 답은 그림 1-5에서 알 수 있다.

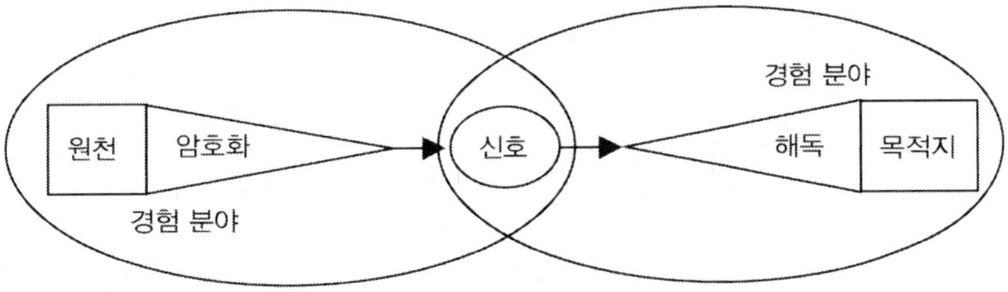

그림 1-5 소통을 위해서는 경험의 공유가 필수적이다(Weisman, 1974, p. 186)

메시지를 보내는 사람(원천)은 단지 자신이 경험한 바를 암호화(暗號化, encode)할 수 있다. 즉 자신이 잘 아는 내용을 기호를 써서 메시지로 표현해낼 수 있다. 그리고 접수자도, 받은 암호화된 메시지를 경험에 바탕을 두어 해독(解讀, decode)할 수 있다. 즉, 접수자가 기호로 된 것의 뜻을 아무리 잘 해독한다 하더라도, 모르는 내용이라면 해독된 것을 알 수 없는 것이다.

메시지를 보낸 사람의 경험을 나타내는 원과 접수자의 경험을 나타내는 원, 그 두 개의 원이, 큰 공통 영역을 가지면, 두 사람 사이의 의사소통은 쉽다. 그런데 그 두 원이 만나지 않는다면 – 즉, 원천과 접수자 사이에 공통 경험이 없다면 – 의사소통은 불가능하다. 예를 들어, 어떤 관중이 야구나 축구 심판의 수신호를 알지 못한다면, 그 관중과 심판 사이의 의사소통이 원활하지 못해, 그 사람은 운동 경기를 보는 재미가 덜 할 것이고, 점점 야구장이나 축구장에 경기를 보러 갈 마음이 줄어 들 것이다.

어떤 전자 엔지니어가 새로운 계측기를 설계하는 실험실에서 일하고 있다고 하자. 그의 조수에게 악어 클립(alligator clip)이 무엇인지를 의사소통할 수 없는 전자 엔지니어를 상상하기 어렵겠지만, 예증을 위해서, 어떤 엔지니어가, 무능력, 감정적 압력 또는 말이 서툴러서, 그의 조수에게 악어 클립에 관한 적절한 메시지를 소통할 수 없다고 상상하자; 또는 그 조수가 경험이 없거나, 청각이나 다른 감각의 장애로 인해 또는 그 엔지니어가 쓰는 언어를 몰라서 악어 클립에 관한 적절한 메시지를 이해할 수 없다고 상상하자. 그러면 의사소통 과정에서 기호를 써서 신호(메시지)를 암호화하는데 또 암호화된 신호(메시지)를 해독하는데 잡음이 생기거나, 불필요하게 걸러지거나, (사실과 다르게 전달되는) 왜곡이 발생할 것이다.

만약 우리가 러시아 말을 배운 적이 없다면, 우리는 러시아말로 표현된 메시지를 암호화할 수 없을 뿐만 아니라, 그 언어로 된 메시지를 해독(표현된 메시지의 이해)할 수도 없다. 우리가 악어 클립과 같은 "사소한 도구"에 대해 아무런 경험이 없다면, 그에 대한 적절한 기술, 설명, 그리고 배경이 메시지에 포함돼 있지 않는 한, 우리는 악어 클립이 악어의 턱을 집는 도구로 생각할 지도 모른다. 원천(메시지를 만들어 보내는 사람)이 접수자(그것을 받아들이는 사람)의 경험에 의거한 배경에 주의를 기울여 메시지를 암호화해야 목적지(접수자)에 메시지가 제대로 도달하고, 접수자는 원천이 했던 경험과 가장 흡사한 자신의 경험 부분에 메시지를 연관 지을 수 있을 것이다.

실제로, 의사소통 시스템은 앞의 두 다이어그램이 나타내는 것보다 훨씬 더 복잡해 질 수 있다.

그림 1-6은 의사소통의 세 가지 구성 요소들을 삼각형의 꼭짓점에 나타내고 그 요소들 사이의 관계를 변으로 표시한 의사소통 삼각형이다. 문서에 의한 소통에서는 밑변의 두 꼭짓점이 필자와 독자를 나타내고, 구두 발표에 의한 소통에서는 그 두 꼭짓점들이 연사와 청중을 나타낸다. 삼각형 맨 위 꼭짓점, 주제는 그림 1-4의 메시지를 나타내고, 필자(연사)는 메시지를 보내는 사람, 독자(청중)는 메시지를 접수하는 사람을 나타낸다.

필자는 언어로 메시지(주제)를 암호화하고, 독자는 언어로 암호화된 메시지를 그가 알고 있는 경험과 언어 지식을 이용해서 해독하게 된다. 그렇지만 만약 필자의 메시지 암호화나 독자의 메시지 해독에 문제가 생기거나, 또는 연사와 청중 사이의 연결이나 접촉에 다양한 요인들로 인해 문제가 생기면, 소통은 온전하기가 쉽지 않다. 어떤 경우에 대해서도, 필자가 자기의 아이디어를 온전히 글로 쓸 수 있는 것이 의사소통 성공을 위한 근본임을 알아야 한다.

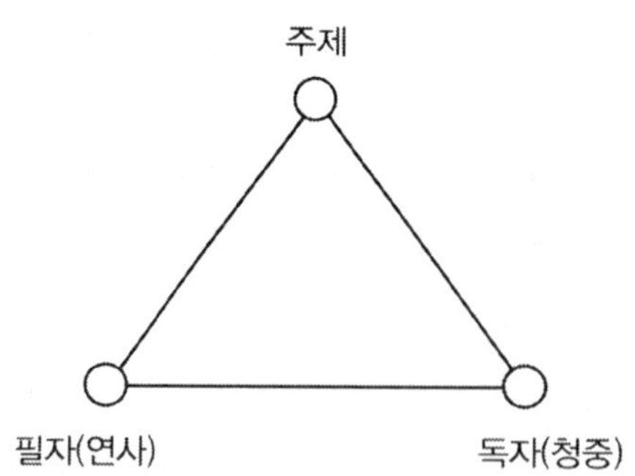

그림 1-6 의사소통 삼각형(Stratton, 1984, p. 5)

오늘날 IT 기기들 중, 컴퓨터가 핵심적인 의사소통 도구이다. 또한, 직장 환경이 IT 기술에 기반을 두어 날로 가상화됨에 따라, 사무 의사소통이 눈부시게 진화되고 있다. 컴퓨터-네트워크에 기반을 둔 직장에서, 사람들은 끊임없이 서로 의사소통하고 아이디어들을 공유한다. 이런 상호작용의 결과로, 다양한 고객과 그들의 요구 및 구체적인 상황에 적합한 문서와 발표자료를 신속히 작성하는 것이 가능하다.

효과적인 의사소통은 전문성을 요구하는 일을 하는 직업 전문가에게도 요긴한 것이다. 효과적으로 말하고 글 쓸 수 있는 사람들은 사회 경력에서 성공할 가능성이 높다. 의사소통이 서툰 사람들은 흔히 직업을 구하거나 승진 기회 등에서 잦은 좌절을 겪게 될 것이다. 경쟁 사회에서 성공하려면 누구에게라도 효과적으로 의사소통하는 능력은 핵심적인 것이다.

1-3 비판적 의사소통

공학교육인증기준과 관련한 학습 성과들 중에 “상대방의 의사를 비판적으로 들을 수 있는 능력”이 있다. ‘비판적으로 듣고 읽는다’는 것은 듣고 읽는 것에 대해서 ‘좋고 나쁨, 옳고 그름 따위를 평가하여 판단’한다는 것을 뜻한다. 이런 관점에서 학생들은 입말뿐만 아니라 글말로 하는 의사소통의 내용에 대해서 ‘좋고 나쁨, 옳고 그름 따위를 평가하여 판단’할 수 있어야 한다.

우리는 창의적 사고(creative thinking)로 새로운 아이디어들을 탐구하고, 정보에 의지하며, 일을 하는 더 나은 방식들을 고안해 낸다. (예를 들어, “어떻게 하면 정수기 필터를 최대한 오래 쓸 수 있는가?”)(Lannon, 2008, p. 18)

우리는 비판적 사고(critical thinking)로 우리 아이디어들의 강점 또는 정보의 값어치를 시험한다. 아이디어를 액면 그대로 받아들이기보다, 우리는 아이디어를 개발하는 매 단계에서 시험하고, 평가하고, 입증하고, 분석하고, 대안을 저울질 하고, 결과들을 고려한다. 우리는 증거와 사고를 시험하고, 새로운 연결성들과 새로운 가능성들을 발견하며, 해결책들의 유효성과 한계들을 시험하기 위해서 비판적 사고를 적용한다.

어떤 엔지니어링 전문가가 창의적이고 비판적 사고가 어떻게 글쓰기 과정의 각각의 단계를 의미 있게 하는지를 다음과 같이 기술한다(Lannon, 2008, p. 18):

> 좋은 글쓰기는, 아이디어가 충분히 개발되기 까지, 생각하기, 글쓰기, 개정하기, 생각하기, 그리고 개정하기의 과정이다. 엔지니어는 어떤 프로젝트의 보고서를 쓸 때 더 나은 전망들과 심지어 새로운 기술적 개념들을 개발할 수 있다. 많은 엔지니어들이, 실험실 프로젝트를 마무리하는 단계에서, 결과들에서 새로운 해석을 감지하거나 결말을 알아채게 되어, 부가적인 데이터를 구하거나, 더욱 철저히 분석하거나, 또는 설계를 수정하기 위해 실험실로 되돌아간다(Franke 13).

글쓰기 과정은 비판적 사고의 과정이다: 필자는 어떤 상황에 반응해서 사려 깊은 여러 결정들을 한다. 실제 “글쓰기”(페이지에 단어들을 갖다 두는 일)는 단지 전체 과정의 작은 일부분으로, 어떻게 보면, 가장 덜 중요한 부분이다(Lannon, 2008, p. 699).

1-4 기술 의사소통

공대생들뿐만 아니라 엔지니어들의 의사소통 교육을 위한 technical communication(기술 의사소통)이라는 말이 있다. 앞에서 '의사소통'이 '소통'과 같은 의미의 말이라는 것을 알았다. 그렇다면 '기술 의사소통'은 '기술 소통'을 의미할 것이다. 그러나 기술(technical) 이라는 말로 인해, 혹 '(과학)기술이 소통 된다'는 뜻으로 오해될 것에 대비해서 '기술 소통'이라는 말 보다 '기술 의사소통'이라는 말이 적당하다고 생각된다.

Institute of Scientific and Technical Communicators에 따르면, 기술 의사소통은 다음과 같이 정의 된다: 사람이 기술의 사용과 발전에 관한 의미를 전달하는 모든 과정이 기술 의사소통이다(Burnett, 2001, p. 23). 과학적이고 기술적인 의사소통은 과학적이고 기술적인 정보를 구체적인 청중을 위해서 효율적이고 정확하게 수집, 분석, 분배하는 일과 연관된다. 여기서 technical이라는 말은 '(전문) 기술 《학문 · 과학 연구 따위의》수완, 솜씨, 역량'의 뜻을 가진 technique의 형용사형이다. 즉 여기서 말하는 '기술'은 technology가 뜻하는 '공업(과학) 기술'과는 다른 의미를 나타낸다. 그래서 '기술 의사소통'의 '기술'이라는 말은 과학 기술만을 지칭하는 것이 아니라, 아무 일이든지 전문성을 요구하는 일과 관련되는 '기술[3]'로 이해해야 한다.

기술 의사소통은 전문성이 요구되는 일과 관련된 의사소통을 말한다. 여기서 일이란, 어떤 사람의 특정 전공 분야와 관련된 것을 뜻하지 않는다. 예를 들어, 어느 대학생이 졸업 후 어느 회사나 기관에 취직했다고 하자. 그 사람은 그 조직에서 일을 할 것인데, '그 사람과 관련된 기술 의사소통'에서 말하는 '기술'이란 '그 사람이 하는 전문성을 가진 일과 관련된' 것을 말한다. 예를 들어 문예창작을 전공한 사람이 출판이나 작품 발표를 위해 출판사나 기획사와 계약을 하거나 작품에 대한 구상을 협의할 수 있다. 그런 경우에 협의나 제안서나 계약 사항과 관련되는 의사소통이 기술 의사소통이다. 다만 창작은 문학을 위한 글쓰기이므로 기술 의사소통과는 상관이 없다.

기술 의사소통의 예는 수도 없이 많다. 경영, 보험, 금융 관련 일을 하는 사람들이 새로운 투자나 사업을 하기 위해서 사업 계획을 하거나 업무 성과를 분석하는 일과 관련된 글쓰기나 발표, 의료 보건 관련 전문가들이 새로운 질병의 예방과 전염 방지를 위한 조치를 강구하는

3) 이와 관련하여, 예를 들어, 대한축구협회 기술위원장'이라는 말에 대해 생각해보자. 여기서 말하는 기술'은 과학기술만을 뜻하지는 않는다. 기술위원회는, 축구협회가 우리나라 축구나 대표 팀의 경기력을 향상하는 등 축구와 관련된 과학기술을 포함하는 전반적인 일을 관장하도록, 다양한 분야의 전문가들로 구성된다.

일과 관련된 보고서 작성이나 업무 협의를 위한 발표, 언어나 사회 현상을 연구하는 사람들이 인터넷과 관련한 새로운 언어의 생성이나 그로 인한 사회 의식구조의 변화를 설명하는 보고서나 발표, 새로운 전자 기기들을 효과적으로 이용하는 기법들을 소개하는 제안서를 쓰거나 발표 등, 거의 모든 업무 분야와 관련한 소통의 일거리들이 기술 의사소통과 관련된다. 한마디로 직장 생활을 하는 사람들이 일을 하는데 관련된 글쓰기와 발표가 기술 의사소통 그 자체이다.

가장 넓은 의미에서, 기술 의사소통은 특수화된 정보를 어떤 구체적인 청중(흔히 비전문가)들도 이용할 수 있도록 전달하기 위한 '글말'에 의한 기술 글말 의사소통(technical written communication)과 '입말'에 의한 기술 입말 발표(technical oral communication, presentation)를 포함한다.

기술 의사소통가(엔지니어 포함)들은 어떤 기량이 필요한가? 효과적인 기술 의사소통가들은 언어에 숙달돼 있어야 한다. 기술 의사소통가들이 사용하는 언어의 수준이 아주 중요하다. 명료하지 못한 언어는 소통에 장애가 될 수 있다. 직접적으로 표현하고 요점을 말함으로써 오해를 방지해야 한다. 그러나 글쓰기는 단순한 소통 이상의 것으로, 일이 되도록 하는 것과 밀접한 관련이 있기 때문에, 능숙한 글쓰기 기량을 요구한다.

또한 기술 의사소통을 잘하기 위해서는, 창의적이고 비평적으로 사고할 수 있어야 한다. 어떤 상황을 판단하고, 무엇이 가장 중요한 문제이고 무엇이 부차적인 것들인지를 파악하여, 분명한 계층구조를 갖춘 정보를 제시하는 문서를 작성할 수 있어야 한다. 게다가, 글쓰기의 설득적인 본성을 이해해서, 문서를 읽는 독자들이 확신을 가지고 구체적인 행동을 하도록 해야 한다. 비록 제시하는 정보가 객관적인 것일지라도, 독자들이 필자의 관점을 신뢰하도록 정교하게 문서를 작성해야 한다. 그림 1-7은 문제 해결사인 기술 필자들이 살펴야 하는 문제의 네 가지 속성을 보여준다.

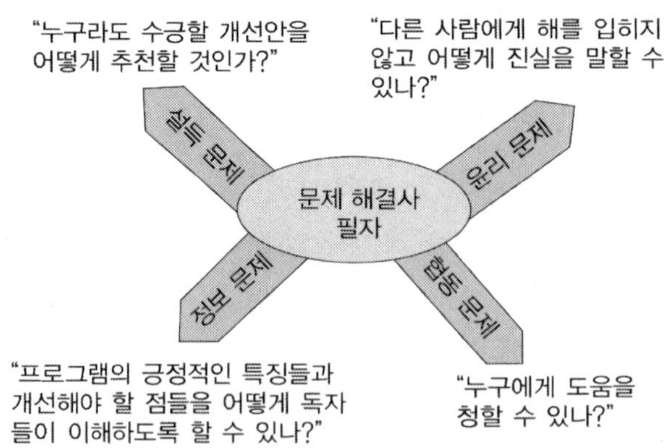

그림 1-7 기술 필자들이 고려해야 하는 문제의 네 가지 속성(Lannon, 2008, p. 700)

엔지니어들은 설계하고 제작하는 등으로 사회가 필요하거나 사회에서 생기는 문제들에 대한 해결책을 제시한다. 엔지니어들은 도구들과 삶의 질을 개선하는 시스템들을 설계한다. 그들의 설계 해결책에 수학과 과학을 적용한다 하더라도, 엔지니어들은 또한 그들이 제시하는 설계가 구현되거나 제작될 수 있게 다른 사람들에게 그들의 해결책들을 전해줄 수 있어야 한다. 만약 엔지니어들이 제시한 해결책을 일반인들이 이해하기 힘들다면, 그 해결책은 사회에서 외면당하기 쉽다. 엔지니어들은 또한 회사나 정부기관들에 소속된 사람들과도 일해야 하므로, 동료 엔지니어들이 아닌, 비전문가인 관리자들과도 의사소통을 할 수 있어야 한다.

과학, 공학 및 기술 직무의 사회적 책임성과 전문성이 강조됨에 따라 직업 전문가들의 의사소통 기량이 더욱 중요한 것으로 여겨진다. 날이 갈수록 엔지니어들과 그들의 조직은 제품과 관련한 사회 문제에 대해서 대중들에게 해명하는 일의 중요성이 커지고 있다. 사람들은 우리나라 첫 우주발사체 '나로호'가 왜 궤도 진입에 실패했는지를 알고 싶어 한다. 또 여러 지역의 사람들이 방사성 폐기물 처분장이 환경적으로 안전한지 또는 대규모 공공 건설 사업은 환경에 나쁜 영향을 끼치지는 않는지 그리고 그런 일을 국민의 세금으로 할 만한 일인지에 대해 궁금해 한다. 또한, 흔히 쓰는 전자제품들이 정말로 안전한지를 걱정하고 그에 관한 정확한 정보를 알고 싶어 한다. 신종플루를 예방하려면 어떻게 해야 하는지도 큰 관심거리이다. 더욱이, 적잖은 변호사들이 소비재 생산 회사들과 공공사업들에 대한 책임을 법적으로 따지는 일을 맡아 소송사건화 하는데 적극적이다. 이런 상황은 직업 전문가들이 가지각색의 비전문가들에게 기술과 관련한 다양한 사항에 대해서 설명할 일과 책임감이 늘어나는 것을 의미한다. 그림 1-8은 기술 의사소통의 특성 일부를 정리한 다이어그램이다.

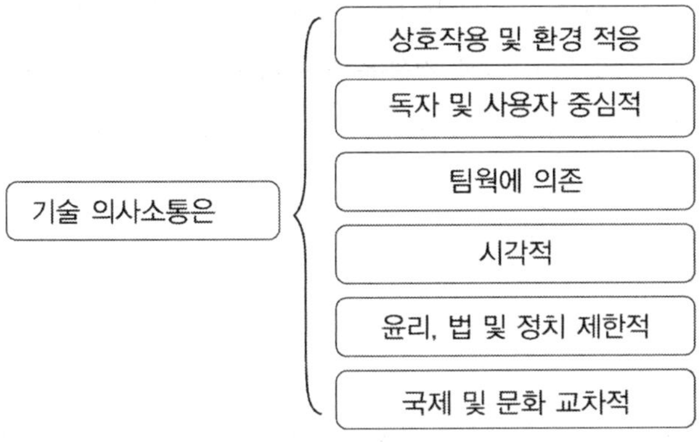

그림 1-8 기술 의사소통은 대부분의 다른 형식의 글들과 달리, 정보 관리와 독자의 반응을 더 강조한다(Sheehan, 2010, p. 6)

발표

우리 모두는 자신의 아이디어들을 스스로 효과적으로 발표할 수 있어야 한다. 구두 발표는 스타일, 범주, 복잡성, 그리고 형식이 다양하다. 그것들은 대형 회의장에서 하는 연설, 국가 회의에서의 보고, 화상 회의 네트워크를 통한 보고, 설계 결과의 최종 보고, 동료들을 위한 기술 브리핑 그리고 지역 사회그룹들에게 하는 강연들을 포함한다. 이 담화, 좌담, 회화들은 (새로운 정부 안전 요구사항들을 설명하기 위한) 정보를 알리기 위한 또는 (회사 임원들이 임금 상승에 투표하도록 권유하기 위해서) 설득하기 위한, 또는 둘 다를 위해 틀이 짜일 지도 모른다. 직장이나 지역사회에서 여러분들의 신분이 더 높아질 수 록, 더 많은 구두 발표를 하게 될 수 있다.

글로 쓴 문서와 달리, 구두 발표는 진정으로 상호 작용적이다. 대면 의사소통에서는, 우리는 몸놀림, 목소리의 높낮이, 눈 맞춤 그리고 다른 사람의 공감이나 헤아림의 요소들에 의지할 수 있다. 호감이 가는 인간성은 청중의 친근감을 끌어내는 강력한 효과를 낼 것이다. 또한, 구두 발표는, 전통적인 글말 문서들로는 불가능한, 주고-받기를 할 수 있다. 청중이 어떻게 반응하는지를 관찰함에 따라, 여러분은 자신의 발표를 적절히 조정할 수 있고 그리고 질문에 즉각적으로 답할 수 있다.

또, 문서로 보고하는 때에 우리는 보통 무엇을 말할 것인지 그리고 그것을 어떻게 말할 것인지에 관해 생각하고, 그리고 메시지가 올바르게 될 때 까지 개정할 수 있는 시간을 충분히 가질 수 있다. 반면에, 말로 하는(구두) 보고에서는, 한 번의 시도가 끝이어서, 이 모든 압박이 말로 하는 보고를 더 망치기 쉽게 작용한다. (사람들은 여전히, 죽음에 대한 두려움 보다 대중 연설에 대한 두려움이 더 큰 것으로 여긴다!) 또한, 구두 보고로 제시할 수 있는 정보의 양과 복잡성은 제한적이다. 보고서를 읽는 독자들은 자신의 읽는 속도와 방향으로, 앞뒤로 오고가며, 아마도 일부 절들을 건너 띄고 다른 것들을 살피기도 한다. 반면에 구두 발표에서, 여러분은 말하는 속도와 정보 흐름을 설정하는데 있어서, 경청자들을 지루하게 하거나 "잃는" 위험을 초래할 지도 모른다.

이 책에서 우리는 발표에 대해서는 더 이상 논의하지 않는다.

기술문

글말 기술 의사소통을 위해 쓰는 글이 기술문(技術文, technical writing)이다. 기술문에 대해서는 다음 장에서 기술한다.

CHAPTER

02 글쓰기

- 2-1 글
- 2-2 대학문
- 2-3 기술문
- 2-4 엔지니어와 글쓰기

CHAPTER

02 글쓰기

흔히 말은 거리낌 없이 잘하는데, 글은 뜻대로 쓰지 못하겠다고 하소연하는 사람들이 많다. 또 대부분의 사람들이 말하기보다 글쓰기를 더욱 어려워하는 게 사실이다. 이것은 결국 글쓰기에 대한 훈련이 부족해서 그런 것으로 밖에 볼 수 없다. 말은 일상생활에서 매일같이 하다 보니 웬만큼 능숙하게 구사할 수 있게 되지만, 글은 특별한 경우를 제외하고는 자주 써보지 않으니 글을 잘 쓸 수가 없는 것이다.

2-1 글

사전에 의하면, 글은 ① 어떤 생각이나 일 따위의 내용을 글자로 나타내 놓은 것 ② 학문, 또는 학식. 문(文)이다.

- 글
  - 운문 – 운율이나 리듬으로 묶여진 글
  - 산문 – 그 회의 글
    - 문학
    - 사실문
    - 실용문 – 사실에 관한 지식을 기록하고 가르칠 목적으로 쓰는 글

글은 운문(韻文)과 산문(散文)으로 분류할 수 있다. 산문은 크게, 문예문(文藝文)과 실용문(實用文)으로 나눌 수 있다. 문예문은 실용적인 목적이 아니라, 필자의 감흥에 따라 그저 쓰고 싶어서 쓰는 글, 즉 시나 수필, 소설과 같은 예술적인 글이다. 그래서 문예문은 글을 쓰는 동기가 아주 다양한 필자들이 쓴 글이다. 실용문은 우리가 일상생활에서 필요에 따라 쓰는 글로서, 편지라든가 신문기사 또는 공문서나 축사, 연설문 등을 말한다. 그러므로 실용문을 쓰는 필자는 글을 쓰는 목적의식이 분명하다(한국교원대, 1995, p. 17).

글을 쓰는 목적에 따라, 글을 크게 세 가지로 나눌 수 있다: ① 알리기 위한 것, ② 설득하기 위한 것, ③ 감명을 주기 위한 것.

무엇인가를 알리기 위한 글은 큰 의미로 설명문이라 할 수 있다. 설명문은 정보나 지식 따위를 독자에게 전하고, 아직 모르는 일이나, 잘 알지 못하는 일을 독자로 하여금 똑똑히 알게 하는 것을 목적으로 한다. 이런 설명문에는 기사문, 서사문, 해설문, 기록문, 보고문, 리포트, 관찰문 따위가 있다.

설득하는 글은 필자의 사상이나, 주장, 계획 따위에 대해서 독자의 찬성을 얻기 위해서, 또는 필자의 생각을 좇아 독자가 행동하도록 하는 목적을 위한 것이다. 따라서 독자가 설득되지 않으면 이런 글은 효과가 없는 것이 된다. 설득문과 논증문 따위가 이러한 목적을 가진 글에 해당된다.

독자에게 무엇인가에 대해 감명을 주고 정서적인 공감을 주기 위한 글이 창작문이다. 일반적인 문학 작품들이 이 부류에 해당된다.

글을 목적에 따라 이와 같이 셋으로 크게 나누지만, 실제 글 속에는 세 가지 부류의 글의 특성들이 적당히 섞여 있다. 섞여 있다고는 해도, 글의 궁극적 목적은 이들 셋 중의 어느 한 가지가 중심이 되어야 한다. 글을 쓴 목적이 분명하지 않은 글은 그 내용을 이해하기가 어렵다.

글은 '어떤 생각이나 일 따위의 내용을 글자로 나타내 놓은 것'으로서, 필자가 입으로 하는 말을 기호나 문자로 써 놓은 것이다. '글 쓰다'의 사전적 의미는 '문장을 지어 쓰다'이다. 또 문장(文章)은 '어떤 생각이나 느낌을 줄거리를 세워 글자로써 적어 나타낸 것'이다. 그러므로 '글 쓰다'는 어떤 생각이나 느낌을 줄거리를 세워 글자로써 적어 나타내는 일이다.

글쓰기와 관련하여, 쓰기를 영어의 writing으로 보고, 작문(作文)을 composition으로 본다면, 일반적으로 쓰기(writing)는 아이디어를 생성하고 조직, 표현하는 등, 문자를 통해 의미를 생성하는 행위 '전체'를 일컫는 말이다. 하지만 작문(composition)은 어떤 통일된 형체를 만들어 내기 위해 아이디어를 배열하는 과정, 또는 그 결과라 할 수 있다. 쓰기와 관련하여 작문이라는 말은 의미를 만들어 내는 과정, 다시 말해 아이디어를 생성하고 선정, 조직하는 행위를 두고 일컫는 말이다. 이렇게 볼 때, 작문이라는 말은 쓰기의 한 측면을 말하는 것으로 쓰기에 포함되는 개념이다.

그러나 쓰기는 영어의 writing의 개념으로 작문은 영어의 composition의 개념으로 사용하지는 않는 것으로 보인다. 다만 쓰기라는 말에 비해서는 작문이라는 말이 좀 더 어렵고, 인위성이 강하며, 문학적인 글과 관련이 많은 것으로 인식하는 경향이다. 또 작문을 뜻하는 '글을 짓는다'는 말은 인위적이고 조작적인 의미를 강하게 드러낸다고 하여 '글짓기' 대신 '쓰기'라는 말을 사용하자는 제안이 강하게 제기되면서 요즈음에는 '작문'이라는 말은 그렇게 많이 사용되지 않는다(이재승, 1997).

우리가 글을 쓴다는 것은 우리가 생각하거나 느끼는 것을 줄거리를 세워 글자로써 적어 나타내는 일이다. "글쓰기는 사람이 자기를 가장 잘 나타내는 방법이요, 자기를 나타내는 가장 높은 수단이다"(이오덕, 1993).

왜 쓰는가?

글을 써서 자기를 나타낸다는 것은 또 다른 중요한 의의를 지니고 있다. 즉 우리는 자기의 사상이나 감정을 글로 나타냄으로써 자신의 내면생활을 좀 더 명확히 자각할 수 있다. 우리는 자신의 머릿속에서 생각하고 있는 것을 매우 명확한 것으로 느끼고 있지만 사실 그렇지가 못하다. 우리 머릿속에 들어 있는 생각이나 느낌은 극히 단편적이며 질서가 없이 뒤섞여 있는 경우가 많다. 그런데 그것을 글로 한번 써보면 비로소 짜임새를 얻게 되고 질서가 잡혀 더욱 선명해 지는 것이다. Writing sharpens thinking(Lannon, 2008, p. 19). 즉 글쓰기가 생각을 다듬게 한다. 글을 쓴다는 것은 곧 생각을 많이 해야 하고, 또 필자의 내면세계를 자각하는 것이기도 하다. 그러므로 그저 머릿속에서 막연히 생각하고 있는 것과 그것을 글로 한번 써보는 것과는 커다란 차이가 있는 것이다(한국교원대, 1995, pp. 17-18).

그런데 자기의 사상과 감정을 글로 표현하는 일은 생각처럼 쉬운 일이 아니다. 무언가 창작해 내는 일에는 반드시 출산의 고통이 따른다. 자기가 나타내고자 하는 생각에 적절한 말을 찾아내고 문장으로 만들어 내고 그것을 효과적으로 짜 맞추는 일은 여간 까다롭고 힘든 일이 아니다. 그렇기 때문에 그 고통을 이기고 한 편의 글을 완성했을 때는 겪었던 고통의 크기만큼의 큰 즐거움이 있다. 그러므로 글로 쓴다는 것은 우리의 사회생활의 필요에 부응한다는 것 외에도, 글을 씀으로써 자아를 발견하고 자아를 확립하고, 또 자아를 실현시키는 그런 효용이 있는 것이다.

글쓰기는 얼마나 중요한가?

응답자들에 따르면 전체의 3분의 2 이상이 글쓰기 능력이 필요한 일자리였다. 하지만 경영진의 기대 수준은 그보다 높았다. 시급제 일자리나 기술직, 현장 근로도 글쓰기 능력이 필요하다고 여겼다. 앞으로 더욱 많은 일자리가 창출될 서비스 · 금융 · 보험 · 부동산 부문으로 가면 채용할 때 글쓰기 능력을 본다는 비율이 80%나 됐다. 한 응답자는 "입사지원서의 (자기소개서) 글쓰기 실력이 빈약하면 면접 기회가 주어지지 않으며 글쓰기 실력이 부족하면 승진도 불가능하다"고 말했다.

한 인사담당 중역은 "글쓰기 능력은 비즈니스의 기본이다. 요즘처럼 엄청난 속도로 기술이 발달하는 환경에서는 압축적이고 논리적으로, 그리고 일관되게 내용을 전달하는 능력이 점점 더 중요해진다"고 지적했다. 또 정확한 글쓰기 능력은 곧 명확한 사고능력을 의미한다고 경영자들은 판단한다.

미국대학위원회 산하 '미국의 가정, 학교, 대학을 위한 전국글쓰기위원회'(National Commission on Writing)는 2004년 비즈니스 라운드테이블 회원사 120개 대기업의 인사 담당자를 대상으로 기업 활동과 글쓰기의 관계를 조사했다. 비즈니스 라운드테이블은 우리나라로 치면 전경련이나 경총 같은 기업인 단체로, AT&T, 3M, 코카콜라, GE, 존슨앤드존슨 같은 미국 대기업 최고경영자들이 그 회원들이다. 이 조사 결과는 같은 해 9월 '글쓰기가 직장인의 성패를 가른다'(Writing: A Ticket to Work... Or a Ticket Out)라는 이름의 보고서로 발표됐다(Sheehan, 2010, p. 5).

위 기사들은 졸업한 후 직장에서 일을 하는데 있어서, 글쓰기가 얼마나 중요한지를 알 수 있게 하는 것들이다. 그렇지만, 기본적인 글쓰기 기량이 없으면 자기소개서("청춘의 필수과목, 가장 절박한 문학… '자소서'"(Chosun.com 2013.10.28))를 제대로 작성하지 못하여, 취직을 위한 면접 기회조차 가질 수 없음을 깨달아야 한다.

2-2 대학문

여러분들은 고등학교에서 작문을 이미 배웠고, 대학생으로서 여러 과목을 배우면서 꽤 많은 글을 쓰게 된다. 대학에서 학생들이 학업과 관련하여 쓰는 글들을 대학문(大學文, college writing) 또는 학구문(學究文, academic writing)이라 부른다. 예를 들어, 교양도서를 읽고, 주제를 정해서 쓴 글은 대학문이다. 그런 글은 주로 창의적이고 설명적이다.

그런 글에서 학생들은, 자신이 아는 것 보다 더 많이 그 주제에 대해서 아는 누군가에게 자신들이 배운 것을 드러내어야 한다. 그 사람의 일이 학생들이 배운 것을 평가하는 것이기 때문에, 학생들의 청중은 "확정된 청중"이라 할 수 있다(Pfeiffer, 2010, p. 2). 다음은 학생들이 대학문을 쓰게 되는 통상적인 두 가지 상황이다:

상황 1: 글쓰기 과목에서 쓰는 에세이

대학 교양 글쓰기나 기초 글쓰기 수업에서, 학생들은 경험이나 독서에 바탕을 둔 짧은 에세이를 쓰게 된다. 교수는 학생들이 (1) 서론에서 제재와 목적 그리고 요점(주제)들을 진술하고 (2) 본론에서 뒷받침하는 내용들을 전개하며, 그리고 (3) 결론에서 글을 마무리하기를 기대한다. 독자는 응집성 있고, 통일돼 있으며, 올바른 문장들로 된 흥미로운 한 편의 글을 원한다. 다음은 그런 견학보고서의 첫 단락이다. 학생들은 현대자동차 울산 공장을 견학하고, 그들이 보고 느낀 바에 대한 글을 쓰게 되었다.

> 우리는 현대자동차 울산 공장을 둘러보았다. 우리는 넓은 공장 여러 곳을 차례로 볼 수 있게 설치된 통로를 따라 가며, 수많은 각종 기계설비들이 작동하고, 컨베이어 벨트로 이송되는 차체에 많은 근로자들이 곳곳에서 저마다 맡은 부품들을 조립하고 있는 것을 보았다. 견학 통로가 끝나는 지점에서 우리는 1분도 채 안 되는 시간 마다 완성된 차들이 계속 운전되어 공장을 빠져 나가는 것을 보았다. 이 글은 자동차 생산을 위해 기계와 근로자들이 어울려 일하는데 대해 내가 느낀 바를 적은 것이다.

상황 2: 일반 과목들에서 시험 대체 과제나 글쓰기 과제

역사나 과학 관련 과목들을 배우는 때 학생들은 흔히 분석적인 글을 쓰거나 시험을 본다.

글쓰기 과목에서 쓰는 에세이들처럼, 그런 글들은 주요 요점들을 개관하는 주제문으로 시작해서 뒷받침하는 단락들로 나아가야 한다. 예를 들어, 학생들은 특별한 사건에 대한 즉각적이고 그리고 장기적인 이유 둘 다를 기술하거나 설명해야 할 지 모른다. 아래 예문은 환경과학 과목을 수강하는 학생이 원인-결과에 관해 쓴 에세이의 첫 단락이다. 필자는 '온실 효과'에 대한 원인들을 정의하고 제시한다.

> 온실 효과는 지구의 전체적인 온난화 경향을 말하는 것이다. 그것은 대기 중에 이산화탄소나 다른 가스들이 모여서 누적되는 것으로 인해 지구 표면에서 반사된 태양열이 지구의 대기를 벗어나지 못해서 발생한다. 이 에세이는 온실 효과가 심각하게 증대되는데 대한 주요 이유들인, 아마존에서 열대 우림을 태워 없애는 일, 세계 각지에서 가속되는 자동차 오염 물질 발생, 그리고 화석 연료를 태우는 발전소들의 증가들에 대해 기술할 것이다(Pfeiffer, 2006, p. 4).

두 상황의 예에서, 목적은 지식을 입증해 보이는 것이고, 독자는 문제에 대한 접근 방법에 이미 친숙한 사람이다. 이런 의미에서, 대학문 또는 대학에서 학생들이 쓰는 글은 학생들보다 문제에 관해서 더 많은 지식을 가진 사람, 교수에게 학생들이 정보에 대해 얼마나 해박한 지를 보여주는 것이어야 한다.

대학문의 특징

대학생들이 학교에서 쓰는 글은 다음 특성들을 가진다:

- 목적: 토픽에 대해 알고 있음을 입증해야 좋은 점수를 받아
- 토픽에 대한 필자의 지식: 글을 평가하는 사람인 교수보다 수준이 낮아
- 청중 또는 독자: 과제를 내어 준 그리고 그것을 처음부터 끝까지 읽을 교수
- 평가의 기준: 깊이, 논리, 분명성, 통일성 및 문법
- 통계 및 그래픽 뒷받침: 설명하고 설득하기 위해서 가끔 사용

이런 대학문의 특징을 고려하면, 대학생들은 기본적으로 자신이 소통하고 싶은 주제를 드러내는 글을 쓸 수 있어야 한다. 즉 대학생들은 자신의 메시지를 글로 온전히 표현할 수 있는, 즉 자기 표현 능력을 갖추어야 한다. 이것은 이 책이 가르치고자 하는 첫 번째 목표이기도 하다.

필자가 주제를 온전히 글로 표현했음에도 불구하고, 독자가 글의 주제를 파악하지 못하여 의사소통이 실패하는 상황이 발생하지 않도록 하려면 어떻게 해야 하나? 필자는 독자, 글의 주제, 그 둘 간의 관계에 대해 연구해야 한다. 예를 들어, 독자가 알아들을 수 없는 내용을 필자가 아무리 글로 잘 쓴들 무슨 소용이 있겠는가? 또 주제를 담고 있는 문서, 예를 들어, 글을 담고 있는 종이가 탈색되어 독자가 글을 잘 읽을 수 없다면, 무슨 낭패인가? 또 필자가 길게 글을 써 놓았는데 독자가 너무 바빠 글을 모두 읽을 수 없으면, 그 글은 또 무슨 소용이겠는가? 즉, 필자는 독자가 글을 읽는 여건뿐 아니라 문서가 배포되고 이용되며 유통되는 환경도 고려해서 문서를 생산해야 한다. 이런 내용에 대해서는 기술문 쓰기에서 배운다.

2-3 기술문

기술 글말 의사소통(technical written communication)은 기술문(technical writing)으로 구현된다. 앞에서 technical은 전문성을 요구하는 일과 관련되는 뜻이라 하였다. Technical writing에서, writing이라는 영어 단어는 '쓰기'를 뜻하기도 하지만, '쓴 것; 문서; 서류'를 뜻하기도 한다. 그래서 technical writing은 '기술글' 또는 '기술문(技術文)'이라고 부를 수 있겠고, '기술문 쓰기' 또는 '기술문 작성'이라고 할 수도 있겠다.

넓은 의미의 '기술문'은 '전문성을 요하는 일과 관련한 실용문'이라 할 수 있다. 그래서 '기술문'은 '사업, 기업 또는 직종에 상관없이 전문적인 일을 하는 사람들[4]의 생각이나 마음이 막히지 않고 서로 트이게 할 목적으로 쓴 실용문(實用文)'이다. 직장에서는 주로 직무와 관련된 소통의 행위로서 글을 쓴다. 그런 글은 주로 업무와 관련된 전문적이거나 쓸모가 있는 수단에 관계되는 기술문이다. 이런 맥락에서, '기술문'은 과학문(scientific writing), professional writing, business writing, occupational writing, workplace writing, career writing 등을 대표하는 용어로 볼 수 있다.

기술문도 글이기 때문에, 든든한 작문 실력은 기술문을 쓰는데 크게 도움이 된다. 글의 구성과 주제의 전개에 관해서, 통일성과 응집성(연결성)에 관해서, 단어, 문장, 그리고 단락에 관해서 아는 것 모두는 기술문 쓰기에도 유용하다. 기술문을 쓰려면, 아무 글과 마찬가지로, 철자법, 맞춤법, 문법, 그리고 (언어의)관용법, 어법에 대해서도 주의해야 한다.

대학문과 기술문의 차이

직업인들의 글쓰기는 대학생들의 글쓰기와는 지향이 완전히 다르다. 두 유형의 글을 쓰는데 관련되는 기본 사항들은 비슷하지만, 청중, 목적, 그리고 기법들은 확연히 다르다.

먼저 청중. 독자의 관점에서 대학문과 기술문의 차이점을 살펴보자. 학생들이 기말 시험을 위해 쓰는 에세이는 전형적으로, 주제에 대해서 학생이 아는 것보다 더 많이 알고, 그리고 학생이 그것을 얼마나 잘 알고 있는가보다는 학생이 말하는 것에 대해서는 덜 관심을 가지는 어떤 사람이 –과목 담당자– 독자이다. 실험실 보고서, 학기말 논문, 그리고 신입생 작문 과목에서 썼던 에세이들(지나간 여름에 나는 무엇을 했나, 유전자 공학에 관한 나의 관점, 나의

4) 우리 문장 쓰기"의 저자 이오덕(1993)은 몸을 움직여 일하는 사람들이야말로 글을 쓸 자격이 있다'고 한다.

첫 아르바이트 이야기)의 청중도 과목 담당자이다. 그렇지만 직장에서 쓰는 보고서와 제안서에 대해서는 많고도 다양한 독자들을 가질 것인데, 그들은, 전형적으로, 해결해야 하는 문제에 대해서 특별하고 즉각적인 지식을 덜 가지고 있으며 그러면서도 그들 자신의 업무 활동들을 추구하기 위해서 그 지식들을 획득해야 하는 사람들이다.

다음으로, 글의 목적. 학생들을 가르치는 사람들은 학생들이 쓸 에세이들과 학기말 글쓰기 과제들을 학생들이 어느 정도로 배웠는지를 주로 평가하기 위해서 그리고 학생들이 배운 제재에 대해 얼마나 이해하고 있는지를 점검하기 위해서 읽는다. 그들의 직업 생활은, 학생들이 쓴 글을 읽는다고 해서 뚜렷하게 달라지지 않는다. 대학문을 쓰는 목적은 정보를 제공하는 것이 아니고, 독자에게 인상을 남기는 것이다. 학생들은 글을 씀으로 인해 받게 될 성적에 관심이 있지, 가르치는 사람들이 그 글을 읽어서 새로운 정보를 얻게 된다든지 하는 따위는 조금도 개의치 않을 것이다.

이와는 달리, 직업 전문적 글은 쓸모 있는 것이어야 한다. 보고서, 지시서, 그리고 제안서의 독자들은, 결정을 내리고, 직무를 수행하며 그리고 필자의 추천들에 바탕을 두고 어떤 조치들을 취하기 위해서 필자가 가지고 있는 정보를 그 사람들이 필요하기 때문에, 필자가 쓴 것을 읽는다. 필자의 목적은 정보가 독자들의 것이 되고; 필자는 독자들이 필요로 하는 정보를 의사소통하기 위해서 글을 쓰고, 그리고 필자의 주된 목표는 그 정보를 최대한 분명히, 간결하게 그리고 완전하게 독자들에게 제공하는 것이다.

끝으로, 기법. 학생들은 에세이를 줄이 그어진 노트에 손으로 쓰기도 했을 것이다. 그것은 머리 제목이나 부제목들이 없고, 삽화나 예시들도 없으며, 제목 페이지와 부록들도 없었을 것이다. 단지 초고를 허겁지겁 써서, -좋은 싫건- 그것을 결코 다시 보지 않을 것으로 생각하고, 고쳐 쓰기도 하지 않고, 제출했을 것이다. 이 모든 것이 직무 글쓰기에서는 다르다. 초벌은 타이핑되고, 식자(植字)되거나, 컴퓨터 또는 다른 장비에 입력될 것이다. 거의 모든 문서에는 도면과, 사진, 표, 또는 차트들이 포함될 것이다. 머리 제목, 부제목, 목차 그리고 부록들이 예외라기보다는 정규적인 것들이 될 것이다. 보고서와 매뉴얼들의 복사본들이 수십 수백 부 인쇄될 것이고, 그것들은 개정과 편집을 위해서 수개월-심지어 수년-이 지난 뒤에 필자에게 되돌아올지도 모른다(Stratton, 1984, p. 4).

상황 3: 기술문 쓰기

기술문을 쓰는 사람은 문제를 해결하는 마음을 가져야 한다. 주위동료들과 어울려 일하는데 지장을 주지 않도록 어떻게 문제 해결책을 추천할 것인가? 그러면서도 진실을 어떻게 말 할것인가? 독자들이 문제의 본질을 이해하면서도 문제의 긍정적인 면을 볼 수 있게하자면, 글을 어떻게 써야 하나? 이런 문제를 해결하는데 도움을 줄 만한 사람이 주위에 있나? 아래 문제를 해결하는데 이런 사항들을 어떻게 고려해서 글을 쓸 것인가?

> 김박이는 보안 소프트웨어 개발 중견 기업에 다니는 컴퓨터 공학학사(경영학 부전공)로서 입사 3년차(고객영업부) 대리이다. 고객영업부 부장 이박김은 새로운 과장들을 주기적으로 훈련하는 프로그램을 3년 동안 맡아왔다. 그 2주짜리 훈련 프로그램은 그런대로 잘 운영되고 있지만, 이 부장은 김 대리에게 그 프로그램을 평가해서 회사 차원에서 훈련 절차를 개선하기 위한 보고서를 제출하도록 지시했다.
>
> 김 대리는 그가 쓸 보고서를 이 부장의 보스인 최 이사(인사담당)와 홍 부사장(마케팅, 최초로 훈련 프로그램을 입안한 사람)이 읽을 것임을 안다. 보고서는 다른 부장들, 주요임원들에 배포되고 회사 인력개발 인사자료에 포함될 것이다.

기술문의 특성

기술문은 일이 되도록 하는 것에 의미가 있다. 다른 그 외의 것들은 부차적인 것들이다. 글의 스타일에 대해서도 관심을 둔다면, 그 만큼 더 좋다.

기술문은 의사소통 관점에서 여섯 가지 중요한 특성을 갖는다: ① 특정한 독자를 목표로 해야 하고, ② 독자들이 문제를 해결하는데 도움을 주어야 하며, ③ 조직의 목표와 문화를 반영해야 하고, ④ 협동해서 생산되어야 하며, ⑤ 독자가 읽기 쉽도록 디자인 되어야 하며, ⑥ 글말들과 이미지들 둘 다로 구성된다(Markel, 2012, p. 6).

기술문은 또 글쓰기와 관련한 여덟 가지 기초적인 특성을 갖는다: ① 올바름(correctedness), ② 정확성(accuracy), ③ 분명성(clarity), ④ 포괄성(comprehensiveness), ⑤ 접근성(accessibility), ⑥ 간결성(conciseness), ⑦ 정직성(honesty)-정직하지 않으면 독자나 필자의 조직이 해를 입을지 모른다. ⑧ 외모(professional appearance)-단정하게 잘 구성된 문서는 독자로 하여금 글의 내용과 필자에 대해 호감을 갖게 한다.

올바름

제대로 쓴 기술문은 올바르다. 기술문은 문법, 철자법, 관용 어법 뿐만 아니라 적절한 포맷 표준들의 규약들을 따라 올바르게 써야 한다.

올바름에 대한 많은 "규칙들"은 분명히 중요하다. 만약 "세 명의 검사관 — 홍길동, 박계명, 그리고 나 — 이 그 회의에 참석했다."로 쓰려고 했는데 줄표 대신 쉼표를 적었다면, 즉 "세 명의 검사관, 홍길동, 박계명, 그리고 내가 그 회의에 참석했다."로 썼다면 독자들은 (세 명이 아닌) 여섯 명의 사람들이 참석한 것으로 생각할 것이다. 만약 "algae를 먹고 있는 동안, 연구자들이 그 물고기를 잡았다."고 쓴다면, 일부 독자들은 — 적어도 얼마 동안 — 문장의 뜻을 알아차리는데 혼란을 겪을지도 모른다.

그러나, 독자들이 글을 어떻게 보고 어떻게 이해하는지에 따라, 그 글의 인상이 형성될 것이기 때문에, 대부분의 규칙들은 차이를 만든다. 만약 문법 오류가 많아 보고서가 엉성하면, 독자들은 필자의 정보의 정확성에 대해 의심하거나 글 읽기에 집중하기 힘들게 될 것이다. 여전히 소통하고 있다 해도, 필자의 메시지는 의도했던 수준에 못 미칠 것이다. 결과적으로, 문서는 그것의 목적을 성취하지 못할 것이다.

정확성

올바른 기술문의 주된 특성은 정확성이다. 즉 문서는 독자가 쉽게 이해할 수 있는 단 하나의 뜻 · 의미를 전달해야 한다.

뜻이 부정확한 기술문은 비싼 대가를 치른다. 오늘날 비즈니스 편지를 쓰는데, 예를 들어, 필자의 시간과 사무용 장비 사용, 문구 그리고 우편료 등의 비용이 든다. 의미가 불분명한 편지를 보내는 때 마다, 그 편지를 받는 사람은 필자에게 일의 내용을 정확하게 해달라고 요청하는 글을 쓰거나 전화를 해야 한다. 그러면 편지나 문서를 다시 써야 하고 올바른 정보를 확인하기 위해 다시 보내야 한다. 더 큰 규모의 조직에서, 기술문의 분명성은 근본적인데, 비즈니스와 산업계에서의 대부분의 프로젝트들은 협동해서 일한다. 다른 근로자나 직원이 그것의 한 측면을 맡아 일하는 동안, 다른 사람은 그 과제의 다른 부분을 맡아서 일한다. 다양한 협업자들 사이에 생생한 의사소통을 연결하는 매개체는 보통 보고서이다. 만약 의사소통 연결고리들 중 하나가 부실하면, 전체 프로젝트가 위험에 처할 수 있다. 예를 들어, 어떤 새로운 제품을 개발할 것인지를 결정하려고 하는 어떤 전자제품 제조 회사의 경우를 고려하자. 시장 규모를 결정하는 책임을 맡고 있는 마케팅 부서가 작성한, 어떤 제품을 생산하는 것에 반대하는 내용의 추천 보고서를, 만약 생산 부서가 엉뚱하게 이해한다면, 회사는 연구와 개발을 시작함으로써 엄청나게 많은 손실을 보게 될 것이다.

더욱 중요한 것은, 부정확한 기술문은 위험하다. 기계류를 어떻게 안전하게 운전하는지에 대한 불분명한 지시서처럼, 의약품 용기에 조잡하게 쓰인 경고문들이 통상적인 예들이다. 부실 건축 시공 문서들은 시공 계약자들이 불량한 소재나 건축 기법들을 사용해서 비용을 줄일 수 있겠구나 라고 오해를 초래할 수 있다. 1986년 우주 왕복선 Challenger 비극을 초래했던 사건은 발사 결정에 대한 공식적인 책임자가 그 날 발사와 관련된 위험성들의 분명한 보고서들을 받았다면 예방될 수 있었을지도 모른다.

분명성

불분명한, 오류가 있는 글은 부정확한 글만큼이나 많은 문제들을 초래한다. 분명성은 어떤 의미에서는 단순한 개념이다. 여러분들은 사실들을 주의 깊게 기록해야 한다. 4,000을 40,000으로 쓰면 안 된다. 만약 '그림 3-1'을 언급하려 했다면, '그림 3-2'라고 하지 말아야 한다. 분명성을 해치는 사소한 오류는 독자들을 혼란에 빠지게 한다. 불분명한 지시는, 두말할 것 없이, 위험할 수 있다.

다른 관점에서, 그러나, 분명성은 더욱 어려운 개념이다. 기술문은 잘 수행된 과학적 실험만큼이나 객관적이고 편견이 없어야 한다. 만약 어떤 필자가, 어떤 특별한 사실의 중요성을 과도하게 진술하거나 중요한 요점에 대한 참고를 빠트림으로써, 정보를 왜곡한다고 독자들이 의심하면 그들은 문서 전체의 유효성을 의심하게 된다. 기술문은 그 내용이 분명하고 효과적으로 구성되어야 하지만, 그것은 또한 합리적이고, 공정하며 그리고 정직해야 한다.

포괄성

포괄적인 기술문은 독자들이 필요 하는 모든 정보를 제공한다. 기술문은 프로젝트 내용에 대해 낯선 독자들이 그 프로젝트 발생의 배경이 되는 문제나 기회를 이해할 수 있게 되도록 기술해야 한다. 기술문에는 필자가 그 프로젝트를 수행하기 위해 사용한 방법들의 명백한 기술뿐만 아니라 결과와 결론 및 추천들과 같은 중요 내용들의 진술도 포함된다.

포괄성은 두 가지 이유에서 긴요하다. 첫 번째로, 문서를 (충고 따위를)좇아 행동할 사람들이 온전하고 완비된 논의와 정보를 효과적으로, 효율적으로 그리고 안전하게 응용할 수 있어야 한다. 두 번째로, 문서는 어떤 조직에서, 그것의 태동부터 그것의 마무리까지, 그 프로젝트의 공식적인 기록일 것이다.

예를 들어, 어떤 박테리아의 새로운 변종의 두 가지 다른 합성물에 대한 반응을 비교하는 실험에 관한 보고서는 그 실험에서 사용된 방법들이 충분히 기술되어 있지 않는 한 출판되기 어려울 것이다. 다른 과학자들은 그 연구자의 방법들을 그대로 따라 해 보기를 원하기 때문에, 그 연구자가 구입했던 모든 재료의 제조 회사들의 이름들을 포함하여, 모든 자세한 것들이 보고서에 포함되어야 한다.

또는 어떤 회사의 엔지니어가 컴퓨터들을 연결하여 네트워크를 만드는 일을 추천하는 보고서를 쓴다고 하자. 그 회사는 아마도 그런 비싸고 중요한 프로젝트의 실행을 의뢰하기 전에 자세히 분석된 추천 보고서를 원할 것이다. 그 추천 보고서를 검토하는 팀은 모든 자세한 것들에 대해 알아야 할 것이다. 만약 그 추천을 받아들인다면, 여러 달 또는 몇 년 후에 있을 변화들의 만일의 경우에 대비하여, 회사는 온전한 정보의 원천이 필요하다.

접근성

접근성은 독자들이 그들이 찾고자 하는 정보가 있는 곳을 쉽게 알아내는 것을 의미한다. 기술문과 다른 종류의 논픽션들 사이의 중요 차이들 중의 하나는 대부분의 기술 문서들이 작고, 독립적인 부분들로 만들어진다는 것이다. 일부 독자들은 단 하나 또는 몇 부분들에만 관심이 있고; 다른 독자들은 많은 또는 대부분의 부분들을 읽기를 원할지도 모른다. 상대적으로 몇 안 되는 사람들만이 문서를 처음부터 끝까지 통독할 것이기 때문에, 필자의 임무는 문서의 다양한 부분들을 독자들이 쉽게 찾아 볼 수 있게 만드는 것이다. 즉, 독자들이 적절한 부분을 찾기 위해서 문서의 여기저기를 뒤적거리지 않도록 해야 한다는 것이다.

쓴 글의 접근성을 증대하기 위해서, 머리제목들과 여러 목차들이 사용되어야 하고, 보고서에는 내용 목차가 포함되어야 한다.

간결성

간결성은 기술문의 유용성을 뜻한다. 문서가 길수록, 그것이 독자의 시간을 더 요구한다는 분명한 이유로 인해, 그것은 사용하기에 더욱 어렵다. 어떤 의미에서, 간결성은 분명성과 포괄성에 반대되게 작동한다. 만약 어떤 기술적인 설명이 절대적으로 명백해야 한다면, 제재의 모든 측면 낱낱을 아주 자세히 기술해야 한다. 이 모순에 대한 해결책은 분명성, 간결성 및 포괄성들의 균형을 잡는 것이다. -청중, 목적 및 주제가 주어져 있는 상황에서- 문서는 분명해 질 수 있는 만큼 충분히 길어야 하지만, 단어가 더 길어지지는 않아야 한다. 대부분의 글에는 불필요한 구절들이 없어야 하고, 긴 단어들 대신 짧은 단어들을 택하고, 그리고 경제적인 문법 양식들을 사용함으로써 간단히 10~20% 짧게 쓸 수 있다.

간결한 글쓰기는 그러나, 흔히 문법이라기보다 오히려 심리학과 관련된다. 예를 들어, 어떤 설비 회사가 최근에 근로자들에 의해서 초래된 꽤 심각한 경영 문제를 겪고 있다고 하자. 그래서 회사의 지점 관리자들은 지난 6개월간 발생한 기술 문제들에 관해서 본사 관리자들에게 중기 경영 상황보고서를 작성해서 제출하도록 되었다. 보고서의 길이는 최대 3쪽짜리로 분명히 명시되었다.

그런데 그 보고서들이 접수된 후에, 회사 본부 부서들은 거의 한 달 동안 업무가 마비되었다. 그 보고서들은 평균 17쪽이었다. 지점 관리자들은 “최대 3쪽”이라는 지침을 읽었지만, 그들은 그것을 믿지 않았다. 그들은 그들의 감독자들에게 인상을 심어 주려고 했다. 그래서 세세한 거의 모든 것들을 포함하는 보고서를 만들었던 것이다. 그들은 보고서를 작성하는 동안, 누군가는 그 보고서를 읽어야 한다는 단순한 사실을 망각했다. 독자의 관점에서, 사실, 지점 경영에 아무 문제도 없다는 17쪽짜리 보고서를 읽는 일보다 더욱 황당한 일은 없다. 회사 관리자들은 17쪽 보고서들을 3쪽짜리들로 줄여서 그것들을 장래에 참고할 수 있는 파일로 만들어 보관하는데 많은 시간을 들여야 했다.

그 회사는 지점 관리자들이 주제가 분명한 보고서를 쓰도록 교육하기 위해 글쓰기 전문가를 고용했다: 3쪽짜리 상황 보고서가 충분할 뿐만 아니라 3쪽 이상의 보고서는 쓸데없는 것이라는 것을 강조했다.

기술문은, 정보를 특별한 청중에게 전달하거나 또는 그 청중들을 어떤 특별한 관점으로 설득하기 위한, 임무를 성취해야 하는 것이다. 그 임무를 달성하기 위해서, 글은 분명해야 하고, 그러면서도 정확해야 하며, 온전하고, 그러면서도 접근성이 좋아야 한다. 그것은 경제적이고도 올바른 글이어야 한다. 필자 자신은 글에 드러나지는 않아야 한다. 필자가 열심히 일한 유일한 증거는 – 일의 내용을 설명하기 위해서 필자가 독자 곁에 있지 않아도 – 글의 목적이 성취되는 문서이다.

이런 기술문의 특징을 고려하면, 전문 주제에 대해서 소통하는 글을 써야 하는 전문가(엔지니어를 포함하는 모든 분야의 직업 전문가) 혹은 기술 필자(technical writer)들은 자신의 메시지를 글로 온전히 표현할 수 있을 뿐만 아니라 독자가 메시지를 이해하는데 어려움이 없도록 글을 쓸 수 있는 능력을 갖추어야 한다.

필자가 주제를 글로 온전히 표현하였고, 독자가 그 글을 읽어 주제를 온전히 파악할 수 있는 환경이 되면, 필자와 독자 사이의 의사소통은 성공할 가능성이 높다. 완전한 의사소통 성공을 위해서는 필자가 의미 전달과 관련되는 장르 자원 및 맥락 변수들을 완전히 통제할 수 있어야 한다.

2-4 엔지니어와 글쓰기

공학(engineering)은 과학과 수학을 바탕으로 인간에 유용한 산물을 만드는데 필요한 기술(technology)을 창조하는 일이다. 그 일을 설계(engineering design)라고 부른다. 설계는 목표하는 기능과 성능을 포함한 제반 요구조건을 만족하는 시스템이나 시스템의 일부를 고안하는 전 과정을 포함한다. 설계는 수학, 기초과학, 공학주제 영역의 이론을 바탕으로 정답이 없는 문제를 해결하는 방안을 고안해서 사용 가능한 자원을 최적으로 활용하여 그 방안을 구현하는 반복적인 의사결정 과정이다. 한 마디로, 설계는 기술을 창조하는 과정이다. 설계를 직업으로 하는 사람들이 엔지니어(engineer)이다.

많은 엔지니어들과 공대 학생들은 글쓰기에 서툴다고 한다. 결국, 우리는 말 보다는 기기, 기계 기구 및 숫자(numbers)를 가지고 일하기를 좋아하는 사람들 아닌가? 우리가 대학 신입생 때 교양국어 수업에서 배운 이후로 글쓰기는 우리와 상관없는 것으로 여기고 있지 않았는가? 그러나, 어쩔 수 없는 사실은 성공적인 엔지니어가 되기 위해서는 효과적으로 글을 쓰고 말할 수 있어야 한다는 것이다. 만약 여러분이 외부 영향 없이 혼자서 실험실을 꾸려갈 수 있다면 다른 사람들과의 직접적인 의사소통을 최소화할 수 있겠지만, 여러분의 아이디어와 발견한 것들이 여러분 자신을 벗어나 바깥으로 소통되지 않는다면 그것들은 쓸모없는 것이 될 것이다(Winsor, 1996, p. 11).

만약 여러분이 대학에서 글쓰기를 온전히 배우지 못했다고 느낀다면, 그것은 여러분 자신들의 잘못만은 아닐 것이다. 공과대학에서 기술문 쓰기를 제대로 가르치는 데가 거의 없고 (있다해도 드물어), 많은 학생들도 자신의 글쓰기 기량을 발휘한 적이 거의 없어서 그들이 학사학위를 받고 졸업할 때쯤에는 글쓰기 실력이 더 나빠져 있을 것이다. 그럼에도 불구하고, 대부분의 공과대학 학과들은 의사소통 -그 기량은 많은 엔지니어들이 그들의 업무 시간의 대략 20~40%를 사용할 것인 - 기량을 위해 전공 교과과정의 5% 미만을 할당한다. 글쓰기에 쓰는 시간은 엔지니어들이 승진함에 따라 보통 더 증가한다. 그래서 많은 젊은 엔지니어들이 그들이 사회생활을 하는 첫 5년 동안 대학에서 더 많은 수학 과목들을 배웠어야 한다고 생각하고, 다음 5년 동안은 그들이 글쓰기를 더 많이 배웠어야 한다고 생각한다(Beer, 2005, p. 2).

여러분은 공과대학 학생으로서 이미 배웠거나 앞으로 많이 배울 전공 관련 기량보다 글을 쓰는데 필요한 기량들을 배우기가 더 어렵지는 않다는 것을 곧 알게 될 것이다. 고려할 네 가지 인자들이 있다.

1. 엔지니어들은 글을 많이 쓴다.
2. 엔지니어들은 많은 종류의 문서들을 생산한다.
3. 성공적인 엔지니어로 성장하기 위해서는 강력한 글쓰기 기량이 필수적이다.
4. 엔지니어들은 글쓰기를 잘 배울 수 있다.

그리고 여러분이 학교에서 과제로 하는 글쓰기뿐만 아니라 학교에서 배운 기량을 바탕으로 사회에서 직무로 하는 글쓰기를 제대로 할 수 있기 위해서는, 글쓰기에 수반되는 상황과 연관되는 서로 겹치지만 구별되는 다음과 같은 다섯 가지 지식을 가져야 한다. ① 담화 공동체 지식, ② 주제 지식, ③ 장르 지식, ④ 수사학 지식, ⑤ 글쓰기 과정 지식. 여기서 말하는 공학과 관련한 주제 지식(subject matter knowledge)은 다학제적이고 복합적이며 항상 변화하는 지식을 말한다. 이 지식에는 전공과 관련한 주제들 외에, 수학과 과학 지식뿐만 아니라 경제와 법 및 윤리에 대한 기초 지식이 포함된다(Beaufort, 2007, p. 18).

④ 수사학 지식과 ⑤ 글쓰기 과정 지식은 3장에서 포괄적으로 배울 것이고, ① 담화 공동체 지식과 ③ 장르 지식은 5장에서 집중적으로 배울 것이다.

CHAPTER

03

글쓰기 과정

CHAPTER 03 글쓰기 과정

글이란 사람의 생각을 문자로 옮겨 놓은 것이다. 다시 말해 사람의 생각을 글자로 표현한 것이 곧 글이다. 사람의 생각을 효과적으로 표현하고, 적절하게 언어로 조립하는 일을 작문(作文, 또는 쓰기, 글쓰기)이라고 한다.

여기서 강조할 것이 있다. 앞에서도 여러 번 강조한 바처럼, 글을 쓰기 전에 글을 쓰려는 사람의 머릿속에 어떤 생각이 정리돼 있어야 한다. 책을 읽거나, 일을 하거나, 조사를 하거나, 경험이 있거나, 지식이 있어서, 정리된 생각을 글로 표현할 쓸거리들을 가지고 있어야 한다. 글로 표현하려는 '그 무엇' 즉, 글로 표현하려는 필자의 확고한 생각과 그 생각을 뒷받침하는 풍부한 재료들이 없고서는, 글쓰기를 배워도, 제대로 된 글을 쓸 수 없다. You can't write writing(Murray, 2004, p. 10). 아무렇게나 쓴 것은 글이 아니다.

이런 관점에서, 과정 중심의 (문제 해결 방법의) 글쓰기(process-based writing) 방법에 관한 이 장의 내용을 공부하면, 글로 표현할 생각을 만들어 내고, 다듬어 가는 능력을 기르는데 도움이 될 것이다. 이 장에서 설명하는 과정에 따라, 힘들고 서툴겠지만, 여러 편의 글을 써 보는 동안, 자신의 분명한 생각을 글로 표현하는 능력이 길러질 것이다. 글쓰기 실력을 기르고자 하는 사람은 글을 자주 써 보는 훈련과 동시에 문장 작법을 통해 표현 방법을 익히는 것이 노력한 보람을 더 키울 수 있을 것이다.

어떻게 자기의 생각이나 느낌을 적절한 어휘를 구사하여 효과적으로 표현할 수 있는가 하는 것은 요령의 문제라고도 할 수 있다. 문장(文章)의 표현 요령, 즉 자기의 생각을 제대로 문장으로 옮길 수 있는 기술을 개발하는 것이 중요하다. "구슬이 서 말이라도 꿰어야 보배"란 말이 있듯이, 아무리 멋진 생각이 있다 할지라도 그것을 효과적인 문장으로 표현해 낼 수가 없다면 그 생각은 가치를 인정받을 수가 없는 것이다.

왜 글쓰기에 과정 접근을 사용하나?[5)]

필자들은 글쓰기에 대한 신비로움으로 인한 막연한 두려움을 극복하며 글을 쓰는 데 이용할 수 있는 글쓰기 과정을 개발해 두어야 한다. 과정을 따라 글을 써야 하는 이유들은 다음과 같다:

효과적인 패턴으로 일하려고

사람들이 그저 앉아서 글을 쓴다고 상상할지도 모르지만, 우리는 보통 우리의 사고 스타일, 일하는 습관 및 그 일에 관한 경험에 바탕을 둔 준비와 실행의 과정을 따라 글을 쓴다. 우리는 그 과정을 알고 계속해서 다듬어가야 한다. 만약 하는 일이 무엇이며 그 일을 하는 이유를 모른다면, 우리는 혼란스럽고 비효율적인 절차를 따를지도 모른다. 잘못하면 우리는 글쓰기의 본성이 그러한 것 보다, 글쓰기를 더 어렵게 만들고 심지어 나쁜 글을 생산하는 과정을 연습하게 될 지도 모른다.

두려움과 절망을 피하기 위해서

보통 글을 쓰려고 앉아 있을 때 그 일은 너무도 압도적이어서, 사람들은 과거에 효과를 발휘한 적이 있는 검증된 절차, 태도 및 습관에 대해 알고 싶어 한다. 그래서 우리는, 과거에, 해결책으로 잘 인도해 준 적이 있는 어떤 방식을 따라, 미지의 것을 향해 나아간다.

시간을 절약하기 위해서

만약 참고할 과정이 없다면, 사람들은 이리저리 허겁지겁 반복하는 허술한 방식으로 글을 쓸 것이다. 만약 초점이 없다면, 그 때 연구는 헛된 일이 될지도 모르고; 만약 의미를 발견해 내기 전에, 문법에 관해 틀린 것부터 고친다면, 우리는 시간을 낭비하게 될 것이다.

효과적이고 효율적으로 쓰기 위해서

이전에 성공적으로 효과가 입증된 과정을 따르는 것이 글 쓰는 일의 효율성을 높여 줄 것이다. 예를 들어, 우리가 말해야 하는 것을 전개할 때 필요한 내용들이 기록되어 비축돼 있을 것이다.

---

5) Murray, 2002, pp. 27.

동료, 학생, 선생님, 상사들과 효과적으로 대화하기 위해서

필자와 독자들 - 학급 동료들 또는 직장 동료들, 선생님들이나 직장 상사들 - 사이의 대부분의 다툼은, 필자와 독자의 시각이 다를 때 생긴다. 필자는 초점을 추구하려 할 것이지만, 독자는 그런 탐색 보다는 우선 당장 틀린 글자들로 인해 읽을 마음이 시들해질지도 모른다. 독자가 글쓰기 과정에 대해 통상적으로 이해하고 있다면 그 독자는 효과적인 방식으로 글에 반응할 수 있게 될 것이다.

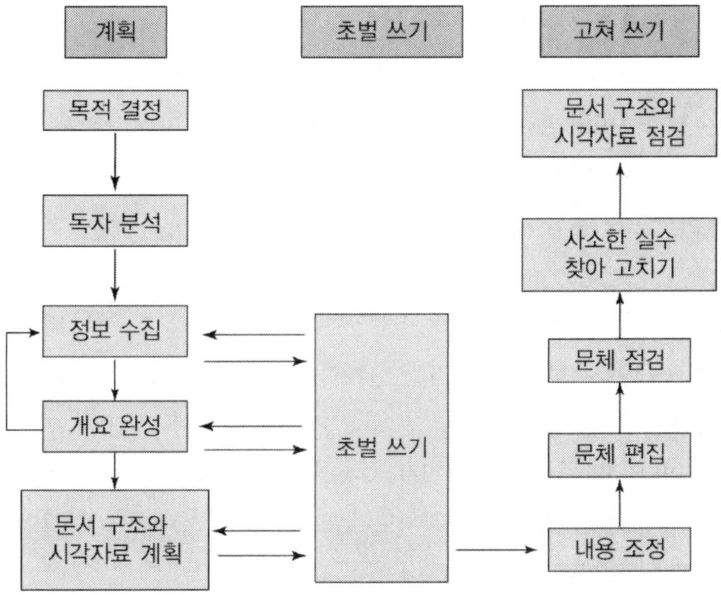

그림 3-1 3 단계 글쓰기 과정의 흐름도(Pfeiffer, 2010, p. 7)

글쓰기 과정을 어떤 순서나 목록으로 소개하기 때문에, 필자는 첫 단계를 따르고, 그 다음으로 둘째, 셋째, 넷째, 다섯째 단계들을 지나 계속 나아가며, 의미를 향해 단순히 일직선으로 따라가야 하는 것으로 생각할 수 있다. 그렇지만, 실제로는, 그림 3-1에서 보는 것 처럼 그 과정이 순환적이다. 또 글쓰기 과정이 단 하나로 정해져 있지도 않다.

3-1 3 단계 글쓰기 과정

어떻게 하든지, 일관된 글쓰기 과정을 따르는 것이 중요하다. 그 과정은 다음과 같이 크게 3 단계(stages)로 나눈다[6]:

- 쓰기 전 Prewriting (계획, 연구, 정보 수집, 구성, 개요 완성) 구상(構想)- 글쓰기 과제를 계획하고, 정보를 수집하며, 아이디어들을 전개하여, 정보를 어떻게 배열할 지를 결정하여 개요 완성하기(줄거리 짜기)
- 쓰기 Writing (초고(草稿) 쓰기) - 아이디어들을 문장, 절, 단락들로 옮기기
  애벌: [같은 일을 여러 차례 거듭해야 할 때의]첫 번째 차례. 초벌
- 고쳐 쓰기 Rewriting (개정, 편집 및 교정) 정정(訂正)과 가필(加筆)- Re-visioning 새로운 시각으로 보기, 고쳐 쓰기 및 교정함으로써 쓴 글의 품질을 개선

이 단계들('예비 작문' - '작문' - '다시 작문' 이라고 부르기도 함) 사이의 경계는 명확하지 않고, 그리고 그림 3-1에서 보듯이, 필자는 단계들 사이를 앞뒤로 오가며 글을 쓰게 될 것이다. 예를 들어, 초벌을 쓰는 동안 필자는 과제나 문제에 관해서 더 많은 연구를 해야 한다는 것을 깨닫게 될 것이다. 또 개정이나 편집하는 동안, 필자는 글의 다른 부분들에 대한 밑그림을 다시 그려야 할지에 대해 고민하게 될 지도 모를 일이다. 전체적으로, 그렇지만, 이 단계들은 글쓰기 프로젝트를 시작에서 끝으로 이끌어 갈 것이다.

그러는 동안, 필자가 이용하는 패턴이나 장르는 글쓰기 과정의 개별 단계를 안내하고 각 단계에 영향을 미칠 것이다. 문건의 패턴이나 장르는 필자가 문건이 포함해야 할 것이 무엇인지 관해서 결정하는 일, 그것이 어떻게 구성되어야 하는지, 무슨 스타일이 독자들을 위해 적절할 것인지, 그리고 무슨 디자인과 매체가 필자의 아이디어를 제시하기에 가장 좋을 것인지를 결정하는데 도움을 준다.

6) 4 단계(내용 생성-내용 조직-쓰기-고쳐 쓰기 혹은 아이디어와 정보 수집과 평가-문서 계획-초벌쓰기-고쳐 쓰기)로 나누기도 한다.

3-2 쓰기 전

글 쓰기를 시작하기 전, 즉 '쓰기 전'에, 시간을 내서 글쓰기에 대해 계획하고 연구하여야 한다. 비록 짧은 시간 동안이라도, 초벌을 쓰기 전에 계획하고 연구하는 시간을 가져야 한다. 계획과 연구 없이 전개한, 설익은 아이디어는 독자들을 혼란에 빠트리게 된다.

'쓰기 전' 단계는 그림 3-2에서 보는 바처럼, 또 그 보다 낮은 열 단계로 세분된다: (1) 과제 이해, (2) 수사적 상황 규명, (3) 문제 파악, (4) 화제 선정, (5) 제재 발굴, (6) 제재들의 그룹, (7) 주제 설정, (8) 제목, (9) 소주제 배열, (10) 개요 짜기

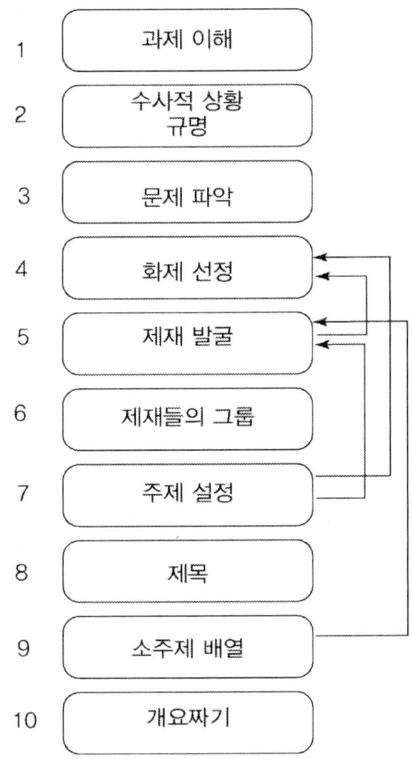

그림 3-2 쓰기 전' 열 단계

예를 들어, 대학문 쓰기(2-3절에서 언급한 바처럼, 책을 읽거나 토론을 한 다음 그 내용에 대해 글을 쓰는)의 관점에서, 이 열 단계들은 중요하다. 그러나 기술문(예, 진도보고서, 실험보

고서 등) 쓰기를 위해서는 일부 단계들, 즉 (2) ~ (8)까지의 단계들은 상대적으로 덜 중요하다. 그런 의미에서, 기술문 쓰기를 위해서는 5장 '장르'에 대한 내용을 미리 살펴보는 것이 좋겠다.

또 예를 들어, '취업용 자기소개서'와 같은, 글의 형식이나 양식이 정해져 있고 항목 마다 내용의 분량이 정해져 있는 글쓰기에 대해서는, '쓰기 전' 과정을 적용할 필요 없다. 그러나 기술해야 하는 지정된 항목을 문제나 화제로 간주하고 그 이하 단계들을 적용할 수는 있다. 또 그런 경우에는 지정된 항목에 대해 단락 개념을 적용할 수 있는 기량이 중요하다.

또 설계보고서를 써야 한다면, 설계 과정과 글쓰기 과정을 병행해야 한다. 즉, 공학설계를 하는 중에 보고서를 쓰는데 필요한 각종 자료들과 제재들을 잘 관리하아야 한다. 설계 과정의 각 단계마다 필요한 문서를 작성해야 하고, 설계가 완성되어 시작품을 제작하게 되면, 설계보고서를 마무리할 수 있어야 한다.

(1) 과제 이해

글을 쓰려고 하기 전에, 해야 할 일이 무엇인지 정확히 이해해야 한다. 특히 제출 기한이 언제인지, 글은 얼마나 길게 써야 하는지, 문서는 어떤 형식이어야 하는지를 확인하여야 한다. 글의 길이가 정해져 있는 경우, 단어 수나 페이지 수에 대한 제한이 있는지도 확인해야 한다. 페이지에 대한 제한이 없다면, 과제와 문제의 본성을 반영해서 글의 길이를 정할 수 있어야 한다.

또 과제는 무엇에 대한 글쓰기인지를 명확히 해야 한다. 글쓰기를 문제 해결과 연관 지을 때, 풀어야 하는 문제가 무엇인지를 명확히 알아야 한다. 이것은 과제가 주어진 환경을 규명하고 나서 곧바로 검토해야 하는 사항이다.

- **(대학문 쓰기) 과제의 예**(Kirszner, 2010, p. 17)

수업을 같이 하는 급우들에게 자신을 소개하는 글을 써라.
여러분의 인생이 바뀌게 된 경험에 관해 써라.
자신이 암모니아를 합성하는 절차를 논의하라.

Jonathan Kozel이 쓴 에세이 "The Human Cost of an Illiterate Society(문맹 사회)"를 문제로 해서, James Madison이 말한 다음 진술이 글의 주제가 되는 에세이를 써라: "그들 자신의 통치자들이 될 뜻을 품은 사람들은 지식이 주는 힘으로 무장돼 있어야 한다."

■ (기술문 쓰기) 과제의 예(Lannon, 2008, p. 16)

사례 1: 핵심 정보의 배송

Sarah Burnes는 카메라, 다목적 필름, 및 사진 장비들을 생산하는 선도 기업인, Millisun사의 화공 엔지니어로 채용되었다. 그가 맡은 첫 과제는 공장에 들어오고 나가는 물을 평가하는 것이다. (물에 포함된 오염 물질은 필름 생산에 해를 끼치고 생산 공정 자체가 유출되는 물을 오염시킬 수 있다.) 경영진은 다음 질문에 대해 답을 얻고자 한다: 물 필터를 얼마나 자주 교환해야 하는가? 필터들은 비싸고 교환하기 어려워서, 한 번 교환하자면 생산을 하루 정도 중단해야 한다. 회사는 정부 환경 규제를 어기지 않으며 필름 생산에 문제를 일으키지 않는 한, 필터들을 되도록 오래 사용하기를 원한다.

사례 2: 설득

*엘렉텍*과 다른 전자 장비 회사들은 상당한 규모의 어선들이 정박하고 있는 작은 항구의 해변가에 위치해 있다. 20년 동안, 이 회사들은 금속 화합물, PCBs, 및 다른 독성 물질들 함유하는 유출물들을 항구 인근 바다로 배출해오고 있다. 김 엔지니어는 인근 회사 엔지니어들로 구성된 팀원으로서, 그 항구를 정화할 환경보호기관과 협력하는 일을 맡게 되었다. 대부분의 일은 E-메일을 통해 진행된다.

분노하는 인근 주민들이 즉각적인 조치를 요구하고 있어서, 회사들도 이 대민 관계 악몽을 끝내려고 노심초사하고 있다. 그러나 팀의 분석에 의하면 아무 유형의 정화 조치는 항구바닥에 쌓인 침전물들을 휘젓게 되어, 용액이 주변 바닷물로 그리고 대기 중으로도 퍼져나가게 되는 것으로 드러났다. (대부분의 오염 물질들은 공기 중으로 부유될 수 있는 것들이다.) 섣부른 조치는 실제로 위험을 초래할 것인데, 팀원들은 위험 정도와 어떻게 일을 풀어 나가야할 지에 대해 의견이 분분하다.

김 엔지니어는 설득력 있는 의사소통을 할 수 있어야 한다. 그와 그 팀원들은 첫 번째로 그들의 의견 불일치 문제를 해소하고 팀의 총체적인 의견을 반영하는 환경 영향 평가 보고서를 작성해야 한다. 만약 그 보고서가 더 이상의 조사와 연구를 추천한다면, 김 엔지니어는 자신의 부서장과 대민 홍보 부서장에게 그 (더 이상의 조사와 연구로 인한)지연의 정당성을 설명해야 한다. 김 엔지니어는 사람들이 그 위험을 이해하도록 해야 할 뿐더러 그 자신도 그것들을 이해해야 할 것이다.

글의 길이

과목을 담당 교수는 대개 글의 대략의 길이를 정해 줄 것이고, 단어의 개수나 페이지 수에 대한 제한은 여러분이 쓰는 글의 초점에 직접적인 관계를 가진다. 예를 들어, 10쪽짜리 글의 토픽보다 2쪽짜리 글의 토픽이 더 좁은 범위의 것이어야 할 것이다. 비슷하게, 여러 날 동안 준비한 논문에서나 논의할 법한 주제를 한 시간 동안 보는 시험에서 철저히 논의할 수는 없을 것이다.

만약 교수가 쪽수를 제한하지 않는다면, 과제의 본성이 어떻게 그것의 길이를 제한하는지를 고려해라. 예를 들어, 어떤 문서나 그 문서의 한 장(chapter)을 읽고 그 내용을 요약한 글은 원래 글보다 훨씬 더 짧아야 할 것인 반면, 어떤 시를 분석한 글은 시 그 자체보다 더 길 것이다. 만약 써야 할 글의 적절한 길이에 대해서 불확실하다면, 교수께 여쭈어서 확인해도 된다.

(2) 수사적 상황 규명

글쓰기와 관련하여, 수사(修辭, rhetoric)란, 효과적이거나 설득을 잘하는 또는 설득력 있는 말하기나 글쓰기의 기교, 또는 (흔히 과장을 함축하는 등으로) 설득하기 또는 감명을 주기 위해 설계된 언어를 뜻하기도 한다. 그러므로 수사적 상황(rhetorical situation)(Dean, 2008, p. 13; Sheehan, 2010, p. 20)이란, 누구를 위해, 글을 왜 쓰며, 결과물은 어떻게 이용될 것이며, 필자는 어떤 상황에서 글을 쓸 수 있는지 등을 말한다. 즉 수사적 상황이란 필자가 글쓰기 과제에 대해 문제를 해결해야 하는 상황을 말한다.

수사적 상황 규명

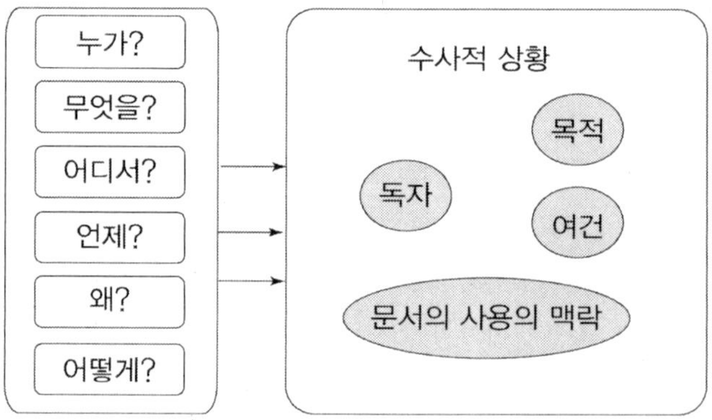

그림 3-3 필자가 기술 문서나 발표를 위한 수사적 상황을 결정하는데 육하 원칙의 적용이 도움이 된다(Sheehan, 2010, p. 21)

수사적 상황을 규명한다는 것은, 그림 3-3에서 보는 바처럼, 문서의 독자, (필자가 글을 쓰고 독자가 글을 읽는)목적, 글쓰기 여건 그리고 문서의 사용 맥락에 대해 확실히 이해하게 되는 것을 의미한다.

수사적 상황을 규명하는 것은 또한, 쓰고자 하는 글을 '장르(genre)'의 관점에서, 바라보게 하는 근본이기도 하다. 특히 '글쓰기의 사회적 맥락'은 글이 사회적 산물이라는 관점에 바탕을 둔 '장르 중심 글쓰기 (genre-based writing)'의 배경 요소이다. 글의 목적을 가장 효과적으로 달성하기 위한 기술적 내용 지식과 방법을 탐구하는 입장에서 장르가 중요하다. 그러므로 장르는, 그림 3-4가 묘사하는 바처럼, 글쓰기의 전 과정과 관련이 된다. 장르에 대해서는 5장에서 공부할 것이다.

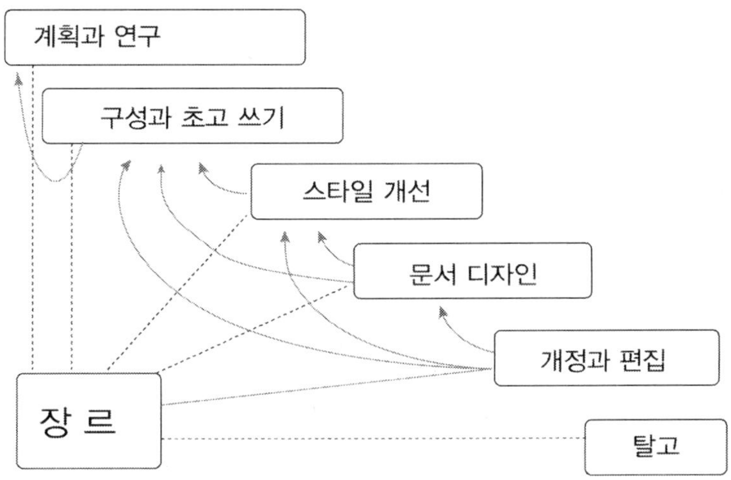

그림 3-4 기술문 쓰는 과정에서 여러 단계들의 앞뒤로 왔다 갔다 하는 일이 보통이고, 개별 단계의 상황은 문서의 장르에 의해 영향을 받는다(Sheehan, 2010, p. 19)

수사적 상황들을 규명하는 일은 밑도 끝도 없이 글을 쓰는 일을 막아 줄, 부가적인 단계로 봐도 된다. 실제로, 문건의 수사적 상황을 아는 것이 시간과 노력을 절약해 줄 것인데, 필자가 막다른 길, 불필요한 개정, 그리고 '필자의 걸림돌(writer's block)'(3-3-1 절 참고)을 피하는 데 도움을 줄 것이기 때문이다.

육하 원칙(六何原則)[7]을 적용하면 문서의 수사적 상황에 대한 전반적인 감각을 가지게 된다. 그에 따른 정보를 써서 문건의 독자, 목적, 글쓰기 여건 그리고 문서의 사용 맥락을 더욱 확고히 정의할 수 있어야 한다. 그래서 먼저 (Five-W and How Questions) 5-W와 How (5W1H, 육하 원칙)질문을 한다: who, what, why, where, when 그리고 how.

- 독자들은 누구인가, 그리고 그 외에 누가 프로젝트에 관련되나?
- 독자들은 무엇을 원하고 그들이 필요한 것이 무엇인가 그리고 우리는 무엇을 원하고 필요한가?
- 독자들은 이 문건에 있는 정보가 왜 필요한가?
- 어디에서 그들은 정보를 필요로 하고 그리고 어디에 그것을 사용할 것인가?
- 언제 정보가 사용되고 그리고 언제 그것이 소용될까?
- 어떻게 우리는 우리의 목적과 목표들을 성취해야 하나?

(1) 독자(청중)

수사적 상황을 규명하는데 있어서, 독자가 가장 중요하다. 글쓰기 과제가 무엇인지 알고 나면, 과제의 결과물인 글을 누가 읽을 것인지를 알아야 한다. 독자가 개인인지 그룹인지, 특별한 청중인지 일반적인 광범위한 청중인지, 청중의 나이, 성별, 정치적 종교적 가치, 사회적 교육 수준, 제재에 관한 관심에 대해 고려하여야 한다. 독자가 규정되지 않을 때는 보편적인 청중을 상상한다.

독자 중심의 문서(reader-based documents)들을 – 독자들의 수요와 반응을 고려하고 독자들의 이해를 위해 조직하고 구성하는 – 생성하기 위해서는 필자는 문서들이 작성되고 사용되는 상황에 대해 잘 알아야 한다. 낱말들에 의해서 뿐만 아니라 윤리, 태도, 가치, 교육 및 경험에 의해서도 영향을 받는, 독자들은 문서들로부터 의미를 구축한다.

목적을 성취하기 위해서, 여러분은 특별한 청중을 마음에 두고 글을 써야 한다. 청중은 한 개인 – 예를 들어, 과목 담당교수 – 일 수 있거나 또는 여러분의 동료들이나 급우들과 같은, 어떤 그룹일 수도 있다. 여러분이 쓰는 에세이는 의사나 경제학박사들의 그룹과 같은 특수한 청중, 또는 경제나 뉴스잡지의 독자들과 같은 공통점을 거의 가지지 않는 사람들인 일반적이

7) 기사 작성의 여섯 가지 필수 조건, 곧 누가·언제·어디서·무엇을·왜·어떻게'의 여섯 가지 조건.

거나 광범위한 청중들이 읽을 지도 모른다.

대학에서, 청중은 보통 과목 담당 강사이고 목적은 대부분 필자로서 학생들이 배우는 제재들에 대한 숙련정도, 학생들의 추론능력, 및 적성을 입증하는 것이다. 다른 청중들은 반 친구들, 같은 학과 동료들, 또는 지역사회의 사람들을 포함할지도 모른다. 청중을 정의하기 위해서 그들의 나이와 성별, 정치적 및 종교적 가치, 사회적 및 교육적 수준, 그리고 필자의 제재에 대한 관심을 고려하는 것이 도움이 될 것이다. 지역사회에 확산되는 무질서에 관한 보고에서 택할 접근 방법은 분명히 필자의 목표 청중에 따라 달라야 한다. 예를 들어, 어떤 지역 중학교 학생들을 대상으로 쓰는 보고서는 어떤 시민 그룹이나 시의회 또는 그 학생들의 부모들을 대상으로 쓰는 것과는 매우 다를 것이다.

기술 의사소통에서도, 모든 의사소통에서처럼, 우리는 사실과 아이디어들을 제시하고 청중, 경청자나 독자들이 그 사실과 아이디어들을 받아들이거나 그에 따라 행동하도록 설득한다. 그러나 기술 의사소통에서, 우리는 특별한 청중, 흔히, 우리 문제에 관해 벌써 흥미가 있거나 지식을 가진 청중을 대하게 된다. 우리는 감독자, 매니저, 기술자, 공무원 그리고 관심 그룹, 주주, 잠재 고객 및 과학자와 엔지니어들을 상대해야 한다. 따라서 우리는 의사소통을 특별한 청중의 필요와 관심에 맞추어야 한다.

흔히, 필자는 청중이 너무도 가지각색이어서 카테고리로 분류할 수 없다는 것을 알게 될 것이다. 그런 경우에, 많은 필자들은 보편적인 청중을 상상하고 그리고 그들이 생각하는 요점들을 다양한 독자들에게 호소할 수 있게 글을 쓴다. 가끔 필자들은 청중 속의 전형적인 개인을 – 아마도 그들이 아는 한 사람 – 상상해서 그 사람에게 글을 쓰는 듯이 여긴다. 다른 때에는, 필자들이 전체 청중의 특성을 규정하는 공통분모의 정체를 확인해 낸다. 예를 들어, 흡연의 위험성들에 관한 보고가 "건강을 염려하는 개인이라면 지금이야 말로 담배 값을 대폭 인상하도록 요구해야 할 때이다." 라고 단언한다면, 그 단언에 대한 청중은 자동적으로 건강에 대해 염려하는 사람들이다.

독자 프로파일들(profiles)은 독자들의 성향, 능력, 경험, 수요, 가치관 및 태도들에 대한 스케치이다. 독자 프로파일을 만들기 위해서는 스스로에게 독자들에 관한 5W1H 질문을 해야 한다.

누가 이 문서를 읽을 것인가?
그들은 무슨 정보를 원하는가?
그들은 어디서 문서를 읽을 것인가?

그들은 언제 그 문서를 읽을 것인가?
그들은 왜 그 문서를 읽을 것인가?
그들은 그 문서를 어떻게 읽을 것인가?

독자를 규명한 후에, 그 사람들이 필자의 제재에 관해 얼마나 많이 아는지 또는 아는 정도가 어떤지를 파악해야 한다. 이것은 독자가 필자의 토의를 이해하기 위해서 얼마나 많은 배경정보를 가져야 하는지를 필자가 결정하는데 도움을 준다. 독자들은 정보를 아주 많이 가지고 있나? 그렇다면, 필자는 요점들을 직접적으로 펼쳐나갈 수 있을 것이다. 그들이 상대적으로 정보를 적게 가지고 있나? 이 경우이라면, 여러분은 주요 항목들의 정의, 배경 정보, 및 기초 연구의 요약들을 포함해야 할 것이다. 어떤 분야의 전문가라 하더라도 여전히 다른 분야에 대해서는 그 사람도 배경 정보가 필요하다는 것을 기억해라.

(2) 목적

독자에 대해 파악하고 나면, 필자가 그 독자를 위해 글을 쓰는 목적을 분명히 해야 한다. 목적이 무엇인가에 따라 필자가 말하려는 것과 그것을 말하는 방식이 달라야 한다.

목적은 필자가 말하려는 것과 그것을 어떻게 말할 것인지에 대해 제한하는 요소이다. 예를 들어, 만약 취직하고 싶은 회사의 인사담당자에게 글(취업용 자기소개서)을 쓴다면, 필자는 어느 친구에게 보내는 편지에서 이야기하려는 대학 생활의 면모와 같은 것들에 대해서는 강조하지 않아야 한다. 그 경우에는, 필자를 채용하도록 독자를 설득해야 할 것이므로, 필자는 남다른 경험, 고용주가 기대할 만한 특별한 능력이나 경력 등을 포함해야 한다. 또 다른 경우에, 필자는 자신의 생활을 친구에게 알리거나 기쁨을 나누려 할 것이다. 그 목적을 성취하기 위해서, 필자는 기숙사 생활에 관한 일화들을 들려주거나 개성 넘치는 어떤 교수에 대해 이야기하기를 원할 지도 모른다. 각각의 경우에, 필자가 글을 쓰는 목적은 무슨 정보를 포함해야 구체적인 청중에게서 특별한 반응을 불러일으킬 수 있을지를 정하는데 도움을 줄 것이다.

일반적으로, 필자가 글을 쓰는 목적들을 독자와의 관계에 따라 분류할 수 있다. 그래서 목적은 ① 독자들에게 개인적인 느낌들이나 인상들을 표현하는 것일 수 도 있다. 그런 글에는 일기, 사적인 편지, 저널 및 흔히 서사(narrative)와 묘사(descriptive) 에세이들이 포함된다. 또는 ② 어떤 일이나 사물에 대해서 독자들에게 알려주는 것일 수 도 있다. 에세이 시험, 실험 보고서, 독후감(book reports), 해설(expository) 에세이 및 일부 연구 논문들은 정보를 제공하는 글이다. 또 다른 목적은 ③ 독자들이 어떤 방식으로 생각하거나 행동하도록 독자들을 설득하는 것일지도 모른다. 설득력 있는 글은 논설, 논증적인 에세이 그리고 많은 다른 에세이들과 연구논문들을 포함한다.

이 세 가지 일반적인 목적들 외에, 더욱 구체적인 목적을 -분석, 다른 사람을 즐겁게, 가설, 추정, 요약, 질문, 보고, 추천, 제안, 평가, 기술, 자세히 이야기하기, 요청, 지시, 등을 - 가질지도 모른다. 예를 들어, 어떤 필자가 지역사회의 무질서 문제에 관한 보고서를 써야 한다고 상상하자. 일반적인 목적은 독자들에게 그 상황에 대해 알리는 것일 테지만, 필자는 또한 무질서의 확산 정도를 파악하여 독자들에게 그 문제를 일으키는 요인들을 어떻게 해소할 수 있는지에 대한 대책을 제시하기를 원할지도 모른다.

목적 진술문은 문건을 위한 나침반과 같은 것이다. 일단 필자가 그것을 자신과 독자들을 위해 분명하게 정의하면, 그 목적 진술문은 내용, 구성, 문체 그리고 문건의 디자인에 관해 결정을 내리는 일을 안내하는데 사용될 수 있다.

목적을 정의할 때, 문건이 성취해야 하는 것을 정확하게 표현해야 한다. 가끔 적절한 행동 동사를 찾아서 그것 주위에 목적 진술문을 구축하는 것이 도움이 된다. 표 3-1에 필자들이 사용할 유용한 행동 동사들이 열거되어 있다:

표 3-1 유용한 행동 동사 목록(Sheehan, 2010, p. 22)

정보 제공(informative)	설득(persuasive)
알리다(inform)	설득하다(persuade)
묘사하다(describe)	납득시키다(convince)
정의하다(define)	영향을 미치다(influence)
검토하다(review)	추천하다(recommend)
통지하다 (notify)	바꾸다(change)
지시하다(instruct)	변호하다(advocate)
충고하다(advise)	재촉하다(urge)
공지하다(announce)	방어하거나 옹호하다(defend)
설명하다(explain)	정당화 하다(justify)
증명하다(demonstrate)	지지하다 뒷받침하다(support)

하나의 행동 동사를 선정했다면, 목적을 한 문장으로 써라. "내가 글을 쓰는 목적은 · · · 이다" 형태로 문장을 완성하는 것이 좋다.

> 내가 보고서를 쓰는 목적은 햇볕정책 프로그램들의 성공과 실패 사례들을 재검토하는 것이다.
> 내가 제안서를 쓰는 목적은 멧돼지들이 도시에 출몰하는 일을 예방하는 방법들을 추천하는 것이다.

목적 진술문을 하나의 문장으로 쓰기는 어렵지만 노력을 기울일 가치가 있는 일이다. 한 문장으로 된 목적 진술문은 필자가 글쓰기에 초점을 맞추게 해서, 결국 필자의 시간을 아껴준다. 여기서 7-1 절 '올바른 문장'과 7-2 절 '정확한 문장'에 대해 공부하기를 권한다. 그 부분은 목적 진술 문장을 완성하는데 있어 요긴한 것이다.

(3) 글쓰기 여건[8)]

여건(與件, occasion)은 '어떤 일을 하는 출발점으로서의 주어진 조건'을 말한다. 글쓰기 여건(writing situation(Reep, 2011, p. 13))이란 글을 쓰게 되는 조건이나 때, 필자가 글을 쓰게 되는 형편이나 글을 써야 하는 까닭을 말한다. 수사적 상황의 관점에서, 여건은 필자가 글을 쓰는 목적과 필자가 놓인 처지를 말한다.

여건은 구체적인 목적 - 예를 들어, 반값등록금의 배경에 대해 토의하기 -뿐만 아니라 구체적인 청중을 제시한다. 심지어 글의 포맷은, 그 글에 머리제목을 붙일 것인지 말 것인지 또는 과제의 결과물로 에세이를 쓰건, 기술보고서를 쓰건 또는 심지어 powerpoint 프레젠테이션을 준비하건, 그 글과 관련된 여건에 의해 결정된다. 이 이유로 인해, 경제학이나 사회학과목에 대해 적절한 글이 작문 과목을 위해서는 적절하지 않을 수 도 있다. 직장 글쓰기 환경에서, 예를 들어, 동료에게 보내는 e-메일은 매니저에게 보내는 보고서보다 덜 공식적일 것이다. 게다가, 여건은 한 편의 글에 얼마나 많은(얼마나 적은) 정보를 담아야 할지에도 영향을 미친다.

끝으로, 여건은 글 쓰는 목적도 제시한다. 예를 들어, 온라인 토의 그룹의 회원들에게 보내는 e-메일은 엄격히 정보제공적인 것일 것이지만, 그 반면에 지역 역사 유물을 보존하는데 관해 지역 국회의원에게 보내는 e-메일은 정보제공적일뿐만 아니라 설득적이어야 할 것이다.

---

8) Kirszner, 2010, p. 20.

(4) 문서의 사용 맥락

언제 어디서 이 문건이 사용될 것인가? 무슨 물리적, 경제적, 정치적, 그리고 윤리적 제약들이 이 문건의 모양에 영향을 미칠 것인가?

일반적인 대학문 쓰기의 경우는 강의실에서 글쓰기 연습을 하거나 집에서 글을 써오는 과제 중의 하나 일 것이다. 게다가, 다른 주제 영역들은 글쓰기를 위한 다른 여건을 생성한다. 심리학이나 역사 수업에 적절한 글쓰기 대응 방식은 국어 수업에 대해서는 적절하지 않을지도 모른다.

비록 대학문 쓰기 상황들이 인공적인 것으로 보일지 몰라도, 그것들은 대학을 졸업한 후 여러분이 해야 할 글쓰기를 위한 값진 실습 기회이다. 대학의 글쓰기 과제들처럼, 대학 바깥에서 여러분이 할 글쓰기 과제도 그 경우에 적합한 특별한 접근을 요구한다. 예를 들어, 여러분의 직장 동료들에게 보내는 메모는 여러분 회사의 사장에게 제출하는 보고서보다 덜 공식적이고 범위는 더욱 제한적일 것이다. 어떤 온라인 토의 그룹의 참여자들에게 보내는 e-메일은 철저히 정보제공적인 것일 수 있는 반면, 지역의 역사적 유적지 보존을 촉구하기 위해 지방자치단체장에게 보내는 편지는 정보제공적일 뿐만 아니라 설득적인 것이 될 것이다.

- 자기소개서의 독자는 누구인가? 자기소개서를 쓰는 목적은? 쓰는 여건은? 자기소개서의 사용 맥락은?

□ 수사적 상황을 규명하기 위한 점검 목록[9)]

길이

- 교수가 글의 길이를 정해주었나?
- 과제의 본성이 대략의 길이를 제안하나?

목적

- 필자의 일반적인 목적은 개인적인 느낌을 표현하기 위한, 정보를 알리기 위한, 혹은 설득하기 위한 것인가?
- 일반적인 목적이외에, 더 이상의 구체적인 목적들을 가지는가?

---

9) Kirszner, 2010, p. 20.

• 과제가 목적에 관한 지침을 제공하나?

청중

• 청중이 그룹인가 어떤 개인인가?
• 특별한 또는 일반적인 청중에게 연설하려고 하는가?
• 청중의 나이, 성별, 교육, 선입견, 또는 정치적 또는 사회적 가치들을 고려하여야 하나?
• 청중이 특별한 그룹에 속하나?
• 청중이 여러분의 제재에 관해서 어느 정도로 안다고 가정할 수 있나?
• 청중이 그 제재에 대해 얼마나 관심을 가지고 있나?

여건(occasion, 형편)

• 글쓰기를 학교 수업시간 강의실에서 아니면 집에서 하나?
• 대학 울타리를 벗어난 상황에서 소통해야 하나?
• 여러분의 상황이 요구하는 특별한 접근들은 무엇인가?

용어 – 문제, 화제, 제재, 주제

글쓰기 과정과 관련한 몇 가지 용어들을 미리 정의하는 것이 좋겠다.

이 교재에서는 글쓰기 과정을 따라 내용을 생성하고 그 내용을 바탕으로 주제를 정한 다음에 내용을 조직하는 '쓰기 전' 과정을 강조한다. 주어진 주제에 대한 글쓰기가 서툰 필자들에게 얼마나 힘든 일인지를 안다면 또 과정중심 글쓰기가 강조되는 배경을 이해한다면, '쓰기 전' 과정에서 이런 용어들의 개념을 바탕으로 내용 생성 과정을 진행하는 것이 효과적이라고 생각한다. 그렇지만, 주제를 정하고 그 주제를 드러내는 글쓰기를 할 수 도 있다. 예를 들어, 새로운 기술에 대한 보고서를 쓰는 경우에, 글을 쓰기 전에 모든 자료가 조사되어 있거나 혹은 새로운 기술을 탐구하는 과제의 결과에 의해 보고할 제재들도 이미 마련되어 있다. 이런 상황에서는 굳이 내용 생성의 과정이 따로 필요하지 않아서 이런 용어들이 의미가 없다. 그러나 과제가 종료되는 시점에서 보고서를 제출해야 한다면, '쓰기 전' 과정에 대한 이해가 과제를 진행하는 것뿐만 아니라 나중에 보고서를 쓰는데도 크게 도움이 된다.

먼저, 문제(問題, subject). 과정중심 글쓰기에서 글쓰기는 문제 해결로 본다. 또 기술문 쓰기의 관점에서, 글쓰기 과정과 설계 과정은 유사하다. 따라서 글쓰기를 의사소통을 위한 문제 해결로 간주한다면, 설계는 기술 개발을 위한 문제 해결로 간주할 수 있다. 이런 관점에서, 문제는 글의 주제와 관련된 '아주 범위가 넓은 주제'라 할 수 있다. 즉 문제[10]는 필자와 상관없이 우리가 사는 세상에 있는, 따라서 당장은 필자에게 생소한 그 무엇이다.

예를 들어, "반값 등록금에 대해서 글을 써라" 라는 과제가 주어진다면, 그 '반값 등록금'이 글을 쓰기 위한 문제[11]이다. 또 어떤 책이 읽을거리로 정해졌다면, 그 책과 읽을 내용에 관련되는 전반적인 것들이 모두가 문제가 될 것이다. 자기소개서를 쓰자면 '자기를 소개하는 일'이 문제이다.

다음은 화제(話題). 해결해야 하는 문제를 받아든 뒤, 필자가 알아낸 문제의 여러 측면들, 즉 문제의 가치와 의미 등을 화제라 하자. 문제가 애초에 필자와 상관없이 우리가 사는 세상에 있는 것인데 비해, 화제는 필자가 세상에서 문제에 관해서 관심을 끌거나 알게 된 것이다. 문제가 '아주 범위가 넓은 주제'인 반면, 화제는 '필자가 파악한 범위의 주제' 즉 '필자의 관심을 끄는 문제의 특성'이다. 즉 문제에 대해 필자가 많은 데이터와 정보를 조사한 뒤 정보의 양이나 필자의 관심 등을 반영하여 그 범위를 필자가 감당할 정도의 수준으로 좁힌 것을 화제 또는 '이야기 거리'라고 한다. 화제는 이야기 거리, 관심 주제, 혹은 범위가 큰 주제라 할 수 있다. 화제의 말뜻은 '① 이야기의 제목, ② 이야기 거리'이다.

예를 들어, '반값 등록금'이라는 문제에 대해서, 어떤 필자에게 '왜 반값 등록금이 사회 문제가 되는가?'는 화제가 될 것이다. 책을 읽는다면, 책의 내용과 관련하여 필자 머릿속에 남은 어떤 생각이 화제가 될 것이다. (급우들에게 자신을 소개하는)자기소개서를 쓰는 때에 일반적으로 쓰는, 예를 들어, 성장 배경, 남다른 재주, 아르바이트나 군복무 등의 항목들이 화제라 할 수 있다. 취업용 자기소개서의 경우, 양식에서 요구하는 내용, 예를 들어, 성장배경, 지원부서 및 관심도, 지원동기 및 입사 후 포부 등이 화제라 할 수 있다. 또 예를 들어, '대학'이라는

---

10) 글을 써서 해결해야 하는 문제는 개방형(open-ended) 문제이다. 즉 그에 대한 답이 하나 이상이 있는 문제이다. 이런 특성은 설계 문제의 특성과 같다. 즉 설계 문제에 대해서도 답이 하나 이상 있을 수 있고, 어떤 답은 더 많은 문제를 유발하기도 한다. 이것은 또 글쓰기의 특성이기도 하다.
    이에 비해 수학 문제처럼, 답이 하나 즉 정답이 있는 문제를 닫힌(closed) 문제라 부른다. 앞에서 본, 과제의 사례 1과 2는 전형적으로, 개방형 문제들을 유발한다.

11) "반값 등록금에 대한 글을 써라"는 과제는 '열린 문제'로 볼 수 있겠다. 그러나 "반값 등록금이라는 말이 만들어진 배경에 대해 조사하시오"라는 과제는, 닫힌 문제로 볼 수 있다. 즉, 그 문제에 대한 답은 크게 보아 하나인 것이다. 그러나, 그 답을 조사하여 보고서를 썼을 때, 그 보고서를 '문제의 답'으로 간주하는 독자의 입장에서, 문제는 답을 여럿 가지는 개방형이라고 볼 수 있다.

문제에 대해서 학비, 방송통신대학, 수업, 학점, 교수, 동료, 학습량, 학습 기량, 시험 등과 같은 낱말들을 연상했다고 하면, 그로부터 '대학'과 '학비' 두 단어로부터 '대학을 졸업하는데 드는 비용'이라는 화제를 생각할 수 있다.

다음은 제재(題材). 화제가 정해진 다음, 그 화제를 적절한 길이와 흥미를 끄는 이야기로 풀어 가는데 이용되는 것들을 제재라 한다. 문제가 '우리가 사는 세상에 관한 것'이고, 화제는 '필자가 문제에 관해 세상에서 배운 것'이라 할 때, 제재는 '세상에 관해 배운 것을 필자의 시각으로 평가한 것'이다. 그러므로 제재는 문제에 대해 연구하고 조사하여 배운 것을, 필자 자신이 느끼거나 직접 경험한 내용에 비추어, 평가한 것으로, 화제를 이야기로 풀어 가는데 쓸 수 있는, 즉 '글의 예비 재료'이다. 화제에 대해 필자가 독자들에게 말할 구체적인 내용이 제재이다. 즉 제재는 화제를 구성하는 '구체적인 이야기 거리'이다. 화제가 여전히 '넓은 범주의 주제'라면 제재는 '좁은 범주의 주제'이다. 제재의 말뜻은 '예술 작품이나 학술 연구의 바탕이 되는 재료'이다.

화제가 '왜 반값 등록금이 사회 문제가 되는가?' 일 때, 예를 들어, 다른 물가에 비해 대학 등록금이 더 비싼가? 고등학교 등록금도 반으로 줄일 수 있는가? 등록금이 싸져야 학생들이 공부를 더 열심히 할 것인가? 등록금을 싸게 하면 더 많은 고등학교 졸업생들이 대학에 가려 할 텐데? 대학 운영이 힘들어지지 않겠나? 등록금을 할인하겠다는 말인가? 그러면 대학 등록금의 원가와 정가는 얼마 정도일까? 등과 같은 것들이 제재들이 될 수 있다.

예를 들어, 화제 '대학을 졸업하는데 드는 비용'과 관련하여, 등록금, 책값, 교통비, 취업하지 않고 대학 다니는 동안 벌지 못하는 수입, 객지에서 가족과 떨어져 있는 비용, 집 · 자동차 등에 대한 구입 미루기 등이 연상되었다고 하자. 이런 것들이 제재들이다. 더 나아가, '취업하지 않고 대학 다니는 동안 벌지 못하는 수입,' '객지에서 가족과 떨어져 사느라 더 드는 비용,' '집 · 자동차 등의 구입 지연' 등을 묶어 '대학 다니는데 동안 드는 드러나지 않는 비용'이라는 대표 제재를 정할 수 도 있다.

문제 '자기소개'에 대한 화제 하나가 '아르바이트 경험'이라면, 아르바이트와 관련한, 예를 들어, 돈 벌기의 어려움, 학비 부담, 일과 학업 병행의 어려움, 반값 등록금의 필요성, 고객과 고용주의 관계, 최저 임금, 노동조합의 임금 협상, 학사 학위의 값어치 등의 항목들이 제재들이 될 수 있겠다.

마지막으로 주제(主題, thesis, theme). 여러 제재들 즉 '글의 예비 재료'들 중에서 통일성을 가지는 것들의 연결성에 의해 드러나는 의미가 글의 주제이다. 그 제재들에 바탕을 두고 주제가 드러나도록 개요를 짜고 나면 초벌 쓰기를 시작할 수 있다.

지금까지 정리한 글쓰기 과정에 관련되는 용어들 사이에는 아래 그림 3-5에서 보는바와 같은 전후 관계가 있다.

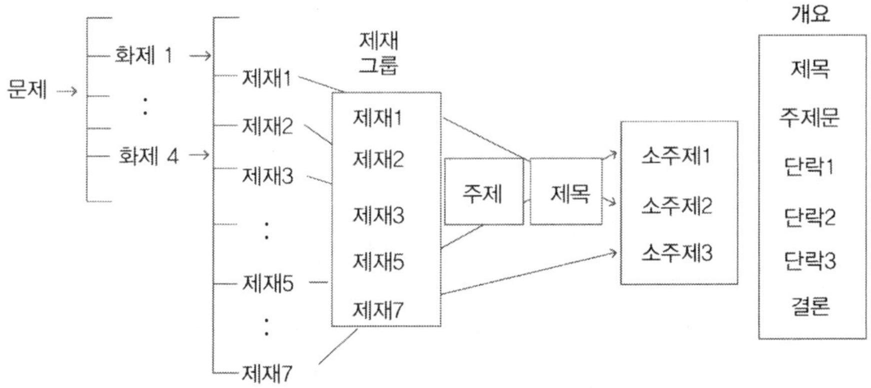

그림 3-5 글쓰기 과정에서 문제, 화제, 제재, 소주제, 주제 및 개요의 전후 관계(권성규, 2012)

(3) 문제 파악

글쓰기 과제로 주어지는 문제는 그것을 처음 대하는 당시 필자에게는 낯설다. 그 당장에 문제[12]는 필자와 상관없이 세상에 있는 그 무엇이다. 즉 필자가 처음 대할 때, 문제는 필자와 상관없이 세상에 있는 '아주 범위가 넓은 주제'(글에서 말하려는 필자의 요점이 글의 주제)라 할 수 있다. 그래서 필자는 문제를 어떻게 해결할지 또는 문제가 무엇인지를 파악해야 하는 막연한 상황에 처하게 된다.

지식

필자는 먼저 문제가 무엇인지, 즉 문제에 대한 지식을 가져야 한다. 아무 문제에 관해 글을 쓰기 전에, 자신에게 다음 질문을 하는 것이 좋다:

- 문제에 관해서 나는 무엇을 아는가?
- 무엇을 찾아내어야 하는가?
- 문제에 관해서 무엇을 생각해야 하나?

12) 이 책에서 제시하는 글쓰기 과정은 대부분의 대학문 쓰기 과제의 문제들도 개방형 문제로 보는 관점에 바탕을 둔다.

다른 글쓰기 상황들은 다른 종류의 지식을 요구한다. 개인적인 에세이는 필자 자신의 경험들과 관찰들에 의지할지 모르고, 학기 논문은 여러분이 연구를 해서 새로운 지식을 습득하기를 요구할 것이다. 가끔 필자는 일반적인 문제에 관해 이미 강력한 배경을 가지고 있어서 어떤 토픽에 관한 자신의 지식을 쉽게 증대할 수 있을 것이다. 또, 문제가 자신에게 친숙하지 않다면, 화제를 특별히 조심해서 선정해야 할 것인데 그렇게 해야 자신이 아는 깊이를 벗어나지 않게 된다. 많은 경우들에서, 여러분이 지식을 갖추어서 쓸 수 있기 전에 여러분이 무엇을 알고 무엇을 배워야 하는지를 고려하는 때에, 과제를 하는데 주어진 시간과 그것의 페이지 수 제한이 지침이 될 것이다.

분명히, 과제와 관련한 문제에 대해 필자가 아는 바(그리고 모르는 것)에 의해 문제가 무엇인지, 또는 문제를 쉽게 해결할 수 있을 것 같은 느낌이 드는지, 어떤 해결책을 제시해야 하는 문제인지 종잡을 수 가 없을 지도 모른다. 따라서 문제에 관한 필자의 상식이 풍부하다면 주어진 글쓰기 문제가 무엇인지 쉽게 정확히 파악할 수 있을 것이다.

상식

문제가 '아주 넓은 범주의 주제'이기 때문에, 그 범주를 좁히기 위해서, 필자는 먼저, 문제에 대한 상식을 가져야 한다. 예를 들어, 책을 읽어야 문제가 정해질 수 있는 경우에, 책의 저자, 서평, 책 내용에 대한 요약, 작품 해설 등을 읽거나, 그것들에 대한 자료를 조사하여야 한다. '반값 등록금'이 문제라면, 그 용어에 대한 일반적인 정보를 수집하는 일이 문제에 대한 초보적인 조사가 될 것이다. 동료들에게 문제에 대해 질문하는 것도 상식을 얻기 위한 좋은 방법이다. 혹 문제에 대한 상식이 풍부하다면, 이 단계에서는, 본격적인 자료 조사나 정보 수집은 하지 않아도 된다.

이제 문제에 대해 연구하기 위한 일반적인 전략(Pfeiffer, 2006, p. 17)에 대해 알아보자.

■ 연구 단계 1 : 필요한 정보가 무엇인지 결정

두 가지 연구가 있다. - 1차 연구와 2차 연구. 1차 연구는 필자 자신이 스스로 데이터나 정보를 수집하는 것인 반면, 2차 연구에 의한 데이터나 정보는 책, 정기간행물 또는 다른 원천과 다른 사람들에 의해 생성된 것들이다. 표 3-2는 두 유형의 연구 예를 보여준다. 글쓰기 과제의 목표들을 뒷받침하는데 있어서 가장 도움이 될 연구의 종류를 사용해라. 두 가지 예가 있다.

표 3-2 문제에 관한 정보를 얻기 위한 1차 연구는 필자가 직접 하는 것이고, 2차 연구는 남들이 해 놓은 것들을 수집하는 활동이다(Pfeiffer, 2006, p. 17)

1차 연구	2차 연구
1. 인터뷰 2. (탐문) 조사 3. 실험실 연구 4. 현장 연구 5. 개인 관찰	1. Bibliographies(인쇄돼 있거나 컴퓨터 데이터베이스들인 -가능한 원천들의 목록) 2. 정기간행물 색인(저널과 잡지 기고문들의 목록, 주제별) 3. 신문의 색인 4. 책 5. 저널 6. 신문 7. 참고서적(백과사전, 사전, 주소록 등) 8. 정부 보고서 9. 회사 보고서

■ 1차 연구가 적합한 예

예를 들어, 도면 작업 부서에서 쓸 새로운 조명 테이블을 구매하기 위한 추천 보고서는 사무실 제도사들에 대해 설문조사한 것으로 뒷받침할 수 있다. 그 사람들은 모두 여러분이 선정한 테이블들 중 특정 브랜드를 추천한다.

■ 2차 연구가 적합한 예

조명 테이블들에 관한 여러분의 보고는, 예를 들어, 기계공학 저널에 실린, 세 가지 테이블들의 특징을 대조하는 기고문과 같은 여러 문건들에서 구한 데이터에 의존한다. 그런 문건들에서 구한 자료들에 바탕을 두어, 여러분은 특정한 테이블을 추천한다.

■ 연구 단계 2 : 정보를 획득하기 위한 전략 고안

연구를 위해 도서관이나 인터넷을 뒤지기 전에, 계획을 세워라. 가장 단순한 형태는, 이 계획은 정보를 구하는 여러분의 필요에 대해 답을 줄 것으로 기대하는 질문들을 열거하는 것이다. 예를 들어, 문서 작업자(word processors)들이 쓸 사무실 의자들에 관해 보고하기 위한 연구 전략은 다음과 같은 질문들을 내 놓을지 모른다:

• 직장 근로 환경 분야 전문가들은 문서 작업자들을 위해 무슨 종류의 의자 디자인을 추천하는가?

- 의자의 디자인을 작업자들의 효율성과 연계하는 데이터가 있는가?
- 전문가들이 특정한 의자 브랜드들을 추천한 적이 있는가?
- 조잡한 의자 디자인과 구체적인 건강 문제들 사이의 연관성을 제시하는 정보가 있나?

질문

문제를 해결하는데 가장 중요한 것은 합당한 질문을 떠올리는 것이다. 문제에 대한 기초 지식을 충분히 갖추어야 글쓰기 과제에 대한 비판적으로 사고할 수 있으므로, 문제에 대해 연구하기 위해서, 질문하기 기법을 이용할 수 있다. 지식을 찾기 전에 문제의 본질을 꿰뚫는 질문을 할 수 있어야 한다. 신문 기자들이 사건을 취재하거나 인터뷰를 할 때, 그들은 흔히 그들이 필요한 자료와 정보를 확실히 얻기 위해서 질문 기법을 이용한다. 또한 이 '기자들의 질문'을 이용하면 문제에 대한 화제를 정하는데 도움이 된다. 그것은 육하 원칙에 의한 5W1H 질문이다.

예를 들어, '반값 등록금'이란 무엇인가? 누가, 언제 그리고 왜 '반값 등록금'이라는 용어를 만들었나? '반값 등록금'은 실현 가능한가? 등과 같은 질문을 하고, 그 내용을 적는다.

이런 대여섯 가지 질문을 한 다음, 필자의 관심을 끄는 몇 가지 항목에 대해서 더 깊이 있는 질문을 한다. 예를 들어, "반값 등록금'은 실현 가능한가?'라는 질문에 대해서 탐구하기 위해 다음과 같은 것들을 질문할 수 있을 것이다.

- 언제부터 반값 등록금이 문제가 되었나?
- 반값 등록금이란 무엇인가?
- 정가 등록금은 무엇인가?
- 등록금도 할인 되나?
- 지금까지는 왜 정가 등록금만 있었나?
- 장학금과 반값 등록금은 어떤 관계인가?
- 왜 반값 등록금이 요즈음 사회 문제가 되나?
- 대학에 어떤 영향을 미치나?
- 학생들과 교직원들에는 어떤 영향을 미치나?

■ 연구 단계 3: 주의 깊게 노트에 기록

자료가 잘 정비된 도서관에서 여러분이 이용할 수 있는 다양한 자원들을 이용할 수 있어야 한다. 그 자원들에서 여러분이 필요한 정보를 찾아낸 뒤, 그것들을 문서에 통합하는데 매우 주의해야 한다. 다양한 자원들을 이용할 때, 직접 인용, 문장들의 재구성, 상세히 바꿔 쓰기(paraphrasing), 그리고 요약들을 분명히 구별해서 노트에 기록해야 한다. 그러고 나서, 그 노트들을 첫 초벌로 옮겨 쓸 준비가 될 때, 얼마나 많은 구해온 정보들을 무슨 형태로 사용할 것인지를 여러분은 정확히 알게 될 것이다.

문제를 파악하기 위해 적용한 여러 전략들로 확보한 자료들에 대해서는, 특히 다른 데서 가져온 자료들이 있다면, 그 자료의 출처를 명확히 기록해 두어야 한다. 그렇지 않으면, 그 자료로 인해, 표절을 하게 되는 사고가 발생할 수 있다. 귀찮고 시간이 더 걸리더라도, 나중을 위해서는 자료의 출처를 꼼꼼히 기록해 두어야 한다. 참고로, 표절에 대해서는 3-4 절에서 다룬다.

■ 연구 단계 4: 자료나 정보의 원천 제시

3 단계에서 취한 주의와 더불어 구체적인 원천들의 출처를 철저하게 조사하고 글을 쓸 때 그것에 관해 밝혀야 한다. (3-4 절, '인용법과 표절' 참고) 여러 인용법에 대해서도 3-4 절에서 자세히 설명될 것이다.

■ 연구 단계 5: 미래의 사용을 위해 참고문헌 목록 간직

글쓰기 과제를 위해 여러분이 하는 연구를, 나중에 고생을 덜 하기 위한 투자로 간주해라. 어떤 프로젝트를 위한 연구가 온전히 끝나고 보고서를 제출한 후에라도, 여러분이 하는 일에 연관된 주제들에 관한 파일들을 잘 보관해라. 의자 디자인과 조명 테이블들에 관해 앞에서 언급했던 것들과 같은 연구 - 관련된 프로젝트를 마무리하는 때는 언제나 그 파일들을 갱신해라. 만약 여러분이나 어떤 동료가 그 제재에 관해 나중에 다시 보기를 원한다면, 여러분은 새로운 일을 시작하는데 필요한 자신의 데이터베이스를 이미 개발해둔 셈이 될 것이다.

'기술문 쓰기'의 관점에서 위 다섯 가지 연구 단계들 중에서, 특히 3, 4, 5 단계들은, 제재들의 출처를 기록하고 유지하는 중요성에 비추어, 숙지하여야 할 내용들이다.

'대학문 쓰기'를 배우는 학생들은, 예를 들어, 그들이 잘 모르는 길에 대해서 안내하는, '길

안내문'을 쓰는 과제를 받을 수도 있다. 그런 글을 쓰자면, 필자는 그 길에 대해 훤히 알고 있어야 할 것이다. 즉, 어디에 무엇이 있고, 어느 지점에 가면 멀리 무엇이 보이며, 갈림길은 어떻게 생겼는지 등에 대해서 자세히 주변 상황을 기술하고, 가야하는 방향을 정확히 설명할 수 있어야 한다. 그렇게 하는데 필요한 내용들이 '문제-화제' 단계들을 거쳐 마련하는 제재들이다. 그러므로 필자는 글을 쓸 수 있기 전에, 현장에 가서, 그 길을 안내하는데 필요한 여러 가지 자료와 정보를 수집해야 한다. 그런 과정이 바로, '문제-화제-제재'까지의 과정이다. 즉, '문제-화제-제재'까지의 과정은 문제를 해결하기 위해서 필자가 알고 이용할 수 있는 재료들을 발굴하고 모으는 과정이다.

그러나 예를 들어, 설계보고서를 작성한다면 그림 3-2의 (3)~ (5)까지 내용은 별 의미가 없다. 따라서 문제로부터 화제를 정하고, 화제를 전개하여 다양한 제재들을 마련하는 과정에 대한 이해가 꼭 필요하지 않다면 (3)~ (5) 단계들을 건너 뛰어, (6) '제재들 그룹'부터 또는 (10) '개요 짜기'를 공부하면 된다. 다만 '제재들 그룹'에 관해 이해하기 위해서, 이 교재에서 말하는 제재가 무엇인지는 알아야 한다.

글을 쓸 때, 문제가 주어지거나 필자가 적절한 것을 선택할 수 도 있다. 문제를 이해했다고 해서 바로 문제 해결책을 제시해 나갈 수 있는 경우는 드물다. 보통은 어떤 관점에서, 어디에 초점을 두고 그 문제를 다룰 것인지 아직도 막연하기 때문이다. 같은 문제에 대해서 어디에다 초점을 맞추느냐에 따라 얼마든지 다른 의미와 가치를 드러내는 글을 쓸 수 있다. 이는 카메라로 같은 물체를 찍더라도, 어떤 각도에서 어디에 초점을 맞춰서 사진을 찍느냐에 따라 사진의 효과가 달리 나타나는 것과 마찬가지라고 할 수 있다.

따라서 글을 쓰려고 하면 먼저 문제의 어디에다 초점을 두고 그것을 다룰 것인지를 정해야 한다. 곧 문제가 지닌 의미와 가치 가운데서, 필자가 어떤 점들을 이야기 거리로 삼을지를 정해야 한다. 이것이 바로 문제로부터 화제를 정하는 일이다.

- 자기소개서를 쓴다면, 문제는 무엇인가? 자신을 소개하는 것이 문제이다. 무엇을 이용해서 자신을 소개할 것인가?

(4) 화제 선정

화제(話題)는 문제에 대한 상식을 확립하고, 문제에 대해 궁금한 사항들을 정리하며, 그 사항들이나 그것들에 대한 답을 줄만한 여러 자료와 정보들 중에서, 필자의 관심을 특별히 끄는 아이디어를 말한다. 또는 문제에 관한 문제의식을 제한 없이 문장이나 어구로 정리한 것이 화제이다.

비록 많은 대학 글쓰기 과제에 대해서 구체적인 과제 제목 또는 화제(話題)들이 주어진다 하더라도, 일부는 관심이나 염려의 범위가 아주 넓어서, 시작할 실마리부터 찾아야 한다. 문제 연구로부터 구한 일반적인 데이터나 정보들을 검토하여 과제의 제한 조건들, 즉 수사적 상황 내에서 합리적으로 논의할 수 있는 구체적인 화제를 정해야 한다.

표 3-3 문제로부터 정할 수 있는 화제들의 예(Kirszner, 2000, p. 20)

문제	화제, 이야기 거리
DNA 재조합 연구	당뇨병을 치료하기 위한 DNA 재조합 연구 이용하기
헌법	Miranda ruling의 한 결과
개인용 컴퓨터	초등학교 교육에 개인용 컴퓨터 이용하기
자기소개서	남다른 경험이나 능력 또는 경력
반값등록금	여러 가지 문제를 낳을 우려

예를 들어, 표 3-3의 'DNA 재조합 연구'와 같은 문제는 흥미롭기는 하지만, 일반적인 방식을 제외하고는, 그것에 관해 아무 대학 에세이를 쓰기는 너무 광범위한 주제이다. 그런 문제로부터, 이용할 수 있는 시간과 공간 내에서 두루 살필 수 있는, 화제(토픽, 이야기 거리)를 정해야 한다.

- 자기를 소개하는데 이용할 화제는 어떤 것들이 있나?

문제를 해결하는데 실마리를 줄 수 있는 화제를 정하는데 도움을 주는 여러 발상(invention)(Kirszner, 2010, p. 17) 기법들이 있다. 그 중에서, 탐구를 위한 질문하기와 자유쓰기(freewriting)에 대해 알아보자.

탐구를 위한 질문

문제에 대한 지식을 얻기 위한 5W1H 질문 기법이 있었다. 여기서는, 문제로부터 화제를 정하기 위해서, 문제에 대해 알게 된 사항들에 대해 깊이 있는 질문을 한다. 이 질문들은, 문제에 대한 상식과 지식에 바탕을 둔 필자의 마음이 움직이는 방식을 반영하기 때문에 유용

하다: 예를 들어, 비슷하거나 다른 점들을 찾고, 전체를 부분들로 분할하기 등이다.

글쓰기 과정의 이 시점에서, 더 많은 질문을 함으로써, 화제를 선택할 수 있는 폭이 넓어진다. 그러므로 '화제 하나 정하는데 뭐 이렇게 오래 탐구할 필요가 있나'라고 생각하지 말고, 생각나는 모든 질문들을 적어 내려가라. 심지어 이 질문 과정을 여러 번 반복해도 될 것이다. 화제가 될 만한 질문 목록을 만들고 나면, 적절하지 않은 것들 -필자의 관심거리가 되지 않는 것들이나 과제에 맞춰들기에 너무 복잡하거나 너무 단순한 것들-은 제거해라. 답이 신통치 않은 질문들을 버리더라도, 여전히 쓸 만 한 몇 가지 질문들이 남아 있을 것이다. 그러고 나서 써야 하는 글의 길이, 목적, 청중, 및 필자의 관심과 문제에 대한 필자의 지식뿐만 아니라 과제 성격에 어울리는 화제들을 정할 수 있다.

다음 목록(Kirszner, 2010, p. 23)에 있는 것들과 같은 질문들을 함으로써 문제를 체계적으로 탐구할 수 있다. 물론, 모든 질문들이 문제에 대해서 적용될 수 있지는 않을 것이지만, 그래도 그런 질문들이 많은 다양한 답들을 이끌어 낼지도 모르고, 개별 답은 글을 쓰기 위한 주제가 될 지도 모른다.

문제에 적용될 때, 이 질문들의 일부는 많은 실현할 수 있는 화제들을 줄 것인데, 그들 중 일부는 만약 필자가 그 질문들을 하지 않았다면 결코 생각할 수 없었을지도 모를 것들이다.

무슨 일이 발생했나?
언제 그 일이 발생했나?
어디서 그 일이 발생했나?
누가 그랬나?
그것은 무엇같이 생겼나?
그것의 특징은 어떤 것들인가?
무슨 인상을 주는가?
그것의 일부 전형적인 경우들과 예들은 무엇들인가?
어떻게 그 일이 발생했나?
무엇이 그것이 작동하도록 하나?
그것은 어떻게 만들어지나?
왜 그 일이 발생했나?
무엇이 그 일을 초래했나?
그것은 무엇을 초래하나?

그것의 영향은 무엇들인가?
그것은 다른 무엇과 같이 생겼나?
그것은 다른 것들과 어떻게 다른가?
무엇이 그것의 부분들이나 유형들인가?
어떻게 그것의 부분들이나 유형들이 구별되거나 그룹이 될 수 있는가?
그것의 부분들이나 유형들이 어떤 논리적인 순서로 짜 맞춰지는가?
그것의 부분들이나 유형들은 무슨 카테고리들 속으로 정돈될 수 있는가?
그것은 무슨 바탕에 근거하여 카테고리별로 구별될 수 있는가?
그것은 어떻게 정의될 수 있는가?
그것은 그것의 부류의 다른 구성원들과 어떻게 닮았는가?
그것은 그것의 부류의 다른 구성원들과는 어떻게 다른가?

자유쓰기

문제로부터 화제를 정하는 또 다른 전략은 자유쓰기이다. 글쓰기 과정의 아무 단계에서-예를 들어, 뒷받침 정보를 생성하기 위해서 또는 주제를 찾기 위해서- 자유쓰기를 할 수 있다. 자유쓰기는 일반적인 문제 또는 화제의 범주를 좁히는데 특별히 유용한 방식이다.

자유쓰기는 쉽다. 자유쓰기를 할 때는, 정한 시간, 아마도 5분이나 10분 동안, 멈추지 않고 그리고 철자, 문법, 또는 구두법에는 신경을 쓰지 않고, 쓰기만 한다. 양손을 키보드에 올려놓고 워드프로세서를 이용해서 단순히 타이핑을 시작해라. 문장, 단락, 문법에 맞는지 또는 사실이나 예 따위가 틀림없는지, 그것들을 제대로 나열하고 있는지 등에 대해서는 걱정하지 마라. 그냥 계속 타이핑해라. 자유쓰기에서 속도가 중요하다; 빨리 써야 예상외의 것들을 쓰게 된다. 마침내 단어, 문장 그리고 잡다한 문장들로 pc 모니터 스크린 이상을 가득 채워 넣을 수 있게 될 것이다.

자유쓰기의 목표는 아이디어들을 종이에 죽 써 내려간 다음 필자가 그것들에 반응할 수 있게 하는 것이다. 만약 필자가 말할 아무 것도 찾지 못한다면, 아이디어가 떠오르기 시작할 때까지 아무 것이라도 써나가라 - 차차 아이디어들이 떠오르게 될 것이다. 비밀은 *계속 써 내려 가*는 것이다. 문제에 집중하고, 필자의 아이디어들이 다른 방향에서 헤매고 있을 것에 대해서는 염려하지 말라.

자유쓰기에서 적절한 단어들을 써서 여러 문장들을 흡족하게 써 내지 못할 수 도 있을 것이지만, 자유쓰기의 목적은 아이디어들을 pc 스크린에 갖다 옮기는 것이다. 그것이 '필자의 걸림돌'을 극복하는데 도움을 준다. 자유쓰기의 목적은 아이디어들이 흘러나오게 하는 것이다. 자유쓰기를 하는 동안, 기대하지 않았던 관련이나 문장의 전후 관계들로부터 가장 좋은 아이디어가 생겨나는 경우가 드물지 않다.

또한, 자유쓰기는 진정으로 보상을 주는 것임을 알아라. 자유쓰기는 필자를 어디론가 데려가서, 무엇을 어떻게 말할 것인지를 필자에게 알려줄 것이다.

▶ **학생 필자: 자유쓰기**(Kirszner, 2010, p. 26)

'기초 글쓰기' 과목을 배우는 학생인, Laura Bobnak(이하에서는 LB라고 부르자)는 다음과 같은 에세이 쓰기 과제에 대해서, Henry Louis Gates Jr.가 쓴 "What's in a Name?"을 읽어야 한다.

> 여러분이 항거의 표시로 거리낌 없이 말할 수 도 있었겠지만, Gates의 아버지처럼, 그렇게 하지 않기로 마음먹었던 어떤 때에 관한 글을 쓰시오.

LB는 Henry Louis Gates Jr.가 쓴 "What's in a Name?"을 읽고, 다음과 같이 자유쓰기를 했다:

> 10분 동안 글을 쓰라는데,,, 10분이라,, 오전 9시 정각에,,– 아침에 내가 하고 싶어 하는 바로 그것–만약 말할 무엇인가를 생각해내지 못한다면, 아무 것이라도 쓰라고 했지,,맞다!, 이 일을 극복할 시각–어떤 경험–내가 말해야 했던 적이 있었나–내가 조용히 입을 닫고 있어야 했던 많은 시간들을 생각해 낼 수 있다! 나는 강의실에 커피를 들고 갔어야 했는데. 내 옆 학생들이 무엇에 대해 쓰고 있는지 궁금하네.. 그러고 보니 생각나는 게 있네..내 옆에, 화학 시간에 Jeff Servin이 있었지,, 그가 시험에서 부정행위를 하는 것을 보았을 때. 나는 화가 났지만 아무것도 하지 않았어. 나는 아주 열심히 공부했었지. 그런데 그가 한 일이라고는 고작 시험에서 부정행위라니.. 화가 엄청 났었지. 젠장, 그런데,,아무도 그런 것에 대해 상관 안 하는 것 같아..지금과 그때를 비교하면 무엇이 다른지?? 단지 1년 6개월의 시간이 지났을 뿐인데.. 우등생이 되겠나? 성숙? 고등학교에 다닐 때도 많은 학생들이 cheating 했는데.. 이 일에 관해서 글을 쓸 수 있겠구나, 식은 죽 먹기?? 자신 있다..–그 전과 그 일 이후, 등 등.. 내 태도, 그 때와 지금.

처음에 조금 허둥지둥한 후에, LB는 자신의 에세이를 위한 바탕이 될 수 있는 한 가지 아이디어를 발견했다. 비록 그 일에 대한 논의를 더욱더 전개해야 하겠지만, LB는 자유쓰기를 통해 에세이를 쓰는데 필요한 화제 한 가지를 발견한 것 같다.

시험 보는 동안 누군가 부정행위를 하는 것을 보았는데 모른채 했던 적이 있었어.

자유쓰기를 마친 후에, 필자는 쓴 것('자유글')을 읽고 쓸 만한 화제를 찾아야 한다. 화제를 찾기 위해 자유글을 읽으면서 눈에 띄는 항목에 밑줄을 긋는다. 그런 항목들 중의 아무 것은 에세이의 화제가 되거나 또는 그것들이 다른 자유쓰기를 할 문제들이 될 수도 있다. 새로운 아이디어에 초점을 맞추어서, 자유쓰기를 다시 해도 될 것이다.

자유쓰기를 끝낸 후, 글이 개인적인 것이 되지 않고 독자가 읽을 수 있는 것이 되도록, 자유글에 드러난 필자 개인에 관한 내용들을 화제 거리로 삼을 것인지에 대해 곰곰이 생각해라. 자신이 발견할 것을 다른 사람들과 공유할 것인지를 결정해라. 그렇게 하여, 글이 더욱 개인적인 것이 될 수 록, 더욱 구체적인 것이 될 것이고, 그것은 독자들의 마음속에서 그들의 더 많은 기억들과 아이디어들의 불꽃을 튀게 할 것임을 여러분은 알게 될 것이다.

자유쓰기를 완료하고 나서는, 자유글에서 눈에 띄는 2 ~ 5 개의 주요 항목들을 구별해 내어라. 그런 다음에 그 항목들 각각에 관해서 5분 내지 10분 동안 별도로 자유쓰기를 해라. 아마도, 30분이나 한 시간 이내에, 자유쓰기는, 마술처럼, 필자가 글쓰기에 이용해야 할 것보다 더 많은 화제들을 줄 것이다. 그런 화제들 중에서 특히 필자를 놀라게 하거나(Murray, 2002, p. 33) 필자가 친숙하거나 필자의 관심을 끄는 것을 고른다.

자유쓰기는 학기 과제, 역사 관련 에세이 또는 과학 문헌에 대한 대략을 파악해야 하는 글쓰기 과제를 시작하는 출발점으로 사용하기 좋은 쓸 만한 기법이다.

도움이 되는, 자유쓰기의 변종들은 looping과 focused freewriting(초점 자유쓰기)이다. 더욱더 좁게 초점을 맞추는 자유쓰기인, looping이라고 부르는 쓰기 과정은 대단히 유용한 정보를 산출할 수 있고 그리고 필자가 실현할 수 있는 어떤 화제를 정할 수 있게 돕는다. Looping에서, 필자는 자유글의 표면에 떠오른 아이디어를 취하고 그것에 관해 초점 자유쓰기를 하고, 그 특별한 화제에 관해 마음에 떠오르는 무엇인가를 쓰는 것이다. 예를 들어, 필자는 글쓰기에 관한 자신의 태도에 관해 초점 자유쓰기를 함으로써 그 아이디어들을 더욱 전개할 수 있을 것이다. 초점 자유쓰기를 거치면 필자는 거의 아무 화제라도 쓸 수 있게 된다. (주: 초점 자유쓰기는 looping 과정의 부분이거나 별도의 활동일 수 있다.)

예를 들어, '반값 등록금'이라는 문제에 대해서, '왜 '반값 등록금'이 요즈음 사회 문제가 되는가?'라는 화제를 정할 수 있을 것이다. 또, '초등학교 무상 급식' 이라는 문제에 대해서는, '초등학교 무상 급식에 대한 서울 시민들의 주민 투표'가 화제가 될 수 도 있다. 그렇게 보면, 문제에 대해 필자의 관심을 가장 끄는 구체적인 사항이 화제이다.

아래 표 3-4는 단순 소개용과 취업용 자기소개라는 문제에 대해 생각할 수 있는 화제들을 열거한 것이다.

표 3-4 자기소개 문제에 대한 화제들의 예

문제	단순한 자기소개	취업용 자기소개
화제	성장 배경, 성격, 생활신조, 특기, 아르바이트 경험, 군 복무 경험, 동아리 활동	지원 동기, 입사 후 포부, 봉사, 업무 분야에 대한 관심도

(5) 제재 발굴

'아주 넓은 범주의 주제' 문제로부터 '필자의 관심을 끄는' 화제가 정해졌을 때, 제재는 필자가 나날이 보고 듣고 경험한 대상 가운데서, 화제와 관련하여, 글로 다루기에 알맞은 것으로 판단하여 선택한 것이다. 이런 제재들은 글로 다룰 문제의 범주를 한정시켜 주며, 글의 대체적인 윤곽과 성격을 드러낸다(한국교원대, 1995, p. 54).

화제를 이야기로 풀어가기 위해서는, 그런 제재들을 많이 발굴해야 한다. 먼저, 문제에 대해 연구하는 동안 수집한 여러 자료들 중에서, 화제와 직접적인 관계가 있는 것들을 제재들로 선정할 수 있다.

제재를 충분히 확보하기 위해서는 화제에 대해 더욱 폭 넓고 깊이 있게 연구해야 한다. 예를 들어, '무상 급식에 대한 서울 시민들의 주민 투표'란 화제에 대해서, '초등학교 무상 급식'뿐만 아니라 '주민 투표'와 관련된 여러 자료나 정보를 수집해야 할 것이다. 이 단계에서는 2차 자료 외에, 필자 자신의 경험이나 체험과 관련된 것들(1차 자료), 예를 들어 필자의 잡기장(雜記帳, journal writing(Harris, 2000, p. 11; Kirszner, 2010, p. 27))에 적힌 자료들을 살펴서 수집하는 일이 중요하다. 그러고 보면 '초등학교 무상 급식'이나 '서울시 주민투표'와 관해서는 그 일들과 관련한 개인적인 경험이나 주위 사람들의 의견이나 인터뷰 등이 좋은 제재가 된다.

화제에 대해 구체적으로 '말할 거리'가 제재이다. 문제 '자기소개'에 대한 화제 '아르바이트 경험'을 고려한다면, 어떤 가게나 회사에서, 어느 기간에 어떤 일을 해서, 어떤 경험을 하고,

자기 발전에 어떤 도움이 되거나, (취업 관련) 희망 업무 관련 어떤 능력 개발에 도움이 되었는지에 대한 구체적인 자료들이 제재들이다. 예를 들어, 화제 '의무 국방 복무 중에 겪은 일들' 중에서 어떤 사건이나 경험이 현재의 학업 동기를 불러일으키고, 건강 문제나 사회 활동 또는 팀 활동의 중요성에 대해 느낀 바와 관련이 있는지를 조사하는 것이 제재를 발굴하는 것이다.

제재들 중 일부가 본론을 구성하는 단락들의 소주제들이 될 것이므로, 과제 성격이나 화제의 무게감에 따라, 제재가 얼마나 많아야 하는지에 대해 짐작할 수 있다. 제재는 많을 수 록 좋다.

브레인스토밍과 잡기장 뒤지기가 그런 제재들을 생성하는데 유용한 도구들이고, 그리고 두 전략 모두 글쓰기 과정의 이 단계에 (그리고 부가적인 제재를 찾아야 할 때라면 언제나) 도움이 될 수 있다.

기술문 쓰기의 관점에서, 예를 들어, 어떤 활동(조사, 출장, 실험 등)에 관한 보고서를 써야 하는 경우를 생각해보자. 여러분은 이미 그 활동을 마쳤고 보고서에 써야 하는 거의 모든 내용들을 확보했다. 즉 실험 보고서라는 글을 쓰기 위해서는 따로 제재들을 마련하는 과정은 여기서는 의미가 없다. 실험을 하는 동안 기록하고 수집해둔 모든 것들이 제재들이다.

제재들을 발견하기 위한 기법

효과적인 제재들이 될 의외로 실속 있는 것들(mystery, 미스터리([설명할 수 없는] 이상한 사건이나 물건))(Murray, 2002, p. 30)을 발견하는 많은 방식들이 있다. 어떤 방식이 자신에게 잘 맞는지를 알기 위해 그것들에 대해 다양하게 연습해라.

Brainstorming

브레인스토밍(자유로운 토론을 통하여 독창적인 아이디어를 이끌어 내는 집단 사고 개발법)은 화제를 뒷받침할 아이디어(제재)들을 발견하는데 매우 생산적인 방식이다. 그룹을 만들어, 글쓰기 수업 강의실에서 여러 학생들과 아이디어들을 교환하고 그리고 떠오르는 유용한 아이디어들을 적어 내려감으로써, 브레인스토밍을 한다. 이 때, 낱낱의 사실, 아이디어 또는 화제에 연관된 것에 관해 생각할 수 있는 연상 개념들을 신속히 써 내려가다 보면 노트에 단어, 어구, 진술문, 질문, 또는 심지어 도면들이나 다이어그램들이 적혀질 지도 모른다. 또 생각나는 것들이 자유로이 머릿속을 떠돌아 흘러나오도록, 순서에는 신경 쓰지 말고 그것들을 그냥 적기만 해라. 일부 항목들은 강의 시간에 적은 노트에 의해서 영감을 받을지도 모를 일이고;

다른 것들은 독서나 친구들과의 이야기로부터 가져온 아이디어들일 수 도 있으며; 그러고도 여전히 다른 항목들은 필자가 이제 막 의아해하기 시작한 아이디어들일지도 모른다. 또, 문제로부터 화제로 이동하는 동안 필자가 생각했던 요점들이거나 브레인스토밍 하다가 필자에게 문득 떠오른 생각들일지도 모른다.

브레인스토밍은 또한 이미 알고 있는 것들을 찾아내는데 효과적인 방식이기도 하다. 브레인스토밍은 우리에게, 우리가 아는 것, 우리가 알아야 하는 것, 그리고 우리가 아는 것과 모르는 것 사이의 연관들이 무엇인지를 보여준다. 브레인스토밍 할 때는 가능한 한 신속하게 마음속에 떠오르는 낱낱의 생각들을 적어 내려가라. 떠오르는 생각들에 대해서 비평할 필요는 전혀 없다. 그런 생각들이 비논리적이고, 비이성적이며 심지어 어리석어 보여도 괜찮다. 오직 마음속에 있는 것들을 발견해 내기를 원할 뿐이다. 놀라움을 기대해야 한다.

브레인스토밍으로 수집한 자료들을 어떻게 정리할 것인가에 대해서는 아직 염려하지 않아도 된다. 철자법이나 서법, 필법 또는 문장들에 관해서도 걱정하지 마라. 이 시간에는 필자 자신의 마음속에서 특별한 의미들을 나타내는 암호 같은 개인적인 언어로 글을 쓰는 것이다.

표 3-5 화제 학생들의 성적 등급에 대한 과민'에 대한 제제들 예

화제	학생들의 학기말 성적에 대한 관심
제재	평소에는 대체로 무관심, 학기말에 성적 등급 높여달라고 떼쓰기, 졸업 학점 맞추어야 한다고, 취직 대비, 학자금 대출 요건, 장학금 요건, 채점 실수 확인, 부모님과의 약속, 성적 등급 분류 방식 불만, 다른 학과나 과목과의 성적 분포 비교, 성적 근거 제시 요구, 단순 성적 확인, 학사 경고의 두려움, 성적 올리기, 막무가내 떼쓰기

표 3-6 소개용 자기소개서의 화제 두 항목에 대해 발굴한 제재들 예

화제	아르바이트 경험	생활신조
제재	돈 벌기 어려움	군 복무 중 솔선수범
	학비 부담	힘든 일은 내가
	일 학업 병행 어려움	아르바이트 위해 일찍 출근
	고객과 근로자 사이의 관계	동아리 방 청소

표 3-5는 '학생들의 학기말에 성적에 대한 과민 반응'이라는 화제에 대한 브레인스토밍 목록의 예이고, 표 3-6은 소개용 자기소개서에 대한 예이다.

그림 3-6은 McDuff 회사에서 어느 부장이 '카페테리아 식품 서비스 개선'이라는 화제에 대해 자유롭게 적은 브레인스토밍 노트이다(Pfeiffer, 2010, p. 19). 이 그림에서는, 브레인스토밍 노트에 적힌 여섯 가지 항목들에 원을 둘러 달리 표시(세 항목은 문제를 뜻하는 p#1, p#2, p#3으로, 다른 세 항목은 해결책을 뜻하는 s#1, s#2, s#3로)하고, 선이나 화살표들을 그려 항목들 간의 관계를 표시한 것을 볼 수 있다.

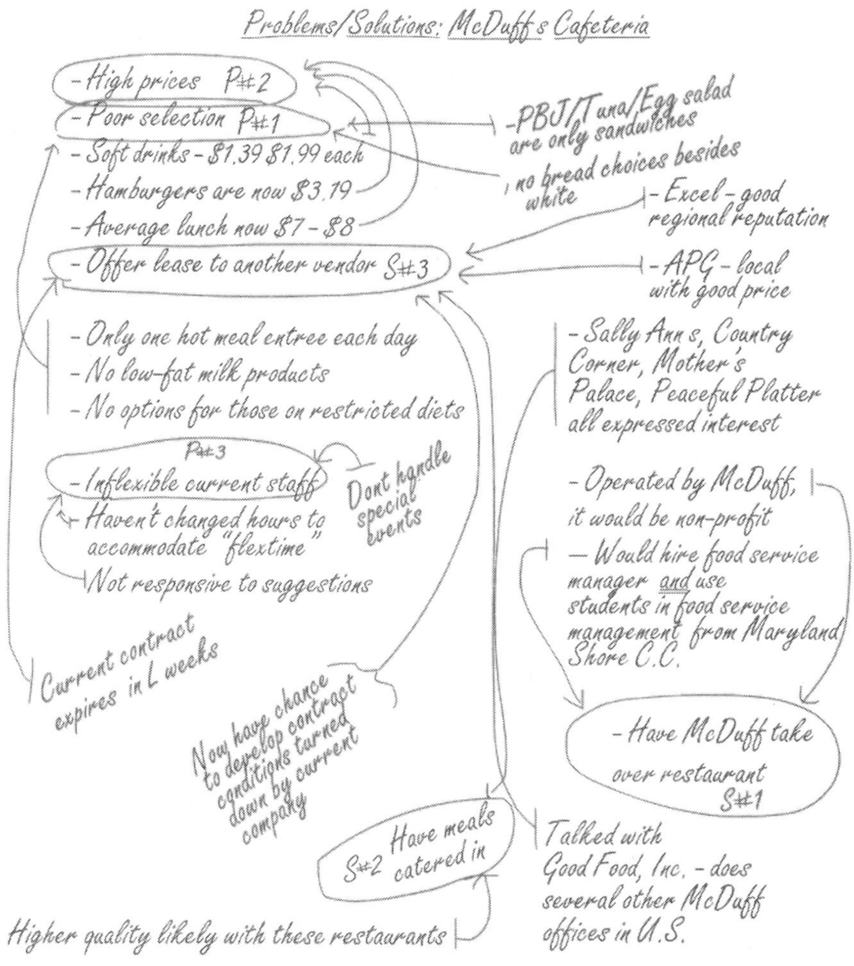

그림 3-6 McDuff 회사의 경영 문제 분석을 위해
자유롭게 적은 브레인스토밍 노트(Pfeiffer, 2010, p. 19)

놀라움 찾기[13)]

브레인스토밍 노트를 살펴서 여러분을 놀라게 하는 것이나 어느 항목들이 연관되는지를 알아내어라. 이 놀라움과 관계들이 필자가 알고 있는 것을 상기시키고 그전에는 전혀 몰랐던 의미들을 깨닫게 한다.

브레인스토밍의 또 다른 예를 들어 보자. 다음은 어떤 학생이 화제(또는 문제) '옷차림새'에 대해 브레인스토밍을 한 목록이다.

가게
패션모델
패션 잡지
다이어트 식욕 감퇴
비용
명품
붉은색 드레스
유명 디자이너 라벨
아이들조차도 패션에 민감해
중고품 가게
백화점
차림새에 신경을 써야 하는 모임
취업 면접
정장
제복
청바지에 티셔츠
옷이 날개라는데

이 목록 중에 유독 '옷이 날개'라는 어구가 필자의 눈길을 끌었다(필자를 놀라게 했다). 이 어구에 대해서 또 다시 브레인스토밍을 하되, '옷이 날개'라는 생각에 대한 필자 자신의 찬성과 반대 생각들을 적어 보기로 했다.

---

13) Murray, 2002, p. 33.

표 3-7 화제 옷차림새'에 대한 브레인스토밍 목록 내용 분류

찬성	반대
사람들이 외모로 사람 평가	속사람으로 사람을 평가해야지
의복이 사람들에게 우리 자신에 대해 말 해	의복이 속사람을 감출 수 있나
경제적 능력 드러내	옷차림 이상을 못 보는 사람들은 천박해
차림새가 전문가처럼 보이게 해	
스타일 감각을 드러내기도 하고	
연령대에 따라 옷차림새가 달라	
옷차림새가 개성을 드러내	
외모에 얼마나 신경 쓰는지 나타나	
속사람을 알기까지 대부분의 사람들이 다른 사람을 평가하는 기준	

이렇게 하고 보니(표 3-7), 자신이 '옷이 날개'라는데 대해 찬성한다는 사실을 알게 되어 필자는 놀란다. 평소 필자 자신은 차림새와 같은 외모보다는 속사람을 더 중시하는 것으로 생각하고 있었던 것이다. 그렇다면 그 생각에 반대하기 보다는, 오히려 그 생각을 뒷받침할 더 많은 증거들을 찾는 것이 좋겠다는 생각을 하게 된다.

(6) 제재들의 그룹

상하좌우 전후 관계 찾기

브레인스토밍 목록 중에 필자를 놀라게 하는 항목들이나, 잡기장을 뒤져 찾은 화제와 관련한 제재 항목들을 열거하여, 이제 그것들 사이의 상하좌우 전후 관계들을 살펴야 한다. 그런 관계에 바탕을 두어, 비슷한 성질을 가지는 제재 항목들끼리 그룹을 짓는다.

논리 지도, 마음 지도, 다발 짓기, boxing(네모 두르기) 등의 도식적 방법과 비공식 개요 짜기 등이 이 일을 하는데 도움이 된다.

지도 그리기[14)]

지도를 그리기 위해서 먼저 놀라움의 대상이 되는 제재를 종이 중앙에 쓰고 그 주위로 그 제재에 대해 연상되는 낱말이나 구들을 적는다. 예를 들어, 필자의 '충동적 감정'이 제재라면, 그에 대해서 다섯 가지 낱말들이 연상되어 그림 3-7과 같이 1차 지도를 그릴 수 있다.

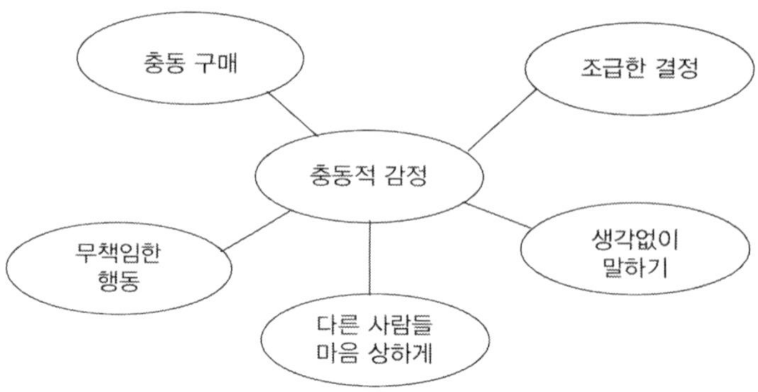

그림 3-7 1차 지도의 예

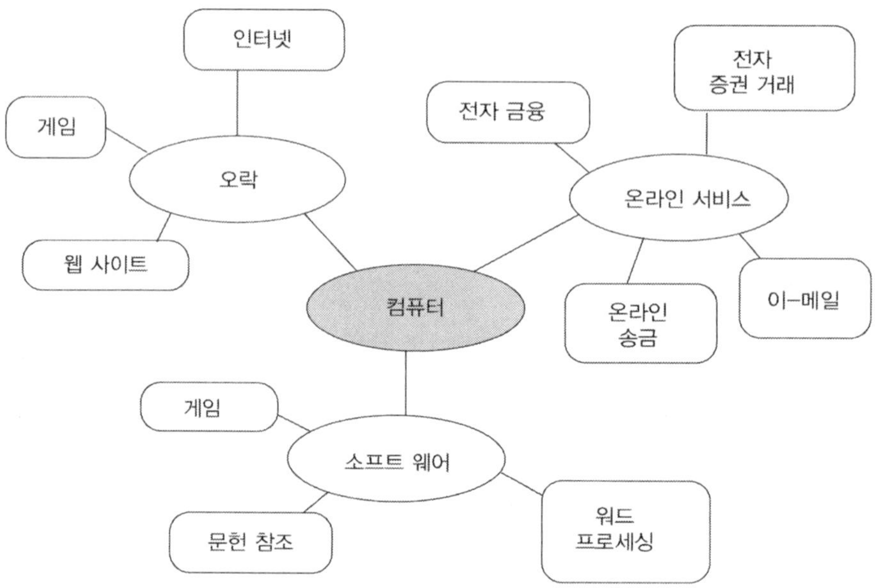

그림 3-8 2차 지도의 예

14) Murray, 2005, p. 65.

1차 지도를 그려서 적은 낱말이나 구들에 관해서 또 같은 방법을 적용하여, 예를 들어, 화제 '컴퓨터'에 대해 그린 2차 지도가 그림 3-8이다. 이 지도에서 2차 지도의 항목들은 네모 안에 적혀있다. 그림 3-8에서는 화제 '컴퓨터'에 대한, 예를 들어, 제재 '온라인 서비스'를 중심으로 관련 아이디어들이 그룹을 짓고 있는 것을 볼 수 있다.

논리 지도 그리기[15)]

논리 지도는, 아이디어들 사이의 논리적인 관계들을 찾는데 도움을 주는, 아이디어들을 발굴하는데 응용하는 고도로 시각적인 방식이다.

논리 지도 그리기 위해서, 먼저 pc 스크린이나 또는 빈 종이의 중앙에 필자가 선정한 화제를 적는다. 그리고 그것에 원이나 네모 상자를 두른다. 그러고 나서, 그 화제 주위에 제재들을 타이핑하거나 써넣고, 그것들을 원이나 네모로 둘러싼다(그림 3-9).

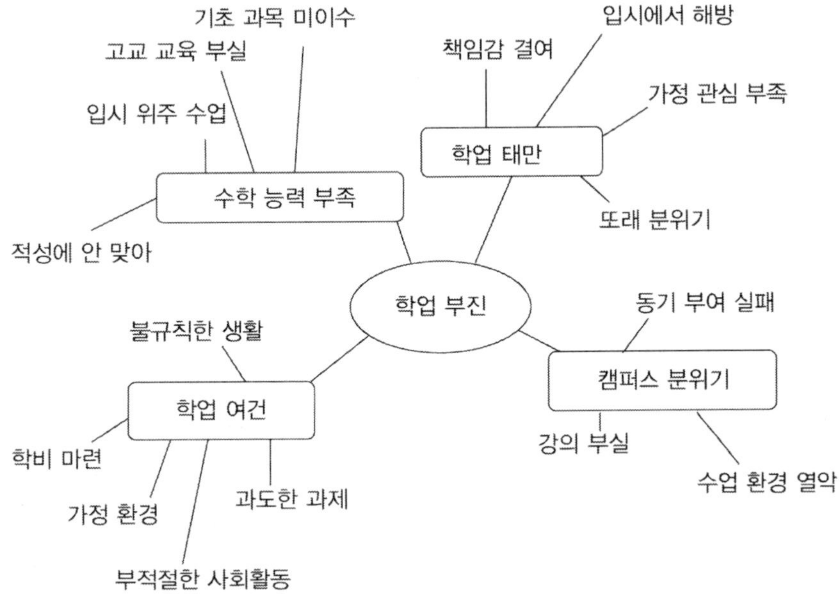

그림 3-9 학업 부진'이라는 화제에 대한 네 가지 제재들에 대해 그린 논리 지도

15) Sheehan, 2010, p. 26.

이제 페이지 빈자리에 그 제재들과 연관된 단어와 어구들을 적어 넣는다. 그것들 사이에 선을 그어 연관된 아이디어들을 연결한다. 선들을 그음에 따라, 필자가 쓰려고 하는 글의 중요한 내용, 즉 주제를 구성할 제재 또는 개념들을 하나씩 확인해 낼 수 있다. 주된 제재들은 지도에 그려진 뭉치들에서 발견할 수 있다. 그림 3-9는 '학업 부진'이라는 화제에 대한 네 가지 제재에 대해 그린 논리 지도이다.

다발 짓기[16]

다발 짓기는, 아이디어들이 어디에 속하고, 더 많은 정보를 생성해야 할지 말아야 할지를, 한 눈에 알 수 있게, 아이디어들을 시각적으로 배열 정돈하는 또 다른 방식이다. 비록 글쓰기 과정의 더 이른 단계에서도 다발 짓기를 사용할 수 있다 하더라도, 다발 짓기는 주요 요점들을 확인하고 그것들이 어떻게 함께 짜 맞춰 지는지를 알 수 있게 하는 면에서 제재들의 전후 혹은 상관관계를 파악하는 단계에서 특별히 유용하다. (다발 짓기는 또한 글의 길이에 맞도록 글의 주제의 폭을 좁히는 것을 도울 수 도 있다. 만약 다발 짓기 다이어그램에서 잔가지들이 계속 뻗어 나간다면, 일부 항목을 별도의 화제로 삼아 따로 제재들을 발굴해도 된다.)

화제에 대해 발굴한 제재들이 결국은 글을 구성하는 주요 아이디어들이 된다. 제재들 중 일부는 글의 주제를 드러내는 소주제가 될 것이고, 나머지 제재들 중 일부는 소주제들을 뒷받침하는 재료들, 즉 소주제를 뒷받침하는 문장들의 뜻이 될 것이다. 이 관점에서, 다양한 제재들을 포함하여, 문제를 탐구하는 과정에서 또는 화제를 정하는 과정에서 기록된 모든 아이디어들이 글을 쓰는데 이용될 수 있는 재료들이다.

그림 3-10에서 보는 바처럼, 먼저 화제 'CHEATING, 시험 부정행위'를 종이의 중앙에 쓴다. 그 화제 주위에 토의하려는 요점, 즉 (세 가지) 제재를 나타내는 단어나 어구, 'during test 시험 보는 동안,' 'after test 시험 본 후,' 'in college 대학 재학 중'로 적어 원으로 두른다. 그 제재들은 브레인스토밍 노트, 잡기장, 자유쓰기로부터 가져온 것들일 수 있다. 제재를 나타내는 단어와 어구들을 둘러싼 원에 선을 그어 중앙에 있는 화제에 연결해라. 다음으로, 개별 제재와 연관 있는 세부 아이디어 단어나 어구들을 그 제재 주위로 적어 그것들을 그 제재에 선을 그어 연결한다. 아이디어들을 분할하고 또 하부 분할함으로써, 페이지의 중앙으로부터 바깥으로 이동함에 따라 더욱 구체적인 아이디어들이 순차적으로 나열된다. 이 과정에서, 글의 주제를 예시하고 확장하는 사실, 세부 사항, 예 및 의견들의 정체가 확인된다.

16) Kirszner, 2010, pp. 29-30.

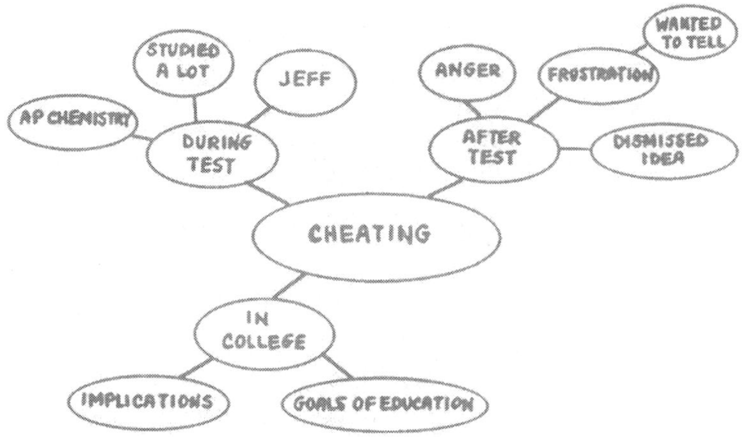

그림 3-10 LB가 CHEATING이라는 화제에 대한 세 가지 제재를 발굴하는 다발 짓기의 예(Kirszner, 2010, p. 30)

▶ 학생 필자: 다발 짓기

LB가 특별히 시각적으로 보여주는데 익숙하지 않아서, 그 여자는 자신의 아이디어들을 그룹들로 묶는데 이 방법을 사용하지 않기로 했다. 그러나 만약 그렇게 하기로 했다면, 그림 3-10과 같은 다발 짓기가 되었을 것이다: 화제 'CHEATING' 주위로 세 가지 제재들 '시험 보는 동안,', '시험 본 후,' 및 '대학 재학 중'을 적고, 그 개별 제재와 연관되어 떠오른 몇 가지 아이디어들을 그 제재들 주위로 적어 두었다.

Boxing

먼저 화제를 써 넣을 큰 네모들을 종이나 모니터 화면에 그려 넣는다(그림 3-11). 그러고 나서, 그에 속하는 제재들을 그 상자들 속에 적어 넣는다. 만약 필자가 본문에서 여러 수준의 화제들을 전개하려면, 그 상자 내에 더 작은 상자들을 그려 넣으면 된다.

서론 : 낙동강 유역의 홍수에 관한 보고

목적 : 이 보고서는 낙동강 유역의 홍수를 관리하기 위한 전략을 제공하는 것이다.

요점 : 홍수를 통제한다는 것은 유역을 복원하고 개발을 지연한다는 것을 의미한다.

주제의 중요성 : 지금 문제를 해결하지 않으면 지구 온난화가 심해질 수록 문제가 악화될 것이다.

1절 : 문제

낙동강 유역의 개발
지구 온난화로 인한 유량 증대
댐과 유량을 유지하기 위한 보들의 증설

2 절 : 계획

유역의 복구
유역에 대한 개발 제한
유량 유지를 위한 보의 건조
일부 보의 해체

결론 : 시간이 급하다

유역을 복원하고 강 주변 개발을 줄여야 한다.
추천의 장점
미래

그림 3-11 Boxing은 개요와 비슷하게, 화제나 제재들로 채운 개별 상자들을 더 큰 상자 안에서 구조를 갖춰 배치한다(Sheehan, 2010, p. 28)

비공식 개요

지금까지 제재들을 지도, 논리 지도 그리기, 다발 짓기 및 네모 두르기 등의 도식적 방식으로 그룹을 지었다. 이제 그 도식들을 바탕으로, 산문표 형식으로 제재들의 그룹을 정리한다. 비공식 개요는 주요 요점들을 잠정적인 순서로 제시하는 목록의 일종이다.

이제 제재들 간의 관계를 도식적으로 알아 볼 수 있는 지도가 그려져 있거나, 다발들이 묶어져 있거나 네모 두르기가 되어 있다. 이제 이것들을 산문표 형식의 비공식 개요로 정리해야 한다.

개요는 글을 구성하는 뼈대이다. 초벌을 쓰기 전에 개요를 만들어두어야 한다. 그렇게 하면, 글이 어떤 구조를 갖추게 될지를 눈으로 알 수 있다. 개요는 개정하고 편집하는 때에, 알아야 할 정보를 어디에 첨가해야 하는지 또는 필요 없어서 버려야 할 정보들이 어디 있는지를 알아내는데도 도움이 된다.

비공식 개요는 공식 개요와 달리, 글의 주요 분할들과 하부 분할들을 포함하거나 아이디어들의 상대적인 중요성을 가리키지는 않는다. 비공식 개요는 단순히 모양을 갖춰가고 있는 글의 틀을 제시할 뿐이다. 그러나 비공식 개요는 뒷받침하는 세부들을 포함하거나 전개의 어떤 패턴을 제안하기도 할 것이다. 비공식 개요는 화제나 또는 대표 제재들과 그와 관련되는 항목들을 어구나 어절들로 적어 단순히 나열하거나 정리한 것이다. 비공식 개요는 필자만 볼 것이기 때문에, 필자가 편하게 쓸 수 있는 모양으로 만들면 된다. 비공식 개요는 긁적거려 쓴 개요(scratch outline)라 부르기도 한다.

표 3-8이나 표 3-9의 비공식 개요를 구성하는 항목(어구)들은 화제이거나 대표 제재 및 그에 속한 제재들이다. 특히 표 3-9의 비공식 개요에서는 항목들이 모두 문장으로 표현된 것을 알 수 있다.

표 3-8 비공식 개요의 예

주제	문화유산의 효율적인 관리 방안
개요	1. 문화선진국과 문화유산 관리 2. 우리 문화유산의 가치 3. 우리 문화유산 관리의 문제점 4. 문화유산 훼손의 원인 5. 문화유산의 관리 방안

표 3-9 비공식 문장 개요(Harris, 2000, p. 23)

화제 또는 대표 제재	제재
영어 수업 시간에 우리는 실제와 같은 (hands-on) 편집을 연습한다	
농업 역학 수업에서 우리는 현장 실습을 한다	우리는 배관할 때 구리와 PVC 파이프 둘 다를 쓴다 우리는 전기 배선을 한다 우리는 목공 일도 실습한다
컴퓨터 과학 수업에서 우리는 키보드와 마우스 사용 기법들을 실습한다.	

▶ **학생의 글: 비공식 개요**(Kirszner, 2010, p. 31)

다음 비공식 개요는, 그림 3-10 다발 짓기를 근거로, LB가 제재들을 어떻게 세 가지('시험 보는 동안,' '시험 본 후,' 및 '대학 재학 중') 아이디어로 나누었는지를 보여준다. 그것들은 시간의 흐름에 따라 배열되어 있다.

시험 보는 동안
　시험이 어려웠다
　Jeff가 부정행위를 했다
시험 본 후
　화가 났다
　그런 일에 대해 발설할 것인지를 망설였다
　그 생각을 기억에서 사라지게 했다
대학 재학 중
　시험 부정행위와 연관되는 일들
　교육의 목표

비공식 어구 개요나 문장 개요 어느 것도, 글쓰기 수업에서 한 단락이나 짧은 에세이를 쓰는 데 도움이 될 것이다. 어떤 방식이 필자에게 가장 도움이 되는지는 몇 가지 비공식 개요를 가지고 시험해 보면 될 것이다. 비공식 토픽(어구) 개요는 문장 개요로 확대할 수 있어서, 문장 개요에서 각 항목은 단락의 소주제문 구실을 한다.

(7) 주제

화제로부터 몇 가지 제재들을 발굴하고 그 제재들로 비공식 개요를 짰다면, 이제 필자는 에세이의 주제(主題, thesis)를 정해야 한다. 제재들이 화제로부터 전개된 것들이기 때문에, 그 제재들에 바탕을 둔 주제는 화제와 밀접한 관계를 가진다.

글쓰기 과정의 관점에서, 문제[17)]가 우리가 사는 세상에 관한 것으로, 가장 넓은 범주의 주제이고, 화제는 문제에 관해 세상에서 배운 것이며, 화제들에 대해서 필자 자신이 느끼거나 직접 경험한 내용에 비추어 평가한 것들이 제재들이다. 그러면 주제는 통일성을 갖는 제재(예비

17) 글쓰기 문제가 개방형 문제라고 할 때, 주제는 많은 답들 중의 하나이다. 그러므로 주제는 필자가 문제에 대해 독자에게 제시하는 답의 요점이다.

재료)들에 의해 드러나는 필자의 요점이고, 가장 좁은 범주의 주제이다.

주제는 에세이나 글의 핵심 아이디어, 즉 글이 뜻하는 바이다. 주제는 글의 중심 요점이다. 주제와 그것의 뒷받침 즉, 주제의 진술과 그 주제를 설명하고 확장하는 소주제들을 배열하고, 각 소주제를 뒷받침하는 제재들을 전개하는 일은 대학문 쓰기의 핵심이다.

대학생들이 쓰는 글은 보통 여러 개의 단락들로 구성된다(7-5 절 '글의 구성' 참고). 주제를 제시하는 서론, 주제를 전개하고 뒷받침하는 본론 단락 여러 개, 그리고 주제를 다짐하고 글을 종결하는 결론. 주제는 이 서론-본론-결론 구성을 아우르고 유지한다. 글의 모든 것들은 주제를 중심으로 전개된다.

주제를 정하는데 있어서 특별한 규칙은 없다. 주제는 과제의 범주와 어려운 정도, 제재들에 대한 지식 및 글쓰기의 방법 등과 같은 변수들을 고려하여 결정하면 된다. 가끔, 화제에 대해서 필자가 많이 알고 있을 때, 필자는 제재들을 발굴하기 위한 여러 활동들(예를 들어, 자유쓰기 또는 브레인스토밍)을 하기 전에 주제를 정할 수 있을지도 모른다. 대부분의 경우에, 필자는 모든 제재들을 검토해야 하고, 그러고 나서 제재들에 관한 필자의 입장을 드러내는 하나의 문장으로 주제를 진술해야 한다. 어떤 경우이든지, 첫 번째 초벌을 쓰기 시작하기 전에 주제를 잠정적으로 정해야 한다.

주제문

주제문은, 필자의 의도를 공지하거나 사실을 진술하는 제목 이상의 것이다. 비록 기술(記述)적인 제목이 독자들에게 방향 감각을 줄 수 있는 경우가 있다하더라도, 제목만으로 에세이의 목적이나 방향을 드러내기에는 미흡하다. 제목이 필자의 의도를 공식적으로 발표하여 더 많은 것을 드러낼 수는 있지만, 그런 제목은 독자의 마음을 불편하게 한다. 또, 역사적인 사실이나 통계와 같은, 사실의 진술은 더 이상 어떻게 해 볼 수 없는 것이어서 에세이로 전개될 수 없다. "6 · 25 전쟁은 1950년에 발발했다" 또는 "신종플루는 전염성이 강했다" 또는 "대구 시민은 약 250만 명 정도 된다."와 같은 진술은 에세이에 아무 방향을 주지 않는다. 그러나 어떤 사실에 반응하는 판단이나 의견은 효과적인 주제문이 될 수 있다. -예를 들어 "서민들이 밀집해서 사는 지역에서 결핵환자가 계속 발생한다는 것은 발병 위험성이 큰 주민들에 대해 더욱 자주 검진할 필요가 있다는 것을 의미한다."

제목, 공지, 사실의 진술 및 주제문 사이의 차이들을 평가하기 위해서, 다음 그룹들의 각각에 있는 진술들을 비교해라(Kirszner, 2010, pp. 32-33).

제　목 : 시속 100 킬로미터 속도 제한에 대한 찬성과 반대

공　지 : 나는 주요 고속도로들에서 시속 100 킬로미터 속도 제한을 없애는 것에 대한 찬성과 반대들을 점검할 것이다.

사실의 진술 : 시속 100 킬로미터 속도 제한을 없앤 지방의 고속도로에서 교통사고 사망자들이 급속히 늘어나고 있다.

주제문 : 중앙 정부는 속도 제한을 시속 100 킬로미터보다 더 높인 모든 지방정부들에 대한 고속도로 관리 재정 지원을 보류해야 한다.

제　목 : Orwell의 "A Hanging, 교수형"

공　지 : 이 논문은 George Orwell의 수필 "A Hanging"에 나타난 그의 사형에 대한 태도를 논의할 것이다.

사실의 진술 : 그 수필에서, Orwell은 Burma에서 목도했던 교수형에 대해 기술한다.

주제문 : "A Hanging"에서 George Orwell은 교수형이 불쾌할 뿐만 아니라 부도덕하다는 것을 보여준다.

제　목 : Speaking Out

공　지 : 이 수필은 내가 거리낌 없이 말했어야 했지만 그렇게 하지 않았던 어떤 때에 대해 논의할 것이다.

사실의 진술 : 나는 어떤 학생의 시험 부정행위를 못 본채 한 적이 있다.

주제문 : 그 상황을 회상함에 있어, 나는 그때 내가 왜 못 본채 했으며 만약 그때 내가 행동을 취했다면 무슨 일이 생겨났을 지에 대해 의아하다.

글을 씀에 따라, 필자는 새로운 아이디어들을 계속해서 발견하게 될 것이고 그러면 아마도 필자가 예상하지 않았던 방향으로 글이 나아갈 수 도 있다. 잠정적인 주제가 필자를 안내하고 글의 목적을 마음에 새기게 해주기 때문에, 글쓰기의 초기 단계에 주제는 필수적이다. 에세이의 초벌을 쓸 때에, 주제와 소주제(대표 제재)들이 어떻게 연관되는지를 검토하여, 필요하다면 주제문 또는 소주제들을 개정해라.

주제 명시

주제를 표현하는 문장, 즉 주제문을 에세이에 드러나게 적는 것이 좋다. 효과적인 주제문은 세 가지 특징을 가진다(Kirszner, 2010, pp. 33-35).

1. 효과적인 주제문은 에세이의 주요 아이디어를 분명히 표현한다

주제는 제재들을 단순히 종합하여 진술하는 것 이상의 역할을 한다. 주제는 제재들에 관해 말할 것을 가리키고, 독자가 어떻게 필자의 주제에 접근할 것인지에 대해 신호를 보낸다. Bruce Catton이 쓴 수필 "Grant and Lee: A Study in Contrasts"로부터 가져온 다음 주제문은 분명히 필자의 주요 아이디어를 소통한다:

> Grant와 Lee, 두 사람은 성품이 강하고 기묘하게 다른 두 명의 군대 지휘관들이었고, 그리고 그들은, 그들을 통해, 종국에는 충돌하게 되었던, 서로 다투는 두 가지 강한 성격의 강도를 대표했다.

이 진술문은 에세이가 Grant와 Lee를 비교하고 대조할 것을 가리키고; 더욱 구체적으로, 필자는 또한 에세이가 서로 반대 입장에 있던 두 가지 역사적 기류의 상징으로써 미국 남북전쟁 때의 두 명의 군대 지휘관을 제시할 것임을 드러낸다. 만약 주제문이 충분히 전개되지 않았더라면 - 예를 들어, 필자가 "Grant와 Lee는 서로 아주 다른 사람들이었다."고 썼더라면 - 그것은 수필의 제목을 반향하는데 그쳤을 것이다.

2. 효과적인 주제문은 에세이의 목적을 반영한다

글의 목적이 평가하거나 분석하기 또는 단순히 기술하거나 자세히 얘기하기 이건 간에, 주제문은 글의 목적을 독자들과 소통한다. 일반적으로, 목적은 개인적인 느낌 표현, 거리낌 없는 방식으로 정보를 제시 또는 설득하기 일지도 모른다. 따라서 주제는 어떤 분위기나 인상을 전달하는 표현적인 것일 수 있고; 그것은 아마도 논의할 주요 요점들의 열거 또는 에세이의 객관적인 개관을 제시하는 정보 제공적인 것일 수 있으며; 또는 그것은 어떤 강력한 입장을 취하거나 논증할 입장을 개설하는 설득적인 것일 수 있다.

다음 두 주제문은 각각 다른 목적을 표현한다.

느낌의 표현 :

그 도시의 노숙 가족들은 눈뜨고는 볼 수 없는 아주 나쁜 환경에서 산다.

정보 제공 :

노숙자들의 곤경은 너무 심각하여서 많은 광역 지방자치단체들이 그 문제를 최우선으로 해결해야 한다.

설득 :

당장의 위기에 대한 책임 있는 유일한 대책은 폐기된 도시주택을 보수하여 노숙 가족들이 쓸 수 있게 하는 것이다.

3. 효과적인 주제문은 뜻이 분명한 말로 적어야 한다

에세이의 주요 아이디어, 효과적인 주제문은 –보통 단 하나의 문장 – 분명히 그리고 구체적인 말로 나타내어야 한다. (주제문은 또한 그 내용을 스스로 대변해야 한다. 꼭 "내 주제는 ... 이다" 또는 "이 논문의 주제는 ...이다"라고 쓰지 않아도 된다.) 주제문은 뒤따르는 것들에 대한 정확한 지시를 주어야 하고 에세이의 방향, 강조, 내용 또는 관점에 관해서 독자들을 오도해서는 안 된다. 애매한 언어, 혼란을 주는 추상적인 문구나 연관이 없는 세부 및 복잡한 용어들로 주제문을 쓰면 안 된다. 에세이가 다루지 않을 내용들을 주제문에서 넣어서는 물론 안 된다.

물론, 글에서 논의할 모든 요점을 주제문에 포함할 수는 없다. 그렇지만 주제는 에세이의 방향과 범주(일 활동 따위의)를 가리키기에 충분할 정도로 구체적이어야 한다. "새로운 이민법은 늘어나는 불법 이민자들의 유입을 막지 못했다."라는 진술문은 에세이의 초점을 제대로 드러내지 않는다. 어느 이민법을 점검할 것인가? 어느 불법 이민? 그러나 아래 문장은 효과적인 주제문이다. 그것은 분명히 필자가 논의하려고 하는 것을 가리키고, 그리고 그것은 에세이의 구체적인 방향과 목적을 설정한다.

1966년에 제정된 이민법은 불법 이민의 경제적 원인들을 참작하지 못했기 때문에, 멕시코로부터 미국으로의 불법 이민 문제를 해결하지 못했다.

주제 함축

명시적으로 진술된 주제처럼, 직접적으로는 아니지만 암묵적인 주제도 에세이의 목적을 전달한다. 그 대신 에세이의 목적은 요점들의 선정과 그것들의 배열에 의해서 제시된다. 많은 (작가)필자들은 이 암묵적인 옵션을 더 좋아하는데, 함축적인 주제가 진술된 주제보다 더 미묘하기 때문이다. (함축적인 주제는, 명시적 주제가 강압적이거나 압제적인 또는 임의적으로 보여 질 곳인, 해설, 기술, 및 일부 논증들에서 특별히 유용하다.) 대부분의 대학문 쓰기에서는, 그러나, 오해를 불러일으키거나 또는 에세이의 구성이 흐트러지는 위험을 피하기 위해서, 필자의 주제를 명시적으로 진술해야 한다.

▶ 학생 필자: 주제 설정

다발 짓기와 비공식 개요를 검토한 후, LB는 마침내 잠정적인 주제문으로 그것들을 요약했다:

"그 상황을 회상함에 있어, 나는 왜 그 때 모른 채했는지 내가 행동했었다면 무슨 일이 일어났을 것인지에 대해 의아하다."

(8) 제목

제목은 글에 붙이는 이름으로서, 글의 '간판의 역할'을 하는 글의 '얼굴'이다. 제목은 글의 첫인상을 좌우하는 중요한 요소로서, 대체로 주제를 정하고 나면 제목을 정할 수 있다. '제대로 정해진 제목이라면 제목만 읽고도 그 글이 어떤 내용을 다루고 있는지 짐작할 수 있고 더 나아가 필자의 태도나 관점 등도 파악할 수 있다.' 제목은 글의 내용을 보여줄 뿐만 아니라 글의 내용에 대해 관심을 불러일으키기는 역할도 한다.

제목은 대체로, ① 주제와 관련 깊은 것, ② 목적과 관련된 것, ③ 문제나 화제와 관련되는 것 세 가지로 나눈다(신선경, 2010). 주제와 관련 있는 제목은 글의 내용 면을 강하게 드러내고, 목적과 관련 있는 제목은 필자의 의도를 직접 나타내는 효과가 있다. 그리고 화제와 관련 있는 제목은 글의 대체적인 윤곽을 암시하는 경향이 있다.

제목을 정하는 가장 일반적인 방법은 주제문을 짧은 문장이나 구로 압축하는 것이다. 다음 방법은 글의 내용 가운데 독자의 흥미를 끌만하거나 중요한 부분이 있으면 그 일부를 발췌하여 제목으로 압축해서 쓰는 것이다. 세 번째 방법은 주제를 암시하도록 유사한 사례에 빗대어 제목을 정하는 것이다.

예를 들어, 문제 '도시인'에 대해서, 화제 '도시인과 휴일'을 정했다고 하자. 그 화제 대해서 여러 제재들을 검토한 결과 주제를 '도시인들은 건강을 위해 휴일을 즐긴다.'로 정했다고 하자. 그러면 주제를 반영한 글의 제목을 '도시인의 휴일'로 정한다면 적당하다.

목적과 관련된 말을 제목으로 정하는 경우에, 글의 목적은 대부분 독자들에게 무엇인가를 알려주거나 행동을 유도하려는 경향이 강하다. 예를 들어, '민주의 기본 질서를 되찾자' 또는 생명의 잔치에 동참하라' 등은 글의 목적과 관련 있는 제목들이다.

문제나 화제와 관련된 제목의 예들은, '밀려난 사람들의 체온,' '축소 지향의 일본인,' '과학적 사고와 건강관리' 등이다. 제목이 한정된 문제나 화제를 가리킬 경우에는 다룰 범위가 좀 더 확실해 지는 이점이 있다. 그렇지만 너무 지나치게 한정하면 제목의 함축미가 떨어지는 흠이 될 수 도 있다.

제목은 주제부와 설명부를 합쳐서 만드는 것이 좋다. 제목을 한 문장으로 간주한다면, 주제부는 주어에 해당하고 설명부는 서술어에 해당한다. 예를 들어, '21세기 공학 교육의 새로운 방향'이라는 제목에서 '21세기 공학 교육'이 주제이고 '새로운 방향'이 설명부이다. 따라서 주제부는 글에서 말하는 바와 관련된 것이고, 설명부는 주제에 대해 어떤 것을 말하고자 하는지에 대해 설명하는 부분이다.

특히 주제와 관련 있는 제목을 정하는 때에도, 주제와 그에 대한 설명을 포함해야 한다. 특히 실용문의 제목은 주제뿐만 아니라 주제에 대해 어떤 것을 말하고자 하는지에 대한 설명을 포함해야 한다. 예를 들어, 어떤 글의 제목이 '한반도 바람지도 구축에 대한 연구'할 때, 지도를 어떻게 구축하는지에 대한 내용을 알 수 없다. 따라서 '원격 탐사 자료에 의한 한반도의 종관 바람지도 구축'이라고 하면 주제부와 설명부가 적절히 조화를 이룬 제목이라 할 수 있다.

몇 가지 다양한 제목들을 예시한다.

> 글의 초점: "이순신과 원균: 대조의 관점에서 연구"
> 질문: "누가 천안함을 폭침했나?"
> 비상한 관점(觀點): "변호사들이 어떻게 겨울을 훔쳤나?"
> 논쟁적인 제목: "어떤 온순한 여성이 왜 자신이 총을 소지해야 하는지를 설명한다."
> 변론적인 제목: "한 인터넷, 두 나라"
> 인용: "John Grisham에 보내는 메모: 다음은 무엇인가― 'A Movie Made Me Do It'?"

(9) 소주제들의 배열

지금까지 필자는 문제로부터 화제를 정하고, 화제를 전개하여 제재들을 발굴한 후, 그 제재들을 그룹으로 묶어 '비공식 개요'로 정리해 두었다. 이제, 실제 글을 쓰기 전에, 또 다른 선택을 해야 한다: 필자가 발굴한 제재들 중에서 주제와 제목을 반영하여 어떤 것들을 골라 쓸 것인가?

소주제들은 비공식 개요에서 단순히 나열된 제재들 중에서 주제를 드러내는데 꼭 필요한 것들이다. 그 소주제들을 어떤 기준에 따라 어떻게 배열할 것인가? 이 극히 중요한 선택이 글이 얼마나 분명하고 확신시키는 것이 될 것인지와 청중이 그것에 어떻게 반응할 것인지를 결정하는데 영향을 미친다. 글을 쓰는 목적을 충분히 달성하기 위해서는 그 목적에 알맞게 소주제들이 선정되고 배열되어야 한다. 소주제는 보통 단락의 첫 문장으로 표현되어야 하고(두괄식 단락의 경우), 그것들은 주제를 드러내기 위한 본론의 구성 전략에 따라 배열되어야 한다.

소주제들에 대해 깊이 생각하면 지금까지 필자가 확보한 자료들 중에 부족한 것들이 드러날 뿐만 아니라 요점들과 세세한 것들에 대해 더 깊이 탐구, 점검, 분석, 및 해석할 수 있다. 결과적으로 문제 측면들이 명백히 드러나고 이전과 다른 통찰을 하게 된다. 더 나아가 적절히 규명된 관계, 강조 및 종속 관계를 갖도록 배열된 소주제들은 온전한 개요 짜기를 지원한다.

소주제들을 배열하기 위해 무슨 서술 방식 혹은 장르를 이용하든지, 글은 시작, 중간, 그리고 끝을, 즉, 그림 3-12(Sheehan, 2010, p. 24)와 같이, 서론, 본론, 결론을 가져야 한다.

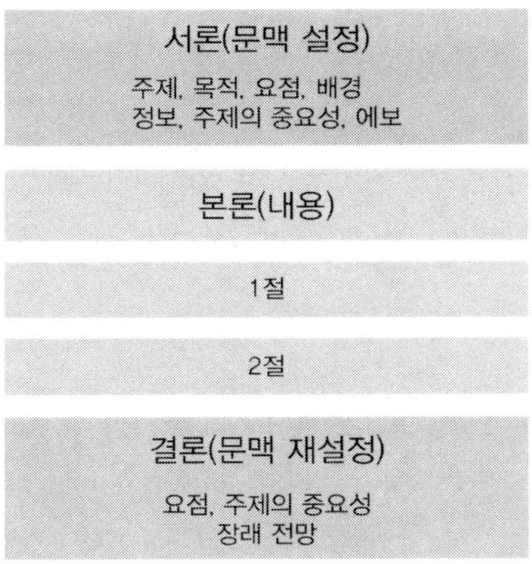

그림 3-12 보통 문서들은 서두, 중간 및 끝을 가지는데, 서론은 문맥을 설정하고, 본론은 내용을 담고, 결론은 문맥을 재설정한다

여기서 읽기를 멈추어라. 소주제들의 배열에 대해 이해하기 위해서는 5장의 장르, 7장의 단락, 본론 구성에 대해 공부하여야 한다. 7장으로 가서, '문장 이어가기–단락'에 대해 먼저 공부한 후, 단락의 구성, 단락 이어가기, 글의 구성에 대해 공부하기 바란다.

자기소개서나 길 안내문은 4장의 기술, 예증, 혹은 과정 패턴을 참고하여 소주제들을 배열하고, 설계보고서는 5장의 명세와 보고서 장르를 참고하여 소주제들을 배열한다.

(10) 개요

서론–본론–결론에 의한 글의 구성에 대해서 모르고서는 개요에 대해 이해할 수 없다. 그러므로 위에서 강조한 7장의 단락, 단락 구성, 글의 구성 등의 내용을 먼저 공부하여야 한다. 또 5장 장르 개념도 글의 개요를 짜는데 크게 도움이 된다.

이제 필자는 초벌을 쓸 때 자신을 안내할 글의 틀을 구축해야 한다. 비공식 개요가 제재들의 목록인데 비해, 공식 개요는 필자의 주제를 드러낼 소주제들을 제시할 정확한 순서를 가리키는 자세하고 여러 수준들로 구분된 글의 뼈대이다.

문장 개요는 비공식 개요로는 미흡한 조직적 배열의 제 모양을 갖추게 한다. 문장 개요는, 아래 예문에서 보는 것처럼, 소주제들을 완전한 문장으로 적은 것이다. 소주제들 각각에 대해 빈틈없이 생각하면 필자가 정한 글의 주제가 글의 수사적 상황과 합치하는 지를 점검할 수 있다.

예

주제: 문화유산의 중요성과 문화유산의 효율적인 관리방안

주제문: 우리 문화유산은 우리 민족의 얼을 담고 있는 것이므로 체계적인 관리 방안을 마련하여 잘 보존하여야 한다.

개요

1. 소위 문화선진국들은 자국 문화유산을 잘 관리하고 있다.
2. 우리 문화유산은 민족의 얼을 담고 있는 매우 가치 있는 것이다.
3. 숭례문 방화사건으로 알 수 있듯이 우리의 문화유산 관리는 허술하다.
4. 그 원인은 부족한 시민의식, 무책임한 문화행정 및 관리를 위한 예산부족에 있다.
5. 시민교육, 책임 있는 행정 및 정부의 재정지원 확대로 문화유산을 잘 보존하자.

개요를 짜기 위해서, 먼저 '쓰기 전' 연구와 구상 단계에서 수집했던 모든 제재들을 재검토해라. 제재들을 점검함에 따라, 일부 아이디어들이 다른 것들에 비해서 더욱 중요하다는 것을 알게 될 것이다. 필요하다면, 소주제들의 배열을 조정한다.

개요를 작성하는 한 가지 방식은, 먼저, 비공식 개요의 머리제목들 중 소주제로 선정된 것들을 옮겨 적는다. 그러고 나서 브레인스토밍 노트들이나 다발 짓기 다이어그램에 있는 어구들을 적절한 머리제목들 아래에 부머리제목들로 배열한다. 개요를 만드는 동안, 필자가 포함하는 소주제들이 주제를 뒷받침하는지를 확인해야 한다. 어울리지 않는 소주제들은 말을 재구성하거나 버려라. 나중에 에세이를 고쳐 쓰는 동안에, 주제와 주제를 뒷받침하는 소주제들이 논리적으로 연관되는지를 확인하기 위해서 개요를 계속 참조하여야 한다. 다음 지침들이 공식 개요를 준비하는데 도움을 준다.

□ 공식 개요를 구축하기 위한 점검 목록[18)]

- 주제문을 제일 먼저 써라.
- 주된(첫째 수준) 머리제목들에 로마 숫자들 (I, II, III, IV, 등 등)을 붙여서 그룹을 만들고, 그것들을 왼쪽 끝줄이 맞도록 정열해라.
- 둘째 수준 (부)머리제목을 그것 위의 머리제목의 첫 단어 아래에 들여 쓰기를 해라. 둘째 수준 머리제목들 앞에는 아라비아 숫자, 1, 2, 3 등을 적어라.
- 제재들을 과도하게 복잡하게 분할하지 말고, 될 수 있는 한 개요를 단순하게 만들어라. (셋째-수준 머리제목-(1), (2), (3), 등 등 이상을 넘어가지 않도록 애써라.)
- 개요는 짧은 구들이나 단 하나의 단어들로 표현된 ("장점과 단점들") 머리제목들을 가지는 '토픽 개요'나 또는 완전한 문장들로 표현된 ("대학 수준 선행 화학 과목의 장점들이 단점들보다 더 많다") 머리제목들을 갖는 '문장 개요'여야 한다. 같은 개요에 '짧은 구'들과 '온전한 문장'들 둘 다를 섞어 쓰지 마라.
- 모든 머리제목들은 동등한 용어들로 같은 수준으로 표현해라. (만약 로마 숫자 I에 따라 적은 것이 명사이면, II, III, 및 IV에도 또한 명사들을 따라 적어야 한다.)
- 개별 머리제목이 두 개 이상의 부머리제목을 포함하는지를 확인해라. 2 없는 1 또는 (2) 없이 (1)만을 사용할 수는 없다.
- 머리제목들이 겹치지 않는지를 확인해라.

18) Kirszner, 2010, p. 49.

여기서, 예를 들어, 셋째 수준까지 머리제목들이 분할되어 있다고 하자. 그러면 셋째 수준 머리제목은 한 단락의 소주제를 나타내는 제목이다. 그렇다면, 셋째 수준 머리제목들의 통일된 아이디어가 둘째 수준 머리제목으로 표현된다. 마찬가지로, 둘째 수준 머리제목들의 통일된 아이디어가 첫째 수준 머리제목으로 표현된다.

지금까지 '쓰기 전' 과정을 열 단계로 나누어 설명하였다. 개요를 완성하는 것이 그 열 단계의 끝이다. 개요의 일반적인, 예를 들어, 다섯-단락 글의 개요를 표본으로 써보자.

제목
주제문

I. 서론
 (서론의 마지막에, 주제 제시)
II. 본론
 1. 첫 단락의 소주제 문장
  (1) 소주제를 뒷받침하는 제재(아이디어)
  (2) 소주제를 뒷받침하는 아이디어
  (3) 소주제를 뒷받침하는 아이디어
 2. 둘째 단락의 소주제 문장
  (1) 소주제를 뒷받침하는 아이디어
  (2) 소주제를 뒷받침하는 아이디어
  ⋮
 3. 셋째 단락의 소주제 문장
  (1) 소주제를 뒷받침하는 아이디어
  (2) 소주제를 뒷받침하는 아이디어
  ⋮
III. 결론
 (결론의 처음에, 주제를 다짐하는 문장)

이 표본 개요에 의하면, 글은, 서론 한 단락, 본론 세 단락, 결론 한 단락, 모두 다섯 단락으로 구성되어야 한다. 그러므로 글의 주제는 본론 세 단락들의 세 가지 소주제들에 의해 드러나야 한다.

본론 첫 단락의 소주제는, 예를 들어 세 가지 제재들에 의해서 뒷받침된다. 그 세 가지 뒷받침 아이디어들 각각은 그 단락 내에서, 예를 들어, 두 세 문장으로 표현되어야 한다.

▶ **학생 필자: 개요**(Kirszner, 2010, pp. 49-50)

LB가 발굴한 제재들과 비공식 개요 및 소주제들에 바탕을 둔 개요는 위에서 논의된 지침들을 따른다. 그가 만든 개요는 자신이 쓸 글의 본론에만 초점을 두고, 서론이나 결론을 포함하고 있지 않다. 서론과 결론은 보통 본론의 초벌 쓰기를 마무리한 후에 쓰면 된다. (이 개요는 LB가 그림 3-10에 바탕을 두고 작성한 (6) '제재들의 그룹' 끝 부분의 비공식 개요와 비교된다.)

거리낌 없이 말하기

주제문: 내가 그 상황을 회상하는데, 그때 내가 왜 침묵했던지 그리고 그 때 내가 행동을 했었다면 무슨 일이 벌어졌을 지에 대해 의아하다.

I. 사건
- A. 시험
- B. 부정행위 목격
- C. 반응
  1. 분노
  2. 없었던 일로 덮어 두기

II. 침묵을 지켰던 이유
- A. 다른 학생들의 태도
- B. 나의 두려움

III. 부정행위에 대한 현재 나의 의견
- A. 부정행위가 교육에 미치는 영향
  1. (경쟁자)보다 손쉽게 졸업
  2. 선생님들에게 불공정
- B. 부정행위가 학생들에게 미치는 영향

이 개요는 필자가 정하여 배열한 소주제들이 주제를 드러나게 하는지를 한 문에 알 수 있게 한다. 초벌을 계속 써 나감에 따라, 개요는 필자가 시험 부정행위에 대한 자신의 현재와 그 전의 태도들 사이의 대조를 강조하는 것을 잊지 않도록 해줄 것이다.

이 개요에서 예를 들어, '1. 분노' 항목은 독립된 한 단락의 소주제가 '분노'라는 것을 뜻한다. 또, '2. 없었던 일로 덮어 두기' 항목도 독립된 한 단락의 소주제이다. 그렇다면, 'C. 반응' 항목은 두 단락에 의한 두 개의 소주제에 의해 그 개념이 뒷받침되는 상위 소주제이다. 그러면 이 글은 가장 상위 I, II, 및 III 머리제목들에 대해서, 아홉 개의 단락으로 구성된다.

또는 예를 들어, 'C. 반응' 항목이 한 단락의 소주제라면, 그 단락에는 먼저 '분노'라는 개념을 뒷받침하는 문장들을 쓸 것이다. 그러고 나서 적당한 전환어구를 적은 다음, '없었던 일로 덮어 두기'라는 개념을 뒷받침하는 문장들을 쓸 것이다. 그러면 그 단락은 비교적 긴 것이 될 것이다. 그렇다면, 이 글은 가장 상위 I, II, 및 III 머리제목들에 대해서, 일곱 개의 단락으로 구성된다.

기술문을 쓰는 경우에는 장르를 반영하여 개요를 짜는 것이 중요하다(그림 3-13(Sheehan, 2010, p. 18)) 예를 들어, "분석 보고서"는 "명세서"와는 다른 장르이다. 분석 보고서와 명세서는 다른 종류들의 독자와 상황을 위한 것이다. 그것들은 다른 정보를 포함하고 각각의 문서에 적합한 패턴을 따라 구성된 것이다. 그 두 장르의 스타일과 디자인은 뚜렷이 다르다.

기술문 쓰기의 관점에서, 예를 들어, 실험 보고서나 설계 명세서를 작성해야 한다고 하자. 그렇다면 그런 문서에 대한 개요는, 5장에서 적절한 유형의 장르를 참고하여, 짤 수도 있을 것이다.

과제의 복잡성과 문제의 난이도, 및 글의 장르에 따라 개요가 얼마나 복잡하게 만들어질 것인지가 결정된다. 짧은 글에 대해서는 비공식 개요가 충분할 수 도 있지만, 보통은 문장 개요를 짜야 하고, 어려운 과제라면 문장 개요가 더욱 유용하다.

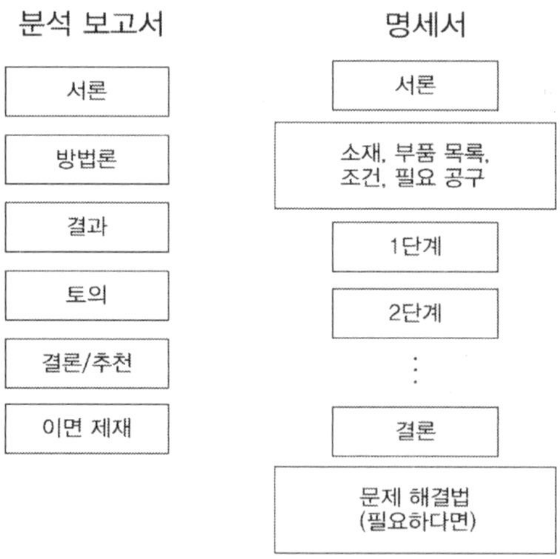

그림 3-13 개별 장르는 그 자신의 내용, 구성, 스타일 및 디자인을 가지는데, 여기 확연히 다른 두 가지 장르의 개요가 비교되어 있다

3-3 쓰기

개요를 마무리하고 나면, 글을 쓸, 즉 초벌을 쓸 준비가 된 것이다. 대학문이건 기술문이건, 초벌은 개요를 충실히 따라 써야 한다. 초벌(초고, 초안, 草案)을 쓰는 동안에도, 더 많은 제재를 생성하거나 주제문 또는 개요를 개정해야 할지도 모른다.

3-3-1 초벌 쓰기

초벌 쓰기의 목적은 완성본을 만들기 전에 pc 모니터 화면을 보면서 내용들을 적어 넣는 것이다. 첫 초벌의 목적은, 최종본을 당장 생성하는 것이 아니라, 제재들을 적어 내려가서 나중에 그것들에 반응할 수 있게 하는 것이다. 경험 많은 필자들은 첫 초벌이 앞으로 여러 번 고쳐 써서 완성할 시작 단계의 것이므로 대수롭지 않게 여긴다. 그래서 첫 초벌을 discovery draft(발견을 위한 원고)(Harris, 2000, p. 89)라 부르기도 한다. 그러므로 초벌을 쓰는 때에 "올바로 쓰기" 또는 "세련되게 쓰기"에 관해서는 염려하지 않아도 된다. 이 사실을 명심하고, 어떤 부분들에는 틀린 표시를 하고 다른 부분들은 버리며 그리고 제재를 광범위하게 재배열할 수 있는 준비를 하여야 한다. 게다가 만약 글을 써 감에 따라 새로운 아이디어들이 생각나더라도 놀랄 일이 아니다. 새로운 아이디어가 떠오르거든, 그것을 전개하며 결론까지 끝까지 써라. 일부 가장 잘 쓴 글이 기대하지 않은 반전들과 우연들로부터 생기기도 한다. 다음 지침들(Pfeiffer, 2010, pp. 22-23)이 첫 초벌을 준비하는데 도움을 줄 것이다.

- 초벌 쓰기 단계 1 : 초벌을 쓰기 위해 적어도 한 시간 이상 세 시간 정도를 잡아라
  대부분의 필자들은, 만약 주의를 산만하게 하는 것들이 없다면, 적어도 한 시간 동안은 창의적인 에너지가 계속해서 흘러나오게 할 수 있다. 방문을 열어 놓고 끊임없이 방해가 되도록 해두고 서너 시간동안 글을 쓰는 대신, 방해 받지 않는 한 두 시간을 잡아두어라. 대부분의 비즈니스에서, 특별히 글을 잘 써야하는 것이 여러분의 성공에 중요하다면, 다른 사람들이 필자를 위해 한 시간 정도는 참고 기다릴 수 있을 것이다. 동료들과 같은 팀원들은 초벌 보고서를 쓰는 여러분의 새로운 전략에 동의할 것이다. 그들은 심지어 그 전략을 나중에 그들 자신에게 적용하려고도 할지 모른다.

- 초벌 쓰기 단계 2: 고쳐 쓰려고 멈추지 마라
  쓴 글은 나중에 개정하고 편집할 것이다. 그렇지만 지금은 그 때가 아니다. 대신, 개요에 충실하게, 종이나 컴퓨터 스크린으로 아이디어들을 가능한 대로 신속히 옮겨 적어야 한다. 대부분의 필자들은 초벌 쓰기를 마친 뒤, 고쳐 쓰기 국면에 들어서면 글쓰기 리듬을 되살리는데 어려움을 겪는다.

- 초벌 쓰기 단계 3: 가장 쉬운 절부터 시작해라
  본론 쓰기가 가장 쉽다. 본론을 쓰는데 있어서, 시작부터 끝까지 시간 순서대로 나아가지 않아도 된다. 목표는 첫 초벌을 신속히 쓰는 것이기 때문에, 가장 쉽게 써 나갈 수 있는 부분부터 쓰기를 시작하면 된다. 나머지 절들은, 나중에, 함께 짜 맞추고 내용을 조정하면 된다.

- 초벌 쓰기 단계 4: 요약은 가장 나중에 써라
  이미 주지한 바처럼, 초벌 쓰기를 위해 사용한 개요는 주로 문서의 본론을 망라할 뿐이다. 초벌을 마무리한 후에, 요약과 같은, 개관 절들을 써야한다. 보고서를 실제로 마무리 해내기까지는 보고서를 요약할 수 없다. 대부분의 필자들이 - 청중의 일부인 의사 결정자들이 주로 관심을 가지는 특정한 절 - 요약에 대해 곤란을 겪기 때문에, 만약 필자들이 요약을 부실하게 쓰기 시작한다면 그들은 수렁에 빠져 들지 모른다.

개요를 잘 짜두었다면 초벌 쓰기는 속히 실행해야 한다. 그렇지만 많은 필자들이 초벌 쓰기를 시작하는데 꽤 곤란을 겪는다. 그 곤란은 너무 보편적인 것이어서 그 문제에는 나름의 별명이 붙어있는데, 그것이 바로 '필자의 걸림돌'이다.

필자의 걸림돌의 최악의 결과는 글쓰기 프로젝트들 특히 제안서쓰기를 자꾸 뒤로 미루는 것이다. 이렇게 미적거리다 보면, 최종 원고를 서둘러 쓰게 되고 개정과 편집이 부실해져서 오류가 많은 글을 낳게 된다. 만약 여러분이 초벌 쓰기를 제때에 마무리하는데 실패한다면, 개요 짜기까지의 '쓰기 전' 단계 일들은 허사가 되는 것이다. 아래의 제안들은 글쓰기를 시작하고 나서 말들이 거침없이 흘러나오게 하는데 도움을 줄 것이다.

초벌을 쓰기 위한 점검 목록[19)]

• 본론 단락들부터 써라

개요를 앞에 펼쳐 놓고, 글의 주제를 염두에 두고, 에세이의 본론 단락들부터 쓰기 시작해라. 본론을 쓰고 나면, 서론이나 결론은 적절히 쓸 수 있게 될 것이다. 또 에세이는 아마도 광범위하게 고쳐 쓸 것이기 때문에, 초벌을 쓰는 동안, 서론이나 결론을 쓰는데 대해 염려하지 말라.

본론 단락을 쓰는 법에 대해서는 3-2-2 절과 7-3 절 및 7-4 절을 참고하면 된다. 단락 전개를 위해서 패턴(4장 참조)을 고려할 수 있어야 한다.

• 아이디어들을 신속하게 적어 내려가라

문장이 바르고 정확한지 등에 대해 염려하지 말고, 스타일을 걱정하느라 글쓰기의 흐름을 방해하지 않아야 한다.

• 글을 쓰는 동안에 정기적으로 잠깐씩 쉬어라

녹초가 되어 올바로 생각할 수 없을 정도가 될 때까지 계속해서 글쓰기를 하지 말라. 이 문제를 피하기 위해, 많은 필자들은 글쓰기를 몇 개의 국면들로 분할하고, 본론 단락 하나나 둘 정도를 마무리한 뒤, 조금 쉰다. 이 전략은 피로를 줄이고 결국에는 멈추지 않고 쓰려고 애쓰는 것 보다 더욱 효율적이다.

• 고쳐 쓰기를 명심하고 써라

PC에서 워드프로세서를 이용하거나, 용지에 연필로 쓴다면, 한 줄 쓰고 두 줄을 비워두어라. 그래야 인쇄본을 읽으면서 줄과 줄 사이에 고쳐 쓸 공간이 생긴다.

19) Kirszner, 2010, pp. 51-52.

• **고쳐 쓸 시간을 남겨 두어라**

첫 초벌은, 그럴듯한 이유로, 그야말로, '대충 쓴 원고(rough-draft)'라고 부른다. 모든 글쓰기는 반드시 고쳐 쓰기 단계를 거쳐야 하기 때문에, 초벌을 두 번 이상 고쳐 쓸 시간을 충분히 예비해 두어라.

※ 컴퓨터를 이용한 필자의 걸림돌' 극복[20]

그냥 무엇이나 써라

영감이 올 때 까지 기다리지 마라. 그런 때가 오기는 드물다. 대신, 스크린에 쓰레기 같은 것들을 적고 있다는 생각이 들더라도, 그냥 계속 써라. 계속 쓰는 것이 필자가 계속 그 일을 하도록 할 것이다.

매일 무엇이라도 써라

이 걸림돌은 직접적으로 고뇌와 연결되는데, 그것은 흔히 급박한 시한이나 제출 일자로 인한 것이다. 만약 매일 겨우 30분이나 한 시간씩(그 이상은 필요 없고, 그거면 충분해) 글쓰기를 한다면, 보통 여분의 시간을 가지고 문서들을 완성할 수 있을 것이다.

초벌을 쓰는 동안 기대치를 낮춰라

첫 번 시도에서 그것이 완성본이 될 것으로 기대하지 마라. 대신, 그것들이 지능적이거나 문법적으로 올바른지에 대해서 염려하지 말고, pc 화면을 보고 아이디어들을 계속 타이핑해라. 그런 아이디어들을 독자들이 기대하는 수준의 품질 문서로 바꾸어주는 일은 개정과 편집 단계에서 더욱 공을 들여 하면 된다.

쓰는 것을 큰 소리로 말해라

전문 필자들은 흔히 그들이 하는 작업에 대해서 친구들이나 그 자신들에게 말하고 있다는 것을 여러분들은 발견할 수 있을 것이다. 쓰려고 원하는 것을 큰 소리로 말하는 것이

---

20) Sheehan, 2010, pp. 29-30.

가끔 도움이 될 수 있다. 그러고 나서 말하고 싶은 것을 몇 차례 시연한 후에, 그것을 적어 내려가라.

PDA나 노트들을 활용해라

색다른 아이디어들이 머릿속에 떠오르거든 잡기장, 노트북, 혹은 personal digital assistant(PDA)에 적어 두어라. 그러고 나서, 쓸 준비가 되어 그것들로부터 아이디어들을 끌어 낼 때, 그것들은 어떤 비밀 장소에 비축해 둔 요긴한 저장물인 것이다.

양쪽 뇌를 모두 활용해라

사람 뇌의 오른쪽은 왼쪽 뇌보다 더욱 시각적이다. 그 시각적인 창의성을 활용하기 위해서 논리 지도, 자유쓰기, 및 boxing을 이용해라. 이 발상 혹은 창안 기법들은 아이디어들을 스크린에 갖다 두는데 도움을 줄 것이다. 그러고 나서, 왼쪽 뇌의 도움으로 그것들을 문장들과 절들로 조직할 수 있을 것이다.

인터넷을 뒤져서 자료를 펼쳐놓아라

문제, 화제 혹은 제재들과 주제와 연관되는 사항들을 구하기 위해서, 인터넷을 뒤져라. 찾은 정보를 잘라내어 붙여 넣어라. 그러고 나서 쓰기를 시작해라. 그렇지만, 출처를 인용하는 것을 잊지 말고, 다른 사람들이 쓴 것들을 표절하지 마라.

"내가 진정으로 말하고 싶은 것은....... "

꽉 막혔을 때는 언제나, 문장을 "내가 진정으로 의미하는 것은..."이라고 써라. 이런 문장을 쓰는 것조차도 일시적인 걸림돌을 극복하는데 도움이 된다는 것을 알게 될 것이다.

E-메일을 써라

친구나 자기 자신에게 e-메일 한 통을 보내듯이, 글쓰기를 시작해라. e-메일은 흔히, 글을 쓰는 동안 긴장을 풀 수 있게 하는, 더욱 친숙한 글쓰기 환경이다.

주저하거나 꾸물거리지 마라

꾸물거리기는 '필자의 걸림돌' 뒤에 도사리고 있는 또 다른 피의자이다. 제출 시한으로 인한 압박은 뇌가 얼어붙도록 할 수 있다. 그러므로 글쓰기 과제를 일찍 서둘러 시작하고, 그리고 매일 조금씩 써라. 그러다 보면 '필자의 걸림돌'은 여러분도 모르게 사라져 버릴 것이다.

3-3-2 본론 단락 쓰기 5 단계[21)]

본론 쓰기에 대해서는 7-3, 4, 5절들을 참고하라.

단계 1. 개요의 머리제목 또는 부머리제목을 또는 공식(문장) 개요의 첫 문장을 단락의 첫 문장으로 그대로 써라

본론 단락의 소주제문은 문장 개요 중 본론의 첫 머리제목이거나 첫 부머리제목이다. 단락의 소주제는 단락의 전개를 지휘한다. 그 소주제를 단락의 첫 문장으로 적어야 한다. 일부 경우에 단락의 소주제를 표현하는데 한 문장 이상이 될 지도 모른다. 다음은 어떤 문장 개요의 첫 머리제목을 그대로 적은 단락의 첫 문장, 즉 그 단락의 소주제 문장이다.

> 노예 영가들(slave spirituals)에는 흔히 이중적인 의미가 감추어져 있다.

단계 2. 소주제를 설명해라

예를 들어, 두 번째 문장은, 독자가 어떻게 단락의 소주제문에 의한 정보를 해석할 것인가에 대한 (필자의) 이론적 근거를 제시하거나 설명하는 것이다. 두 번째 문장에서 필자는 단락의 소주제에 관한 자신의 생각하는 바를 설명한다. 다음은 노예 영가에 관한 소주제 문장 다음에 쓴 두 번째 문장이다.

> 노예 영가들은 한편으로 천국, 예수 및 영혼에 대해 노래하고, 다른 한편으로는 노예 저항에 관해 노래한다.

21) http://writingcenter.unc.edu/resource/handouts-demos/writing-the-paper/paragraphs

단계 3. 하나 또는 여러 개의 예를 제시해라

다음으로, 단락 전개를 위해, 제일 먼저 적은 소주제 문장과 그 다음에 적은 소주제 설명 문장을 뒷받침하거나 증거를 제시하는 문장을 적는다. 예를 제시하는 문장은 소주제 문장과 설명 문장에 의해 설정된 관계를 나타내는 표지 구실을 한다. 다음은 노예 영가들의 이중적인 의미들을 예증하기 위해 사용될 수 있는 두 개의 예문이다.

모델 예 A-

예를 들어, Frederick Douglass에 따르면, "O Canaan, Sweet Canaan"는 천국을 향한 노예들의 갈망을 노래했지만, 그것은 또한 북부지방으로 도망가려는 그들의 욕망을 표현했다. 조심스러운 청취자들은 이 두 번째 의미를 다음 서정시에서 들을 수 있었을 것이다; 나는 머물러 있기를 기대하지 않는다./ 더 이상 여기서/ 예수께 달려가리라, 위험을 피해서/ 나는 머물러 있지 않을 것이다.'

모델 예 B-

노예들은 심지어 금지된 회합들의 비밀 시각과 장소를 다른 노예들에게 공지하기 위해서 "(새벽에) 몰래 빠져나가 예수께로 달려가라"와 같은 노래들을 이용했다.

단계 4. 예들을 설명해라

다음으로는 예(들)를 설명하고 그 예 문장(들)과 소주제 및 설명 문장과의 연관성을 설명하는 문장을 적는다. 이 설명하는 문장들은 독자들에게 왜 필자가 단락에서 소주제, 또는 소주제를 뒷받침하는 증거로서 그것/또는 그 특별한 예들을 사용하는지를 설명한다.

필자가 필요하다고 생각하는 모든 요점들과 예들이 전개되고 설명될 때 까지, 예를 들고 설명하는 패턴을 계속한다. 예들의 어느 하나라도 설명하지 않고 두어서는 안 된다. 예를 소개하는 그 문장에서 그 예와 소주제 사이에 관계를 설명해도 된다. 그렇지만, 더욱 자주, 그 관계를 별도의 문장에서 설명하는 것이 더 낫다. 노예 영가 단락에 있는 두 가지 예들에 대한 다음 설명들을 살펴라;

모델 예 A에 대한 설명-

노예들이 그 노래를 불렀을 때, 그들은 현세의 인생으로부터 떠나서 천국에 도달하는 것을 갈망하고 있었을지도 모른다. 그러나 그들은 또한 예수께로 아닌, 남부지방을 달아나서 북부지방으로 도망갈 그들의 계획들을 기술했을 지도 모른다.

모델 예 B에 대한 설명-
모델 예 B 문장과 그 단락의 소주제 사이의 관계가 분명해서, 예를 설명하는 문장을 덧붙이지 않아도 된다.

단계 5. 단락 전개의 마지막 조치는 단락의 느슨한 끝을 단단히 묶고 독자에게 이 단락에 있는 정보가 글의 주제 또는 요점에 어떻게 연관되는 지를 상기시키는 일과 관련된다. 이 시점에서, 필자는 단락에서 지금까지 논의했던 정보의 연관성에 관해 독자가 깨닫게 할 수 있다. 그렇지만, 필자는, 독자가 단순히 다음 단락에 있는 다음 소주제로 전환해 가도록 하는 것으로서, 더욱 편안함을 느끼게 될 것이다. 다음은 노예 영가 단락을 마무리하는 문장의 예이다;

단락을 마무리하기 위한 모델 문장-
백인들이 기껏해야 영적 노래들로 들었던 것을, 노예들은 자세한 메시지들로 분별했다. 영가들에 숨겨진 의미들은 노예들이 말 할 수 없었던 것을 그들이 노래할 수 있게 했다.

이 설명 단계들(단계 3과 4)은 필요한 만큼 반복될 수 있다. 이 5-단계 단락 전개의 기본 개념은 필자가 모든 단락의 소주제들을 온전히 전개할 때 까지 이와 비슷한 패턴을 계속 사용한다는 것이다.

다음은 완성된 "모델" 단락이다:

노예 영가들에는 흔히 이중적인 의미가 감추어져 있다. 영가들은 한편으로는 천국, 예수 및 영혼에 대해, 다른 한편으로는 노예 저항에 관해 노래한다. 예를 들어, Frederick Douglass에 따르면, "O Canaan, Sweet Canaan"는 천국을 향한 노예들의 갈망을 노래했지만, 그것은 또한 북부지방으로 도망가려는 그들의 욕망을 표현했다. 조심스러운 청취자들은 이 두 번째 의미를 다음 서정시에서 들을 수 있을 것이다; 나는 머물러 있지 않을 것이다./ 더 이상 여기서/ 예수께 달려가리라, 위험을 피해서/ 나는 머물러 있지 않을 것이다.' 노예들은 심지어 금지된 회합들의 비밀 시각과 장소를 다른 노예들에게 공지하기 위해서 "(새벽에) 몰래 빠져나가 예수께로 달려가라"와 같은 노래들을 이용했다. 노예들이 그런 노래를 불렀을 때, 그들은 현실 인생을 벗어나 천국에 가고 싶은 희망을 말하고 있었을지도 모른다. 그러나 그들은 또한 예수께로 아닌, 남부지방을 달아나 북부지방으로 도망갈 그들의 계획들을 기술했을 지도 모른다. 백인들이 기껏해야 영적 노래들로 들었던 것을,

노예들은 자세한 메시지들로 분별했다. 영가들에 숨겨진 의미들은 노예들이 말로 할 수 없었던 것을 그들이 노래로 표현했다는 것이다.

이와 유사한 방식의 단계들을 따라 본론 단락들을 하나씩 완성해라. 이 때, 특별한 경우가 아니라면, 공식 개요의 각 문장들이 각 단락의 첫 문장이 되어야 함을 명심해라.

본론의 개별 단락에서 뒷받침문장들을 전개하는 방법에 대해서는 7-3 절 '문장 이어가기-단락'에서 자세히 배울 것이다. 일반적인 단락의 뒷받침문장들의 전개에 대해서는 4장 패턴을 참고하는 것도 좋은데, 위의 예시 단락은, '4-3 절 예증' 패턴을 주로 반영한 것을 알 수 있다. 특히 기술문을 쓰는 경우에는, 5장 장르도 참고하는 것이 좋다. 일반 단락 쓰기는 7-3 절에서 복습할 것이다.

3-3-3 결론과 서론 쓰기

결론

본론을 쓰고 나서는 결론을 써라. 결론 쓰는 법에 대해서는 7-5 절을 참고하라.

서론

마지막으로 서론을 쓴다. 서론은 개정 과정에서 여러 번 고쳐 쓰게 될 것이므로, 생각나는 대로 준비된 자료를 참조하여 써 두면 된다. 서론 쓰기에 대해서는 7-5 절을 참고하기 바란다.

3-4 인용법과 표절

무슨 일을 하든지, 그 일을 하는데 있어서, 다른 사람들의 아이디어나 지식을 참고할 수 있다. 때로는 다른 사람들의 직접적인 도움을 받아 일을 하기도 한다. 자신이 할 수 없으면 다른 사람에게 일을 시키기도 하고 아예 일을 다른 사람에게 맡기기도 한다. 다른 사람이 한 일에 대해서는 당연히 대가를 지불한다. 그 일의 결과는 대가를 지불한 사람의 것이 된다.

문제를 해결하는 글을 쓰기 위해서, 특히 '쓰기 전' 과정을 따라, 문제 파악부터 시작해서 화제 선정과 제재 발굴에 이르기까지 여러 단계를 거치면서, 필자는 문제와 관련한 여러 자료들을 확보한다. 그 자료들 중에는 필자 자신의 아이디어와 자신이 쓴 것도 있겠지만, 상당히 많은 것들이 남의 것일 가능성이 크다. 글쓰기를 마치면 필자가 그 글의 주인이 된다. 그 글 속에 포함된 남의 것들에 대해서는 그것들의 주인을 밝혀 두어야 한다. 그렇지 않으면 대가를 지불하지 않고 남의 것을 취하는 도둑질과 같다.

글을 쓰는데 있어서 다른 사람의 글을 읽고 그 사람의 아이디어를 이용하여 필자의 생각을 뒷받침하거나 새로운 정보를 생성하는 것은 바람직한 일이다. [남의 글이나 말 가운데서 필요한 부분을]끌어다 쓰는 것을 인용(引用)이라 한다. 그러므로 다른 사람이 쓴 글을 이용하는 것은 권장할 일이다. 다만, 다른 사람이 쓴 글의 자료(글말, 표, 그래프, 그림, 사진 등과 같은 시각자료 포함)를 마치 필자가 쓴 것인 양 글에 슬그머니 끼워 두어서는 안 된다.

다른 사람의 저작 내용을 자신의 것으로 도용(盜 도둑 도, 用 쓸 용)하여 서술함으로써 의도적으로 독자를 속이려는 것을 표절(剽 빼앗을 표, 竊 도둑 절, plagiarism, 남의 시가 · 문장 · 학설 따위를 자기 것으로 발표하는 일)이라 한다. 다른 사람의 저작물을 인용 표시 없이 마치 자기 것인 양 사용하거나, 의도하지 않은 베끼기도 표절이다. 특히 인터넷에서 가져오는 거의 모든 것은 남의 것임을 명심하여야 한다.

아래 글은 '동아일보'에 실린 표절과 관련한 기사이다. 우리나라 대학들에서는 미국 대학들과 달리 학생 글쓰기에 있어서 표절 문제에 대해 엄정한 조치를 하고 있지 않지만, 표절은 아주 나쁜 것임을 알아야 한다.

중학교 3학년 때 미국 버지니아 주로 가족과 함께 이민 간 김 모(22) 씨는 2004년 버지니아 주립대에 입학했다. 그는 졸업 후 의학전문대학원에 진학할 계획을 세우고 지난해 봄 화학 강의를 들었다. 친구의 실험보고서에서 서너 문장을 베껴 과제물을 냈지만 큰 문제가 되지 않을 것으로 생각했다. 담당 교수는 표절 대목을 정확히 찾아내 "절대 하지 말아야 할 금기를 깼다"라고 하면서 징계위원회에 김 씨를 회부했다. 무기정학을 당한 김 씨는 다른 대학에 편입할 수도 없었는데, 그 이유는 미국 대학은 표절 사실을 성적표에 남기기 때문이다. 그는 한국인 상점에 취직해 한 달에 100만 원가량을 벌며 학교 측에 편지로 선처를 호소하고 있지만 학교 측은 꿈쩍도 않고 있다. 김 씨의 한 친구는 "그는 좌절감에 빠져 한국 친구들과도 연락을 끊었다"라고 말했다.》(동아일보, 2007. 2.20)

학생들의 표절 문제와 관련한 기사들을 읽어보면, 표절이 인터넷의 확산과 함께 늘고 있고, 그에 비해 학생들은 표절의 부도덕성에 잘 모르고 있다는 것을 알 수 있다.

과목과 관련한 각종 과제의 글을 여기저기서 베낀 내용들로 채우는 일이 얼마나 나쁜 일인지를 학생들은 깨달아야 한다. 일부 학생들의 이런 습성에 대해서는, 교수들이 학생들이 제출한 보고서 등을 제대로 읽고 표절에 대해서 가르치지 않은 책임도 크다. 표절의 범죄성과 죄의식을 이해하고, 표절을 근절하기 위한 다양한 조치들이 있음을 알아야 한다. 이와 함께, 최근 우리 사회에서 문제가 되는 과학기술계의 논문 중복 게재나 자기 표절 등 글쓰기의 윤리 문제에 대해서도 주의를 환기할 필요가 있다.

정당하게 남의 글을 이용하기 위한 인용법과 그에 따른 각주나 참고문헌 작성법을 잘 알고 있어야 한다. 인터넷에서 구한 자료들에 대해서는 그것들의 웹사이트의 이름과 정확한 URL 주소를 기재하여야 한다. 4-9 절의 '증거의 기록'에 대한 내용도 참고하기를 권한다.

인용법

크게 직접 인용과 간접 인용으로 나누기도 하는데, 인용법에는 완전 인용, 생략 인용, 가필 인용, 세 가지 방식이 있다.

완전 인용에서는, 원문을 있는 그대로, 곧 줄이거나 가필함이 없이 따온다. 인용하고자 하는 원문의 일부를 지정하여 그대로 베끼어 옮기는 것을 말한다. 원문과 완전히 일치되도록 원문과 꼭 같이 있는 그대로 인용 (문장 부호도 그대로 옮겨)해야 한다. 인용하는 원문을 필자의 글의 문맥 중에 옮겨 쓰되, 양 끝에 큰따옴표(" ")로 표시해야 한다. 큰따옴표 다음의 [1]은 참고문헌에서 그 원천을 확인할 수 있게 붙인 번호이다.

"칸트는 일찍이 철학은 가르칠 수 없고 다만 철학하는 일만을 가르칠 수 있다." [1]라고 말한 바 있다 참고문헌 목록에서 인용 원천을 확인할 수 있도록 본문에 번호를 붙이거나 표기하는 방법은 전공분야의 학술논문지나 잡지 등에 따라 조금씩 다르다.

생략 인용에서는, 원문의 중간 일부를 생략하고 필요한 부분만을 발췌해서 쓴다. 그 생략되는 부분을 표시하고 인용해야 한다. 한 문장의 중간 일부를 생략할 때는 그 부분에 줄임표(…)를 찍는다.

"그들은 서로 싸우고… 웃게 되었다."[2]

또, 생략 부분에 구두점이 있으면 그것도 표시해야 한다.

"그들은 헐뜯고, 욕하고, … 드디어 원수가 되었다."[3]

이 두 예문의 끝에 적은 [2]와 [3]은 참고 문헌에서 그 인용 자료의 원천을 확인하도록 붙인 것이다.

가필(加筆) 인용은 인용자가 원문에 간단한 설명 따위를 덧붙이면서 인용하는 것이다. 원문의 일부에 인용자가 해석이나 주석을 덧붙일 때는 반드시 대괄호 "[ ]"를 하고 적어 넣는다.

영조 38년 [서기 1762년] 장현 세자[사도세자를 말함]가 참혹한 죽음을 당할 때."

원문대로 인용했음을 확인할 때는 "[인용자 확인]"과 같은 표시를 한다.

직접 인용(direct quotation)은 원전을 그대로 옮기는 것으로서, 원본의 내용을 원문 그대로 옮겨 원저자의 표현을 그대로 살리고 싶을 때 사용한다.

- 독립된 단락으로 눈에 띄게 인용
- 필자의 단락 속에 묻히도록 인용

간접 인용(indirect quotation, paraphrasing)은 다른 사람의 견해를 필자의 말로 바꾸어 말하는 것이다. 원저자의 표현보다는 필자의 의도나 단락의 내용에 어울리게 말을 바꿔서 내용에 끼워 넣는 방법이다.

인용과 관련한 주의 사항이 몇 가지 있다. 인용하는 자료는 인용할 가치가 충분히 있는 것이어야 한다. 잘못된 이론의 전거이거나 새로운 학설에 의해 문제가 될 수 있는 것을 인용하면 오히려 해가 된다. 인용 사항을 합리적으로 소화시켜야 한다. 인용에 착오가 있어서는 안 되며, 또 인용된 사항이 필자의 글 속에서 살아날 수 있도록 표현에 주의를 기울여야 한다. 인용은 아무리 사소한 것이라도 인용의 근거를 확실히 밝혀야 한다. 인용하는 근거는 인용자가 직접 입수하여 확인한 것이어야 한다. (1차적 근거, 2차적 근거).

■ 다른 사람들이 쓴 것들을 인용하기 위한 지침(Lannon, 2008, p. 636)

• 꼭 필요한 때에만 직접인용을 사용해라. 직접 인용은 필자 말을 정당하게 평가할 유일한 방식이다:

"글쓰기는 여러분이 애초에 생각조차 할 수 없었던 무엇인가를 마침내 생각하게 하는 유일한 길이다"(Elbow 15).

소주제 문장을 "여러분이 단 하나만 간직해야 한다면 그렇게 할 것 같은 문장"으로 간주해라(USAF Academy 11).

아래 목적들을 위해서 직접 인용을 고려해라.
- 특별한 어구나 강조를 보존하기 위해서
- 간결한 의미를 보존하기 위해서
- 원래의 추론의 논리 전개를 보존하기 위해서
- 특별히 현저하거나 현란한 예를 보존하기 위해서
- 전문가 의견의 권위와 복잡성을 전달하기 위해서
- 원래의 음성, 일관성, 또는 감정적 강도를 전달하기 위해

• 정확성을 보장해라. 선정한 단어 하나하나를 복사하고, 정확한 쪽수를 기록하며, 여러분이 아무 방식으로 원래의 표현을 변경하지 않았다는 것을 이중으로 점검해라.
• 인용은 최대한 간략하게 해라. 간결성과 강조를 위해 생략 인용을 이용해라. 단 하나의 문장 내에서 개별 누락을 가리키기 위해 줄임표(…)를 이용해라. 문장이나 어떤 텍스트의

여러 개의 문장들의 끝을 포함하는 개별 누락을 표시하기 위해, 줄임표 뒤에, 마침표를 찍어, 결과적으로 세 개의 점 다음에 네 번째 점을 찍어라.

문장 내에서 빼버린 것을 가리키기 위해서 줄임표(문장 부호:세 개의 마침표를 찍어) 넣어라. 문장의 끝을 가리키기 위해서 … 다음에 마침표를 찍어 ….가 되게 해라.

생략 인용에 의한 텍스트 부분은 문법에 맞아야 하고 그리고 원래의 의미를 왜곡하지 말아야 한다

- 분명히 하기 위해 필자 자신이 적어 넣는 주석이나 전환어구들은 대괄호 [ ]안에 넣어라 (가필 인용)

  ["지상 항공 관제]업무 스트레스는 재앙을 초래할 수 있다."

- 인용된 제재는 필자가 쓴 문장들 속에 분명히 그리고 문법적으로 올바르게 심어 넣어라. "홍길동이 논증하기를" 또는 "박문수가 결론짓기를" 과 같은 구들을 이용해서 통합된 인용들을 소개해라. 더욱 중요하게, 인용된 아이디어와 그것에 앞서 있는 문장 사이의 관계를 보여주기 위해서 전환어구를 활용해라.

  Fortune 500에 선정된 회사들에서 연령 차별에 대한 한 조사에 의하면 "45세가 넘은 관리자들은 멸종 위기에 처한 종이다"(Jablonski 99).

통합된 문장은 문법적으로 옳아야 한다.

"현재의 농업 위기"는, Marx의 논증에 의하면, "무절제한 토지 투기의 직접적인 결과이다" (41).

- 네 줄 이상이 되는 일절들은 본문과 구별되도록 과외의 들여 쓰기를 하여, 별도의 단락(block form)으로 인용해라. 아래 경우들을 제외하고는, 긴 인용은 되도록 피해라.
  - 확장된 예, 정의, 또는 유사를 제공하기 위해
  - 아이디어나 개념을 분석하거나 토의하기 위해

블록 인용은 한 줄을 비우고 그리고 전체 블록을 10 글자 들여쓰기를 해라. 일절의 첫 줄은 들여쓰기를 하지 않지만, 그 다음에 오는 단락들의 첫 줄들은 세 글자 들여쓰기를 해라. 인용 부호는 붙이지 않는다.

• 인용을 소개하고 그것의 중대성을 토의해라.

이것이 여러분의 청중이 될 사람들의 일부에 대해 회사 CEO가 한 묘사이다.

• 인용된 일절 각각에 대한 원천을 밝혀라.

상세히 바꿔 쓰기(paraphrasing)는 원래 아이디어를 필자 자신의 말로 -가끔은 더욱 분명한 더욱 직접적인 그리고 어세가 강한 방식으로- 다시 진술하되, 그 원천을 온전히 밝히는 것을 의미하는 간접 인용법이다. 이 바꿔 쓰기는 몇 개의 단어를 바꿔 쓰거나 순서를 섞는 이상의 일을 의미한다(Lannon, 2008, p 638).

누군가 다른 사람의 아이디어나 추론을 그 원천을 적절히 밝히지 않고 빌리거나 갖다 쓰는 일이 표절이다. 상세히 바꿔 쓰기를 한다면서 원래의 내용을 조금만 바꾸어 쓴다면 - 비록 원천을 밝혀둔다 하더라도 - 그것도 또한 표절이다. 마찬가지로 비록 원저자를 밝힌다 해도, 상세히 바꿔 쓰기를 하면서 원래의 의미를 왜곡한다면, 그것도 비윤리적인 것이다.

■ **상세히 바꿔 쓰기를 위한 지침**[22)]

• 상세히 바꿔 쓰기를 하는 첫 머리에서 원저자의 이름을 적어, 빌려온 일절의 시작을 금방 알아 볼 수 있게 하라.

이강호(2005)에 의하면, 직접적인 관찰을 통해 대상을 파악할 수 없는 학문들에는 불가피하게 모형 혹은 모델이 이용된다. 넓은 의미에서 모델은 사물이나 사건을 이상화되고 추상적인 형태로 체계적으로 나타낸 것이다. 따라서 모델은 본성적으로 다소 임의적이다. 중요하고도 본질적인 특성이 자신의 물질적인 성질에 관련되어 있지 않고, 구조상의 혹은 기능상의 자질에 고스란히 나타나 있는 현상들이 모델화 혹은 모형화하기에 적합하다.

---

22) Lannon, 2008, p. 638.

위 예문 단락 첫 머리에 원천의 주인 이름을 적혀 있다. 따라서 이 단락의 내용은 참고문헌 '이강호(2005)'의 내용을 상세히 바꿔 쓰기 한 것임을 금방 알 수 있다.

- 의미를 보존하기 위해서, 원문에 있는 핵심 단어를 그대로 유지해라.

예를 들어, 아래 원천 단락(Gerson, 2014, p. 139)은, 그 아래와 같이 상세히 바꿔 쓰기를 할 수 있다.

> "Comcast, JetBlue Airways, Whole Foods Market 및 다른 회사들과 같은 거대 회사들은 Twitter, Facebook, 및 YouTube와 같은 사회적 매체 도구들을 통해 고객들과 직접적인 의사소통을 강화한다"(Swartz, "Business Get Cheap Help," B1).

> Comcast, PepsiCo, 및 Whole Foods Market을 포함하는 많은 대형 회사들은 신속한 고객 서비스를 제공하기 위해서 Twitter, Facebook, 및 YouTube와 같은 사회적 매체를 이용한다(Swartz, "Business Get Cheap Help," B1).

- 강조와 유창성을 위해서 원래 문장들의 구조를 바꾸고 조합해라.
- 간결함을 위해서 원래 것에 있는 불필요한 단어들을 제거해라.
- 원저자의 아이디어들을 분명히 하기 위해서 필요하면 필자 자신의 단어나 구들을 사용해라.
- 빌려온 일절의 끝을 표시하고 원저자에 대한 완전한 신망을 나타내기 위해서, 정확한 원천을 (괄호 안에) 인용해라.
- 원저자의 원래 의도를 확실히 보존해라.

그림 3-14a의 내용을 상세히 바꿔 쓴 것이 그림 3-14b이다. 바꿔 쓴 내용을 인용 부호 쌍따옴표로 둘러싸지는 않지만, 다른 내용을 이용한 것임을 드러내기 위해서 원천을 밝혀야 한다.

Pinsky, Mark A. pp. 29-30.

전자기장 또는 전자기 복사 그 어느 것도 그 자체로서, 본질적으로 암을 초래하지는 않는다는데 대해 대부분의 연구자들은 동의한다. 그것들은 아마도 암을 증진하는데 어떤 작용을 하는 것 같다. 암은 하나의 세포나 세포들의 그룹을 비정상이 되게 하는 어떤 initiator 기폭자'를 요구하는 multistage 다단계 과정이다. 누구라도 그 또는 그 여자의 몸에 암을 일으키는 세포들을 가지고 있다. 암을 일으키는 이 세포들이 통제할 수 없도록 성장하는 때에 암 -우리가 그것일 것으로 생각하는 바의 질병- 이 발생한다."

그림 3-14a 원저자가 쓴 내용(Lannon, 2008, p. 637)

Pinsky, Mark A. pp. 29-30.

Pinsky는 전자기파들이 아마도 암을 직접적으로 유발하지는 않는다고 설명한다. 그러나 그것들은 사람 몸에 정상적으로 있고 - 그러나 통제되는 - 그 암 세포들이 통제될 수 없게 성장하는데 기여할 지도 모른다.

그림 3-14b 원저자의 내용을 상세히 바꿔 쓰기를 한 것(Lannon, 2008, p. 639)

빌려온 제재는 두 번 인용해야 한다. 한 번은, 본문에서, 인용한 부분에 대한 출처를 지칭하여 기입하고, 다른 한 번은, 문서의 끝, 참고문헌에, 인용한 부분의 출처를 명확하게 기재한다. 본문에 원천의 출처를 기입하고 참고문헌에 출처를 명확히 기재하는 방법은 크게 세 가지가 있다(Lannon, 2008, p. 642). ① MLA(Modern Language Association) style, ② APA(American Psychological Association) style, ③ CSE(Council of Science Editors) style. 이런 인용 방법은 전공 분야 학회나 조직에 따라 조금씩 다르게 정해져 있다(Lannon, 2008, pp. 639-640).

① Kerzin–Fontana, Jane B. Technology Management: A Handbook. 3rd ed. Delmar, NY: American Management Assn., 2007.
본문에서 언급할 때: (Kerzin–Fontana, 3–4)

② Kerzin–Fontana, Jane B. (2007). *Technology Management: A Handbook* (3rd ed). Delmar, NY: American Management Association.
본문에서 언급할 때: (Kerzin–Fontana, 2007, pp. 3–4)

③ 1. Kerzin–Fontana, JB. Technology Management: A Handbook . 3rd ed. Delmar, NY: American Management Assn.; 2007. 356 p.
본문에서 언급할 때(연구 다음에 위첨자로 표시된 번호 1):
최근의 한 연구1에 의하면 특정 유형의 전자기장에 노출된 어린이들 사이에 백혈병 위험이 증가되는 것으로 나타났다.

아래는 본문에서 이용한 참고 자료들은 따로 모은 (APA style을 따른)참고문헌의 예이다. 이 예에서는 참고 자료들에 차례대로 번호를 붙여둔 것을 볼 수 있다.

[1] 서정수. (2001). *문장력 향상의 길잡이*, 동광출판사.
[2] 최재서. (1969). "문학과 사상," 김지용 및 진동혁(공편), *문장생활의 심화*, 선명문화사.
[3] Edwin L. Mead. (1915). "Immanuel Kants Internationalism," *Contemporary Review*, CVII, No. 3, pp. 126–32.

예를 들어, 위의 두 번째 자료가 뜻하는 바는 다음과 같다: '[2]'는 본문에서 이 자료를 지칭하는 번호이고, '최재서'는 인용한 자료를 쓴 저자의 이름이며, '"문학과 사상"'은 참고한 자료의 제목이다. '김지용 및 진동혁(공편)'은 참고 자료가 실린 책(출판물)의 저자들의 이름이고, '*문장생활의 심화*'는 그 책의 이름인데, 책 이름은 보통 이탤릭체로 쓰거나, 밑줄을 그어, 책에 포함된 자료들의 제목과 구별한다. '선명문화사'는 출판사 이름이고, '1969'는 책의 출판 연도이다.

그림 3–15는 하버드 대학 가이드북에 제시되어 있는 표절의 대표적인 네 가지 유형을 설명한 것이다.

하버드대 가이드북의 '표절 유형'

'출처를 인용하는 글쓰기(Writing with Sources)'의 예시

1 출처를 명시하지 않고 무단 전재한 정보나 데이터

교재에 나온 '1997년 한 해 동안 하버드대에서 30건의 부정행위가 적발됐다'를 출처 밝히지 않고 무단 전재하면 표절. 어디에서나 구할 수 있는 상식적 정보가 아니므로. 또한 이 교재가 아니라 (자신이 읽지 않은) 하버드대 행정편람을 출처로 표기해도 안됨. 반드시 자신이 읽은 책과 자료를 출처로 기록해야 함.

2 무단 전재한 아이디어

교재에 나온 '표절(plagiarism)의 라틴어 어원은 유괴범이며 표절은 다른 사람의 정신적 아이(brain child)를 훔치는 것'을 인용할 때 교재 저자의 독창적 아이디어인 '정신적 아이'에 인용부호가 없으면 앞선 문장에서 출처를 밝혔더라도 표절.

3 인용부호 없는 축약문

출처를 밝히고 원 저자의 주장을 요약하는 축약문을 썼더라도 저자의 표현 일부를 빌려올 경우 인용부호가 없으면 표절.

4 출처를 밝히지 않은 글 구조 인용

출처와 다른 단어, 표현을 썼더라도 글의 구조, 전개방식을 본뜨면서 출처를 밝히지 않으면 표절.

그림 3-15 하버드대 가이드북의 표절 유형' (출처: 동아일보, 2007. 2.20)

그림 3-16a와 3-16b는 시카고 대학 가이드북에서 정확한 인용과 표절의 차이를 설명하기 위해 제시한 예문의 내용을 보여준다.

시카고대 가이드북의 '정확한 인용과 표절의 차이'

찰스 립슨 교수가 쓴 '대학에서 정직하게 글쓰기(Doing Honest Work in College)'의 예시. 작가 제이 스크리브너의 작품 '조 블로: 그의 삶과 시대'의 한 대목을 활용했다.

원문: 조 블로는 행복한 남자다. 자주 휘파람을 곁들여 노래를 부르며 거리를 걷곤 했다.

▶ 정확한 인용

● 전문(全文) 인용 직접 인용 숫자 99는 각주번호

"조 블로는 행복한 남자다. 자주 휘파람을 곁들여 노래를 부르며 거리를 걷곤 했다." 99

➡ 전체를 따옴표 안에 넣고, 원전(原典)을 제대로 표시했음.

● 작가명을 곁들여 부분 인용

스크리브너에 따르면 블로는 "자주 휘파람을 곁들여 노래를 부르며 거리를 걷곤 했다." 99

➡ 부분 인용한 대목이 여덟 어절(語節)이었지만, 원문과 동일하므로 따옴표가 필수.

● 일부 인용, 일부 표현 수정

스크리브너에 따르면 블로는 "행복한 남자"였다. 그가 자주 콧노래를 부르는 것을 보면 알 수 있었다. 99

➡ 원문(原文)과 동일한 곳은 따옴표 사용. '콧노래'는 원문에 없는 인용자의 표현인 만큼 따옴표 필요 없음.

그림 3-16a (출처: 동아일보, 2007. 2. 20) 문장 끝에 붙은 위첨자 99는 참고문헌에서 그 인용 원천을 확인할 수 있도록 붙인 번호이다

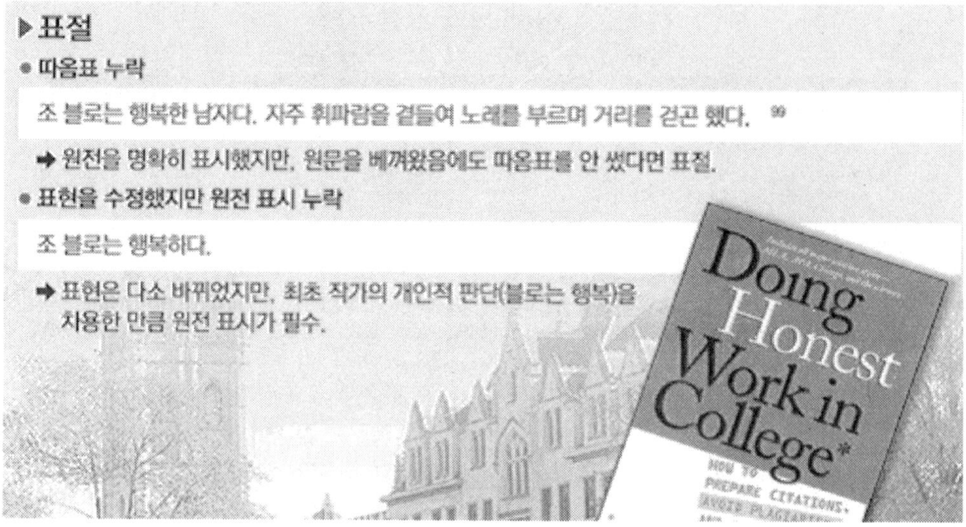

그림 3-16b (출처: 동아일보 2007. 2. 20)

3-5 고쳐 쓰기

어려운 글쓰기 과제를 끝낼 즈음에, 가끔 서둘러 글을 빨리 제출해버리고 싶은 유혹이 생긴다. 심지어 독자들이 문서의 품질에 관해서 개의치 않을 것으로 지레 짐작하기도 할 것이다. 그런 유혹에 걸려드는 사람들이 많은데, 많은 학생들이 그런 유혹에 쉽게 걸려든다. 독자들의 높은 기대들을 충족하기 위해서 필자는 쓴 글을 개정하고 편집하는 등의 고쳐 쓰는 일에 공을 들여야 한다.

쓰기전 Prewriting ◀──▶	쓰기 Writing ◀──▶	고쳐 쓰기 Rewriting
1) 과제 이해	초벌 쓰기	1) 개정
2) 수사적 상황 정의		2) 편집
3) 문제 파악		3) 교정
4) 화제 선정		
5) 제재 발굴		
6) 제재 그룹		
7) 주제 설정		
8) 제목		
9) 제재의 배열		
10) 개요 짜기		

그림 3-17 3 과정 글쓰기의 세부 단계

1장에서 우리는 의사소통과 관련한 문제 중에서, 필자가 자신의 생각을 글로 썼을 때 그 글이 필자의 생각을 온전히 나타내기가 쉽지 않다는 것을 알게 되었다.

그림 3-17에서 보는 바처럼, 앞의 절까지 글쓰기 과정을 따라, 쓰기 준비를 마친 후, 초벌을 썼다. 이제 여러분은 자신이 쓴, 초벌을 독자의 입장에서 읽어야 한다. 즉 '고쳐 쓰기'를 위해 초벌을 읽어야 하는 것이다. 필자가 쓴 글을 자신의 관점에서 자신의 글로 만들 수 있는 과정이 고쳐 쓰기이다. 즉, 초벌을 거듭 고쳐 써서 완성본으로 만들기 위해 '자기 첨삭'을 해야 한다. 초벌을 쓰기 까지 여러분은 필자였지만 고쳐 쓰기를 하는 여러분은 이제 독자 입장이 되어야 한다.

강력한 글은 간결하다. 문장에는 불필요한 말들이 없어야 하고, 단락에는 불필요한 문장들이 없어야 하는데, 이는 어떤 도면에 불필요한 선이 없으며 기계에 불필요한 부품이 없는 것과 같은 이유이다.

> 이것은 필자가 자신의 글을 모두 짧게 써야 한다거나 모든 세세한 것들을 피하고 제재들을 단지 개요에서만 다루어야 한다는 뜻이 아니고, 단지 낱말 하나하나가 모두 뚜렷한 의미를 가져야 한다는 뜻이다(Strunk, 1972, p. 17; Murray, 2002, p. 184).

개정은 필자가 글의 구성과 단락들의 소주제들을 다시 살펴야 하기 때문에 필요한 것이고, 편집은 독자가 소주제들을 알아볼 수 있을지를 검토하기 위해 필요한 것이다. 개정할 때 가끔은 편집을 할 수 있고 편집하는 때에 개정할 수 도 있다.

개정은 편집이 아니다. 그것들은 두 가지 다른 활동들이고 그것들을 따로 유지하는 것이 최종 원고를 준비하는 일을 훨씬 더 쉽게 만든다. 개정은 글 전체를 살피는 일인 반면, 편집은 단락(문단)이나 문장을 살피는 일과 관련된다.

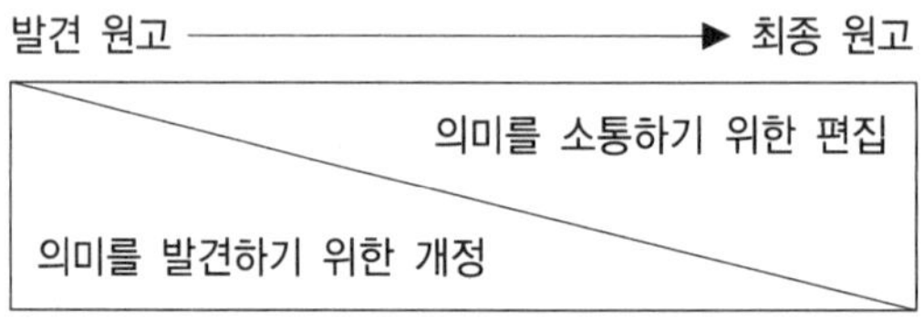

그림 3-18 개정과 편집에서 강조해야 할 것들이 다르다(Murray, 2002, p. 197)

그림 3-18은 개정에서 편집까지 강조해야 할 내용이 어떻게 다른지를 보여준다. 개정은 전체 원고를 면밀히 다시 보면서, 대형 이슈들을 고려하는 일이다. 개정은 고쳐 쓰기를 위해 글 전체를 살피는 일이다. 그래야 필자가 편집 과정에서, 한 줄 한 줄 읽기, 한 단어 한 단어 살피기를 할 수 있다.

개정을 위한 읽기에 있어서, 필자는 글을 전체로서 볼 수 있게 뒤로 물러나서 초벌 원고를 읽어야 한다. 이 방식으로, 특별한 서술어와 개별적인 주어 사이의 관계에 집중하느라, 볼 수 없었던 단락들 사이의 관계와 같은 것들을 필자가 알아차려야 한다.

고쳐 쓰기는 세 가지 수준, 개정-편집-교정으로 구별할 수 있다.

어느 수준에서 고쳐 쓰기를 해야 하나? 이 질문에 대한 답은 필자가 얼마나 많은 시간을 가지고 있는지 그리고 문서가 어느 정도의 품질 수준을 요구하는지에 달려있다. 시간이 충분하다면, 필자는 개정에서 시작해서 교정에서 끝나는 세 단계 모두를 이상적으로 거쳐 갈 것이다 (그림 3-19)(Sheehan, 2010, p. 307). 그러나 가끔 마감 시한이 촉박할 수 있다. 그래서 개정과 편집 국면을 시작하는 때에, 먼저, 문서가 요망하는 수준의 품질을 생산하기 위해서 어느 수준의 편집이 가능한지 또는/그리고 어느 수준으로 편집해야 하는지를 결정해라. 그러고 나서, 그 수준에서 고쳐 쓰기를 시작해라.

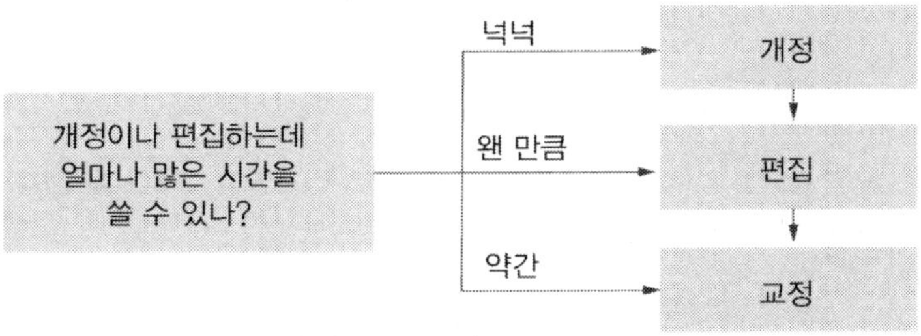

그림 3-19 개정, 편집, 및 교정의 세 단계들을 모두 거치면 좋겠지만, 시간이 넉넉지 않다면 적절한 수준을 택해야 한다

3-5-1 개정

첫 초벌을 썼다면, 독자들이 알아야 하는 정보에 관해서 그리고 그들이 문서를 사용하게 될 곳들에 관해서 다시 생각하는 동안, 필자는 이제 주제와 목적에 대해서 다시 생각해야 한다.

개정(改訂)은 글을 완성한 후에 하는 일이 아니다. 개정은 초벌에서 주제와 소주제들의 논리와 분명성 뿐만 아니라 그것들이 얼마나 효과적으로 제시되었는지를 살피는, 초벌 쓰기에 이어지는 과정이다. 개정은 단순히 교정하거나 편집하거나, 한 단어를 지우고 다른 것으로 대체하거나 또는 철자와 맞춤법을 올바로 고치는 일거리가 아니고; 개정은 이미 써둔 것을 재점검하고 다시 생각하는 것을 의미한다. 사실, 광범위하게 더하고 지우고, 필자가 청중과 의사소통하기를 원하는 것을 재고하는 동안 전체 문장들과 단락들의 순서를 다시 짜야 할지도 모른다. 개정은 오랜 시간이 걸릴 수 있기 때문에, 제출할 준비가 되었다고 생각되기 까지 에세이를 서너 번 고쳐 써야 한다 해도 낙담하지마라.

다음 지침(Kirszner, 2010, pp. 53-54)들이 에세이를 개정할 때 도움이 된다.

- 냉정을 되찾을 시간을 가져라

첫 초벌을 쓰고 난 후에, 여러 시간 또는 심지어, 할 수 있다면, 하루나 이틀 정도를 처박아 덮어 두어라. 이 냉각기는, 나중에 필자가 쓴 글을 펼쳐 보려고 돌아 왔을 때 그것을 더욱 객관적으로 읽을 수 있게 되도록, 당분간 에세이로부터 거리를 두도록 해준다. 돌아와 그것을 다시 읽을 때, 처음에 놓쳤던 것들을 볼 수 있게 될 것이다.

• 인쇄본을 펼쳐 놓고 일을 시작해라

인쇄된 초벌은 말쑥하고 읽기 쉽기 때문에, 손으로 쓴 것을 읽거나 모니터 스크린을 보는 것 보다 더욱 쉽게 접점들과 간극들을 볼 수 있게 될 것이다. 게다가, 종이에 인쇄된 글은 일정 거리를 두고 그것을 객관적으로 평가할 수 있게 해 준다.

• 초벌을 큰 소리로 읽어라

개정하기 전에, 초벌을 큰 소리로 읽으면, 일정치 않은 문장들, 빠진 낱말들 또는 읽기 거북한 구들을 집어내는데 도움이 된다.

• 피드백의 기회들을 활용하라

과목 담당 선생님이 동료들끼리 평가할 기회를 마련하거나, 개정을 위한 점검 목록을 주어, 학생들이 '글쓰기 센터'에 가서 도움을 구하도록 하거나, 또는 선생님과 일대일 면담을 하도록 할지도 모른다. 가능한 대로 되도록 많은 피드백 기회들을 활용해라. 이런 개별 기회는 필자가 자신이 쓴 글에 관한 정보를 획득하는 다른 방식이기도 하다.

• 피드백에 압도당하지 마라

자신이 쓴 글에 관한 피드백에 의해서 압도당하기가 쉽다. 이를 피하기 위해서, 개정을 체계적인 과정으로 접근해라. 사람들이 제안하는 모든 변화들을 무턱대고 반영하지 말고, 개별 변화의 충격과 유효성을 고려해라. 또한 피드백 코멘트들이 글에서 언급되지 않은 더 큰 소주제들을 제안하는지를 자신에게 물어라. 예를 들어, 어떤 단락에 있는 일정치 않은 문장들에 관한 코멘트가 전환 어구를 덧붙여야 하는 필요를 제시하는지 아니면 그것이 필자가 아이디어들에 대해서 다시 생각하게 요구하는가?

• 비판을 외면하지 말고, 고집 부리지 마라

누구라도 칭찬 듣기를 좋아하지 부정적인 비평은 듣기 싫어한다. 그러나 경험 많은 필자는 자신이 쓴 글을 개선하기 위해서는 피드백을 가져야 한다는 것을 안다. 개정 과정의 필요한 (비록 고통스럽다 하더라도) 부분으로서 – 교수에 의해서이건 또는 급우들에 의한 것이건– 비평을 감당해 낼 수 있어야 한다.

• 큰 부분부터 개정하고 나서 작은 부분들을 개정하라

대형 요소들(글의 구성과 단락들의 배열)을 먼저 살피고 그러고 나서 더 작은 요소들(문장 구조와 단어 선택)을 살펴야 한다.

어떻게 개정하는가는 - 무슨 구체적인 전략들을 사용할 것인지를 정하는 일은- 필자 자신의 선호, 담당 강사의 지시, 및 가진 시간들에 의존한다. 나머지 글쓰기 과정과 마찬가지로, 개정 방식은 학생마다 다르고 과제마다 다양하다. 가장 유용한 개정 전략 네 가지(Kirszner, 2010, p. 54)는 ① 점검 목록 이용, ② 개요 이용, ③ 동료 비평에 의한 개정, ④ 교수 첨삭에 의한 개정이다.

① 점검 목록을 이용하는 개정

시간이 있다면, 개정 점검 목록을 따라서, 그것을 필자의 글쓰기 과정에 적용하는 것이다.

개정 점검 목록

주제문

주제문은 분명하고 구체적인가? 그것은 에세이가 취하는 방향을 가리키는가? 그것은 에세이의 본론과 부합하는가? 만약 글을 쓰는 동안 에세이의 원래 방향으로부터 벗어나게 되었다면, 주제문을 고쳐 써야할 지도 모르는데 그래야 그것이 본론에 포함돼 있는 아이디어들과 정보를 정확히 요약한다. 또는 주제문과 관련이 없는 제재는 본론에서 지워야하거나 - 또는 그것을 연관되도록 고쳐 써야 한다.

본론

본론 단락들이 통일성이 있는가? 연결성은? 충분히 전개되었나? 만약 그렇지 않다면, 더 많은 사실들이나 예들을 부가하거나 더 부드러운 전환 어구(7-3절 표 7-1 참고)들로 교체해야 할지도 모른다. 개별 본론 단락은 전개의 특별한 패턴을 따르는가? 이 단락들에서 제시한 요점들이 주제를 뒷받침하는가?

서론과 결론

이것들이 화제, 제재들, 청중 및 목적에 대해 적절한가? 그것들은 흥미로운 것들인가? 그것들이 주제를 강화하는가?

문장

문장들은 효과적인가? 흥미로운가? 길이와 구조가 다양한가? 아무 문장들을 지워야 하거나, 조합해야 하거나, 자리를 옮겨야 하지는 않는가?

단어

다른 낱말들로 바꾸어 써야 하는 것들은 없나?

제목

쓰기 전 과정에서 제목을 붙였다. 여기서는 초고를 개정하는 관점에서 그 제목이 적당한지를 검토하여 혹 필요하면 고친다.

② 개요를 이용하는 개정

자세한 점검 목록에 따라 점검할 시간이 없다면, 개요를 기준으로 글의 구조를 점검할 수 있다. 개요는 필자가 중요한 요점들을 빠트렸는지를 보여줄 수 있다. 개요는 또한 글이 적절한 패턴이나 장르를 따랐는지를 보여줄 수 있다. 끝으로, 개요는 에세이의 주제문과 본론 단락들 사이의 관계를 분명히 해줄 수 있다.

이 때, 장르와 글의 서술 방식, 패턴에 대해서도 고려하여야 한다.

③ 동료 비평에 의한 개정

도움이 될 다른 개정 전략은 친구에게 필자가 쓴 글을 읽고 그것에 대해 코멘트를 해주기를 요청하는 것이다. 가끔 동료 비평은 아주 공식적일 수 있다. 어떤 선생님은 학생들에게 어떤 기준에 따라 동료-비평 평가지(아래에 주어진 예)를 이용해서 동료들과 쓴 글을 서로 교환해서 평가하기를 요구할지도 모른다. 그렇지만 동료 평가는 흔히 비공식적이다. 친구가 필자의 토픽에 대해 친숙하지 않다하더라도, 정직하게 말할 수 있고 - 그리고 심지어 어떻게 더욱 효과적으로 의사소통할 수 있는지에 관해서 필자에게 충고할 지도 모른다. (필자에 대한 비평자는, 가공의 비평자가 아니라, 필자가 쓴 글을 정독하는 독자이어야 한다는 것을 기억해라.)

동료-비평 평가지

- 에세이의 주제는 무엇인가? 그것이 분명한 말로 표현되어 있나?
  그것이 에세이 전체에 초점을 제공하나? 그것은 과제의 성격에 어울리나?
- 본론 단락들이 에세이의 주제에 분명하게 연관되어 있나?
  소주제문 중에, 혹 초점을 더 맞춰야 하는 것은 없나?
- 본론 단락들은 에세이의 주요 아이디어들을 어떻게 전개하고 있나?
  더욱 자세한 것들로 뒷받침해야 할 곳은 없나?
- 필자의 아이디어들을 제대로 따라갈 수 있나? 전환 어구들이 더 필요하지 않나?
- 어느 요점들이 특히 분명하나? 에세이에서 답을 찾지 못한 질문들은 무엇인가?
- 이것이 여러분 자신이 쓴 에세이라면, 제출하기 전에 무엇을 고치고 싶은가?
- 전반적으로, 글이 효과적인가? 설명해라.

동료들에 의한 비평은 사회에서 사람들이 실제로 글을 쓰는 방식에 따라 글을 평가하는 것으로 볼 수 있다. 비즈니스 세계에서는, 피드백을 받으려고 보고서를 미리 배포하고 열람하게 한다. 과학자들과 학자들은 그들이 글을 쓸 때 수시로 동료들과 협동한다. 그리고 많은 교과서들도 동료들과의 협동의 결과물이다.

급우들은 에세이의 초벌을 고쳐 쓰는 동안에 크게 도움이 되어서, 필자가 개정하는 동안 길잡이를 제공한다. 게다가 급우들은 필자가 자신이 쓴 에세이에 관해 가지는 질문들에 대해 즉각적으로 반응을 - 예를 들어, 서론이 제대로 되었는지, 뒷받침하는 요점들 중 어떤 것에 대해 설명을 더 해야 하는지 아니면 과외의 뒷받침이 필요한지 - 보일 수 있다. 동료가 여러분에게 자신이 쓴 글에 대해 비평해주기를 요청할 때, 다음 안내 지침들이 여러분에게 도움이 될 것이다.

점검 목록: 동료 비평들을 위한 지침[23)]

- 긍정적이고 적극적으로
  이 일의 목적은 친구가 쓴 에세이를 개선하는데 도움을 주는 것이다.
- 재치 있게
  에세이의 좋은 점들을 잊지 말고 강조해라; 특별히 잘 한 한두 가지를 언급해라.
- 구체적으로
  필자가 잘 할 수 있는 것들에 대해 구체적으로 제안해라. '좋다'나 '나쁘다'와 같은 모호한 말들은 도움이 안 된다.
- 세심하고 주의 깊게
  말로 비평을 한다면, 비평자가 읽어가는 동안 필자와 확실히 상호 작용해야 한다. 질문을 하고, 반응을 듣고, 코멘트들을 설명해라.
- 철저히
  철자나 맞춤법 등에는 초점을 두지마라. 비록 그런 것들이 문제가 되더라도, 비평자는 초벌에서 그 요소들이 완전해지기를 기대하지 말아야 한다. 이 단계에서는, 주제문이 분명한지, 뒷받침이 유효한지, 필자의 아이디어들은 잘 구성 되어 있는지를 살피는 것이 훨씬 더 중요하다.
- 도움이 되게
  가능하다면, 코멘트를 - 조교가 준 용지나 종이의 빈자리에- 적어라.

여러분이 제출한 초벌에 대해 강의 담당 교수가 해 준 첨삭 내용을 자세히 살피면 소주제들의 배열과 스타일 등에 대한 변화에 도움이 될 것이다. 예를 들어, 그 코멘트들은 글의 논리에 대해 의문, 더 분명한 주제의 제시, 더욱 명시적인 전환에 대한 필요, 단락 배열의 재조정, 혹은 글을 위한 새로운 방향에 대해 제시할지도 모른다.

수업 시간이나 그룹 혹은 개인 면담 시간에 교수로부터 개정에 대한 지적을 구두로 받을 수도 있다. 또는 초벌에 대한 첨삭 지도 내용을 잘 이해하지 못한다면, 그룹이나 개인 면담을 교수께 요청해도 될 것이다.

23) Kirszner, 2010, p. 54.

3-5-2 편집

개정을 마쳤을 때, 또, 그것을 얼른 제출하고 한 숨 돌리고 싶은 유혹이 생길 것이다. 그 유혹에 걸려들면 안 된다. 개정한 후에도 남아 있는 여러 작은 문제들을 고치기 위해 글을 편집(編輯)해야 한다.

편집을 해야 글을 마무리 지을 수 있다. 틀린 글자를 고치고, 맞춤법을 점검하며, 문법 실수들을 찾아내고, 에세이의 형식이 패턴에 어울리는지를 살피고, 필자의 신뢰성을 깎아 내리거나 전하려는 메시지를 약화할지도 모를 겉으로 드러나는 다른 문제점들을 점검해야 한다. 편집은 필자가 나타내려는 것을 글이 말하고 있는지를 확인하는 마지막 기회이다.

물론 필자는 모든 가능한 오류를 찾아내기 위해서 그야말로 오랜 시간을 보낼 수 있겠지만, 이 접근은 단지 시간 낭비이고 비실제적이다. 편집하는 때에, 일정한 오류들이 다른 것들보다 더욱 빈번하게 발생한다는 것을 명심해라. 그 오류들에 집중함으로써, 그리고 필자가 가장 자주 저지르는 구체적인 오류들을 적어 둠으로써, 필자는 에세이들을 신속히 그리고 효율적으로 편집할 수 있을 것이다.

내용, 구성 및 문서의 디자인을 살펴라. 문서의 내용은 독자들에게 친숙한 패턴이나 장르에 부합하게 조직되어야 한다. 문서가 효과적인 시작(서론), 중간(본론) 및 종결(결론)을 가지고 있는지를 확인해라.

편집 우선순위

효과적인 편집은 보통 세 가지로 구분되는 읽기의 결과인데, 각각은 그것 자신의 속도, 전략, 및 기법들을 갖는다. 고도로 능숙한 편집자 또는 필자는 세 가지 읽기(Murray, 2002, p. 201)를 - ① 의미를 확인하기 위한 크고도 전체적인 질문들로부터 ② 질서(order)의 구조적인 질문들로, 그리고 ③ 음성의 한 줄 한 줄 질문들로 이동하면서- 모두 동시적으로 수행하는 것이 가능할 지도 모른다. 그러나 그들 서로 연관돼 있는 기량들은 읽기를 구별함으로써 가장 잘 개발되는데 - 의미를 위한 첫 번째 읽기, 질서를 위한 두 번째 읽기, 그리고 음성을 위한 세 번째 읽기.

물론 각각의 경우에 필자는 청중을 염두에 두어야 하고, 뒤로 물러서서 독자의 입장에서, 자신이 쓴 것이 독자에게 분명한 지를 확인해야 한다.

첫째 읽기는 느린 과정인 듯이 보이지만, 이 읽기는 보통 매우 빠른 것이다. 이 읽기에서는 글에 단 하나의 지배적인 의미, 즉 주제가 있고 그 의미를 뒷받침하기 위한 풍부한 소주제들이 있는지를 확인해야 한다.

만약 주제가 없거나, 지배적인 의미가 없거나, 소주제들의 목록이 없다면, 더 이상 개정하거나 편집하는 것은 시간 낭비이다. 즉각 멈추어라. 주제를 찾아라. 그것의 의미를 찾아라. 그 의미를 뒷받침하기 위한 사실들을 찾아라.

둘째 읽기는 글의 형식(form)과 구조를 살핀다. 그것은 약간 더 느리지만, 그렇게 시간이 오래 걸리지는 않는다. 단락들을 뭉치로 읽되, 단락들의 소주제들이 글의 주제를 뒷받침하고 소주제들이 적절한 순서로 배열되어 있는지 보아라.

만약 글에 형식이 없고, 그 형식 내에 독자를 의미로 이끄는 질서 혹은 순서가 없다면, 즉 소주제를 뒷받침하는 문장들이 적절한 순서로 제시되어 있지 않다면, 읽기를 멈추어라. 그것은 시간 낭비일 것이다. 멈추어라. 적절한 형식을 선택하고 그 형식 내에서 질서를 구축해라.

끝으로 셋째 읽기인데, 느리고, 조심스러운, 원고를 한 줄 한 줄 읽어가는 편집인데 최종 교정을 위해 그것이 준비가 되었는지 확인하는 것이다. 여기서 필자는 단락 하나씩, 문장 하나씩, 단어 하나씩, 자르고, 덧붙이며, 질서를 다시 짠다.

세 가지 읽기 과정은 지루하게 들릴지 몰라도, 그것은 그렇지 않다. 개별 경우에서 필자는 기대하지 않았던 의미를 발견하고 그리고 그것을 분명히 하는 일의 짜릿한 기쁨을 가지게 될 것이다. 글쓰기는 필자에게, 필자 자신의 몸을 다른 사람이나 물체에 편안히 기댈 때 그리고 자전거를 타고 가고 싶은 방향으로 우아하게 선회할 때 필자가 가지는 느낌, 기교와 특수한 기술, 재간의 만족을 준다. 글쓰기는 테니스를 하고, 빵을 굽고, 튼튼한 책장을 짜고, 옷을 만들고, 정원을 가꾸는 일과 유사하다. 그것은 만드는 일의 어떤 과정이고, 그리고 그것은 어떤 것을 잘 만들기 위한, 의미와 느낌을 다른 사람에게 전달할 한 편의 산문을 손으로 만드는 재미이다(Murray, 2002, p. 201).

3-5-3 교정

최종적으로, 조심스럽게 문서를 교정하여야 한다. 교정(校訂)은 편집을 언급하는 때에 대부분의 사람들이 생각하는 것으로서 그것은 단순히 편집의 한 작은 부분이다. 교정에서는 철자를 바르게 고치고, 사실들과 이름 및 인용들을 점검하며, 단어들에 대한 맞춤법이나 어문규정과 용법의 표준 스타일들을 지켰는지를 확인하며, 글자를 틀리게 쓰거나 하는 실수들을 모두 고치는 것이 중요하다.

직장세계에서, 품질은 매우 심각한 것이다. 독자들이 문법, 오식(誤植, 미스프린트), 철자 오류 및 관용어 용어법 문제를 가지는 문서를 마주치게 될 때, 그들은 정보의 품질에 관해서

(더 나아가 필자의 성실성에 대해서) 의문시 한다. 최소 수준에서, 교정하는 동안 오류들을 잡아내기 위해서 컴퓨터 워드프로세서의 철자법과 문법 점검 마법사를 이용할 수 있다. 그렇더라도 미처 못 보고 빠트리는 실수를 막기 위해서 문서를 매우 조심스럽게 읽어야 한다. 교정은 단어 수준에서 고쳐 쓰는 일이다.

편집과 교정을 위한 점검 목록[24)]

이와 관련된 내용은 7장 '문장, 단락 및 스타일' 7-1과 7-2절에서 좀 더 자세히 설명된다.

주어와 서술어 일치

모든 서술어들이 주어와 호응하는가? 문장 주체로서, 즉 사람 주어와 사물 주어에 따라 서술어는 적절히 주어와 호응해야 한다.

분명한 지시 대명사

앞에 나온 구체적인 명사들을 지시하는 대명사들이 분명하게 지칭하는가? '이것'이 연관되는 불분명한 지시들에 특히 주의해라. 이 문제를 피하기 위해서, 항상 '이것' 뒤에는 그것이 지칭하는 것을 뚜렷이 하는 단어 하나를 붙여 써라. - '이 문제,' '이 사건,' 등.

구두법

아무 쉼표들이 잘못 찍혀 있거나, 빠졌거나 불필요하지는 않는지? 복문들에서 독립절을 결합하는 '그리고'나 '그러나'와 같은 등위 접속사들 앞에 쉼표들을 찍는 것을 적극적으로 고려해라.

철자가 틀린 단어들과 타이핑 실수

비록 컴퓨터 프로그램에 내장된 철자 점검 옵션을 이용한다 하더라도 철자가 바른지 교정해라. 또한, 영어인 경우에, 대문자와 소문자를 구별하는 것에도 주의하고 부적절한 띄어쓰기와 빠트린 글자가 없는지도 살펴라.

---

24) Kirszner, 2001, p. 65.

통상적으로 헷갈리는 단어들

자주 서로 혼란을 일으키는 단어들을 경계해라. 예를 들어, '가리키다'와 '가르치다' 또는 '틀리다'와 '다르다' 등을 구별해야 한다. (한글 맞춤법, 제57항 참조.)

온전한 문장

구두점이 찍힌 단어들의 개별 그룹으로서, 한 문장으로서 주어와 서술어를 가지고 있나? 그것은 다른 문장에 기대지 않고서 그것 자신으로 뜻이 통하는가?

반점 이어 맞추기

두 개의 독립된 절들을 연결하기 위해서 중간에 반점(쉼표) 하나만 찍어 두어서는 안 된다. 만약 그렇다면, 적절한 등위 접속사, 예를 들어, '그리고,' 또는 '그러나'를 덧붙이거나, 반점을 쌍반점(세미콜론)으로 바꾸거나, 또는 두 절을 별도의 문장으로 만들어라. 반점에 대해서는 7-2(8) 절에서 설명된다.

시제 불일치

글을 통틀어 필자 자신을 표현하는데 있어서 일관되는가? 예를 들어, 의미상 가능한 경우를 제외하고는, 현재로부터 과거 시제로 옮겨가지 마라.

원고 포맷

교수가 요구하는 지침들을 따랐는가? 에세이는 깨끗하고 분명히 읽기 좋게 인쇄하였는가?

최종본을 제출하면, 독자가 글을 읽고 교정(과목 담당 교수의 첨삭)을 해서 필자와 독자 사이에 상호작용이 있을 수 도 있다. 교수가 첨삭한 내용을 이해하기 위해서 아래 교정 부호들을 참고하기 바란다(그림 3-20).

교정부호	기능	교정 전	교정 후
V	사이 띄우기	전문교정자의 도움을 받아서	전문 교정자의 도움을 받아서
⌒	붙이기	전문 교정 자의 도움을 받아서	전문 교정자의 도움을 받아서
>	1줄 띄우기	전문 교정자의 도움을 받아서	전문 교정자의 도움을 받아서
	2줄 띄우기	전문 교정자의 도움을 받아서	전문 교정자의 도움을 받아서
	2글자 간격 띄우기	전문 교정자의 도움을 받아서	전문 교정자의 도움을 받아서
生	원래대로 두기	전문 교정자의 도움을 받아서	전문 교정자의 도움을 받아서
	자리 바꾸기	도움을 받아서 전문 교정자의	전문 교정자의 도움을 받아서
	들여쓰기	전문 교정자의 도움을 받아서	전문 교정자의 도움을 받아서
	내어쓰기	전문 교정자의 도움을 받아서	전문 교정자의 도움을 받아서
	삭제하기	전문 교정자의의 도움을 받아서	전문 교정자의 도움을 받아서
	줄 바꾸기	전문 교정자의 도움을 받아서	전문 교정자의 도움을 받아서
	줄 잇기	전문 교정자의 도움을 받아서	전문 교정자의 도움을 받아서
	삽입	도움을 전문 교정자의 받아서	전문 교정자의 도움을 받아서

그림 3-20 교정 부호

CHAPTER

04 패턴

CHAPTER 04 패턴

대부분의 글쓰기 과제들은 그렇게 간단치가 않아서, 필자는 과거에 다른 사람들이 개발해 둔 글의 패턴(pattern)([모범 · 견본 · 모형 등의 뜻으로] 사고 · 행동 · 글 따위의 '본받아 배울 만한 본보기가 되는 유형이나 양식')들을 이용할 수 있다. 과제마다 그 성격이 달라서 필자는 전통적인 패턴을 새로운 과제에 응용하고 그리고 새로운 패턴을 개발해도 된다.

글쓰기에 패턴을 어떻게 반영할 것인지에 대해서는, 7장의 단락, 단락 이어가기, 글의 구성 내용을 참고하면 된다.

무슨 서술 방식이 내 글과 어울리나?

글의 목적을 달성하기 위해서는 그 목적에 알맞은 서술법을 사용해야 한다. 서술(敍述)은 '어떤 사실을 차례를 좇아 말하거나 적음' 또는 '쓰려고 하는 사항을 구체적인 말로 표현하는 것'을 뜻한다. 실제 글에서는 여러 서술 방식이 혼용되지만, 글을 쓰는 목적에 따라 가장 효과적인 서술 방식을 선택하여야 주제가 확실한 글을 쓸 수 있다. 예를 들어, '자기소개서'를 쓸 때는, 기술, 설명, 예증 또는 서사(이야기)가 주된 서술 방법이 되겠지만, 논증이나 묘사 등의 서술 방법도 내용에 따라 필요할 수 도 있다.

서술 방식은 여러 가지로 나눌 수 있다: 서사(敍事, narration, 이야기), 기술(記述, description), 예증(例證, exemplification), 과정(過程, process), 원인과 결과(原因 結果, cause and effect), 비교와 대조(比較 對照, comparison and contrast), 분류와 분할(分類 分割, classification and division), 정의(定義, definition), 논증(論證, argumentation), 여러 패턴들의 복합. 어떤 서술 방식을 두고 여러 이름을 붙이기도 한다.

그 외에 설명(說明, exposition) 패턴을 별도로 분류하기도 한다. 설명 패턴은 정의, 순서, 비교, 실례, 분류, 증명, 통계, 시청각 자료, 해설 등을 포함하기도 한다. 또 설명의 서술 방식에, 기술, 설명, 분석(分析, analysis)이 포함되기도 한다. 또 분석에 분류와 분할이 포함되기도 한다. 물론, 글을 쓰는데 있어서 이 패턴들은 예를 들어, 기술은 설득하는데 필요할 것이고,

알리기는 분석과 연관되는 등, 상호 보완적으로 이용된다.

아래 내용은 주로 Kirszner, 2001, pp. 69-631과 Kirszner, 2010, pp. 83-714 의 주요 부분을 번역한 것이다.

4-1 서사25)

서사란 무엇인가?

서사(narration, 敍事)는 순서가 바른 논리적인 차례로 사건들을 제시함으로써 이야기를 들려준다. 서사 혹은 이야기는 사실이나 사건 따위를 있는 그대로를 적는 일을 말한다. 다시 말하면, 서사는 일정한 시간 속에서 일어나는 사건이나 행위를 시간 순서에 따라 서술하는 방법이다. 여기서는 필요에 따라 서사 대신 이야기라는 말을 쓰기도 한다. Maya Angelou의 "Memoir I Know Why the Caged Bird Sings"에서 발췌한 다음 단락에서, 그 여자는 자신의 고등학교 졸업식을 회상한다:

> 학교 밴드가 행진곡을 연주하기 시작했고 그리고 모든 학급이 연습했던 대로 줄지어 졸업식장으로 들어갔다. 우리들은 지정된 자리에 섰고 합창단 지휘자의 신호에 따라 자리에 앉았다. 우리가 자리에 앉자마자 밴드는 미국 국가를 연주하기 시작했다. 우리는 다시 일어서서 미국 국가를 불렀으며, 곧 이어서 국기에 대한 맹세를 했다. 합창단 지휘자와 교장 선생님이 신호를 해야 우리는 자리에 앉도록 돼 있었고, 나는 제발 빨리 그렇게 하기를 바랐지만, 1분이 지나서야 그 신호가 났다. 보통 때와는 달리 너무 늦게 신호를 하는 바람에, 주의 깊게 여러 번 연습을 해서 순조롭게 돌아가던 우리 기계에 동력 전달이 끊기게 되었다. 1분이나 되는 시간 동안 우리는 의자를 더듬어 찾았고 거북하게 서로 마주치기도 했다. 습관은 변하거나 또는 압력에 의해 고착화되어서, 긴장한 상태에서 우리는 일상적으로 하던 집회 패턴을 따르도록 돼 있었다: 미국 국가, 그 다음에 국기에 대한 맹세, 그 다음에 내가 아는 모든 흑인들이 Negro National Anthem이라고 말하던 그 노래. 모두 같은 음조로, 같은 열정으로, 그리고 늘 하던 대로 일어선 채로 노래를 불렀다.

25) Kirszner, 2010, pp. 83-88.

밑줄 친 부분이 이 단락의 소주제이다. 이 단락에서 이야기가 사건들을 순서가 정해진 차례로 제시하는 것을 알 수 있다.

서사는 많은 종류의 글과 연설에서 지배적인 패턴일 수 있다. 역사, 자서전, 및 전기들은 사적인 편지, 일기 및 저널들이 그러한 것처럼, 이야기 형태를 따른다. 이야기는 많은 픽션과 시(詩) 작품들에서 지배적인 패턴이고, 일상적인 대화의 근본적인 부분이기도 하다. 이야기는 또한 동화와 라디오 및 텔레비전 뉴스 보도의 밑바탕이 된다. 요약하면, 무슨 일이 발생했는지를 말하는 아무 때에 우리는 이야기를 하고 있는 것이다.

서사 이용

비록 이야기의 목적이 단순히 사건들을 자세히 알려 주거나 또는 어떤 특별한 무드나 인상을 생성하는 것일 수 있을 지라도, 대학문(大學文) 쓰기에서 (서사)이야기 에세이는 주제를 뒷받침하기 위해 사건들을 순서를 따라 제시하는 것이 좋다. 예를 들어, 여러분의 첫 데이트에 관한 이야기(문제)에서, 필자의 목적은 독자들에게 'dating 데이팅은 기묘한 것이고 그리고 흔히 불쾌한 의식이다(화제)'라는 것을 보여주려 할 것이다. 따라서 여러분은 데이트 이야기를 단순히 들려주기만 해서는 안 된다. 오히려, 왜 데이팅이 기묘하고 불쾌한지를 독자들에게 들려주기 위해서 자세한 것들(제재)을 선정하고 배열해야 한다. 다른 종류의 에세이처럼 주제를 명시적으로 ("데이팅에 관한 내 경험에 의해, 데이트는 전적으로 버림받은 것임에 틀림없다는 것을 나는 알게 되었다") 진술하거나, 또는 사건들을 선정해서 배열함으로써 말하고자 하는 주제를 함축해도 될 것이다.

이야기는 에세이의 바탕을 제공할 수 있지만, 이야기의 부분들은 또한 이야기가 주된 구조가 아닌 다른 에세이들에도 등장할 것이다. 기초 글쓰기 수업에서, 예를 들어, 한 사람의 성인으로서 여러분의 성장에 중요했던 어떤 경험에 관한 글(예를 들어, 자기소개서)을 쓰기도 해야 할 것이고; 기술문 쓰기 수업에서, 소비자 불만에 대해 조치를 태만히 하는 어떤 기업의 행태를 상세히 요약하는 소비자 불만 편지를 써야할 지도 모른다. 이 상황들(많은 부가적인 과제들에서 뿐만 아니라)의 각각에서, 글의 부분들은 주로 서사 구조를 가지고, 그리고 그 이야기가 특별한 주제를 뒷받침한다.

이야기 글에서 필자가 개발하는 기량들은 또한 다른 종류들의 글을 쓰는데 도움이 될 것이다. 어떤 실험에 대한 설명과 같은 '과정 에세이'는 이야기인데, 그것이 연대기(시간)적인 순서로 일련의 단계들을 요약하기 때문이고; 대공황으로 이끌었던 사건들을 분석해야 하는 글쓰기 시험에 대한 답과 같은 '원인과 결과 에세이'도, 또한 일련의 사건들을 추적하는 이야기와 유사하다. 과정 에세이는 어떤 일을 어떻게 하는 지를 설명하지만, 원인과 결과 에세이는 항목들이나 사건들이 어떻게 연관되는지를 설명한다. 여전히, 과정과 원인과 결과 에세이를 쓰는 일은 서사 에세이 쓰는 법을 배우고 나면 더욱 쉬울 것이다. ('과정 에세이'는 4-4 절에서 '원인과 결과 에세이'는 4-5 절에서 다룰 것이다.)

충분히 자세한 사항 포함

다른 유형들의 글과 같이, 이야기가 설득력이 있으려면 풍부하고 구체적인 자세한 것들이 갖추어져야 한다. 자세한 것들은 독자가 어떤 그림을 그리는데 도움이 되어야 하고; 심지어 정확한 시각, 일자, 및 장소들이 도움이 될 수 있다. 예를 들어, "My Mother Never Worked" 라는 에세이에서 발췌한 다음 단락을 살펴보자:

> 겨울에 그 여자는 친척들이 내버리는 옷들을 주워 모아서, 그것들을 고쳐 네 딸과 아들에게 맞춰 입히려고, 매일 밤, 외투, 드레스, 블라우스 및 바지들을 뜯어 헤쳐, 끝도 없이, 재봉 일을 했다. 매일 아침과 저녁에 그 여자는 소젖을 짰고, 돼지와 송아지에 먹이를 주고, 닭들을 돌보았고, 계란을 주웠으며, 끼니를 준비했고, 설거지를 했으며, 거실 바닥을 닦았고 그리고 자녀들을 돌보고 사랑했다. 봄에 그 여자는 정원에 한 번 더 씨를 뿌렸으며, 가족을 위한 채소들을 키우고 돌보기 위해서 물통을 질질 끌고 다녔다. 1936년에 그 여자는 임신 6개월이 된 아기를 잃었다.

이 단락에서, 자세한 사항들이 이야기에 신빙성을 주고 그것이 설득력이 있게 만든다. 이야기의 주인공은 바쁘고, 아주 부지런한 여인인 것을 알 수 있는데, 그에 대한 여러 사항들이 이야기에 구체적으로 제시돼 있기 때문이다.

문장 구조 다양화

이야기가 사건들을 연이어 제시할 때, 모든 문장들이 서로 같은 낱말로 시작할 수 있게 된다. 그런 예측할 수 있는 구조의 여러 문장들은 독자들을 지루하게 만들 수 있다. 그런 문장들은 예를 들어, 다양한 낱말들을 이용해서 또는 단문(短文)들을 조합해서 다음과 같이 고쳐 쓰는 것이 좋겠다.

문장을 모두 같은 낱말로 시작		문장의 첫 낱말을 다양하게
그 여자는 겨울에 친척들이...		겨울에 그 여자는 친척들이 … 재봉 일을 했다.
그 여자는 매일 아침과 저녁에 ...	⇒	매일 아침과 저녁에 그 여자는 소젖을 짜고, ...
그 여자는 봄에...		봄에 그 여자는 ....
그 여자는 1936년에...		1936년 봄에 그 여자는 ....

이야기 전개의 분명한 순서 유지

많은 이야기들은, 첫 사건부터 마지막 것으로 이동하면서, 사건들이 발생했던 정확한 순서대로 사건들을 제시한다. 엄격한 연대기적 순서를 따라 사건들을 제시할 것인지 말 것인지는 필자가 들려주려는 이야기의 목적에 달려있다. 어떤 역사적인 사건에 대한 명백한 설명을 글로 쓴다면, 처음부터 시작해서 끝으로 이동할 것이다.

정확한 서술어 시제 사용

시제는, '이보다 앞서,' '동시에,' '나중에'와 같은 말들이 사건들의 잠정적(시간적) 관계들을 가리키기 때문에, 서술어 시제는 정해진 순서로 사건들을 다시 자세히 이야기하는 글에서 극히 중요하다. 이야기를 쓸 때, 서술어 시제들을 일관성 있고 그리고 정확하게 유지하는데 주의해야 하는데 그래야 독자들이 사건들의 차례를 따를 수 있다.

전환 어구의 사용

연결하는 단어들이나 어구들 – 전환(轉換, transition) 어구들은 이야기가 부드럽게 흐르게 함으로써, 사건들을 시간적으로 연결하는데 도움을 준다. 그것들 없이는, 이야기의 응집성이 떨어질 것이고, 독자들은 사건들의 올바른 순서에 대해서 의심할 것이다. 전환들은 사건들이 발생한 순서를 가리킬 수 있고, 그리고 그것들은 또한 시간의 변화에 대한 신호를 한다. 전환 어구들의 완비된 목록은 7-3절 표 7-1에 있다.

□ 점검 목록 : 서사

- 단락의 소주제와 서사(이야기)가 어울리나?
- 소주제가 논의하는 사건들의 중대성과 어울리나?
- 구체적인 자세한 것들을 충분히 포함했나?
- 문장 구조를 다양하게 했나?
- 사건들의 전개 순서가 분명한가?
- 서술어 시제들이 사건들의 발생순서와 합치하나?
- 전환어구들이 사건들을 시간 순으로 연결하는데 기여하나?

4-2 묘사[26]

묘사(描寫) 혹은 기술(記述, description)은 글쓰기의 기초적이지만 근본적인 패턴이다. 그러나 묘사는 간단하지가 않아서, 필자가 기교의 기초를 닦기 위한 좋은 방식이다. 처음에는, 어떤 장소나 어떤 사람을, 그 다음으로는 사람과 함께 장소들을, 그 다음에는 다른 사람들과 상호 작용하는 사람들을 묘사해보고 그러고 나서는 아이디어, 이론, 개념, 사고와 느낌, 제안과 결론, 전망과 사실들을 기술해 보는 것이 좋은 실습 방식이다. 모든 형태의 글쓰기는 독자들이 보고, 생각하고, 느끼고, 반응하게 하는 묘사적인 요소들을 담고 있다.

묘사하는 글쓰기는, 정보를 기록하고, 순서를 정해서 그것들의 의미를 나타내야 하고, 그리고 그 의미를 독자들에게 전달하는 훈련이라 할 수 있다. 효과적인 글쓰기의 모든 요소들이 - 정확성, 올바름, 의미 있음, 문맥, 전개, 글 조각 내에서 형태와 순서, 강조, 문서 조사, 흐름, 간결, 스타일, 독자 의식 자각, 비율, 내용 전개의 속도, 필자의 음성- 묘사하는 글을 쓸 때 요구될 것이다.

묘사 혹은 기술이란 무엇인가?

우리가 어떤 사람, 장소, 또는 사물의 물리적인 특성들에 관해 독자들에게 말해주려고 할 때는 언제나 묘사 혹은 기술을 사용한다. 묘사는 눈으로 보거나 마음으로 느낀 것 등을 객관적으로 표현하는 일이다. 묘사는 오감- 보고, 듣고, 맛보고, 만지고 그리고 냄새 맡고 - 에 의존한다.

묘사 에세이는 어떤 것이 무엇과 같아 보이는지 또는 그것이 무엇과 같은 느낌을 주는지, 무슨 냄새, 또는 무슨 맛을 내는지를 말한다. 그러나 기술은 흔히 개인적 감각 인상을 넘어서, 소설가들은 상상 속의 풍경을 생성할 수 있고, 역사가들은 역사적 인물들을 말로 그려낼 수 있으며, 그리고 과학자들은 그들이 본적이 없는 물리적인 현상을 기술할 수 있다. 기술하는 글을 쓸 때, 필자는 언어로 독자들을 위해 생생한 인상을 생성해야 한다.

묘사가 주가 되는 글을 쓰는 필자들은 그들이 어떤 사람, 장소, 또는 사물에 대해 묘사할 때 흔히 함축된 주제를 사용한다. 이 기법은 필자들이 에세이의 지배적인 인상을 - 한 조각의

26) Kirszner, 2010, pp. 143-151.

글에서 강조되는 무드나 품질 – 자세한 것들의 선정과 배열을 통해 미묘하게 전달할 수 있게 한다. 필자들이 특별한 요점을 뒷받침하기 위해 기술을 사용하는 때에, 그러나, 그들은 명시적으로 진술된 주제를 사용하기를 선호한다. 이 전략은 필자가 제시하려는 요점이 무엇인지를 독자들이 즉각적으로 알 수 있게 함으로써 모호함을 제거한다. 예를 들어, 주제 펜실베니아 주 필라델피아 시 시청의 장식 조각물들은 19세기 예술 스타일의 종합 목록이다"를 명시하건 함축하건, 자세한 것들이 묘사 에세이의 단 하나의 지배적인 인상을 생성하는데 기여해야 한다. 많은 경우에 주제는 단순히 지배적인 인상의 진술문일 수 있으나, 가끔, 그렇지만, 주제는 더 이상 나아가서 그 지배적인 인상에 관한 논지를 완전히 이해시켜도 될 것이다.

묘사 사용

묘사는 많은 글쓰기 상황들에 근본적이다. 세상에 관해 우리가 판단하기 전에, 우리의 경험들을 비교하거나 대조하거나 분류하기 전에, 우리는 묘사한다. 대학문 쓰기에서, 많은 다른 형태의 과제들에서 묘사를 사용한다. '비교와 대조 에세이'에서, 예를 들어, 어떤 자동차가 다른 자동차에 비해 더 잘 설계되고 제작되었다는 것을 보여주기 위해 두 자동차의 외관을 묘사해도 될 것이다. 어떤 '논증 에세이'에서, 산업 쓰레기 무단폐기가 문제라는 것을 보여주기 위해, 어떤 지역의 강에서 물고기가 떼죽음한 상황을 묘사해도 될 것이다. 묘사를 통해서, 필자는 자신이 세상을 바라보는 바를 독자들과 소통한다. 만약 독자들이 필자의 관점을 이해하거나 공유하기에 이른다면, 독자들은 필자의 관찰, 판단 그리고 결론들을 주저 없이 받아들일 것이다. 그래서 거의 대부분의 에세이들을 위해서, 어떻게 효과적으로 묘사하는지를 알아야 한다.

- 자신을 소개하기 위해서 자신의 외모를 묘사해 보자.

객관적 묘사와 주관적 묘사

묘사는 객관적(objective)이거나 주관적(subjective)일 수 있다. 객관적인 묘사에서는, 필자의 개인적인 반응들 보다는 그 대상물 자체에 초점을 둔다. 목적은 묘사하려는 사물에 대한 간결한, 문자로 표현된 그림을 제시하는 것이다. 많은 글쓰기 상황들은 장치나 조건들의 정확한 묘사를 요구하고, 이 경우에, 필자의 목표는 청중을 위해 정확한 그림을 그리는 것이다. 현미경을 통해 그가 보는 것을 묘사하는 생물학자와 미국 남북전쟁의 전장을 묘사하는 역사학자 둘 다는 객관적으로 써야 할 것이다. 예를 들어, 생물학자는 그가 한 관찰들이 얼마나 재미있었는지를 말하지 않을 것이고, 역사학자는 전투의 성과가 얼마나 실망스러운 것이었는지에 관해서 말하려고 하지는 않을 것이다. 그렇지만, 객관성은 필자들이 애를 쓰지만 결코 성취되지 않는 하나의 이상일 뿐이다. 사실, 어떤 자세한 사항들을 선정하면서 다른 것들을 내버려두는 일에 있어서, 필자들은 주관적인 결정들을 하는 것이다.

객관적인 묘사와 대조적으로, 주관적인 묘사는 제재에 대한 필자의 개인적인 반응을 전달하고 독자들이 그것을 공유하게 되기를 시도한다. 여러분의 조망이 직접적인 진술문으로, 반드시 명시적으로 표현되어야 하는 것은 아니다. 흔히 그것은 단어들과 말에 의한 표현의 선택들을 거쳐, 간접적으로 드러내진다. 만약 기초 글쓰기 과제로 여러분 자신에게 특별한 의미를 가지는 어떤 장소에 대해 묘사해야 한다면, 여러분은 그 장소에 관한 자신의 느낌들을 보여주는 자세한 것들을 선정하고 강조함으로써 자신의 토픽에 대한 주관적인 느낌을 표현할 수 있을 것이다. 예를 들어, 특별한 물건들에 - 책상, 창문, 및 책꽂이- 초점을 맞춤으로써 (그리고 자신에게 있어서 이것들의 의미들을 설명함으로써) 자신의 방에 대해 주관적으로 묘사할 수 있을 것이다. 그래서 책상은 “학교 과제들을 하느라 그 표면에 수천의 긁힌 자국들이 나있는 나무로 된 부드럽고 갈색의 사각형”일 수 있을 것이다.

주관적인 묘사는 보는 것과 듣는 것을 단순히 말로 기록한 것이 아니라 그것들의 중요성을 전달해야 한다. 예를 들어, 만약 불에 대해 객관적으로 묘사해야 한다면, 그것의 온도, 지속시간 및 범위를 포함해야 한다. 더욱이, 최대한 정확하게, 불의 색깔, 움직임 및 강도를 묘사해야 할 것이다. 그러나 만약 그 불을 주관적으로 묘사해야 한다면, 그런 사실에 근거한 관찰 이상을 포함해야 할 것이다. 선택하는 말들을 통해, 여러분은 그 불을 자신이 어떻게 느끼는지에 대한 감각을 - 맹렬하게 타느라 내는 소음, 짙은 연기, 갑작스런 사그라짐에 대한 자신의 반응들 - 청중이 그대로 재생성할 수 있게 되도록 시도해야 할 것이다.

객관적이거나 주관적인 묘사, 그 어느 것도 독립적으로 존재하지는 않는다. 객관적인 묘사들은 보통 약간의 주관적인 요소들을 담고, 주관적인 묘사들은 현실 감각을 전달하기 위해서 약간의 객관적인 요소들을 필요로 한다. 능숙한 필자는 에세이의 토픽, 주제, 청중, 목적 및 때와 장소에 맞춰지도록 객관성과 주관성 사이의 균형을 조정한다.

객관적 언어와 주관적 언어

객관적이건 주관적이건, 묘사는 독자들의 감각에 호소하기 위한 구체적이고 확고한 단어들에 의존한다. 그러나 그 두 유형의 묘사는 다른 종류의 언어를 사용한다. 객관적인 묘사는 제재에 대한 필자의 태도는 전달하지 않고, 필자의 관찰들을 제시하는 간결하고 사실에 근거한 언어에 의존한다. 그들은 모호하지 않는 단어들과 구들을 사용한다.

그러나 주관적인 묘사는 흔히 더욱 현란하거나 더욱 넌지시 비추는 언어를 사용한다. 주관적인 묘사는 그 의미나 원뜻(denotations) 또는 더욱 직접적인 의미에 보다는 단어들이 함축하는(connotations) 언어의 뜻인, 그것들의 감정적인 연관들에 더 의존하려고 한다. 더욱이, 그것들은 직유(直喩, simile) 및 의인화(擬人化, personification)와 같은 비유(比喩)적 표현들을 포함하는 현저하게 두드러진 어구들이나 생생한 언어로 독자의 상상력을 신중하게 유발한다.

참고로 비유는 '어떤 사물의 모양이나 상태 등을 보다 효과적으로 표현하기 위하여 그것과 비슷한 다른 사물에 빗대어 나타내는 표현 방법을 통틀어 이르는 말이다. [직유(直喩)법 · 은유법 · 풍유법 · 제유법 · 의인법 따위가 이에 딸림].' 다음 예문은 비유의 의미를 이해하는데 도움이 되는 한 단락(조선일보, 2011-8-20~21)이다:

> 기술 용어도 비유에 바탕을 둔 경우가 많다. 검색엔진'도 그 중 하나다. 검색엔진은 사실 검색 기능을 수행하는 소프트웨어이다. 그 엔진에는 배기통도 없고 시동을 걸 때(키워드를 입력할 때) 부르릉' 소리가 나지도 않는다. 하지만 엔진' 이라는 비유는 이 소프트웨어에 잘 어울린다. 인터넷은 수많은 볼거리가 펼쳐진 광활한 공간이다. 검색창에 키워드를 입력하고 엔터키를 누를 때마다 사람들은 멋진 검색결과를 기대한다. 그것은 멋진 스포츠카 운전석에 앉아 시동을 걸고 어디론가 가고 싶은 꿈과 비슷하다. 이런 기대감을 만족시키려면 검색 소프트웨어는 성능 좋은 엔진'처럼 움직여야 한다.

직유는 두 가지 유사하지 않은 것들을 비교하기 위해서 '... 처럼'이나 '... 같이'를 사용한다. 이 비교들은 일상의 대화에서 다음과 같은 예를 들 때 자주 발생한다: 어떤 사람이 "happy as a clam(대합조개) 대합조개처럼 입을 크게 벌리고 웃을 만큼 행복하다" "새처럼 자유롭다" 또는 "굶주린 곰처럼 배고프다 hungry as a bear." 그렇지만, 여러분이 쓰는 글에서 이것들과 같은 표현들을 과도하게 사용하지 않는 것이 좋다. 능숙한 필자들은 자신에게만 고유한 직유들을 사용하기 위해서 끊임없이 애쓴다.

은유(metaphor)는 '... 처럼'이나 '... 같이'를 사용하지 않고서, 두 가지 유사하지 않은 것들을 비교한다. 은유는 어떤 것이 어떤 다른 것과 같다고 말하는 대신, 그것을 어떤 다른 것이라고 말한다.

의인화는 개념들이나 대상물들에 대해서 마치 그것들이 생명이나 인간 특성들이 부여된 것처럼 말한다. 만약 '바람이 속삭였다' 또는 '엔진이 죽었다'고 말한다면, 의인화를 사용하고 있는 것이다.

이 비유적 표현들에 덧붙여, 주관적으로 묘사하는 필자들은 또한 그들의 글을 풍부하게 넉넉하게 만들기 위해서 암시(暗示, allusions)를 사용한다. 암시는 필자가 독자들이 알아차릴 것이라고 가정하는 어떤 인물, 장소, 사건 또는 인용에 대해 참조하거나 언급하는 것이다.

필자가 글을 쓰는 목적과 청중이 어떤 사람들인가에 따라 필자가 현저하게 객관적이거나 주관적인 묘사를 사용해야 하는지가 결정된다. 구체적인 반응들을 요구하는 과제는 주관적인 묘사를 요청한다. 법, 의료, 기술, 비즈니스 및 과학적 글쓰기 과제들은, 그러나, 자주 객관적인 묘사들을 요구하는데 그것들의 주된 목적이 청중에게 사실에 근거한 정보를 주는 것이기 때문이다. (물론, 이 분야들에서도 비유적 표현들이 사용될 것이다. 과학자들은 흔히 청중에게 친숙하지 않은 대상물이나 개념을 묘사하기 위해서 비유적 언어를 사용한다. 예를 들어, James Watson과 Francis Crick은, DNA 구조를 묘사하는 선구적인 문건에서, 직유를 사용해서, 'DNA의 어떤 분자는 서로를 감싸고도는 두 개의 나선 모양의 계단들 같아 보인다'고 묘사한다.)

자세한 것들의 선정

경험이 적은 필자들은 어떤 물건 자체의 특성들을 묘사하기 위해, 그 대상물에 대한 그 자신의 구체적 반응을 적지 않고, '훌륭한,' '대단한,' '엄청난' 또는 '굉장한'과 같은 공허한 단어들을 쓴다. 그렇지만 효과적으로 묘사하기 위해서, 어떤 것이 '훌륭하다고' 말하는 이상을 해야 한다. 즉 필자는 독자들에게서 어떤 반응을 불러일으키도록 자세한 사항들을 사용해야 한다.

좋은 묘사문은, 객관적이건 주관적이건, 구체적인 자세한 사항들에 의존한다. 여러분의 목표는 어떤 것이 무엇같이 생겼다는 것을 단순히 독자들에게 말로만 하는 것이 아니고 그들에게 그림을 그리듯이 보여주는 것이다. 인물, 장소 또는 낱낱의 물건들은 그것의 특별한 특성들을 가지고, 그리고 여러분은 그것들을 탐지하기 위해서 자신의 관찰력들을 동원해야 한다. 그러고 나서 자신의 지배적인 인상을 전달할, 여러분이 묘사하는 것을 독자들이 상상할 수 있도록 할, 구체적인 단어들을 선정해야 한다. "그는 화난 듯이 보였다"고 말하지 말고, "그의 얼굴이 붉어졌는데, 그가 화난 것을 감추려고 애쓰는 때에 그의 입 한 쪽이 씰룩씰룩 했다."라고 말해야 한다. 무엇이 다른가? 처음 표현은, 단순히 그 사람의 감정적 상태를 확인할 뿐이다. 그 다음 표현에서는, 그가 화가 났을 뿐만 아니라 그 화의 강도를 어떻게 드러내었는지를 독자들이 말할 수 있게 되도록 충분히 자세하게 표현돼 있다.

모든 자세한 사항들이 동등하게 유용하거나 요망스럽지는 않다. 필자가 생성하기를 바라는 지배적인 인상에 기여하는 것들만을 포함해야 한다. 그래서 어떤 남자가 얼마나 화가 났었는지를 보여주기 위해 그의 얼굴을 묘사하는데 있어서, 아마도 그의 코의 모양이나 그의 머리카락의 색깔을 포함하지는 않아야 할 것이다.

청중의 수준, 배경 및 지식과 같은 인자들은 또한 포함해야 하는 상세한 것들의 종류들에 영향을 끼친다. 예를 들어, 대학 1학년 학생들을 위해 쓴 DNA 분자에 관한 묘사는 생물학 전공 3학년 학생들을 위해 쓴 묘사보다 더욱 기초적이고 상세한 것들을 담아야 할 것이다. 게다가, 예를 들어, 아미노산 그룹들의 배열과 같은 더욱 높은 수준의 내용에 대해서 상세히 묘사하는 것은 신입생 수준의 학생들에게는 부적절할 것이다.

- 자신을 소개할 목적으로

– 자신의 내면을 묘사해 보자
– 대학생으로서 자신의 사회적 능력을 묘사해 보자
– 대학생으로서 자신의 학업 능력을 묘사해 보자.

묘사하는 단락 쓰기 계획

묘사하는 단락을 쓰려고 계획할 때, 보통 먼저 특별한 순서 없이 자세한 것들을 적어 내려간다. 그러고 나서 주제를 뒷받침하고 지배적인 인상을 소통할 수 있도록 그 자세한 것들을 배열한다. 그 자세한 것들을 어떻게 배열할 지에 대해서는 몇 가지 옵션들이 있다. 예를 들어,

– 대상물의 구체적인 묘사로부터 그것 주위의 다른 것들의 일반적인 묘사로 이동
– 일반적인 것으로 시작해서 구체적인 것으로

- 가장 덜 중요한 특징으로부터 가장 중요한 것으로,
- 가장 작은 것에서 가장 큰 항목으로,
- 가장 덜 비일상적인 것에서 가장 비일상적인 자세한 것으로,
- 좌에서 우로,
- 우에서 좌로,
- 위에서 아래로,
- 바닥에서 꼭대기로

나아갈 수 있다. 또 다른 옵션은, 글의 다른 부분들에서는 다른 서술 방식들을 사용하여 조합하는 것이다. 전달하려는 지배적인 인상, 주제 및 필자의 목적과 청중에 따라 전략은 달라야 한다.

독자들이 묘사를 따라가는데 긴요한 전환 단어나 어구들을 빠트리지 않아야 한다. 묘사를 통틀어, 특히 본론 단락들의 토픽 문장들에서, 자세한 것들의 구체적 배치를 가리키는 단어나 구, 예를 들어 '맨 위에서,' '중간에,' '바닥에서' 등을 포함해야 한다.

□ 점검 목록: 묘사

- 소주제가 묘사 서술방식과 어울리나?
- 단락이 분명히 소주제의 지배적인 인상을 소통하는가?
- 묘사가 객관적인가 주관적인가?
- 묘사가 객관적이라면, 간결하고 사실에 기초한 언어를 사용하였나?
- 묘사가 주관적이라면, 직유, 은유 또는 의인화들을 썼나?
- 구체적인 세부들을 충분히 포함하였나?
- 세부사항들을 소주제를 뒷받침하고 그리고 지배적인 인상을 소통하는 방식으로 배열하였나?
- 독자들이 묘사를 따라가는데 필요한 전환 단어들이나 구들을 사용하였나?

4-3 예증[27)]

예증이란 무엇인가?

예증(例證, exemplification)은 일반적인 요점이나 추상적인 개념을 구체적인 것으로 만들기 위해 하나 이상의 특별한 경우나 예를 이용한다. Alleen Pace Nilsen은 *Sexism and Language* 에서 발췌한 다음 단락에서, 신병 모집에 젊은이들이 많이 지원하도록 하기 위해서 군대가 긍정적이고 남성적인 의미를 함축하는 단어들을 이용한다는 그의 진술을 뒷받침하기 위해서 여러 개의 잘 선택된 예들을 이용한다.

군대: 특히 해병대는, 신병 모집에 심리학을 이용해서 긍정적인 남성상을 함축하는 말들을 사용한다. 그들은 젊은이들이 해병대(Marines) (또는 육군, 해군, 또는 공군)에 입대하는 것이 여러분이 사나이로 다시 태어나게 될 것임을 보장하는 아이디어로 홍보한다. 그러나 이것은 문제가 될 수 있는데, 어떤 큰 조직이 운영되는데 필요한 많은 일들이 전통적으로 여성들이 주로 하는 것들로 간주되기 때문이다. 그렇다면, 해병대가 사나이들의 일을 하기 위해 입대하기로 서약한 젊은이들에게 어떻게 여성이 주로 하는 일을 시킬 수 있나? 그렇게 할 수 없기 때문에, 그들은 완곡하게 표현하고 더 유명한 또는, 적어도, 사람들이 여성들과 관련된 것이라고 여기지 않는 이름을 직무에 붙인다. 웨이트리스(waitress)를 노무원(orderlies)으로, 비서를 사무타자수(clerk–typist)로, 간호사를 위생병(medics)으로, 조수를 부관(adjutant)으로, 그리고 청소하는 일을 그 곳의 치안을 유지하는 일(police)이라고 말한다. 같은 종류의 직함 높여 부르기는 남자가 요리나 재봉과 같은 일들을 하는 때에 그 사람의 자부심을 높이기 위해서 민간인 생활에도 사용된다. 예를 들어, 주방장(chef)은 요리사(cook)보다 더 높은 위신을 가지는 것처럼 들리고, 재단사(tailor)는 재봉사(seamstress)보다 더 높은 위신을 가지는 것으로 인식된다.

* 밑줄 친 부분이 이 단락의 소주제문

27) Kirszner, 2010, pp. 199-205.

예증의 사용

여러분은 아마도, 텔레비전 토크 쇼를 볼 때나 교실에서 토의할 때, 토의 참여자들이 그들의 요점을 구체적인 예를 들어 뒷받침 하는 때에 가장 흥미 있고 그리고 설득력 있는 대화가 된다는 것을 이미 눈치 챘을 것이다. 전반적인 일반화와 모호한 진술문들은 구체적 관찰, 일화, 세세함, 및 의견들만큼 효과적이지 않다.

예증 없는 묘사		설득력 있는 예증이 뒷받침하는 묘사
그가 부패에 연루되었기 때문에 시장(市長)은 재선되어서는 안 된다.	⇒	그가 그의 선거운동 자금 모금에 협조하지 않았던 시청 직원 두 사람을 해고했고, 그 가족과 친구들을 시청에 취직시켰으며, 공공 근로자들을 그의 집을 수리하는데 동원했기 때문에, 시장(市長)은 재선되어서는 안 된다.

위 표에서 보는 것처럼, 예증 없이 말하는 것과 설득력 있는 예증이 뒷받침하는 기술은 독자가 받아들이기에 완전히 다르다. 대부분의 효과적인 글은 예들을 광범위하게 사용한다. 예증은 설명하고 분명히 하며, 흥미를 더하고, 설득하기 위해서 모든 종류의 글쓰기 상황에서 사용된다.

예를 이용한 흥미 고취

잘 선택된 예들은 그렇지 않았더라면 허술하고 밋밋했을 진술문에 생기를 더한다. 예를 들어, '조직에서 일하는 어떤 근로자가 그 권위가 그 사람에게 어울리지 않는 지위에 까지 승진한다'는 주장은 특별히 독자의 호기심을 자아내지는 않는다. 그러나 구체적인 예들에 −온화한 성품의 (막노동자의) 십장이 우유부단한 감독자가 되거나, 철두철미한 기계 수리공이 어설픈 작업반장이 되거나, 그리고 카리스마 있는 장군이 산만하고 자신을 망가뜨리는 야전 지휘관이 되는 − 의해서 뒷받침 될 때 그 문장은 흥미롭다.

예증을 사용할 때, 관련성이 있을 뿐만 아니라 흥미로운 예들을 구해야 한다. 독자들의 입장에서 예들의 유효성을 판단해야 한다. 만약 필자가 자신이 쓴 글의 내용에 대해 생기 있고 재미있게 느끼지 않는다면, 독자들도 그럴 것이다. 그렇다면, 더욱 매력적이고 실감나는 예들을 넣도록 노력해라. 결국, 필자의 목표는 독자들과 아이디어들을 소통하는 것이고, 그리고 상상력이 풍부한 예들은 독자의 마음을 빼앗아 글쓰기의 목적을 달성하는데 크게 기여한다.

예를 이용한 설득

비록 여러분이 어떤 아이디어를 설명하기 위해서 또는 독자들을 즐겁게 하기 위해서 예들을 사용해도 될 테지만, 예를 드는 것은 또한 필자가 말하고자 하는 것이 합리적이고 고려할만한 것이라는 것을 예증하는 효과적인 방식이기도 하다. 몇 가지 잘 선택된 예들이 일반적이고 설득력이 없이 이어지는 설명들 보다 낫다. 예를 들어, 'DDT는 계속해서 사용을 금지해야 한다'는 진술은 다음과 같은 설득력 있는 예들로 뒷받침해야 설득력이 있게 된다:

- 비록 DDT가 1972년 12월 31일 이래로 사용이 금지되었다하더라도, 여러 추적에 의하면 다양한 물고기들과 물새알들에서 DDT가 여전히 발견되고 있다.
- 일부 호수들과 시내들에서는 여전히 스포츠와 오락을 할 수 없는데, 농토에서 씻겨 내려 오는 것으로 추정되는 DDT 수준들이 위험스럽게 높기 때문이다.
- 복합물로써 그것의 안정성으로 인해, DDT는 신속히 분해되지 않고; 그로 인해, 남아있는 찌꺼기들이 21세기에도 여전히 환경을 상당히 위협할 것이다.

예를 이용한 소주제의 시험

예들은 다른 사람들의 아이디어들을 시험하는 일뿐만 아니라 자신의 아이디어들을 시험하는 일을 도울 수 있다. 예를 들어, 잠정적인 소주제가 '글을 잘 쓰는 것은 태어난 재능이고 그리고 선생님들은 학생들이 글을 더 잘 쓰도록 하는데 거의 도움이 되지 않는다'라고 하자. 그렇지만 이것이 진실인가? 그것이 자신의 삶에서 진실이었나? 요점을 시험하기 위해서, 여러분은 자신의 학창시절로 거슬러가서 여러분의 글쓰기 실력을 길러 주려고 애썼던 여러 선생님들에 관해 브레인스토밍 한다.

자신의 브레인스토밍 목록을 살피는 때에, 여러분이 고등학교에 다녔을 때 글쓰기를 가르쳤던 여 선생님, Mrs. Colson을 기억한다. 그 선생님은 엄했고, 글쓰기 과제를 많이 내 주었으며, 온전하지 않은 글은 받아들이지 않는 듯 했다. 여러분뿐만 아니라 다른 급우들 누구도 그 선생님을 좋아하지 않았는데, 사실은, 그 여자의 별명이 총독 Colson이었다. 그러나 뒤돌아보면, 여러분은 그 선생님과 가졌던 1:1 글쓰기 상담, 그 선생님이 조직했던 레슨, 및 지적했던 코멘트들을 기억한다. 여러분은 또한 그 선생님의 세밀한 첨삭들을 기억하고, 그리고 그 선생님으로부터 그 과목을 배운 후에, 그러한 종류의 글쓰기 시험들을 치는 것에 대해 훨씬 더 편안하게 느꼈던 것을 깨닫는다. 여러분이 간직하고 있던 몇 편의 글들을 다시 읽어 본 후에, 여러분은 자신의 글쓰기 실력이 실제로 그 해에 많이 향상되었다는 것을 알고는 놀랐다. 이 예들은 여러분이 자신의 아이디어들을 재평가하고 그리고 여러분의 잠정적인 주제를 개정하게 한다. 이제, 여러분은 비록 일부 사람들이 글쓰기에 대해서 자연스러운 타고난 재주나 재능을 가지고 있는 듯이 보인다 하더라도, 좋은 선생님은 글쓰기 실력을 기르는데 차이를 만들어 낼 수 있다고 결론짓는다.

충분한 예

아이디어들을 뒷받침하기 위해 얼마나 많은 예들이 필요한지를 말해주는 일반적인 규칙은 없다. 사용하는 예의 개수는 소주제에 따라 달라진다. 예를 들어, 소주제가, '비즈니스처럼, 교육기관도 치밀한 재정적 경영관리가 필요하다'는 것이라면, 어느 한 대학이나 대학교에 대한 자세한 실태 파악이 요점을 전개하는데 필요한 모든 정보를 제공할 수 있을 것이다.

그러나, 소주제가 '아들과 아버지 사이의 다툼이 Franz Kafka의 작품에서 주요 테마이다'라는 것이라면, 하나 이상의 예가 필요할 것이다. 단 하나의 예는 단지 그 소주제가 Kafka의 한 작품에 있다는 것만 보여줄 것이다. 이 경우에, 더 많은 예들을 포함할수록, 요점을 더욱 더 효과적으로 증명하게 된다. 물론, 일부 소주제문에 대해서는, 심지어 여러 예들도 충분하지 않을지 모른다. 예를 들어, '소가족 집안의 아이들이 대가족 집안 아이들보다 사회적으로 더 성공한다'는 것을 예들만 가지고서는 설득력 있게 입증하지 못할 것이다. 이 주제는 어떤 통계적인 연구로 – 즉, 상당히 많은 예들을 나타내는 수치 데이터를 수집하고 그리고 해석함으로써 – 뒷받침해야 할 것이다.

대표적인 예

표본들이 그들이 조사하려는 그룹의 조직을 반영한다는 것을 보증하기 위해 전문 여론 조사자들이 대단히 애를 쓰는 것처럼, 선정한 예들이 논의의 대상이 되는 여론 그룹을 공정하게 대표한다는 것을 확인해야 한다. 만약 모든 공공건물에서 흡연을 금지하는 것을 뒷받침하려고 한다면, 여러분은 자신의 예들을 레스토랑들로만 한정해서는 안 된다. 설득력이 있기 위해서는, 정부 관청 빌딩, 병원 로비, 및 스포츠 스타디움들과 같은 많은 공공장소들이 연관되는 예들을 포함해야 한다. 같은 이유로, 한 사람의 경험만으로는, 그 경험이 전형적인 것이라는 것을 확립할 수 있지 않는 한, 많은 다른 사람들에 관한 결론을 뒷받침하기에 충분하지 않다.

만약 소주제를 지지하기에 충분한 대표적인 예들을 인용할 수 없다고 판단한다면 그 소주제를 재점검해야 한다. 새로운 소주제로 전환하기보다는, 소주제를 좁히려고 시도해라. 결국, 글이 설득력 있게 될 유일한 방식은 독자들이 소주제에 관한 예들과 주장이 상응한다고 믿는가에 대한 것이다 - 즉, 소주제가 여러분이 제시한 예들에 의해 뒷받침되고 그리고 예들이 토픽의 범주를 공정하게 나타낸다는 것을 독자들이 믿는 것이다.

물론, 설득력 있기 위해서는, 예들을 효과적으로 선택해야 할 뿐만 아니라 그것들을 효과적으로 사용해야 한다. 예들과 소주제 사이의 연결을 보강하는 한 가지 방식은 예들을 소개하기 위해서 전환 단어들과 어구들을 ("노숙자들을… 위한 성공적 프로그램들의 또 다른 예") 사용하는 것이다. 게다가, 필자는 글을 써감에 따라 소주제문을 기억하고 있어야 하는데, 자신이 주요 요점으로부터 이탈하여 어떤 예에 너무 깊이 연관되지 않게 주의해야 한다. 아무리 주의 깊게 전개되고, 구체적이고, 생동감 있으며, 적절하다 하더라도, 예들이 글의 소주제를 뒷받침하지 않는다면 그것들은 쓸모없다.

□ 점검목록: 예증

- 소주제가 예증을 요구하는가?
- 예증할 요점이나 개념의 정체를 확인하는 분명한 소주제문을 가지고 있나?
- 예들이 소주제를 설명하고 분명히 하나?
- 충분한 예들을 제공했나?
- 분명하고 대표적인 예들을 선택했었나?
- 예들이 설득력이 있나?
- 예들이 흥미를 돋우는가?
- 예들과 소주제문 사이의 연결을 강화하는 전환단어들과 구들을 사용했나?

4-4 과정[28)]

과정(過程, process)은 어떤 일을 어떻게 하는지 또는 그 일이 어떻게 발생하는지를 설명하는데 이용되는 서술 방식이다. 과정은 단계들의 차례를 제시하고 어떻게 그 단계들이 특별한 결과로 이끄는지를 보여준다.

과정은 서사(이야기)처럼, 사건들을 연대기적 순서로 제시한다. 그렇지만, 서사와는 달리, 과정 에세이는 과정을 그대로 따라 할 때는 언제나 동일한 산출물을 생산하는 특별한 일련의 사건들을 설명한다. 사건들이 정해진 순서를 따라 차례를 형성하기 때문에, 분명성이 극히 중요하다. 독자들이 그 과정을 실제로 수행하려고 하거나 그것이 어떻게 발생하는지를 이해하려고 단순히 시도하건, 필자는 단계들 서로에 대한 그들의 관계들과 전체로서 과정에 대한 그것들의 관계들뿐만 아니라 개별 단계들의 정확한 순서를 분명히 해야 한다. 필자는 과정 내에 있는 어떤 단계들 사이의 분명하고 논리적인 전환(변이, 變移)들을 제공해야 하고 그리고 그 단계들을 엄격한 연대기적 순서로 – 즉, 그것들이 발생한 또는 수행되어야 하는 그 순서로 – 제시해야 한다.

지시문의 이해

지시문(instructions, 지침문)은 독자들이 어떤 과정을 수행할 수 있게 한다. 지시문의 용도는 많다. 도서관의 온라인 데이터베이스들을 사용하는데 관한 안내 유인물과 VCR 조작을 안내하는 매뉴얼들은 모두 지시문들이다. 서울에 있는 어떤 업무 빌딩이 있는 곳을 안내하는 길잡이 안내서도 지시문이다. 지시문들은 현재 시제를 사용하고, 명령문들처럼, 강제적인 무드로, 독자들에게 직접적으로 말한다: "시스템의 전원을 뽑고 전원을 점검하라."

과정 설명의 이해

과정 설명의 목적은 독자들이 어떤 과정을 수행하도록 하게 하는 것이 아니라, 그것이 어떻게 수행되는지를 그들이 이해하는데 도움을 주는 것이다. 그런 에세이들은 누에들이 어떻게 고치를 에워 감싸는지 에서부터 미켈란젤로와 레오나르도 다빈치가 그들의 걸작들을 어떻게 회벽과 천정에 그렸는지에 이르기까지 아무 것을 조사 · 검토하는데 대한 글이다.

28) Kirszner, 2010, pp. 263-267.

표 4-1 과정 설명에 이용할 수 있는 옵션

	1인칭	3인칭
현재 시제	"그 화학물질을 쟁반에 놓은 후에, 나는 암실의 불을 끈다." (필자에 의해 수행된 습관적인 과정)	"사진사들이 그 화학물질을 쟁반에 놓은 후에, 그들은 암실의 불을 끈다." (필자가 아닌 사람에 의해서 수행된 습관적인 과정)
과거 시제	"그 화학물질을 쟁반에 놓은 후에, 나는 암실의 불을 껐다." (필자에 의해 과거에 수행된 과정)	"사진사가 그 화학물질을 쟁반에 둔 후에, 그 여자는 암실의 불을 껐다." (필자가 아닌 누군가에 의해 과거에 수행된 과정)

표 4-1은 과정 설명을 하는 필자들이 이용할 수 있는 일부 옵션들을 보여준다. 과정 설명은 1인칭 (나, 우리) 또는 3인칭 (그, 그 여자, 그것, 그들), 과거 시제 또는 현재를 시제를 쓴다. (독자들이 과정을 수행하는 것이 아니고 이해해야 하기 때문에, 과정 설명은 2인칭이나 강제적인 서법(敍法, mood)을 사용하지 않는다.) 과정 설명의 스타일은, 필자가 정기적으로 발생하는 어떤 과정을 또는 과거에 발생했던 것을 설명하는지, 그리고 필자 또는 필자 외의 누군가 다른 사람이 그 단계들을 수행하는지에 따라, 변동한다.

과정 이용

대학문은 흔히 지시문들이나 과정 설명들을 요청한다. 유전 공학의 일부 측면에 관한 생물학 학기논문에서, 여러분은 아마도 양수천자(amniocentesis: 임신부의 배를 바늘로 찔러 아기집의 양수를 뽑아내는 일)의 과정을 설명하기 위한 단락을 써야 할지도 모른다; 남자 기숙사 생활의 부정적인 측면에 관한 논술문 쓰기에서, 입실 서약 과정에 관한 간략한 개요를 포함해야 할지도 모른다. 또는, 재정학 중간고사에서, 상업 대부를 승인하는 절차를 설명할지도 모른다.

과정 단락 쓰기 계획

과정 단락을 계획하는 때에, 주된 목표는 과정을 정확하게 묘사하는 것임을 기억해라. 이것은 보통 또는 항상 발생하는 것과 가끔 또는 드물게 발생하는 것 사이, 필요한 단계들과 옵션 단계들 사이를 구별해야 한다는 것을 의미한다. 또한 누락된 단계들이나 부정확한 정보가 있는지 주의 깊게 점검하여서, 그것이 그러하다고 말하는 때에 그 과정이 진정으로 작동하는지를 보장하기 위해서 모든 단계들을 차례대로 머릿속에서 그려보아야 한다. 만약 목격했던 어떤 과정에 관해 글을 쓴다면, 그 과정을 다시 관찰함으로써 필자가 쓴 설명을 점검해야 한다.

글을 쓸 때, 독자가 무엇을 필요로 하는지를 항상 기억해야 한다. 필요하다면, 단계들을 수행하는 이유들을 설명하고, 익숙하지 않은 제재들이나 장비를 기술하며, 생소한 용어들을 정의하고, 과정 동안에 독자들에게 발생할지도 모를 가능한 문제들에 관해서 경고해야 한다. (가끔 예증들을 포함해야 할지도 모른다.) 독자들은 완전한 정보 외에도, 모호함이나 놀랄 것 없이 분명하고 일관성 있는 논의를 바란다. 그러므로 필자는 시제, 인칭, 태(態) 및 서법을 불필요하게 바꾸지 말아야 한다.

단락을 통틀어, 전환 단어들과 구들을 빠짐없이 사용하여, 개별 단계, 개별 국면 및 개별 단락이 논리적으로 다음 것으로 이어지도록 해야 한다. '첫째로,' '두 번째로,' '그러는 동안,' '이것 다음에,' '다음에,' '그러고 나서,' '여러분이 마쳤을 때,' 및 '마침내'와 같은 전환단어들은 순차적이고 그리고 연대기적인 관계들을 확립하는데 도움을 준다.

□ 점검 목록: 과정

- 소주제가 과정 설명 또는 한 세트의 지시문들을 요청하나?
- 글의 스타일이 과정 설명이나 지시문과 어울리나?
- 단락은 과정의 정체를 확인하고 그리고 아마도 왜 그것이 수행되는지 (또는 되었는지)를 말하는 분명히 진술된 소주제를 가지고 있나?
- 모든 필요한 단계들이 포함돼 있나?
- 단계들은 엄격한 연대기적 순서로 제시돼 있나?
- 한 단계가 끝나고 어디서 다음 단계가 시작하는지를 분명히 가리키는 전환들이 있나?

4-5 원인과 결과[29]

원인과 결과는 무엇인가?

과정은 무엇인가가 어떻게 발생하는지를 기술한다; 원인과 결과(cause and effect)는 무엇인가가 왜 발생하는지를 분석한다. 원인과 결과 에세이는 원인들을 점검하고, 결과들을 기술하며, 또는 둘 다를 한다.

해설이나 서사처럼, '원인과 결과'는 결과에 앞서는 원인이 있고, 시간을 따라 상황들과 사건들이 함께 연결된다. 그러나 불의의 사고는 연달아 일어나는 상황 이상이 연관된다: 원인-과-결과 분석은 무슨 일이 왜 발생했는지- 또는 무슨 일이 왜 일어나는지를 설명하고 그리고 아마도 무엇이 발생할 것인지를 예측한다.

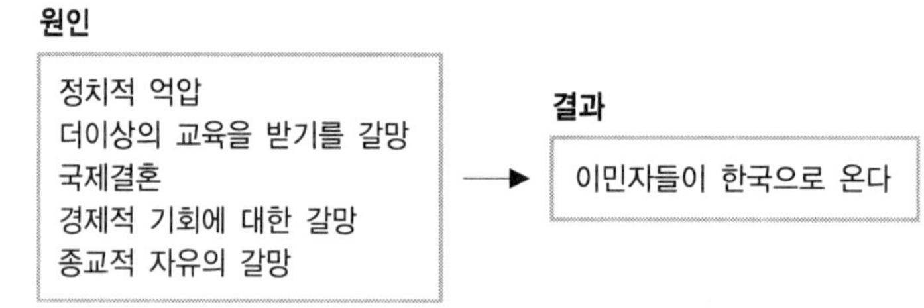

그림 4-1a 이민자들의 의사 결정 인과 관계

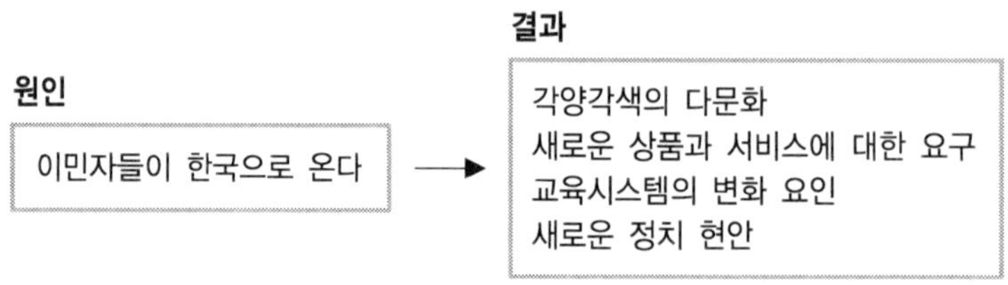

그림 4-1b 이민자들과 이민사회 변화의 인과 관계

때때로 많은 다른 원인들이 한 가지 결과를 초래할 수 있다. 예를 들어, 그림 4-1a와 4-1b가 예증하듯이, 어떤 사람이 그의 고국을 떠나서 우리나라로 이민 올지를 결정하는 데는 많은

29) Kirszner, 2010, pp. 321-331.

요소들이 작용할 것이다. 마찬가지로, 많은 다른 결과들이 단 하나의 원인에 의해서 생겨날 수 있다. 예를 들어, 이민은 우리나라 사회 각 분야에 다양한 영향을 미친다:

원인과 결과 이용

물론, 인과율(因果律)의 관계들이 위 그림이 제시하는 바만큼이나 깔끔하기는 드문 일이다; 사실, 그러한 관계들은 흔히 미묘하고 복잡하다. 원인-과-결과 분석에 적합할 것처럼 보이는 상황들을 점검함에 따라, 여러분은 대부분의 복잡한 상황들이 수많은 원인들과 많은 다른 결과들이 관련된다는 것을 발견할 것이다.

균형 잡힌 분석을 하기 위해서, 단순히 가장 분명한 원인과 결과들 또는 여러분에게 생각나는 첫 번째 것들만이 아닌, 모든 원인과 결과들을 고려할 수 있어야 한다. 예를 들어, 거금을 들여 영입할 수 있는 최고의 선수들로 짜인 어떤 프로 야구팀의 최근 시즌 성적이 시원찮았다. 개인 선수들은 재능이 있고 다른 코치들 밑에서는 성공적이었기 때문에, 팬들은 그 팀의 연패에 대해 현재의 코치를 비난하고 그를 해고하기를 원한다. 그러나 코치 혼자만 책임을 져야 하나? 아마도 한 팀으로써 선수들이 서로 조화를 못 이루어 무기력한 시합을 한 것이 그들의 나쁜 성적의 원인일 수 있다. 아마도 일부 선수들은 부상으로, 개인적 문제, 또는 약물 중독으로부터 시달리고 있을지 모른다. 또는 관중수가 준 것이 팀의 사기에 영향을 미쳤을 수도 있다. 분명히, 새로운 코치 외에도 다른 요소들이 연패를 초래했을 수도 있다. 그런 상황에 관해 글을 쓸 때, 여러분은 이 복잡한 원인들과 결과들의 정체를 밝히는데 매우 주의해야 한다.

주 원인과 부수 원인

어떤 결과의 여러 원인들의 정체를 확인해내었을 때조차, 어떤 주된 원인은 다른 주변 원인들보다 항상 더욱 중요하다. 주요 (가장 중요한) 원인과 주변 부수적(덜 중요한) 원인들을 구별하는 것은 원인-과-결과 글을 쓸 계획을 하는데 긴요하다: 먼저 주된 원인을 확인해야, 그것을 글에서 강조할 수 있고 다른 원인들은 제쳐둘 수 있다.

그러면, 어떻게 어느 원인이 가장 중요한지를 말할 수 있나? 가끔 주된 원인은 명백하지만, 흔히, 다음 예가 보여주듯이, 그렇지 않기도 하다.

2014년 2월, 겨울에, 비정상적으로 눈이 많이 내려 어느 지역의 리조트 강당 지붕이 내려앉았다. 신문들은 눈의 무게가 그 붕괴를 초래했다고 보도했고 그들은 부분적으로 옳았다. 그렇지만, 다른 건물들의 지붕들은 부서지지 않았고, 그래서 주된 원인은 어딘가 다른 곳에 있는 듯이 보였다. 보험 조사관들이 마침내, 눈의 무게(주변 원인들 중 하나였던)가 아니라, 지붕의 설계가 그 붕괴의 주된 원인이었다고 결론지었다. 위에 요약된 원인-과-결과 관계들을 아래 그림 4-2에서 볼 수 있다:

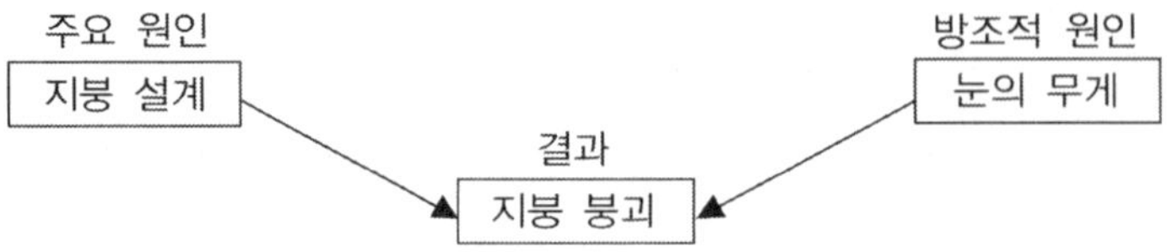

그림 4-2 눈으로 인한 어떤 사고의 인과관계

주된 원인이 항상 분명하지는 않기 때문에, 에세이를 계획하는 때에 매우 주의해서 개별 원인의 중대성을 확실히 고려해야 하고 - 그리고 글을 쓰고 개정하는 때에 개별 원인의 중요성을 계속해서 평가해야 한다.

즉각 원인과 원격 원인

또 다른 중요한 구별은 즉각 원인과 원격 원인 사이의 차이이다. 즉각 원인은 어떤 결과에 긴밀히 앞서 있어서 알아차리기가 상대적으로 쉽다. 원격 원인은 덜 분명한데, 아마도 그것이 과거에 있었거나 먼 곳에 있었던 어떤 것과 연관이 있기 때문일 것이다. 가장 분명한 원인이 항상 가장 중요한 것이라고 가정하는 것은 위험할 뿐만 아니라 근시안적일 수 도 있다.

예를 들어, 다시 그 리조트 강당 지붕 붕괴 사건의 예를 살펴보자. 많은 사람들이 눈이 지붕 붕괴의 즉각적이고, 또는 가장 명백한 원인이었다고 동의했다. 그러나 보험 조사관들에 의한 그 후의 연구는 그렇게 뚜렷하지 않았던 원격 원인들을 밝혀내었다. 지붕의 부실 설계가 붕괴의 가장 중요한 원격 원인이었다. 게다가, 지붕의 건축에 사용된 소재들이 부분적인 책임을 져야 했다. 아마도 정비관리 요원들도 그들의 업무를 적절히 하지 않았거나, 필요한 수리들을 제대로 하지 않았을 수도 있을 것이다. 만약 여러분이 이 사건의 원인을 분석하는 보험 조사관들이었다면, 여러분은 단순히 가장 분명한 것 보다는 모든 가능한 부수적 인자들을 평가하기를 원했을 것이다. 만약 즉각 원인들뿐만 아니라 원격 원인들도 고려하지 않았다면, 여러분은 과도하게 단순화된 그래서 아마도 옳지 않은 결론에 도달했을 것이다.

아래 그림 4-3은 위에 요약된 원인-과-결과 관계들을 보여준다: 원격 원인들도 극히 중요한 것일 수 있다. 지붕- 붕괴 상황에서, 본 바처럼, 원격 원인은-부실한 지붕 설계- 사고의 주요 원인이었다.

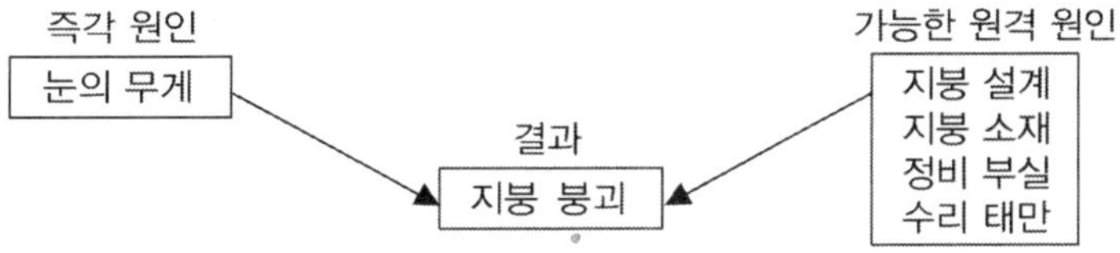

그림 4-3 즉각 원인과 원격 원인에 의한 결과

원인의 연결 고리

가끔 어떤 결과는 또 다른 일의 원인이 될 수 있다. 이것은, 아래 그림 4-4에서 보는 바처럼, A가 B를, B는 C를, C는 D를 초래하는 등을 하는, 인과율 연쇄를 형성한다:

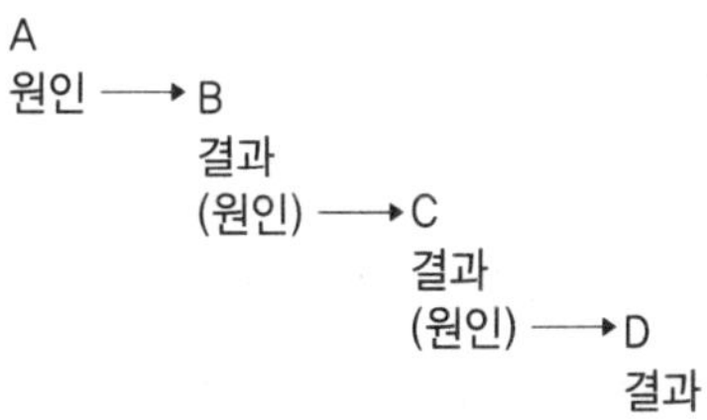

그림 4-4 연쇄적인 인과율

인과율 연쇄의 간단한 예를 보자. 지난 30년 동안, 어린이들을 위한 교통수단이었던 자전거의 인기가 점차 줄어들게 되어서, 이제는 1% 미만의 아이들이 자전거를 타고 학교에 간다. 게다가, 더욱더 적은 수의 아이들이, 예를 들어, 재미와 놀이로 자전거를 탄다. 이 감소에 기여한 원인들에는 다음 것들이 포함된다: 많은 도시 주변 · 교외 동네들에 보도들이 없음, 범죄와 교통사고들에 관한 부모들의 두려움이 높아짐, 학교를 마치자마자 곧바로 이어지는 (아마도 두 부모 모두가 일하는 가정들의 수가 늘어나는 것에 부분적으로 기인하는)방과 후 활동들에 참여하는 학생 수의 증가, 컴퓨터 게임의 인기가 높아짐, 그리고(흔히 일하러 가기 위해서 자전거가 아닌 자동차를 타는) 10대들을 위한 방과 후 일거리들이 갈수록 늘어나는 것 등. 자전거를 타는 아이들의 수가 감소하는 것은, 1970년대 이래로, 자전거 판매가 꾸준한 감소하는데 이바지해 왔다.

자전거 판매 저조의 결과로서, 자전거 도둑이 급격히 줄어들었고, 16세 이하 아이들이 연관되는 자전거 사고 사망자 수도 (비록 이것은 헬멧의 이용이 늘어난 것에 부분적으로 기인한다 하더라도) 또한 극적으로 줄어들게 되었다. 동시에, 그러나, 미국의 비만 아이들의 수가 1980년대 중반 이후로 두 배가 되었다. 그래서 울퉁불퉁한 보도(步道)와 일하는 10대들의 수가 더 늘어난 것이 자전거 판매의 저조를 이끌었고, 이것은 또 다시 어떤 상관없어 보이는 것 같은 일에 영향을 미쳤다.

이와 같은 인과율 연쇄에서 보듯이, 한 행동의 결과는 다른 것의 원인이 될 수 있다. 연쇄에서 아무 링크를 빠트리거나 또는 아무 링크를 부적절한 순서에 놓으면 그 연쇄의 논리와 연속성이 파괴된다.

만약 어떤 상황에 대한 분석이 어떤 인과율 연쇄를 드러낸다면, 그 발견은 글에서 유용할 수 있다. 어떤 인과율 연쇄의 바로 그 상관관계는 글을 위한 조직적인 패턴을 제시하고, 그 연쇄를 따르는 것이 그것들의 논리적인 순서대로 항목들을 논의하는 것을 돕는다. 그렇지만 자신도 모르는 사이에 해설에 빠져들어서는 안 되고, 인과율 연결을 강조하여야 한다.

원인-과-결과 단락 쓰기 계획

쓰려고 하는 원인-과-결과 관계들을 분류하고 나면, 단락을 쓸 준비가 된 것이다. 세 가지 기본적인 옵션들이 있다; ① 원인 토의하기, ② 결과 토의하기, 또는 ③ 원인과 결과 둘 다를 토의하기. 문제가 이 옵션들 중 어느 것을 사용할지를 제시할 것이다. 원인-과-결과 처치를 위한 몇 가지 그럴듯한 토픽들이 있다:

원인을 찾는데 초점

–공립 정신병원들의 입원 환자 감소를 초래한 인자들에 대해 토의하라. (사회사업 관련)

결과를 기술하거나 예측하는데 초점

–고도로 구조를 갖춘 교실로부터 비교적 개방된 교실로 초등학교 아이들을 옮기는 일의 예상되는 결과를 평가해라. (교육학 에세이)

원인과 결과 둘 다에 초점

–1840년대는 유럽이 매우 불안정한 시기였다. 그 시기에 발생했던 사회적, 정치적, 또는 경제적

사건 한 가지를 택해서 그것의 원인들을 분석하고 그 사건이 유럽 역사의 발전에 나중에 어떻게 영향을 미쳤는지를 간략하게 토의해라. (역사 시험)

물론, 원인-과-결과 에세이를 쓰려면 보통 단순히 원인이나 결과들을 열거하는 이상의 준비를 해야 한다. 예를 들어, 베트남 전쟁이 한국 경제에 미친 영향들에 관한 경제학 관련 글은 사실에 근거한 정보를 가감 없이 발표하는 것 - 전쟁이 경제에 미치는 충격에 대한 정보를 독자들에게 알리려는 시도 - 일 수 있다. 그러나 그런 글은 전쟁의 효과들을 단순히 열거하는 것이 아니라 그 중대성을 따지는 일이 되기가 더 쉽다. 사실, 원인-과-결과 분석은 흔히 다양한 인자들에 대해 판단해야 하기 때문에 그것들의 상대적인 중대성을 산정할 수 있어야 한다.

어떤 소주제문을 만들어 내었을 때, 그것은 필자가 토의하려는 구체적인 원인이나 결과들 간의 관계의 정체를 밝혀야 한다. 소주제문은 독자들에게 세 가지 것들을 말해야한다: 필자가 고려하려는 요점, 취할 입장, 그리고 원인, 결과, 또는 둘 다 중 어느 것을 강조할 것인지. 소주제문은 또한 명시적으로 또는 묵시적으로 가장 중요하다고 고려하는 원인이나 결과 및 필자가 요점들을 취급할 순서를 가리키기도 할 것이다.

원인이나 결과들을 제시할 순차를 결정하는 때에, 몇 가지 옵션들이 있다. 물론, 한 가지 옵션은 연대기적 순서인데-원인이나 결과들이 발생한 시간 순서대로 그것들을 제시할 수 있다. 또 다른 옵션은 주된 원인을 첫째로 소개하고 그 다음으로 부수적인 원인들을 -또는 단순히 그 반대로 소개하는 것이다. 만약 긍정적인 결말들을 강조하기를 원한다면, 부정적인 것들부터 먼저 간략하게 토의해라; 만약 부정적인 결과들을 강조하기를 원한다면, 덜 중요한 긍정적인 결과들을 먼저 요약해라. 그러면서도 또 다른 가능성은 원인들이 아니었던 아무 사건들을 무시함으로써 시작한 뒤, 진정한 원인들이 무엇이었는지를 나중에 설명하는 것이다. 끝으로, 가장 분명한 원인들이나 결과들로 시작한 뒤 더욱 세세한 인자들로 나아가고- 그러고 나서 분석과 결론으로 나아가도 된다.

원인 찾기

"공립 정신병원들에 입원 환자들의 수가 감소하는데 기여한 인자들에 대해 토의" 하는 과제는 어떤 결과 즉, 공립 병원들의 입원 환자 수의 감소를 명시한다. 그래서 필자는, 다음 것들을 포함할 수도 있을, 가능한 원인들에 대해 토의해야 한다:

- 우리 사회에서 정신병이 증가하는 요인
- 엄두를 못 낼 정도로 비싼 입원 치료비
- 병원 외부에서 처치를 용이하게 하는, 정신-건강 직업 전문가들 수의 증가

많은 보건 직업 전문가들은, 그러나, 가장 중요한 원인이 행동을 변경시킬 수 있는, chlorpromazine(Thorazine)와 같은, 정신에 영향을 주는(psychotropic) 약물들의 개발과 사용이라고 믿는다. 이 원인을 글에서 강조하기 위해서, 다음 소주제문을 작성할 수 있을 것이다:

> 비록 정신병을 대하는 사회의 태도가 나아지고 있고, 입원치료비가 비싸며, 그리고 보건 직업 전문가들의 수가 늘어난 것이 모두 공립 정신병원들의 입원 환자 수를 줄이는데 영향을 끼쳤다 하더라도, 이 감소의 가장 중요한 원인은 psychotropic 약들의 개발과 사용이다.

* 앞에서는 덜 중요한 세 가지 원인들과 그 결과를 말하고, 주절에서 가장 중요한 원인을 말하고 있다.

이 주제문은 독자들이 단락을 읽을 충분한 준비가 되게 한다. 그것은 필자가 고려할 요점들을 밝히고, 또 그것은 필자의 입장을- 필자가 밝혀낸 원인들과 그것들의 상대적인 중요성을 평가한 것- 드러낸다. 그것은 덜 중요한 원인들을 먼저 진술하되 '비록'이라는 말로 그것들의 이차적인 중요성을 가리킨다.

□ 점검목록: 원인과 결과

- 소주제가 원인, 결과, 또는 원인과 결과 둘 다의 어떤 논의를 요청하는가?
- 초점과 논의하는 원인과/또는 결과들의 중대성을 가리키는 분명한 소주제를 가지는가?
- 모든 가능한 원인과 모든 가능한 결과들을 고려했는가?
- 주된(가장 중요한) 원인과 부수적인(덜 중요한)원인들 사이를 구별했는가?
- 즉각적인 것과 원격 원인들을 구별했는가?
- 추론에서 인과율 연쇄의 정체를 밝혀내었는가?
- 논의하는 원인과/또는 결과들이 어떻게 연관돼있는지를 보여주기 위해 전환 단어들과 구들을 사용했는가?

4-6 비교와 대조[30)]

비교와 대조는 무엇인가?

가장 좁은 의미에서, 비교는 둘 이상의 것들이 얼마나 비슷한지, 그리고 대조는 그것들이 얼마나 다른지를 보여준다. 대부분의 글쓰기 상황에서, 그렇지만, 비교와 대조의 그 두 연관된 과정들이 함께 사용된다.

아래 글은 2011년 8월 1일 조선일보 *아침논단*에 실린 소설가 성석제가 쓴 *껍질이 본질을 뒤흔드는 세상*이라는 제목의 글에서 발췌한 단락이다.

> 또 글 잘 쓰는 사람이 아니라 말 잘하는 사람이 인기를 끌고 숙고(熟考)와 지혜에서 나온 문장보다는 자극적이고 부박(浮薄)한 유행어가 쉽게 받아들여지고 퍼진다. 말은 글보다 피상적이다. 말이 아무리 매끄럽고 듣기 좋다고 해도 생각이 오래 머물 수 없다. E 메일은 편지보다 피상적이다. 공장 제품은 수제품에 비할 수 없이 피상적이다. 인터넷 속의 뉴스는 신문 지면의 뉴스에 비해 피상적이다. LCD 화면은 스크린보다, 스크린은 무대보다 피상적이다. 고속도로는 4차선 국도보다, 4차선 국도는 2차선 지방도보다 피상적이다. 빨리 가다 보면 자신이 가는 길 주변의 풍경을 마음에 담거나 그 풍경의 세부를 관찰하거나 풍경에서 위안을 얻을 겨를이 없다.

비교의 한 특별한 형태인 유사(類似, analogy)는, 두 가지 근본적으로 유사하지 않는 것들 사이에서 유사성을 찾는다. 유사는 어떤 것을 그 첫째 것보다 더욱 친숙한 둘째 것에 비교함으로써 설명한다.

비교와 대조의 사용

우리는 신문, 텔레비전, 라디오, 인터넷 및 개인 경험으로부터 셀 수 없는 잡다한 정보들의 공격을 받고 있다; 어느 도시 발생한 대기업 근로자들의 장기 파업; 중국 어선들의 불법 조업에 대한 정부 대책 미흡을 규탄하는 어선들의 해상 시위; 여당과 야당 간의 복지예산 증액이나 집행 방식에 대한 논쟁; '땅콩 회항'에 대한 다양한 여론 등. 좌우지간 우리는 우리를 둘러싸고 있는 뒤범벅된 사실들과 숫자들의 의미를 이해해야 한다. 이와 같은 정보들을 이해하기 위한

30) Kirszner, 2010, pp. 383-389.

한 가지 방식은 그것들을 다른 데이터와 나란히 두고 그러고 나서 서로 비교하고 대조하는 것이다. 근로자들과 어부들은 같은 불만을 가지고 있나? 두 상황의 차이는 무엇인가? 복지 지출에 관한 국가 논쟁이 담뱃값 인상과 관련 있나? 그것들은 얼마나 다른가? 우리는 우리에게 직접적으로 영향을 미치는 사건과 일들에 관해서 매일 이와 비슷한 구별을 한다. 개인적인 결정을 할 때, 우리는, 우리 자신들에게 어떤 옵션이 또 다른 것보다 더 나아보이는 지를 물어서, 대안들을 고려한다. 수동 또는 자동 변속기 차를 사야하나? 경영학 또는 공학을 전공해야 하나? 특정 전공은 무슨 직업을 선택할 수 있게 하는가? 보수당 당원이 될까 아니면 진보당 당원으로 등록해야 하나, 아니면 제3의 정당에 가입해야 하나? 정부지출, 복지 및 세금에 대한 개인들의 입장은 무엇인가? 이런 질문들에 답하기 위해서, 비교와 대조를 사용한다.

비교-와-대조 에세이 계획

비교와 대조는 사람들이 세상에 대해 이해하는 중심적인 방식이기 때문에, 이 방식의 사고는 흔히 논문들과 에세이 시험들에서 자주 출제 된다:

- Fritz Lang의 *Metropolis*와 George Lucas의 *Star Wars*에 표현된 과학과 기술에 대한 태도들을 비교하고 대조하라. (영화)
- Mitosis와 meiosis 사이의 유사성과 차이점은 무엇인가? (생물학)
- 전기자동차와 하이브리드 자동차의 상대적인 장점을 토의해라. (기계공학)
- 이질적인 학생들로 과제 팀을 만드는 장점과 단점들에 대해 논의해라. (교육)

비교-와-대조 과제 알아차리기

먼저, 문제가 비교와 대조를 제안하는지 혹은 비교와 대조 패턴이 여러분의 목적에 적합한지를 여러분 스스로 결정해야 한다. 예를 들어, 교수는 학생들에게 문제를 어떻게 취급해야 하는지 말하기 위해 과제의 질문들을 말로 표현한다. 질문들을 읽어보면, 주요 단어들과 구들은- 비교하고 대조하기, 유사성과 차이, 상대적인 장점, 장점과 단점- 글을 구성하기 위해 학생들이 비교-와-대조 패턴을 사용해야 한다는 것을 가리킨다.

과제가 비교와 대조를 생각할 수 있는 말들로 짜여 있지 않을 때조차도, 글 쓰는 목적이 비교와 대조 패턴에 적합할 수 있을 것이다. 예를 들어, 무엇인가를 평가할 때, 우리는 자주 비교와 대조를 사용한다. 만약 금년에 나온 새로운 승용차 두 종을 평가한다면, 어떤 기준을-연료 경제성, 다루기 편안함, 안정성 특징들, 스타일- 설정하고 그리고 개별 기준에 관해서 그 차들을 비교하고 대조하면 될 것이다. 만약 두 차가 우수하게 평가되는 카테고리들이 다르다면, 어느 특징이 그 두 차에 가장 문제가 되는지를 독자들이 결정할 것이다.

비교를 위한 바탕 설정

두 가지 것을 비교하고 대조할 수 있기 전에, 비교의 바탕이 존재하는지 즉, 그것들이 어떤 중요한 특성들을 공유하는지를 확인해야 한다. 예를 들어, 비록 고양이와 개가 매우 다르다 하더라도, 그 둘은 몇 가지 요소들을 공유한다: 그 둘은 포유류 동물이고, 그 둘은 사랑받는 애완동물이며, 등등. 적어도 한 가지의 공통 요소 없이는, 분석을 위한 바탕이 없는 것이어서, 비교할 수 없을 것이다.

비교를 통해 여러분은 분명한 것 이상을 독자들에게 보여 주어야 한다. 예를 들어, 처음에는 꿀벌과 사람 사이의 어떤 유사에 바탕을 둔 비교-와-대조 아이디어가 어리석어 보일지도 모르는데; 결국, 이 두 생물이 종(種), 신체적인 구조, 그리고 지능에서 다르다. 사실, 그 둘의 차이가 너무 분명해서 그것에 바탕을 둔 에세이는 무의미한 것으로 여겨질지도 모른다. 그러나 더 이상을 분석하면, 여러분은 꿀벌과 사람은 몇 가지 아주 유사한 점들을 가진다는 것을 알게 될 것이다. 둘 다는 복잡한 사회 구조에서 사는 사회적 동물들이고, 그리고 둘 다는 그들의 각각의 사회들에서 책임지고 완수해야 하는 역할들과 수행해야 할 과업들을 가진다. 그래서 여러분은 그것들에 관해서 글을 쓸 수 있을 테지만, 어떤 유사하지 않은 요소들에 관해서 보다는 가장 관심을 끌 것으로 여겨지는 공통의 요소들에 - 사회 구조와 역할들- 초점을 두게 될 것이다. 만약 엉뚱하게도 꿀벌과 Jeep 자동차 또는 인간과 골프 tee 사이의 유사를 끌어내려고 시도한다면, 그러나, 여러분은 난관에 봉착하게 될 것이다. 비록 비교할만한 일부 요점들을 발견한다 하더라도, 그것들은 하찮은 것들일 것이다. 꿀벌과 Jeep 자동차, 둘 다가 왜 먼 거리를 여행하는지 또는 사람과 tee, 둘 다가 골프를 하는데 꼭 있어야 하는 것들이라는 지적을 하는 것이 무슨 소용이 있나? 그 어느 진술문도 비교를 위한 의미 있는 바탕을 확립하지 못한다.

두 대상물이 매우 유사할 때, 그것에 관해 글을 쓸 가치가 있을 만한 것이 대조이다. 두 대상물이 매우 흡사하지 않을 때, 분명하게 발견해야 할 것이 바로 유사성이다.

토의를 위한 요점 선정

어느 대상물들을 비교하고 대조할 지를 결정한 후에, 토의하려는 요점들을 선정해야 한다. 이것은 – 유사성, 차이, 또는 그 둘 다– 어느 것을 강조할 것인지와 글의 주요 초점을 결정하는 일이다. 만약 집에서 기르는 두 유형의 식물들을 비교하기 위한 목적이, 하나가 다른 것보다 키우기가 더 쉽다는 것을 설명하는 것이라면, 여러분은, 식물 생물학과 관련되는 것들이 아닌, 식물 돌보기와 관계가 있는 요점들을 대조해야 한다.

비교하고 대조할 때, 토의하는 개별 대상물에 대해 같은 또는 적어도 비슷한 요소들을 취급해야 한다. 예를 들어, 만약 소설 두 작품을 비교하고 대조하려면, 두 작품에 있는 공통적인 요소들을 고려하면 된다:

소설 A	*소설 B*
주인공	주인공
조연	조연
주제(themes)	주제

개별 대상물에 대한 전적으로 다른 요소들을 논의하는 실수는 하지 않아야 한다. 예를 들어, 만약 비슷하지 않은 요소들을 논의한다면, 두 소설은 의미 있게 비교나 대조될 수 없을 것이다.

소설 A	*소설 B*
주인공	구성
조연	작가의 인생
주제	상징의 사용

주제문 만들기

논의하려는 요점들을 선정한 후에, 여러분은 소주제문을 만들 준비를 해야 한다. 소주제문은 독자들에게, 비교되고 대조될 제재들뿐만 아니라 그것들에 관해 완전히 이해시키려고 하는 것의 요점들을 확인함으로써, 독자들이 글에서 무엇을 기대해야 하는지를 말해야 한다. 소주제문은 또한 필자가 유사성이나 차이에 집중할 것인지 아니면 둘 사이의 균형을 취할 것인지를 밝혀야 한다. 게다가, 소주제문은 단락에서 논의될 순서대로 비교와 대조의 요점들을 열거한다.

소주제문의 구조는 단락의 초점을 가리킬 수 있다. 다음 문장들이 예증하는 바처럼, 소주제문은 그것을, 종속적이기 보다, 독립적인 문장의 절로 제시함으로써 단락의 중심적인 관심 사항을 강조할 수 있다. 첫째 소주제문의 구조는 유사성을 강조하고, 두 번째 것은 차이를 강조한다:

텔레비전과 라디오가 구별되게 다른 매체라는 사실에도 불구하고, 그 둘은 청중들에게 호소하기 위한 유사한 전략을 사용한다.

비록 Melville의 *Moby-Dick*과 London의 *The Sea Wolf*들이 둘 다 바다에 관한 것들이라 하더라도, *Moby-Dick*의 조연들, 주인공들 및 주제들은 그것의 더 큰 복잡성을 설정한다.

사물 대 사물 비교

사물 대 사물 비교에서, 근본적으로 개별 사물에 관한 각각의 단락을 쓰지만, 두 사물 모두에 동일한 요점들을 논의한다. 이 때, 뒷받침하는 요점들을 선정하는데 있어서 비교의 동일한 바탕을 사용하고, 그리고 그 요점들을, 보통 그것들의 점증하는 중대성의 순서로, 논리적인 순서로 배열한다.

사물 대 사물 비교는 짧고 복잡하지 않은 단락을 위해 가장 적절하다. 개별 사물에 관해 많은 요점들을 밝히는, 더욱 긴 단락들에서, 이 조직적인 패턴은 독자들에게 너무도 많은 것들을 요구하게 되어, 독자들은 단락을 통틀어서 모든 요점들을 추적해야 한다. 게다가, 개별 단락의 길이 때문에, 글은 하나의 전환 어구에 의해서 약하게 연결된 두 개의 별도의 에세이인 것처럼 여겨질 것이다. 따라서 더 긴 또는 복잡한 글을 위해서는, 요점 대 요점 비교를 사용하는 것이 좋다.

요점 대 요점 비교

요점 대 요점 비교를 쓸 때에, 첫째로 한 사물에 관한 논지를 완전히 이해시켜야 하고 그러고 나서 다른 것에 관한 비교할만한 요점을 이어가야 한다. 이 교대하는 패턴은 비교나 대조가 완수될 때 까지 에세이의 본론 내내 계속된다.

요점 대 요점 비교들은 특별히 많은 다른 요점들을 논의하는 더 길고 복잡한 에세이들을 위해 유용하다. 요점 대 요점 비교를 쓸 때에, 필자가 요점들 사이를 단조롭게 앞뒤로 오고가는 움직임에 빠지기가 쉽다. 이 문제를 피하기 위해서, 분명한 전환 어구들을 사용하고, 그리고 한 요점에서 다른 요점으로 이동해 감에 따라 문장 구조를 다양하게 해야 한다.

비교와 대조를 위해 유용한 전환 어구들

비교

마치 · · · 인양	비교하자면
· · · 같이	유사하게
마찬가지로	같은 방식으로

대조

비록	그럼에도 불구하고
그러나	대조적으로
역으로	이에 반하여
한편으로는 · · ·	다른 한편으로는 여전히
그렇지만	같지 않게
반면에	대신
그렇다 해도	

분명한 전환 어구

유사성이나 차이 어느 것을 논의하는지를 가리키는 분명한 신호를 독자들에게 제공해야 하기 때문에, 전환 어구들은 특별히 비교-와-대조 에세이들에서 중요하다. 이 큐(cue: 라디오나 텔레비전 따위에서, 대사나 동작 음악 따위의 시작을 알리는 신호)들 없이는, 독자들이 여러분의 사고의 행렬(行列)을 따르는데 곤란을 겪을 것이고 그리고 여러분이 밝히려는 요점들의 중대성을 쫓아가지 못할 지도 모른다. (위에서 열거한, 비교와 대조를 가리키는 전환 어구들 참고.)

긴 에세이에는 자주 에세이의 한 부분을 다른 것에 연결하는 전환 단락들이 포함된다. 전환 단락은 초점의 이동을 알리는 단 하나의 문장이거나 또는 이전에 말한 것을 간결하게 요약하는 단락일 수 있다. 두 경우들에서 전환 단락들은 독자들이 멈추어서 새로운 요점으로 이동하기 전에 이미 말해진 것을 다시 생각해 볼 수 있게 한다.

□ 점검 목록: 비교와 대조

- 과제가 비교와 대조를 요구하나?
- 비교하려는 사물들 사이에 비교를 위한 바탕이 존재하나?
- 에세이는 비교하려는 사물들과 주장하려는 요점들 둘 다의 정체를 확인하는 한 분명한 주제문을 가지는가?
- 두 사물들에 대해 동일하거나 유사한 요점들을 논의하는가?
- 만약 사물 대 사물 비교를 썼다면, 에세이의 두 절들을 연결하는 전환 단락 하나를 포함하였는가?
- 에세이의 조직 패턴이 여러분의 목적에 어울리는가?
- 유사성들이나 차이들을 논의하려고 한다는 것을 독자들에게 알리는 전환 단어들과 구들을 포함하였는가?

4-7 분류와 분할[31)]

분류와 분할은 무엇인가?

분할(division)은 전체를 부분들로 쪼개는 과정이다; 분류(classification)는 개별 항목들을 카테고리들로 가려내는 과정이다.

분류와 분할을 통해, 흩어져 있는 정보 조각들을 유용하고, 응집력 있는 질서 아래에 둠으로써 겉으로 보기에 무작위한 아이디어들의 의미를 이해할 수 있다. 큰 그룹을 더 작은 카테고리들로 쪼개고 그리고 개별 항목들을 더 큰 카테고리들에 속하게 함으로써, 전체와 그것의 부분들과 그 부분들끼리의 관계를 파악할 수 있다. (그렇지만, 분류는 단순히 두 항목들을 비교하거나 예들을 나열하는 일 이상이 연관된다. 분류할 때는, 예들을 어떤 다양한 다른 카테고리들로 갈래짓는다.)

셀 수 없이 많은 실제 상황들에서, 분류와 분할은 혼란에 질서를 가져온다. 일요신문에 있는 항목들은 분명히 정의된 절들로- 국제뉴스, 스포츠, 여행, 오락, 코믹, 및 등 등-분류돼 있어서, 예를 들어, 야구 경기 기사들은 부동산 매물 목록들과 섞여 있지 않다. 마찬가지로, 백화점 매장들은 여러 가게들로 분할되어서 매니저들은 상품들을 특별한 구역들에 배치할 수 있고 그리고 고객들은 특정 물건을 사기 위해 어디로 가야 하는지를 알 수 있다. 그런 조직 없이는, 어떤 물건이 어떤 가게의 어디에 있는지 알 수 없다. 그래서 전체가 카테고리들로 분할되고 또는 절(sections)들과 개별 항목들이 이 하위 그룹들의 하나 또는 또 다른 것에 할당될 때, 질서가 신문과 백화점 가게들에- 그리고 슈퍼마켓, 생물학적 계층 및 도서관들에 - 도입된다.

분류

비록 분류와 분할의 서로 연관된 과정들이 변함없이 함께 발생한다 하더라도, 그 둘은 별도로 운영된다. 분류할 때는, 개별 항목들로 시작해서 그것들을 카테고리들로 나눈다. 대부분의 것들이 몇 가지 다른 속성들을 가지기 때문에, 그것들은 몇 가지 다른 방식들로 분류될 수 있다. 한 예로서 여러분이 다니는 학교의 학생들을 보자. 학생들을 분류하기 위한 가장 분명한

31) Kirszner, 2010, pp. 447-453.

방식은 대학에 다닌 햇수들에 따른 것일 수 있다. 그러나 또한 그들의 전공, 인종 또는 민족적 배경, 고향, 성적, 또는 다른 원칙들의 아무 가지 수에 따라 학생들을 분류할 수도 있을 것이다. 선택하는 분류의 원칙 - 항목들이 공통적으로 가지고 있는 품질-은 여러분이 이 크고 그리고 다양한 가지각색의 그룹의 구성원에 어떻게 접근하기를 바라는지에 따라 달라질 수 있다.

분할

분할은 분류의 반대이다. 분할할 때, 우리는 전체(전체 부류)로 시작해서 그것을 그것의 개별 부분들로 쪼갠다. 예를 들어, 큰 일반적인 부류, 텔레비전 쇼로 시작해서 그것을 카테고리들; 코미디, 드라마, 액션(action)/모험, 등으로 분할한다. 그러고 나서 이것들 각각을 여전히 더 이상으로 분할해도 된다. 액션/모험(adventure) 프로그램들은, 예를 들어, 서부극(westerns), 경찰 쇼(police shows), 등을 포함해도 될 것인데, 이 카테고리들의 각각은 마찬가지로 분할될 수 있다. 마침내, 여러분은 한 카테고리나 또 다른 것에 구체적인 프로그램들을 할당하는데 도움을 줄 어떤 특별한 분류 원칙- 즉, 그것들을 분류하는 원칙을 파악해야 할 것이다. 아래 지침들이 분류와 분할의 과정들을 이해하는데 도움을 줄 것이다.

분류와 분할을 위한 지침

- 모든 카테고리들은 동일한 원칙으로부터 생겨나야 한다. 만약 텔레비전 쇼들을 연속극(soap operas), 경찰 쇼, 그 외의 것들로 분할하기로 한다면, 이 카테고리는 어떤 청중 그룹이 생각하는 한 가지 원칙으로부터 생겨나고 다른 카테고리는 다른 원칙(장르)으로부터 생겨나기 때문에, 아이들이 보는 프로그램들을 포함하는 것은 논리적이 아니다. 마찬가지로, 만약 어떤 학교의 재학생들을 그들의 재학 연도에 따라 분류한다면, 학자금 지원을 받는 학생들을 분할 카테고리에 포함하지 않아야 할 것이다.
- 모든 카테고리들은 동일한 수준에 있어야 한다. 연속물 *코미디, 드라마, 액션/모험,* 및 *서부극*에서, 마지막 항목, *서부극*은 그 계열에 속하지 않는데, 그것이 더 낮은 수준에 있기 때문인데, -즉, 그것은 액션/모험의 부수 카테고리이다. 마찬가지로, 2학년 학생들(학부 학생들의 한 부수 카테고리)은 계열 학부 학생, 대학원생, 평생교육(continuing education) 학생에 속하지 않는다.

- 중요하고 토의에 연관 있는 모든 카테고리들을 취급해야 한다. 의견을 말하기 위해서는 중요한 것들을 빠트리지 않고 그리고 겹치는 카테고리들 없이, 충분한 카테고리들을 포함해야 한다. 어떤 케이블 방송국의 가을 텔레비전 프로그램의 구성을, sitcoms, 연속극, 경찰 쇼 및 형사 탐정물 등으로 개관하는 것은 불완전한데, 그것이 뉴스 프로그램, 게임쇼, 토크쇼 및 다큐멘터리들과 같은 중요한 카테고리들을 빠트리기 때문이고; 더욱이, 형사 탐정물은 경찰 수사물과 겹친다. 같은 방식으로, 계열 신입생, 2학년, 3학년 및 전입생들은 비논리적인데: 중요한 그룹 4학년이 빠져 있고, 그리고 전입생들은 신입생, 2학년 및 3학년들을 포함할 것이다.

분류와 분할 사용

에세이를 쓸 때는 언제라도, 글쓰기 과정의 '쓰기 전' 구상 단계에서 질서를 바로잡기 위해 분류와 분할을 사용한다. 예를 들어, 3장에서 설명한 바대로, 여러분이 브레인스토밍 할 때, 문제나 화제로 시작하고 그리고 생각할 수 있는 모든 연관된 제재들을 열거한다. 다음으로, 제재들을 논리적인 카테고리들로 *분할*하고, 계속 해 나감에 따라, 그 항목들을 브레인스토밍 노트에 있는 한 카테고리나 또 다른 것으로, *분류*하는데, 아마도 좁히기, 확장하기, 또는 일부 카테고리들을 – 또는 어떤 요점 제거하기를 할 것이다. 이 골라 집기, 분류하기와 그룹 짓기는, 주제와 에세이가 전개하려는 주요 요점들을 제시할 때 까지, 제재들을 압축하고 모양을 다듬을 수 있게 한다.

게다가, 어떤 토픽과 질문들은, 그것들이 말로 표현되는 방식 때문에, 즉각적으로 분류–와–분할 패턴을 제시한다. 예를 들어, 누가 여러분에게 "국가 경제를 이끌고 통제하기 위해서 무슨 종류의 정책들이 사용될 수 있는가?"라고 물었다고 하자. 여기서 단어 '종류'는 분류와 분할을 제시한다. 유형, 다양성, 측면, 및 카테고리들과 같은 –다른 단어들도 또한 실마리 구실을 할 수 있다.

분류–와–분할 에세이 계획

분류–와–분할 패턴을 사용하기로 결정하고 나면, 분류의 원칙을 파악해야 한다. 사람, 사물 또는 아이디어들의 모든 그룹은 많은 방식들로 카테고리 될 수 있다. 10만원을 가지고 학교 서점에 갔을 때, 무슨 책들을 살 것인지를 정하기 위해서 사용할 수 있는 유일한 분류의 원칙은 책값일 것이다. 그러나 책을 여러 권 넣은 가방을 매고 캠퍼스를 멀리 걸어갈 것을 생각하면, 무게가 더욱 고려되어야 할 사항이 될 것이다. 끝으로, 책을 읽고 공부하는 때에는, 책들의 유용성이 어느 책들에 집중할 것인지를 결정하는 기준이 될 것이다. 마찬가지로, 어떤 에세이를 조직할 때, 적용할 분류와 분할의 원칙은 글쓰기 상황에 – 과제, 목적, 청중, 및 여러분의 전문 지식과 흥미들 – 의해 결정된다.

카테고리 선정과 배열

분류의 원칙을 정의하고 그리고 그것을 토픽에 적용한 후에, 전체 부류를 부분들로 분할하고 그리고 개별 부분 내에서 몇 가지 다른 항목들을 같이 그룹으로 묶음으로써 카테고리들을 선정해야 한다. 다음으로, 카테고리들을 에세이에서 어떻게 취급할 것인지를 결정해야 한다. '비교–와–대조 에세이'가 그것의 제재들에 관한 비교할만한 요점들을 이해할 수 있게 하는 것인 것처럼, '분류–와–분할 에세이'도 모든 카테고리들을 유사하게 취급해야 한다. 개별 카테고리에 대한 비교할만한 요점들을 논의할 때, 독자들은 개별 카테고리에 대한 필자의 정의뿐만 아니라 카테고리들에 대한 구별들을 이해할 수 있게 된다.

끝으로, 카테고리들을 논리적인 순서로 배열해야 하고, 그래야 독자들이 카테고리들이 어떻게 연관되고 그리고 개별 것이 얼마나 중대한지를 알 수 있게 된다. 필자가 택하는 순서가 무엇이든지간에, 그것은 필자의 목적과 합치해야 하고 주제를 뒷받침해야 한다.

□ 점검 목록: 분류와 분할

- 과제가 분류와 분할을 요청하는가?
- 제재들을 분류하기 위한 원칙을 정했나?
- 논의하려고 하는 카테고리들의 정체를 확인하고 어떻게 그것들을 취급할 것인지를 결정해두었나?
- 논리적인 순서로 카테고리들을 배열하였나?
- 에세이는 필자가 논의할 카테고리들과 필자의 문제나 제재의 정체들을 확인하고 그리고 필자의 분류의 중대성을 가리키는 분명히 진술된 주제를 가지는가?
- 카테고리들 간의 관계와 개별 카테고리를 예증하는 예들 사이의 관계를 보여 주기 위해 전환 단어들과 구들을 사용했는가?

4-8 정의[32)]

정의란?

정의(定義, definition)는 어떤 용어가 의미하는 것과 그것이 속한 부류(class)에서 다른 용어들과 어떻게 다른지를 말해준다. 다음 단락은 이타(利他) 혹은 애타(愛他)주의를 정의한다.

> 애타주의는 이기적이지 않은 행동의 실행이다. 행위의 한 패턴으로서, 이 행동은 틀림없이 두 가지 특질을 가지고 있다: 그것은 누군가 다른 사람을 이롭게 하지만, 그렇게 하는 것이 은혜를 베푸는 사람에게는 틀림없이 불리하다. 그것은 단순히 도움이 되는 일이 아니라; 그것은 여러분 자신이 비용을 부담함으로써 생기는 유용함이다.
>
> (이 예문에서, 밑줄 친 부분이 이 단락의 토픽 문장이다)

대부분의 사람들은 정의를, 글말(words)이 의미하는 것 - 공식(formal) 정의라 부르는-을 간략하고, 간명하게 설명해 주는 사전에 관한 것으로 생각한다. 그러나 정의는 또한 어떤 것이 무엇인지 또는 심지어 어떤 사람이 누구인지 - 즉, 그것의 근본적인 본성이 무엇인지를 설명하는 것을 포함한다. 가끔 정의는 한 단락, 에세이 또는 심지어 책 한 권 모두를 요구하기도 한다. 이 더 긴, 더욱 복잡한 정의를 확대(extended) 정의라 부른다.

표 4-2 정의의 3-부분 구조

용어 Term	부류 Class	구별 Differentiation
행동주의	는 한 이론이다	심리학적 연구를 위한 유일한 타당한 바탕으로서 어떤 관찰 대상자의 행동들의 객관적인 사실들에 주의를 기울이는
세포	는 원형질의 한 단위이다	핵, 세포질 및 둘러싸는 박막을 가지는
자연주의	는 한 문학 운동이다	그것의 원래 지지자들은 필자들이 생명을 과학적 주관적 목적을 가지고 다루어야 한다는 믿음을 가졌다
유사분열	은 과정이다	전기, 후기, 후기 및 telophase로 구성되는 세포들의 핵분열의
권위	힘이다	복종을 명령하고 요구하는

32) Kirszner, 2010, pp. 505-511.

공식 정의

사전을 보게 되면, 모든 정의는, 위 표 4-2에서 보는 바와 같이, 표준적인 3-부분 구조를 가지고 있음을 알 수 있다. 첫째로, 그것이 정의할 용어를 제시하고, 두 번째로 그것이 속한 일반적인 부류, 그 다음 마지막으로 같은 부류 내에서 다른 용어들로부터 그것을 구별하는 특성을 제시한다.

확대 정의

확대 정의는 공식 정의의 세 가지 기초적인 부분들을 -용어, 그것의 부류, 및 그것의 구별되는 특성들을 - 포함한다. 이 기본적인 것들을 넘어서는, 확대 정의는 전개를 위한 고정된 패턴을 따르지 않는다. 그 대신, 그것은 정의하려는 용어와 글쓰기 상황에 가장 적합한 전략이라면 무엇이라도 사용한다. 사실, 이 교재에 예증되어 있는 아무(또는 하나 이상) 에세이 패턴들은 정의 에세이의 구조를 갖추는데 이용될 수 있다.

정의 이용

개별 용어의 공식 정의는 독자들에게 별로 도움이 되지 않는다. 독자들은 어떤 단어가 뜻하는 바를 알고 있거나 그것에 대해 사전을 찾아볼 수 있다. 그렇지만, 가끔, - 예를 들어, 어떤 단어가 여러 의미들을 가지고 있을 때, 그 중 어느 것이 필자가 쓰려는 글의 문맥에 맞을 것이고, 또는 어떤 단어를 특별한 방식으로 사용하기를 원하는 때 - 필자가 사용하는 용어들을 정의하는 것이 필수적이다.

물론, 시험을 볼 때는, 확대 정의들을 요구하는 질문들이 대부분이다. 예를 들어, 여러분은 행동주의(behaviorism)를 정의해야 하거나; 세포(cell)가 무엇인지를 말해야 하거나; 문학 용어 자연주의(naturalism)의 의미를 설명하거나; 여러분이 쓴 답에 유사분열(mitosis)의 종합적인 정의를 포함해야 하거나; 또는 권위(authority)를 정의해야 할지도 모른다. 그런 시험 문제들에 대해서 항상 한 두 문장으로 답할 수 있는 것은 아니다. 사실, 그것들이 기대하는 정의들은 흔히 여러 단락들을 요구한다.

확대 정의는 시험 외의 많은 학업 관련 과제들에 대해서도 유용하다. 신중한 정의는 간결한 용어나 일반적인 개념을 명백하게 할 수 있다. 정의는 자유(freedom)와 같은 추상적 개념(abstraction) 또는 생존권(right to life) 또는 속어(slang)와 같은 논쟁적인 용어들, 의미가 장소에 따라 또는 시간이 지나감에 따라 달라지는 비공식 표현들을 설명할 수 있다. 특별한 글쓰기 상황에서, 어떤 용어가 하나 이상의 의미를 가지기 때문에, 여러분이 그것을 비통상적인 방식으로 사용하려 하기 때문에, 그 용어가 독자들에게 친숙하지 않다고 여러분이 확신하기 때문에 또는 그것이 여러분의 토의에 핵심적이기 때문에, 정의는 필수적일 것이다.

많은 확대 정의는 사전에 있는 것들과 같은 더 짧은 공식 정의들을 포함한다. 그런 공식 정의는 독자들에게 확대 정의를 소개할 수 있거나 또는 그것이 단락의 소주제를 뒷받침하는데 도움을 줄 수 있다. 간략한 공식 정의는, 그것이 다른 단락에 등장하거나 또는 어떤 확대 정의를 위한 초점 역할을 하건 간에, 용어의 기초적인 의미를 확립한다.

전개의 패턴 사용

이 책에 기술된 전개 패턴들 중 하나 이상을 이용하여 정의 에세이를 구성할 수 있다. 에세이를 쓸 계획을 세우고 정의할 용어나 문제에 관한 아이디어들을 적어내려 갈 때에, 여러분은 어느 패턴들이 가장 유용한지를 알게 될 것이다.

• 묘사 혹은 기술

어떤 것의 본성을 묘사함으로써 그것을 설명할 수 있다. 예를 들어, 세포의 개념은 단순히 공식 정의를 이해하는 것만으로는 알아차리기 힘든 것이지만, 독자들은 만약 다이어그램 하나 이상을 곁들여, 세포가 어떻게 생겼는지를 설명한다면 그 개념을 더욱 분명히 이해할 수 있게 될 것이다. 세포막, 세포질(cytoplasm), 및 세포핵(nucleus)에 집중함으로써, 개별 구조의 외모와 기능을 자세히 설명할 수 있을 것이다. 이 묘사들은 독자들이 전체 세포를 시각화하는데 그리고 그것의 작동들을 이해할 수 있도록 해준다.

• 과정

유사분열(mitosis)의 확대 정의는 그것이 하나의 과정(process)이기 때문에 과정 설명으로 구성해야 한다. 한 국면(局面)에서 다른 국면으로의 전환을 지적함으로써, 유사분열의 국면들을 설명할 수 있을 것이다. 국면별 과정을 추적함으로써 독자들을 위해서 이 유형의 세포 분할을 분명하게 정의할 수 있게 될 것이다. 마찬가지로, 어떤 물건들은 그것의 기능에 관해서 정의되어야 한다. 예를 들어, 컴퓨터는 어떤 과정들을 수행하기 때문에, 컴퓨터에 대한 확대 정의는 아마도 과정 분석을 포함할 것이다.

• 분류와 분할

계급 권위(class authority)를 분류와 분할을 사용해서 정의할 수 있을 것이다. 계급 권위를 하부의 전통 권위, 카리스마 권위, 및 법-관료 권위들로 분할해도 될 것이다. 그러고 나서, 권위의 개별 유형을 설명함으로써, 이 매우 광범위한 용어를 독자들을 위해 명백히 할 수 있을 것이다. 확대 정의와 공식 정의 둘 다에 있어서, 분류와 분할은 매우 유용할 수 있다. 어떤 것이 무슨 부류에 속하는지를 말함으로써, 그것이 어떤 종류의 것인지를 설명하는 것이다. 그리고 어떤 부류를 그 하부 부류들로 분할함으로써, 어떤 것을 더욱 구체적으로 정의한다. 예를 들어, 폐기종은 허파에 생기는 질병이고, 그래서 그것은 맹장염과 같이 분류될 수는 없으나, 결핵과는 함께 분류될 수 있다.

※ 그 외의 확장 방법들은 5-1 절 '기술 정의'에서 자세히 다룬다.

정의 말로 표현하기(phrasing)

무슨 형태를 취하든지 간에, 용어는 분명히 정의되어야 한다. "행복은 4일짜리 주말이다"와 같이 묘사해서는 안 되고, 진정한 정의를 틀림없이 제공해야 한다. 또한, 반복은 정의가 아니기 때문에 정의하고자 하는 그 용어를 정의에 포함해서는 안 된다. 예를 들어, "추상 예술은 그들의 작품들이 추상적인 예술가들의 한 파(派)이다"라는 진술문은 독자들을 헷갈리게 한다. 또, 최대한 간결하게 정의해야 한다. 정의하려는 용어의 부류에 이름을 붙이고- "유사분열은 세포가 분할하는 어떤 과정이다"- 그리고 그 부류를 최대한 좁게 그리고 정확하게 정의해라. 정의하려는 용어를 그 부류의 다른 구성원들로부터 구별해 내는 것은 구체적이어야 한다. 정의의 언어와 구조에 대해 주의하면, 여러분이 의미하는 바를 독자들이 이해하는데 도움을 줄 것이다.

□ 점검 목록: 정의

- 과제가 정의를 요청하는가?
- 에세이가 필자가 정의하려는 용어의 정체를 확인하고 필자의 접근이 그 정의와 소통하는 분명히 진술된 주제를 포함하는가?
- 제재에 대한 공식적인 정의를 포함했는가? 아무 부가적인 용어들에 대해서는?
- 정의를 확대하기 위해서 사용할 수 있는 전개의 어떤 패턴이나 패턴들을 확인하였는가?
- 정의를 확대하기 위해서 다른 전략들을 - 동의어, 부정, 열거, 유사와 같은- 사용했는가?
- 정의하고자 하는 용어의 근원과 발전에 대해 논의하였는가?

4-9 논증[33)]

논증이란 무엇인가?

논증(argumentation)은 어떤 입장(position), 신념, 또는 결론이 이성에 의거하여 견실함을 단언하는 논리적인 방식이다. 논증은 - 증거에 의해 뒷받침되는- 어떤 입장을 취하고 그리고 사람들이 필자의 견지와 통찰을 공유하도록 재촉한다. Ruth Hubbard가 쓴 "시험관 아기들: 해결책인가 문제인가?"에서 발췌한 다음 단락에서 그는 시험관 아기의 출생을 허용하는 기술을 더욱 개발하는데 대해 찬성이나 반대를 논하기 전에, 그 결말에 대해 고려해야 한다는 것을 논한다:

> 난자들의 체외 수정과 초기 태아를 여성의 자궁에 착상하는 것은 지금까지는 그렇게 할 수 없었던 일부 여성들이 임신하게 하는 생체 기술들이다. 그 의미에서, 그것은 그 여성들의 불임 문제들을 해결할 것이다. 다른 한편으로, 이 기술은, 그것이 수정의 과정에, 수정된 난자의 첫 번째 세포 분할에, 그리고 자궁의 태아 착상에 간섭하기 때문에 예측할 수 없는 위험을 노출한다. 현재 우리는 이 간섭이 그 여성들과 이 절차에 의해서 그들이 낳게 되는 아이들에게 무슨 방식으로 어느 정도까지 영향을 미칠지를 산정할 그 어떤 방식도 가지고 있지 않다. 그 기술의 적용이 단지 시작 단계이기 때문에, 그것이 유발하는 재정 그리고 기술 투자가 아직은 신중하다. <u>그래서 우리는, 한 사회로서, 그 기술을 더 구현하고 개발하는 지혜를 심각하게 고려해야 한다.</u>
>
> * 밑줄 친 부분이 이 단락의 소주제

논증은 여러 가지 목적을 가질 수 있다: 여러분의 입장을 받아들이도록 - 혹은 적어도 여러분의 입장의 정당성을 인정하도록 - 다른 사람들을 납득시키기 위해서; 비록 다른 사람들이 동의하도록 납득시킬 수는 없다고 하더라도, 여러분의 입장을 방어하기 위해서; 또는 대안을 반드시 제공하지는 않아도 되는 상황에서, 잘못 인도되거나, 진실이 아니거나, 위험하거나, 또는 해악이라고 여러분이 믿는 어떤 입장에 의문을 가지거나 논박하기 위해서.

33) Kirszner, 2010, pp. 547-555.

논증과 설득의 이해

비록, 설득과 논증은, 그 용어들이 자주 상호 교환적으로 사용된다 하더라도, 그 둘은 같은 것을 의미하지 않는다. 설득은 청중이 어떤 신념을 수용하거나 또는 어떤 조치 행동 과정을 따르도록 필자가 청중의 마음을 움직이는 방법을 지칭하는 일반적인 용어이다. 청중을 설득하기 위해서, 필자는 다양한 호소들에- 감정에, 이성에 또는 윤리에 - 의지한다.

논증은 이성에 대한 호소이다. 어떤 논증에서, 필자는 일련의 진술들을 연결하여 그래서 그것들이 논리적으로 어떤 결론으로 이끈다. 논증은 설득과 다른데, 논증은 청중의 마음을 움직여 그 사람들이 행동하게 권유하지 않고; 그것의 주된 목적은 단순히 어떤 아이디어들은 정당하고 다른 것들은 그렇지 않다는 것을 증명하고 논증하는 것이다. 그리고 설득과는 달리, 논증은 어떤 공식적인 구조를 가지고: 어떤 논증은 주장하고, 증거를 제공하고, 추론의 논리적인 연쇄를 확립하고, 반대하는 논증들을 반박하며, 그리고 청중의 관점들을 수용한다.

그렇지만, 대부분의 효과적인 논증들은 여러 호소들을 조합한다. 비록 그것들의 주된 호소가 이성에 대한 것이라 하더라도, 그것들은 또한 감정에 호소할 것이다. 예를 들어, 여러분이 사는 지역이나 도시에서 음주 허용 나이를 21세에서 18세로 낮추는 것에 반대하는 논의를 위해서 논리적인 그리고 감정적인 호소들을 조합해서 사용해도 될 것이다. 여러분의 지역 자치단체가 시민들이 상해나 죽음을 당할 확률이 높은 정책들에 대해 엄격해야 한다는 결론을 이끄는 논증을 구축함으로써, 이성에 호소해도 될 것이다. 여러분은 술- 관련 교통사고들이 병으로 인한 것 보다 더 많이 10대들의 목숨을 앗아간다는 것을 보여주는 통계를 제시함으로써 여러분의 결론을 뒷받침 할 수 있다. 여러분은 또한 음주 허용 나이가 18세에서 21세로 높아졌을 때 목숨을 잃는 사고들이 줄어들었다는 것을 보여 주는 연구 결과를 인용할 수도 있을 것이다. 게다가, 어떤 18세 아이의 알코올 중독에 관한 특별히 슬픈 이야기를 들려주거나 또는 음주 운전이 연루된 사건들의 수가 늘어남으로 해서 시민들이 더 많은 세금을 내게 되고, 그리고 심지어 그들 일부가 목숨을 잃게 될 것임을 지적함으로써, 감정에 호소해도 될 것이다. 청중의 감정에 호소하는 것이 호소의 폭을 넓힘으로써 논증을 강화할 것이다. 그러나 효과적인 논증에서 감정은 논리를 대신하지는 못한다; 그것은 단지 효과적인 논증을 뒷받침하고 보강할 뿐이다.

선택하는 호소들과 그것들의 균형을 어떻게 잡는가는, 부분적으로, 여러분의 목적과 청중에 대한 여러분의 느낌에 따라 달라진다. 무슨 전략들을 사용할 것인지를 고려하는 때에, 일부 극히 효과적인 호소들이 불공정한 것들임을 알아야 한다. 비록 대부분의 사람들이 거짓말, 위협 및 탐욕과 편견에 대한 호소가 청중과 소통하는 받아들일 수 없는 방식이라고 동의함에

도 불구하고, 그런 호소들이 정치적 캠페인, 국제외교, 및 일상 대화에서 사용된다. 그렇지만, 대학문 쓰기에서는 대부분의 사람들이 공정한 것으로 여길 그런 호소들만을 사용해야 한다.

논증 에세이 계획

주제 선정

논증 글쓰기에서, 모든 글쓰기에서와 마찬가지로, 올바른 주제를 선정하는 것이 중요하다. 이상적으로, 주제는 그에 대해 필자가 해박하거나 감성적인 이해관계를 가지는 것이어야 한다. 그러면서도, 필자는 여전히 열린 마음이어야 하고 질문의 모든 면들을 기꺼이 고려해야 한다. 만약 증거가 필자의 입장에 반대되게 작용한다면, 기꺼이 주제를 바꿀 수 있어야 한다. 그리고 시작에서부터, 다른 사람들의 관점들로부터 자신의 토픽을 고려할 수 있어야 한다; 이것이 그 사람들이 필자의 토픽에 관해서 얼마나 알고 있는지, 그들의 신념이 무엇인지, 그리고 그들이 어떻게 반응할 것 같은지를 필자가 결정하는데 도움을 줄 것이다. 필자는 그러고 나서 이 지식을 자신의 입장을 구축하는데 이용할 수 있다. 만약 열린 마음이 될 수 없다면, 더욱 객관적으로 취급할 수 있는 다른 토픽을 선정해야 한다.

토픽을 정하는데 다른 인자들이 또한 영향을 미친다. 필자는 토픽에 관한 다양한 정보를 확보하고 있어야 한다. 더욱이, 필자는 쓸 수 있는 분량 내에서 효과적으로 다룰 수 있을 정도로 충분히 한정적인 이슈를 정해야 하고, 또 폭 넓은 이슈의 한 측면으로 논의를 한정해야 한다. 필자가 논증이 성취하기를 기대하는 것 그리고 청중이 어떻게 반응하기를 바라는 바인 - 필자의 목적을 고려하는 것이 또한 중요하다. 만약 주제가 너무 엉뚱한 것이어서 필자가 납득시키려는 것이 무엇인지 독자들이 그 정체를 확인할 수 없다거나 또는 만약 필자의 목적이 너무도 이상적이어서 독자들이 반응할 것으로 필자가 기대하는 것이 불가능하거나 불합리하다면, 그 에세이는 부실해 질 것이다.

입장 취하기

토픽을 선정하고 나면, 필자의 입장을- 어떤 주제의 형태로 논증을 할 것인지의 입장을 - 정해야 한다. 다음 주제문을 고려해라.

> 교육은 10대들에게 퍼져가는 마약 남용의 문제를 공론화하는 가장 좋은 방식이다.

이 주제문은 10대들의 마약 남용이 늘어난 것이 문제이고, 이 문제에 대한 가능한 해결책이 하나 이상 있으며, 교육이 다른 것들 보다 더 나은 해결책 이라는 것을 말한다. 논증에서, 필자는 이 세 가지 요점들의 각각을 논리적으로 그리고 설득력 있게 뒷받침해야 할 것이다.

주제를 진술한 후에, 그것이 논증의 여지가 있는 것인지를 확인해야 한다. 대부분의 사람들이 자명한 것으로 받아들이는 요점이나 사실의 진술을 논하는 것은 쓸데없다. 적절한 논증 주제는 적어도 일부 사람들이 반대할 어떤 명제를 담고 있어야 한다. 논증 에세이 주제의 적합성을 시험하기 위한 한 가지 방식은 반론(안티테제, antithesis, 반대 입장을 주장하는 진술)을 설정하는 것이다. 만약 사람들이 반론을 제기할 가능성이 크다면, 그 주제가 정말로 논증의 여지가 있는 것이라는 것을 확신할 수 있다.

주제: 교육은 10대들에게 퍼져가는 마약 사용의 문제를 공론화하는 가장 좋은 방식이다.
반론: 교육은 10대들에게 퍼져가는 마약 사용의 문제를 공론화하는 가장 좋은 방식이 아니다.

주제: 이민자들이 미국의 발전에 많이 기여했기 때문에 이민 쿼터는 완화되어야 한다.
반론: 비록 이민자들이 미국의 발전에 많이 기여했다 하더라도, 이민 쿼터는 완화되어서는 안 된다.

청중의 분석

에세이를 쓰기 전에, 청중의 성격, 가치관, 및 관심 사항들을 분석해야 한다. 논증에서 독자들이 가지고 있을 것 같은 신념이나 의견 그리고 독자들이 주제에 대해서 호의적, 중립적, 또는 적대적일 것 같은지를 고려하는 것이 특별히 중요하다. 대부분은 아니라 해도, 독자들의 일부는 적어도 호의적으로 중립적 – 그들이 주제에 대해 마음을 열고 있으나 여전히 그들을 납득시켜야 한다 – 이라고 가정하는 것이 최선이다. 이 가정은 자신이 지지할 수 없는 요구나 주장들을 필자가 하지 않도록 막아 줄 것이다. 만약 필자의 입장이 논의의 여지가 있는 것이라면, 정보를 가진 확고한 반대자가 필자의 논증에 있는 허점들을 파고 들것이라고 가정해야 한다.

논증 에세이에서, 필자는 이중의 도전을 맞는다. 필자는 자신의 입장에 대해 중립적이거나 심지어 적대적인 독자들에게 호소해야 하고, 그리고 필자는 독자들에게 영향을 미쳐서 그 사람들이 필자의 관점을 더욱 잘 받아들이도록 해야 한다. 예를 들어, 등록금을 인하해야 한다는 것을 대학생들에게 납득시키거나, 교수진 월급을 인상해야 한다는 것을 강사들에게 납득시키는 일은 상대적으로 쉬울 것이다. 여러분은, 개별 그룹이 호의적일 것이고 그리고 여러분의 입장에 동의할 것으로, 미리, 합리적으로 확신할 수 있을 것이다. 그러나 논증은 그 사람들이 이미 믿고 있는 것을 사람들에게 말하는 것 이상을 요구한다. 강사들의 월급을 올리기 위해서 등록금을 인상해야 한다는 것을 대학생들에게 납득시키기 또는 등록금이 인상되지 않도록 강사의 급료 인상을 보류해야 한다고 강사들을 설득하는 것이 훨씬 더 어려울 것이다. 청중은 여러분이 제기하는 주장들에 동의해서 여러분의 말을 단순히 받아들이지는 않을 것임을 기억해라. 주제와 결론으로 논리적으로 이끌어갈 추론을 뒷받침할 증거를 제공해야 한다.

증거 수집과 원천 근거 기록

논문에서 제기하는 모든 요점들은 뒷받침되어야 한다. 만약 그것들이 그렇게 되지 않으면, 청중은 요점들이 기초가 없고, 관련이 없거나, 불분명한 것으로 생각하여 그것들에 대해 아예 생각을 하지 않게 될 것이다. 가끔 감정에 대한 호소들로 어떤 진술을 지지할 수는 있지만, 대부분은 이성에 호소함으로써- 필자의 입장을 지지하는 증거, 사실 및 의견들을 제공함으로써 - 논증의 요점들을 지지해야 한다.

논증 에세이에서 증거를 모으고 그것의 효과성을 산정하는 때에, 증거만으로는 결코 아무 것을 결정적으로 증명할 수 없다는 것을 기억해라. 만약 그것이 그러했다면, 논의의 여지가 없어서 논증할 아무 요점도 없었을 것이다. 증거가 할 수 있는 최선의 것은 주장이 합리적이고 고려할 가치가 있는 것임을 청중에게 납득시키는 것이다.

증거의 종류. 증거는 사실이거나 의견일 수 있다. 사실은 대부분의 사람들이 동의하는 것이 진실이고 그리고 독립적으로 입증될 수 있는 진술이다. 사실들은- 통계를 포함해서- 가장 통상적으로 사용되는 증거의 유형이다. 예를 들어, 미국에서, 1970년대 보다 1990년대에 자동차 사고로 목숨을 잃은 연간 사망자들의 수가 더 적다는 것은 사실이다. 사실들은 독서와 관찰로부터 뿐만 아니라 여러분 자신의 경험으로부터 이끌어 낼 수 있다. 예를 들어, 필자 자신이 중대한 자동차 사고를 당했다는 것도 하나의 사실이다. 아주 흔히, 사실이 의견들이나 또는 그 사실의 해석들에 의해서 보충될 때 그 사실은 더욱 설득력이 있게 될 것이다. 자동차 사고에 관한 사실들을, 승용차들뿐만 아니라 모든 트럭들에 측면 충돌 에어백을 장착하는 것이 사망자 수를 현저히 줄일 수 있을 것이라는 주장으로 연결하기 위해서, 여러분은 어떤 전문가의 - 예를 들어 소비자 옹호자 Ralph Nader - 의견들을 인용할 수 있을 것이다. 여러분이 모아둔 사실들과 통계 및 그 사실들과 통계에 대한 필자의 분석이 고속도로 교통사고로 인한 사망의 문제에 대해 필자가 제시하는 해결책이 합리적이라고 독자들을 납득시킬 수 있을 것이다.

모든 의견들이 동등하게 설득력이 있는 것은 아니다. 어떤 이슈에 대해 전문가들의 의견들은 더 적은 지식을 가지고 있는 개인들의 의견보다는 더욱 설득력이 있다. 필자의 개인적인 의견들은 (여러분이 제재나 주제에 관해 잘 알고 있다면)훌륭한 증거일 수 있으나, 그것들은 보통 전문가 의견들이나 사실들 보다 청중에게 설득력이 떨어진다. 최종 분석에서, 중요한 것은 단순히 증거의 품질이 아니라, 그것을 제공하는 개인의 신뢰도이다.

무슨 종류의 증거가 독자들의 마음을 움직일 수 있을까? 그것은 독자들, 이슈 및 당면한 사실들에 의존한다. 여러분 자신을 독자들의 입장에 두고, 그리고 무엇이 그들로 하여금 주제를 잘 받아들이게 할 것인지 질문해라. 왜 어떤 학생들은 더 비싼 등록금을 내는 일에 동의하나? 여러분은 등록금이 비싸다고 인정을 하지만, 대학을 경영하는 비용은 계속 상승한 반면 등록금은 지난 수년 동안 인상되지 않았다는 것을 지적한다. 건물들을 난방하고 유지 보수하는 비용이 증대되었고, 교수들의 월급은 인상되지 않아서, 몇몇 우수한 교사들이 최근에 대학을 떠나 더 높은 월급을 주는 직장으로 옮겨가는 결과를 낳았다. 더욱이, 중앙 및 지방정부가 재정 지원을 삭감해서 개설되는 과목들의 수가 이미 감소되기 시작했다. 마찬가지로, 여러분은 특별히 교수진의 월급이 인플레이션과 보조를 맞추지 못하고 있다는 사실에 비추어, 월급 인상을 전혀 안 하는데 대해 교수들이 동의하도록 어떻게 납득시킬 것인가? 여러분은 정부의 재정 지원 삭감이 개설 과목들의 수를 이미 줄여 놓았고, 그리고 정부가 또한 학생들에 대한 학자금 대출을 위한 재정공급도 삭감했기 때문에 (교수들의 월급을 지불하기 위해) 등록금을 더 이상 인상하는 것은 일부 학생들이 학업을 중단하게 할 것이고- 그리고 그것이 더 나아가 일부 강사들이 그들의 일자리를 잃게 할 수 있을 것이라고 말해도 될 것이다. 여러분이 알 수 있듯이, 논증에서 여러분이 사용하는 증거와 추론은 여러분이 누구를 설득하기를 원하는지 그리고 여러분이 그들에 관해 아는 것이 무엇인지에 따라 상당 부분 달라져야 한다.

증거에 대한 기준. 제재들을 선택하고 개관하는 때에, 세 가지 기준을 마음속에 두고 증거를 선택해라.

1. 증거는 관련 있는 것이어야 한다. 증거는 주제를 뒷받침해야 하고 그리고 필자가 펼치고자 하는 논증에 연관이 있어야 한다. 증거를 제시하는 때에, 구체적인 예에 너무 집중해서 필자가 뒷받침하려고 하는 요점을 시야에서 놓치지 않도록 주의해야 한다. 본제를 벗어나 지엽으로 흐르면 독자들은 혼란을 겪게 될 것이다. 예를 들어, 건강 보건관련 노동자들에

대한 강제적인 HIV(Human Immunodeficiency Virus, 인간 면역부전증 바이러스) 검사를 논하는데 있어서, 어떤 학생이 AIDS가 유행병으로 확산된다는 주장을 펼쳤다고 하자. 이 점을 예증하기 위해서, 그는 14세기 유럽에서 발생했던 임파선종 전염에 관해 논의했다. 비록 흥미롭기는 해도, 이 예는 부적절하다. 그것의 연관성을 보이기 위해서, 가능하다면, 14세기에서 있었던 임파선종 전염병의 확산을 오늘날 AIDS의 확산에 비교함으로써, 그의 논의를 AIDS에 관한 그의 단언들로 연결했으면 좋았을 것이다.

2. 증거는 대표적인 것이어야 한다. 증거는 제재에 관해서, 단순히 한 두 면이 아닌, 그 제재에 관한 의견들의 전체 범위를 대표해야 한다. 예를 들어, 의료 실험에 동물들을 이용하는 것을 반대하는 에세이에서, 단순히 동물 윤리 활동가들이 제시하는 정보만을 이용하지는 않아야 할 것이다. 필자는 또한 의료 연구자, 제약회사, 및 가능하다면 의료 윤리학자들에 의해 공급된 정보도 이용해야 할 것이다. 게다가, 예와 전문가 의견들은 상궤를 벗어난 것이 아닌, 전형적인 것이어야 한다. 여러분이 사는 도시에 쓰레기 재활용 지역난방 공장(trash-to-steam plant("energy-from-waste"))을 건설하는데 대해 지지하는 에세이를 쓰려고 한다고 하자. 주제를 뒷받침하기 위해서, 성공적인 쓰레기 재활용 지역난방 프로그램을 가지고 있는 미국 Maryland 주의 Baltimore 시의 예를 제시한다. 증거를 고려할 때에, 그 도시의 쓰레기 재활용 지역난방 공장의 경험이 보편적인 것인지를 확인해라. 다른 도시들에서 그 일은 덜 성공적이었나? 자신의 입장에 동의하지 않는 의견들을 면밀히 살펴라. 만약 반대되는 견해를 이해한다면, 논문을 쓸 때에 그것을 효과적으로 반박할 수 있을 것이다.

3. 증거는 충분해야 한다. 주장하는 것들을 지지하기 위해서 충분한 증거를 확보해라. 확보해야 하는 증거의 양은 논문의 길이, 청중, 그리고 글의 주제에 따라 달라진다. 10쪽짜리 연구과제에서 보다 2쪽짜리 논문에서 더 적은 예들이 사용될 것이다. 마찬가지로, 주제에 우호적인 기질을 가진 청중을 납득시키기 위해서는 단지 한 두 가지 예들이 필요하겠으나, 회의적인 청중에 대해서는 더 많은 예들을 확보해야 할 것이다. 주제를 전개함에 따라, 논문을 쓰기 위해 필요하게 될 뒷받침의 양에 관해 생각해라. 더 넓은 범위를 포함하는 주제 보다 더욱 좁고 더욱 제한된 주제가 뒷받침하기가 더 쉬울 것이다.

증거의 원천 기록(documentation). 토픽을 정하면 즉시 증거를 수집하기 시작해야 한다. 가끔은 주장들을 뒷받침하기 위해서 필자 자신의 아이디어들과 관찰들을 사용할 수 있을 것이다. 그렇지만, 대개는 필자가 필요 하는 사실들과 전문가 의견들을 찾아내기 위해서 도서관에 가서 참고서적, 인쇄물 색인, 및 컴퓨터 데이터베이스를 검색해야 할 것이다.

그런 증거를 사용할 때는 언제나, 증거의 원천을 기록으로 남겨서 제공해야 한다. 이를 위해, Modern Language Association (MLA)이 추천하거나 그와 유사한 포맷을 따르면 된다. (3-4절 내용 중, 참고문헌에 출처를 명확히 기재하는 방법을 참고하라.) 그 원천들을 기록해 두지 않는다면, 독자들이 증거가 부정확하고, 신뢰할 수 없거나 단지 거짓인 것으로 생각해서, 필자의 증거를 무시하게 될 것이다. 원천 정보를 기록으로 남기는 일은 독자들이 필자가 인용하는 원천들을 평가하고 만약 그들이 원한다면 그 원천들을 찾아볼 수 있게 해 준다. 원천들을 기록하여 문서로 만들 때, 필자는 독자들에게 정직하고 감추는 것이 없다는 것을 말하는 것이다.

원천 정보를 기록으로 남기는 일은 또한 필자가 표절을 - 다른 사람들의 아이디어나 말들을 마치 필자 자신의 것인 양 제시하는 일 - 하지 않도록 돕는다. 필자가 논문에서 사용하는 낱낱의 아이디어들 모두에 대해 그 원천 정보를 기록해서 남길 필요는 없다. (예를 들어, - 다수의 참고 원천들에서 필자가 쉽게 찾을 수 있는 정보인 - 상식적인 내용은 원천 관련 문서를 제시하지 않아도 된다.) 그러나, 원천을 직접적으로 인용하거나 그 원천 고유의 결론과 관련한 아이디어들에 대해서는 그 원천을 밝혀야 한다.

반대에 대한 대처

증거를 수집할 때, 자신의 입장에 반대되는 논증들을 무시해서는 안 된다. 사실, 필자는 자신의 입장에 대한 가장 명백한 - 그리고 가끔 씩 명백하지 않은 - 반대들을 구체적으로 따져 짚어야 한다. 합리적인 사람이 필자의 주제에 대해 가질 것 같은 반대들을 예상해야 한다. 에세이에서 그 반론들을 직접적으로 짚고 넘어감으로써, 여러분의 논증들이 건전한 것임을 독자들이 납득하는데 도움을 줄 것이다. 논증의 반박이라 부르는 이 부분은 주장(case)을 가장 강력하게 만드는데 필수적이다.

필자는 반대되는 논증들이 건전하지 않고, 공정하지 않으며, 또는 취약하다는 것을 보여줌으로써 그것들에 반박할 수 있다. 반대자의 요점들의 허약함을 보여주고 그리고 필자 자신의 주장을 강화하기 위해서 대조하는 증거를 제시하는 것이 좋은 방책이다. 또 정의와 인과 분석을 주의 깊게 사용하는 것이 효과적이다. 고전적인 에세이 "Politics and the English Language"에서 발췌한 다음 일절에서 George Orwell은 어떤 반대자의 논증을 반박한다:

> 이전에 나는 우리 언어의 쇠락이 아마도 치료될 수 있을 것이라고 말한 적이 있다. 이것을 부인했던 사람들은, 만약 그들이 조금이라도 한 일이 있다고 한다면, 언어는 현존하는 사회적 조건들을 겨우 반영하고, 그리고 우리가 단어와 구문들을 가지고 아무 직접적인 서투른 수선을 하는 것으로는 언어의 발전에 영향을 미칠 수 없다는 것을 논한 정도이다. 언어의 일반적인 음조 또는 풍조에 관해서는 이것이 진실일 수 있으나, 자세히 살펴보면 그것은 진실이 아니다. 분별없는 단어들과 표현들은, 아무 진화적인 과정을 거쳐서가 아니라, 흔히 소수자의 지각 있는 행동들로 인해서 사라지게 된다.

Orwell은 그가 주장하려는 요점을 진술한 뒤, 그의 입장에 반대하는 논증을 정의하며, 그러고 나서 그것의 취약함을 확인한다. 에세이에서 나중에, Orwell은 그 요점을 지지하는 두 가지 예를 제시함으로써 그의 논증을 보강한다.

반대자의 논증이 너무도 강력해서 쉽게 대충 처리 될 수 없을 때는, 그것의 강력함을 인정해야 한다. 요점이 잘 취해졌다는 것을 인정함으로써, 여러분이 공정한 사람이라는 인상을 강화해야 한다. 가능하다면, 반대되는 입장의 약점들을 확인하고 그러고 나서 여러분의 논증을 더욱 견고한 바탕 위에 두어라. 흔히 반대자의 강력한 요점은 다면적인 문제의 한 면만을 물고 늘어진다.

논증적인 에세이를 계획할 때, 필자의 주제에 반대될만한 모든 가능한 논증들을 적어라. 그러고 나서, 증거를 정렬할 때에, 조심스러운 독자들은 반대되는 논증들 중의 가장 강력한 것을 필자가 반박하기를 기대할 것이라는 것을 상기하여, 어느 요점들부터 반박할 것인지를 정해라. 그렇다 해도, 반대자의 논증을 그것이 실제 그러한 것 보다 더 약해 보이게 만듦으로써 그 논증을 왜곡하지 않도록 조심해라. Straw man(뜻-반대자의 입장에 대한 오해로 인한 잘못된 비공식 생각)이라고 부르는, 이 기법은 맞불을 일으킬 수 있고, 그리고 실제로 공정한 마음을 가진 독자들이 여러분에게 등을 지게 할 수 있다.

연역과 귀납

논증에서 두 가지 기초적인 방식으로 증거로부터 결론으로 이동할 수 있다. 한 가지 방법은, 연역적 추론(deductive reasoning)이라고 부르는, 일반적인 전제 또는 가정으로부터 구체적인 결론으로 나아간다. 연역은 대부분의 사람들이 논리에 대해 말할 때 의미하는 것이다. 엄격한 논리적 형태를 사용해서, 연역은 만약 논증에 있는 모든 진술들이 진실이라면, 결론도 진실이어야 한다는 것을 주장한다.

증거로부터 결론으로 이동하는 다른 방법은 귀납적 추론(inductive reasoning)이다. 귀납은 개별적인 관찰들로부터 더욱 일반적인 결론으로 나아가지만, 엄격한 형태는 사용하지 않는다. 그것은 모든 관련 있는 증거가 진술되고 그리고 아무 다른 결론이 그러할 것보다 그 결론이 더욱 증거에 잘 맞는다는 것만을 요구한다. 대부분의 문서 논증들은 연역과 귀납적 추론을 조합해서 사용하지만, 그것들을 구별해서 논의하고 예증하는 것이 더 간단하다.

연역적 논증 사용

연역적 논증의 기초적 형태는 삼단논법(syllogism)이다. 삼단논법은 일반적 진술인 대전제(major premise); 연관된 그러나 더욱 구체적인 진술인 소전제(minor premise); 그리고 그 전제들로부터 끌어내어져야 하는 것 결론(conclusion). 다음 예를 고려하라.

대전제 : 올림픽 달리기 선수 모두는 빠르다.
소전제 : Jesse Owens는 올림픽 달리기 선수였다.
결론 : 그래서, Jesse Owens는 빨랐다.

알 수 있듯이, 만약 개별 전제의 진실을 인정한다면, 결론도 또한 승인해야 한다. 사실 그 결론은 필자가 적절히 끌어낼 수 있는 유일한 결론이다. Jesse Owens가 느렸다고 결론지을 수 없는데, 그 결론은 전제들과 상치하기 때문이다. Jesse Owens가 키가 컸다고 (비록 그것이 진실이라 해도) 결론을 내릴 수도 없는데, 그 결론은 전제들을 벗어나기 때문이다.

결론이 대전제와 소전제들로부터 논리적으로 결과적으로 생겨날 때, 그 논증은 타당하다고 말한다. 그러나 만약 삼단논법이 논리적이지 않으면, 그 논증은 타당하지 않고 그리고 결론은 확실하지 않다. 예를 들어, 다음 삼단논법은 논리적이지 않다:

대전제 : 모든 개들은 동물이다.
소전제 : 모든 고양이들은 동물이다.
결론 : 그래서 모든 개들은 고양이들이다.

물론 결론은 엉터리이다. 그러나 두 전제들은 분명히 진실인데 어떻게 그런 엉뚱한 결론에 도달할 수 있었나? 답은 비록 고양이와 개 둘 다가 동물이라 하더라도, 고양이는, 단지 개만 다루는, 삼단논법의 대전제에 포함되지 않는다는 것이다. 그래서 삼단논법의 그 형태는 결함이 있고, 그리고 논증은 타당하지 않다. 타당하지 않는 논증의 다른 예가 또 있다:

대전제 : 모든 개는 동물이다.
소전제 : Ralph는 한 마리의 동물이다.
결론 : 그래서, Ralph는 개다.

논리에서의 이 오류는 불확충적인 대전제에 있는 어떤 용어를 소전제가 참조하기 때문에 발생한다. 대전제가 그것이 지칭하는 부류에 있는 일부 항목들만을 망라하는 것을 불확충적이라 한다. (타당하기 위해서는, 소전제가 대전제에 있는 확충적인(distributed, 擴充, 넓혀서 충실하게 함) 용어를 참조해야 한다. 즉, 소전제는 그것이 지칭하는 부류에 속하는 모든 항목들을 망라한다.) 대전제에서, *개*는 확충된 용어이고; 그것은 모든 *개*를 가리킨다. 그러나 소전제는 개가 아니고 *동물*에 대한 것인데, 소전제가 오직 개라는 동물에 관한 것이기 때문에 그것은 불확충적이다. 소전제가 확립되는 때에, Ralph는 동물이지만, 그것이 당연히 개라고는 할 수는 없다.

비록 삼단논법이 타당하다 - 즉, 그 형태가 옳다 - 고해서, 그 결론이 진실이라고는 할 수 없을 것이다. 다음 삼단논법은 거짓 결론을 이끌어낸다;

대전제 : 모든 개들은 갈색이다.
소전제 : 내 푸들(poodle) Toby는 개다.
결론 : 그래서, Toby는 갈색이다.

사실 Toby는 검정색 (복슬개)개이다. 결론은 거짓인데 대전제가 거짓이기 때문이다: 많은 개들이 갈색이지는 않다. 만약 Toby가 실제 갈색 개라면, 결론은 옳았을 것인데, 단지 우연히 그런 것이지 논리에 의한 것은 아니다. 삼단논법이 온전하기 위해서는, 논리적이고 또한 참이어야 한다.

연역적 논증의 이점은 만약 필자가 대전제와 소전제들을 청중이 받아들이도록 납득시킨다면, 논리의 힘이 청중들이 필자의 결론을 받아들이도록 틀림없이 이끈다는 것이다. 그래서 필자는 청중이 틀림없이 받아들이거나 자명한 - 즉, 대부분의 사람들이 참인 것으로 믿는 전제들 – 전제들을 선정하도록 애써야 한다. 그렇지만, "대부분의 사람들"이 단지 필자들의 친구들과 아는 사람들 몇몇을 지칭하는 것으로 가정하면 안 된다. 다른 관점들을 가지고 있을 사람들을 고려해야 한다. 만약 필자의 전제들이 너무 논증적이거나 어려워서 확고히 확립할 수 없다고 생각한다면, 귀납적 추론을 사용해야 한다.

귀납적 추론 사용

귀납적 논증들은 구체적인 예들 또는 사실들로부터 일반적인 결론으로 이동한다. 연역과 달리, 귀납은 구별되는 형태가 없고, 그리고 그것의 결론들은, 그 형태들이 타당하고 그리고 그 전제들이 분명히 참인 삼단논법들의 결론들보다, 덜 단정적이다. 그러면서도, 많은 귀납적 사고는(그리고 그 사고에 바탕을 둔 글은) 과정을 따르는 경향이 있다.

- 첫째로, 답을 구해야 하는 질문을 정하고 – 또는, 특별히 과학적인 일에서, 필자는, 가설이라고 부르는, 그런 질문에 대한 잠정적인 답을 확인해 낸다.
- 그러고 나서, 그 질문에 관련이 있고 그 답을 찾는데 중요한 것으로 여겨지는 것으로 판명될 수 있는 모든 증거를 수집한다.
- 마지막으로, 그 질문에 답하고 그리고 그 증거를 참작하는 추론(inference, 推論, 이치를 좇아 어떤 일을 미루어 생각하고 논급(論及)함, 또는 그 논급)을 만듦으로써, 자신의 증거로부터 결론으로 이동한다.

귀납적 과정의 매우 간단한 한 예를 보자.

질문: 거실 창문이 어떻게 부서졌나?
증거: 거실 바닥에 야구공이 있다.
　　오늘 아침에는 거기에 야구공이 없었다.
　　오늘 오후에 몇몇 아이들이 바깥에서 야구놀이를 했다.
　　그들은 창문 저 너머 빈 땅에서 야구를 하고 있었다.
　　그들은 바로 조금 전 야구놀이를 그만 두었다.
　　그들은 이제 그 빈 땅에 없다.

결론: 그 아이들 중 하나가 볼을 창으로 쳤거나 던졌다.
그런 다음 그들은 모두 도망쳤다.

결론은, 그것이 모든 증거를 참작하고 있기 때문에, 분명해 보인다. 그러나 만약 아이들이 야구가 아닌 소프트볼 놀이를 하고 있었던 것으로 판명되면, 부가적인 증거 하나가 결론에 대해 의심을 하게 만들 것이고 – 그리고 참된 답은 추론될 수 없게 될 것이다. 심지어 만약 결론이 믿을 만한 것이라 해도, 그것이 참이라고 반드시 가정할 수 있는 것은 아니다: 결국 그 창문은 어떤 다른 방식으로 부서질 수 있었던 것으로 보인다. 예를 들어, 아마도 새가 날아와 거기에 부딪혔거나, 거실 그곳에 그 야구공이 온종일 있었을 지도 몰라서, 위의 목록에 있는 두 번째 "증거"는 참이 아닌 것이 될 것이다.

귀납적 논증들이 앞에서 본 예보다 더욱 복잡한 성향을 보이기 때문에, 여러분이 수집해 두었던 증거로부터 어떤 확실한 결론으로 이동하는 것이 항상 쉽지는 않다. 물론, 여러분이 더 많은 정보를 모을수록, 증거와 결론 사이의 간극은 더 작아진다. 여전히, 증거로부터 결론으로 가는 단계는 매우 중요하기 때문에, 가끔 귀납적인 도약(inductive leap)이라 부르는 것을 요구할 수 있다. 귀납으로는, 결론들이 결코 확실해 지지 않고, 다만 고도로 그럴듯할 뿐이다. 비록 귀납이, 연역이 그러하는 방식으로, 결론의 아무 특별한 유형을 가리키지 않는다 하더라도, 증거가 연관 있고, 대표적이며, 충분해야 필자의 결론이 확실할 확률이 높아진다.

있을 법한 여러 결론들을 고려하는 것은 어떤 정당화되지 않거나 거짓 결론에 이르는 것을 예방하는 좋은 방식이다. 앞서 본 예에서, 아래와 같은 가설이 그 질문에 따라 나올지 모른다:

가설 : 야구놀이를 하던 아이들 중 하나가 거실 창문을 부수었다.

많은 사람들이 이 시점에서, 증거를 고려하지 않고서, 추론하기를 멈춘다. 그러나 증거와 결론 사이의 간극이 너무 크면, 성급한 결론이나 사실에 바탕을 두지 않은 결론에 도달할지도 모른다. 이런 오류를 속단(速斷, jumping to a conclusion)이라 부르는데, 그것이 결국 미숙한 귀납적 도약이 된다. 귀납에서, 가설은 시작하는 점에 불과하다. 귀납적인 과정의 나머지는 답해야 하는 질문이 계속되고 – 사실 그 과정은 모든 증거에 대해 따져볼 때까지 계속된다.

□ 점검 목록: 논증

- 과제가 논증을 요구하는가?
- 효과적으로 논할 수 있는 토픽을 선택했는가?
- 논증거리가 될 만한 주제를 가지고 있나?
- 청중의 신념과 의견들을 고려했나?
- 증거가 연관 있고, 대표적이며 충분한가?
- 원천들로부터 수집해둔 증거를 기록해 두었나?
- 여러분의 입장에 대한 청중의 가능한 반대들을 짚어보기 위해 노력 했나?
- 반대되는 논증들을 반박했나?
- 증거로부터 결론으로 나아가기 위해 귀납적이거나 연역적인 추론(또는 둘 다의 조합)을 사용했나?
- 궤변을 피했나?
- 적절한 전환 단어들과 구들을 사용했나?

4-10 패턴들의 조합[34)]

글을 전개하는 단 하나의 패턴만을 따르는 에세이는 거의 없고; 사실은, 거의 모든 에세이가 다양한 패턴들을 조합한다. 비록 어떤 에세이가, 말을 하자면, 비교와 대조를 주로 하여 글이 조직될 지도 모르지만, 대개는 다른 전개 패턴들에 의해서 모양이 정해지는 문장, 단락 및 심지어 단락들의 그룹들을 포함하게 될 것이다. 사실, 하나의 에세이에서 다양한 패턴들을 조합하면 필자는 아이디어들을 가장 효과적으로 표현할 수 있다.

패턴들을 조합해서 에세이의 구조 짜기

단 하나의 패턴으로 구조를 짜는 에세이들처럼, 다양한 패턴들을 조합하는 에세이들도 서론, 본론 여러 단락, 및 결론 단락으로 구성된다. 서론은 전형적으로 글의 요점을 밝히는 주제문으로 끝나고, 그리고 결론은 그 주제를 다시 진술하거나 글의 주요 요점들을 요약한다. 본론의 개별 단락들은 주제를 가장 잘 드러내는 구조에 따라 배열되고, 각 단락의 소주제는 주제를 드러내는 패턴을 따라 전개된다.

종교 사회학 과목을 위한 take-home 시험에서 다음 질문에 대한 답을 계획한다고 하자.

> 무슨 인자들이 사람들을 cults((종교상의) 예배(식), 제사)로 끌어들이는가? 무슨 이유들로 그들은 그런 행사에 모여드는가? 어떻게 예배가 구성원들을 끌어 모으고 그들을 계속 보유를 하는지를 예시하는 구체적인 예들을 가지고 답을 뒷받침하시오.

이 시험 질문에 있는 말들은 분명히, ("무슨 이유들로") 원인과 결과 및 ("구체적인 예들을") 예시, 둘 다를 제시한다. 게다가, 필자는 정의와 과정 패턴을 이용해서 문제를 해결하려고 한다.

다음은 에세이를 위한 비공식 개요의 한 예이다.

서론: 사이비 종교 의식(cult)의 정의 (무엇은 아닌지를 말하는 부정(negation)에 의해, 그리고 종교(religion)와 비교하거나 대조함으로써)

---

34) Kirszner, 2010, pp. 705-706.

주제문(원인과 결과를 제시하는): 공격적인 신규모집 전략들을 사용하고 그리고 잠재적인 구성원들을 그들의 가족과 과거 생활들로부터 고립함으로써, 사이비 종교들이 새신도들에게 고도로 구조화된 환경을 제공함으로써 그들에게 호소한다.

원인과 결과: 왜 사람들이 사이비 종교에 가입하나

과정: 사이비 종교들은 어떻게 새로운 신도들을 모집하나

예증: 구성원들을 지키기 위해 사이비 종교들이 사용하는 전략들(일련의 간략한 예들)

결론: 주제의 재 진술 또는 주요 요점들의 재음미

이 에세이는 분명히 그리고 논리적으로 조직되고 전개된 제재를 갖추어, 시험 질문이 요구하는 모든 정보를 공급할 것이다.

CHAPTER

05

장르

CHAPTER 05 장르

글은 사회적 산물이다. 언어는 항상 텍스트[35]로서 생산되고, 교환되며 또는 접수된다. 즉, 의사소통의 한 시스템으로서 언어는 텍스트라고 부르는 결속력 있는 단위들로서 구성된다 (Knapp, 2009, p. 29). 텍스트는 의미를 의사소통하기 위해 생산된 것으로, 거리에서 친구들과 나누는 인사, 텔레비전 광고, 소설, 영화 등[36]과 같은 의사소통의 완전한 행위로서, 독립 개체이다. 텍스트는 또 의사소통 과정에서 만들어지는 것, 제재 혹은 의사소통의 '내용물'을 의미하기도 한다. 텍스트는 단순히 내용을 담고 있을 뿐 아니라, 그것을 쓴 사람이 몸담고 있는 사회의 문화적 맥락(脈絡, context)과 상황적 맥락을 필연적으로 반영한다.

어떤 글에 대해서 다른 유형들보다 그 글에 잘 어울리는 특별한 유형이 있을 수 있다. 사업용 편지를 읽는다면 첫머리에서 편지의 목적을 알게 되고, 또 과학 연구보고서를 읽는다면, 먼저 실험 방법과 절차에 대해 안 다음 실험 결과에 대한 해석과 추론을 읽기를 기대한다(박태호, 2000). 이러한 것들은 그 문서들이 가지고 있는 텍스트 형식(form[37])들이며, 공동체 구성원들이 공유하는 해석의 틀이라고 할 수 있다. 이런 형식은 아무 임의적이거나 이상적인 규칙들이나 표본으로부터 생기는 것이 아니고, 텍스트들이 반응해야 하는 사회 상황들에 의해 생겨난다(Paretti, 2008). 형식은 독자에게 의미를 운송해주는 차량이며, 의미를 나타내는 틀로서 (Murray, 2004, p. 25), 외부에서 주어질 수 있는 것이 아니다.

---

35) 텍스트는 일반적으로 담화와 구별 없이, 문장 이상의 언어 단위로서 실제 사용되는 언어를 뜻한다." 텍스트는 단순히 문장 이상의 단위만을 의미하는 것이 아니라, 의미적으로 통일성을 가지는 단위이고, 구체적인 사용의 맥락 속에서 소통되는 언어 단위를 뜻한다." 또한, 텍스트란 개별 단어와 단어의 모임, 문장과 문장의 모임의 어떤 층위에서도 실현될 수 있는 언어의 실존 양식"이다. 언어는 의미를 가진 최소 단위(형태소), 단어, 어군, 절, 문장, 텍스트'의 수준으로 구조화"된다(김봉순, 2001).
문장의 연속체. 갑오경장, 새마을운동, 미술전람회'는 물론, 그림, 악보, 수학기호 등. 수십 권의 장편소설, 각종 표어, 포스터, 시위대의 플래카드 등도 텍스트로 보는 견해가 있다(김광해, 2000).

36) 이재기(2008, p. 206)에 의하면, 텍스트 범위를 구어 텍스트, 문어 텍스트, 복합 텍스트로 구분할 때, 영화, 광고, TV 드라마, 인터넷 담화 등은 복합 텍스트에 속한다.

37) 영어 사전에 열거된 form의 뜻: 모양, (사람의) 모습, (존재) 형식, 형태, 종류, (구성) 형식, 형태, (형식의) 갖춤, 형식을 갖추는 방식, 모형, 서식 (견본), (정해진 양식대로 기입하는) 용지, 외견, 외관, (文法)형태, 어형, (哲, 論) 형식. 그래서 form을 형식이라고 한다.

글쓰기는 근본적으로 사회적 행위이며, 글의 모양은 글이 작동하는 맥락들에 의해 정해지고 글은 맥락들의 모양을 만든다(Paretti, 2008). "맥락은 작문 행위가 발생하는 상황이다. 텍스트를 제외한, 작가와 독자 요인, 작가의 작문 목적, 주변의 사회 문화적 요인, 담화(談話[38]), discourse) 관습, 작품의 형식과 내용 등 작문 현상을 구성하는 요인들은 모두 맥락을 구성하는데 관련된다"(박태호, 1999, p. 214). 맥락은 텍스트를 구성하는 비언어적 환경이지만 텍스트와 맥락은 상호작용 한다. 맥락은 텍스트들을 생산하기 위한 가상의 또는 잠재적 틀이다. 언어사건 주위에서 벌어지는 것, 즉 맥락은 '가상적'인 것 또는 그 사건을 텍스트의 형식으로 '실현'하는 잠재성을 가진 것으로 보인다(Knapp, 2009, p. 18).

텍스트에 의해 전달되는 메시지 m에 대한 발신자 A와 수신자 B 사이의 의사소통을 그림 5-1과 같이 묘사할 수 있다(Schramm, 1971). 이 도식은 발신자, 수신자, 및 메시지가 모두 동일한 '사회 상황과 관계들' 속에 있고, 메시지 m이 의사소통 참여자들의 '참조 준거(參照準據)'의 공통 영역에 있을 때, 의사소통이 온전해 질 수 있음을 묘사한다. 여기서 메시지 m은 시간과 공간 차원에 의한 어떤 구조를 가지며, 메시지의 의미는 말로 표현된 것 외의 것들과 연관이 되는데, 메시지의 이런 특성이 수신자의 메시지에 대한 반응에 영향을 미친다.

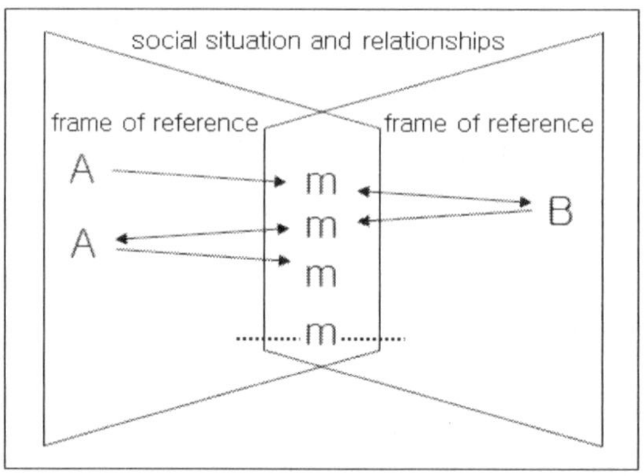

그림 5-1 의사소통 사회 상황과 관계, 참여자들의 참조 준거 및 메시지와의 관계(Schramm, 1971)

38) 담화의 사전적 의미는 '어떤 일에 관한 견해나 취할 태도 따위를 공적으로 밝히는 말'이다. 담화와 텍스트는 동일한 개념으로 보기도 하며, 텍스트를 담화의 상위 개념으로 파악하기도 한다. 또한 문어에서는 텍스트, 구어에서는 담화라는 용어를 사용하는 경향도 있다(이미혜, 2010). 텍스트는 '담화 속에서 구체화되는 추상적 이론적 구조물'이라고(김봉순, 2004)도 하고, 언어 체계 지향적 텍스트 언어학에서는 텍스트를 '문장들의 응집력 있는 연속체'로 정의하는 반면, 의사소통 지향적 텍스트 언어학에서는 텍스트를 '복합적 언어 행위'로 정의하는데(나은미, 2011), 이 의사소통 지향적 관점에서 텍스트를 담화라 할 수 있다. 김종현(2012, p. 178)은 담화는 일종의 단위라고 말할 수 있지만, 여러 관점의 정의에 대한 대안으로, "담화는 언어적 선택에 의한 연결체"로 정의하고, 담화가 텍스트 보다는 상위 개념에 자리할 수 있다고 한다.

그림 5-1에서 보면, 첫째로, 텍스트 생산자와 텍스트는 일방 화살표로 그 관계가 묘사되어 있는데 반해, 텍스트 수용자와 텍스트는 쌍방 화살표로 그 관계가 묘사되어 있다. 이것은 메시지가 텍스트로부터 수신자에게 그냥 전달되는 것이 아니고, 메시지가 텍스트와 수신자 사이의 상호작용에 의해 전달될 수 있는 것을 묘사한다. 둘째로, 발신자 A와 수신자 B의 참조 준거를 가리키는 사각형 둘이 입체적으로 교차되어 있다. 이것으로부터, 의사소통이, 텍스트를 매개로 해서, 한편에는 발신자와 수신자, 다른 한편에서는 상황과 관계, 두 가지 차원으로 개념화될 수 있음을 볼 수 있다. 또 이것은 필자와 독자 사이의 비대칭적 관계를 현저하게 묘사한다. 즉 필자와 독자를 나타내는 2차원의 두 면이 입체로 교차되어, 3차원으로 묘사된 '사회 상황과 관계들'이라는 맥락 속에 의사소통 참여자들이 있음을 묘사한다.

담화와 글의 수용 및 생산 활동과 관련하여 맥락[39]은 세 가지 종류로 구분된다. ① 상황 맥락은 “의사소통의 개별 상황마다 언어 사용이 어떻게 조직화되고 여기에 맥락이 어떤 작용을 하는지에 관한” 것이고, ② 사회문화적 맥락은 “개별 상황보다 더 넓은 측면에서 언어사용에 영향을 주는 문화적 요인을” 말하며, ③ 언어적 맥락은 “개별 발화(發話, utterance)가 앞뒤에 등장하는 발화와 맺어지는 관계에 관한 것”이다. 수사적 상황(rhetorical situation)(3-2 절 참고)은 상황 맥락과 약간 다르다. 수사적 상황이란 문서가 해결해야 하는 문제, 목적, 독자 그리고 문서 생산과 사용의 맥락과 관계되는 것이다(Sheehan, 2010, p. 20).

맥락이 글쓰기에 어떻게 반영되는지를 알기 위해 몇 가지 예를 들어 보자. 먼저 상황 맥락에 대한 예문을 보자.

학생들은 글쓰기 A와 글쓰기 B 두 과목을 모두 이수해야 한다.

→ 문맥으로 보아, 대학이 학생들에게 글쓰기 두 과목 모두를 수강하도록 요구한다는 것이 명백하다. 즉 문장에서 행위자가 분명하다.

문서는 오늘 아침에 배포되었다.

→ 문서를 배포한 사람이 누구인지는 중요하지 않다. 즉 행위자보다 행위 자체가 중요하다.

---

39) 김종현(2012, p. 184)에 의하면, "맥락이란 문법의 주변에 자리하는 언어적 변수들을 묶어서 가리키는 것으로 이해되기 시작"했는데, 맥락 요인들로는 "발신자, 수신자, 시공간적 배경, 사회적 관습에 대한 지식, 주변 상황에서 전개되는 배경 정보에 관한 지식 등이 포함된다."

유동량에 대해 틀린 데이터가 기록되었다.

→ 누가 틀린 데이터를 기록했는지를 말하는 것이 부적절할지 모른다. 즉 행위자를 지칭하면 상황이 곤란해지거나, 그 사람이 위협을 당하거나 또는 어떤 다른 관점에서 부적절하다.

다음은 언어적 맥락에 대한 예이다.

철수는 산으로 갔다. 영수는 바다로 갔다.

철수는 산으로 갔고, 영수는 바다로 갔다.

→ 첫 줄 두 문장의 내용과 두 번째 줄 문장의 내용은 같다. 그러나 그 두 문장의 의미를 다르게 볼 수 도 있다. 두 번째 문장은 두 사람이 서로 마음이 맞지 않아 아주 엉뚱한 방향으로 헤어진 것이 아닐까?

다음은 사회문화적 맥락의 예를 보여주는 문장이다.

선생님, 옆으로 비켜 주실래요.

학생, 비켜줄래.

→ 첫 문장에서 주체는 예의를 갖추어 뜻을 표현했다. 두 번째 문장에서, 주체는 지시하거나 명령을 하고 있다. 첫 번째 문장과 두 번째 문장, 각각에서, 필자와 독자 사이의 관계는 어떤가?

일부 이론가들은 맥락의 개념을 좁히고 다듬기 위해서 '담화 공동체'라는 용어를 사용한다. 담화 공동체는 의사소통 목표들을 성취하기 위해서 존재하는 사회-수사적 네트워크이다. 담화 공동체 내에서 작동하는 의사소통 채널들이 그 공동체 내에서 생산된 텍스트들의 목적과 의미에 영향을 미친다. 담화 공동체는 공통적으로 사용되고 이해되는 언어 구성(configurations)을 가지는데, 구성에는 일부 특수 어휘들이 포함되기도 한다(Bruce, 2008, p. 30). 예를 들어, 항공 관제사들은 그들의 직무를 수행하기 위해 그들 나름으로 확립된 언어 패턴들을 사용한다. 이러한 특성을 가진 담화 공동체 내에 장르가 존재한다. 따라서 "장르는 담화 공동체에 속하는 필자와 독자가 명료한 의사소통을 할 수 있게 하는 통로이다"(김봉순, 2004).

장르(genre)는 중세 불어에서 유래한 말로, type, kind 혹은 gender를 뜻한다(English, 2011, p.67). 일반적으로 장르는 특별한 스타일, 형식(form), 또는 내용에 의해서 특성이 규명되는 예술, 음악 또는 문학의 카테고리를 말한다. 글의 장르는 글의 유형인데, 편지, 소설, 공학보고서, romance, fantasy, 등을 말한다.

장르는 필자가 아이디어들을 조직하는데 뿐만 아니라 글 쓰는데 그 이상으로 많은 이점을 준다. ① 장르는 직장에서 글쓰기가 관련되는 일의 성격을 이해하는데 도움을 준다. 예를 들어, 만약 분석 보고서를 써야 한다면, 장르가 여러분이 어떤 종류의 정보를 수집해야 하는지, 그 정보가 어떻게 배열되어야 하는지, 그리고 그것이 어떻게 제시되어야 하는지를 파악하는데 도움을 줄 것이다. ② 반면에, 독자들은 필자의 아이디어들을 장르에 견주어 해석할 것이다. 만약 어떤 글을 "보고서"라고 부르면, 독자들은 그 문건의 내용, 구성, 스타일, 설계 및 매체에 관한 구체적인 기대를 가질 것이다. ③ 장르는, 기술 의사소통에서 과학과 기술과 관련된 전문적인 일을 하는 직장의 활동과 관행들을 반영한다.

표 5-1 어느 장르가 글쓰기 과제에 잘 맞나?(Sheehan, 2010, p. 178)

목적	장르	문서의 유형
다른 사람에게 어떤 결정이나 사건에 관해 이야기	서신	E-메일, 편지 또는 메모
개념이나 한 세트의 용어 정의	정의	기술 정의, glossary
사항, 제품 또는 서비스 기술	기술(description)	기술 묘사, 백서(white paper)
어떤 일을 어떻게 하는지 설명	지시(instruction)	지시, 명세, 절차
새로운 제시나 제품의 제안	제안	연구 제안, 계획 제안, 구현 제안
정보 설명과 추천	보고서(report)	연구, 타당성, 추천, 실험, 진도 보고
on-line 정보 제공	hypertext	웹사이트, 멀티미디어 문서, CD-ROM
취업	이력서	포트폴리오, 이력서, scannable 이력서

장르는 패턴이지, 공식(formulas)이 아니다. 독자들이 필요한 것들과 문서가 사용될 맥락에 따라, 분석보고서와 절차서를 구성하는 셀 수 없는 방식들이 있다. 문서를 조직하고 초고를 쓰기 시작하는 출발 장소로 장르를 이용할 수 있다.

이 장에서는 표 5-1에 열거된 장르 중, 먼저 정의에 대해, 그 다음에 기술에 대해 설명한다.

5-1 기술 정의[40)]

'기술 정의(技術 定義, technical definition)'는 '패턴이나 서술 방식'에서 말하는 4-8절의 '정의'를 바탕으로, 장르의 특성을 반영하여 기술문을 쓰는 입장에서 공부한다.

정의는 청중에게 특수하거나 낯선 용어나 개념을 설명한다. 많은 경우에, 용어는 한 가지 이상의 의미를 가질 수 있어서, 분명히 쓴 정의는 독자들에게 그 용어가 어떻게 사용되고 있는지를 말해준다. 필자가 의도하는 정확한 의미를 독자가 확실히 안다고 확신하지 않는 한, 그 용어를 처음 사용하는 때는, 항상, 그것을 정의해야 한다.

이하에서는 '기술 정의'를 그냥 '정의'로 쓴다.

정의의 목적

정의는 우리가 정확히 무엇에 관해 이야기하고 있는지에 대한 질문에 답하는 것이다. 다른 방식으로 해석될 수 있는 용어의 간결한 의미를 생략하지 않고 전부를 말함으로써; 예를 들어, 새로운 컴퓨터를 사는 사람은 물건을 사는 입장에서 "제조사의 보증" 또는 "확장할 수 있는 메모리"가 무엇을 의미하는 지를 정확히 이해할 수 있어야 한다.

정의는 또한 무엇이 어떤 물건, 사물, 개념 또는 과정을 독특하게 만드는 지를 설명함으로써 그것이 정확히 무엇인가에 대한 질문에 답할 수 있다. 예를 들어, 공학을 전공하는 학생들은 "연성"과 "탄성"을 구별할 수 있어야 한다. 아무 분야의 내부나 외부에서, 사람들은 "어떤 것이 그것이 되게 하는 것과 그것을 모든 다른 것들로부터 구별되게 하는 것"을 정확하게 알아차려야 한다.

계약은 어떤 동의의 구체적인 조건들을 자세히 (그리고 법적 구속력이 있게) 정의하는 것이다. 예를 들어, 아파트나 자동차를 전세 낸다면, 계약서는, 세를 얻으려는 사람과 물건 주인 사이의 구체적 책임을 정의한 내용을 포함한다. 고용 계약은 고용자와 근로자 둘 다에 대한 책임을 낱낱이 밝힐 것이다. 고용 핸드북들과 같은 많은 다른 문서들은 암묵적인 계약들로 간주된다. 어떤 회사의 고용 핸드북을 준비하는데 있어서, 여러분은 "주간 진도보고서를 제출하고, 회의에 정시에 도착하며," 등등과 같은, 개별 근로자가 이해할 수 있는 분명한 목적들의 바탕위에서 "받아들일만한 성능의 업무 수행"과 같은 조건들을 정의해야 할 것이다. 누구라도

40) Lannon, 2008, pp. 439-456.

자신이 작성한 문서에 대한 법적인 책임을 져야하기 때문에, 분명하고 그리고 간결한 정의들이 필수적이다.

정의는 또한 윤리적인 요구조건들도 가진다. 예를 들어, 1986년 1월 28일, 발사된 지 73초만에 우주왕복선 Challenger가 (부스터 로켓에 있는 두 개의 고무 O-링 마감재들에 문제가 생겨, 뜨거운 배출 가스들이 빠져나가 주변의 연료 탱크가 점화됨으로 인해) 폭발해서, 승무원 7명 모두가 사망했다. 발사 수 시간 전에 -비록 엔지니어들이 격렬하게 거부했음에도 불구하고- 경영진은 위험을 감수하고 발사를 강행하는 결정을 했었다. "감수할 만한 위험"이라는 말의 정의는 공학적 사실들에서가 아니라 오히려 정해진 일정에 맞춰 발사하려는 관료적인 압력에 바탕을 두었다. 그런 경우에 의미에 동의하는 것이 좀처럼 쉽지 않지만, 여러분은 자신이 그것들을 이해하는 바에 따라 사실들의 정확한 해석을 전달해야 하는 윤리적인 책임을 져야 한다.

분명하고 정확한 정의는 일반 대중이 복잡한 기술적 그리고 사회적 이슈들을 이해하고 평가하는데 도움을 준다. 예를 들어, 우리는 유전공학에 관한 논쟁들에 대해 많이 듣고 읽는다. 그러나 이 논쟁을 이해하는데 있어서 첫 번째 단계로서, 적어도 다음과 같은 기초적인 정의를 해야 한다:

> 유전공학은 실험실에서 유전자들을 격리하고, 조작한 뒤 다른 조직에 안정적으로 삽입할 수 있는 [어떤 실험적인]기법을 의미한다. 기계적, 화학적, 또는 바이러스들과 같은 생물학적 벡터를 사용해서 유전자를 삽입할 수 있다.

물론, 토론의 논쟁에 뒤처지지 않기 위해서는, 점점 늘어나는 더욱 자세한 (구체적 절차, 위험, 혜택 등등에 관한)정보가 필요하게 될 것이다. 그러나 위와 같은 정의들이 기초적인 개념을 시각화할 수 있게 함으로써, 우리가 일을 시작할 수 있게 해준다.

정의의 상세함의 정도

청중이 여러분이 뜻하는 정확한 의미를 알아차리도록 하는데 어느 정도의 상세한 수준이 필요할까? 어떤 용어를 정의하는데, 동의어 하나만으로 될까 아니면 온전한 문장 하나, 전체 단락 또는 심지어 여러 쪽이 필요할까?

5-1-1 괄호 정의

어떤 낱말의 의미는 더욱 친숙한 동의어 또는 그 의미를 명확히 하는 어구를 사용해서 분명히 할 수 있다:

> 습윤지(濕潤地, leaching field)는 잘게 부서진 돌들로 돼 있다.
> 그 현장의 나무들은 거의 대부분이 (가을에 낙엽이 지는) 낙엽수들이다.

정의에서 사용되는 언어는 특별한 청중의 경험 수준과 격이 맞아야 한다. 예를 들어, 의료기사들이 상대하는 청중은 그들의 분야에 연관된 (직업에 따른)특수 용어를 쉽게 이해할 수 있을 것이다. 그러나 비전문가들에게는 그들에게 익숙한 언어가 필요할 것이다. 그래서 일반적인 독자들을 위해서는 아래와 같이 쓰지 마라:

> 종창은(tumor) 종양(neoplasm)이다.
> 솔레노이드는 끌어당기는 전자기 역할을 하는 자기 유도 코일이다.

비록 종양이라는 용어는 대부분의 의료 전문가들이 그 의미를 알겠지만, 그 분야 외의 청중을 위해서, 덜 기술적인 언어를 사용해야 할 것이다. 마찬가지로, 솔레노이드에 대한 위의 정의는 공학 매뉴얼을 위해서는 적절하겠지만 일반 독자들에게는 너무 기술적인 것이다. 그 대신 일반적인 독자들을 위해서 다음과 같이 쓰는 것이 좋다:

> 종창은 주변 (세포)조직에 독립적으로 발생하고 그리고 아무 유용한 기능을 하지 않는 세포들의 생장물이다.
> 솔레노이드는 전기 에너지를 기계 기능을 수행하는 역량을 가진 자기 에너지로 전환하는 코일이다.

5-1-2 문장 정의

복잡한 용어들은 (한 문장 이상으로 진술될 수 있는) 문장 정의 (4-8절에서 설명한 공식 정의)를 요구할 것이다. 이 정의는 알정한 패턴을 따른다: (1) 정의될 항목의 이름, (2) 그 항목이 속하는 부류, 그리고 (3) 그 항목을 그 부류에 있는 모든 다른 것들로부터 구별 짓는 특징(표 4-2 참조.)

문장 정의는 여러 가능한 의미들을 가지고 있는 어떤 용어에 대해 필자가 통하려는 간결한 의미를 명기해야 하는 경우에 특별히 유용하다. 글의 첫머리에, 아래 예문과 같이, 필자 자신이 뜻하는 바를 밝히는 정의를 진술하는 것이 좋다.

이 보고서를 통틀어, "장애 학생"은 …를 의미한다.

간략한 정의는 청중이 일반적인 이해만을 요구하는 때에 적절하다. 예를 들어, 앞에 나온 습윤지에 관한 문장 정의는 어떤 건축업자가 짓고 있는 집의 고객에게 제출하는 진도보고서에 적절할 것이다. 그러나 습윤지로 인한 지표수 오염에 관한 공중 보건 보고와 같은, 더욱 자세한 것들을 요구하는 문서는 확대 정의를 요청할 것이다.

5-1-3 확대 정의

앞에서 본 "솔레노이드"의 문장 정의는 단순히 솔레노이드가 무엇인지를 알기를 원하는 보통 사람들에게는 적당하다. 그렇지만 기계공들을 위한 지시 매뉴얼에서는 솔레노이드를 훨씬 더 자세히 정의해야 할 것이다. 기계공들은 솔레노이드가 어떻게 작동하는지 그리고 그것을 어떻게 사용하고 그것을 어떻게 수리하는지를 알아야 한다.

Dirty Bomb (불량 폭탄) 대 (Nuclear) 핵폭탄

사람들은 가끔 불량 방사능 무기와 핵폭탄을 혼동한다

불량 폭탄은 대부분 TNT나 연료 오일과 화학비료 폭발물들이 고준위 방사성 물질들과 조합된 조잡한 장비이기가 쉽다. 폭탄이 폭발하면 독성 동위원소들이 기화되거나 공기 중으로 분무되어 그것들이 공기 중으로 흩어지게 된다.

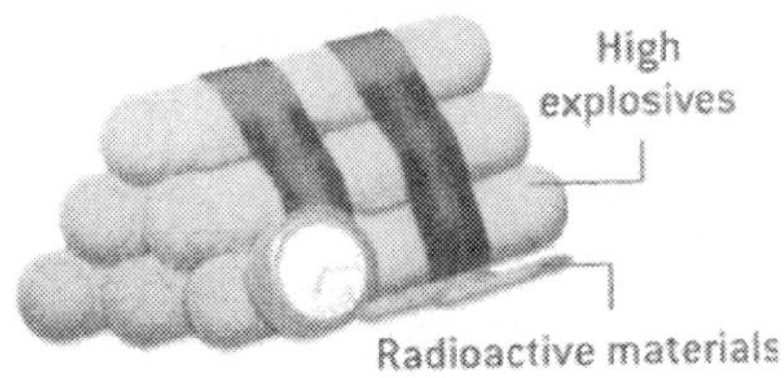

(불량 폭탄, dirty bomb)

핵분열 폭탄은 우라늄 235나 플루토늄 239를 이용하여 걷잡을 수 없는 핵 연쇄 반응을 생성하는 더욱 정교한 무기이다. 한 유형은 고도의 폭발성을 가진 껍질에 의해 에워싸인 플루토늄의 길쭉한, 내부를 가리키는 피라미드들의 특징을 가진다. 폭탄이 터질 때, 임계질량을 생성하기 위해, 폭발물들은 중앙에 있는 베릴륨/폴로늄의 작은 총알을 담고 있는 구(sphere) 속으로 플루토늄 조각들을 함께 몰아가는 안쪽으로 파열하는 충격파를 생성한다. 그로인한 핵분열 반응은 폭탄이 엄청난 힘으로 폭발하도록 해서, 높은 에너지의 전자기파들과 방사성 낙진을 공기 중으로 내보낸다.

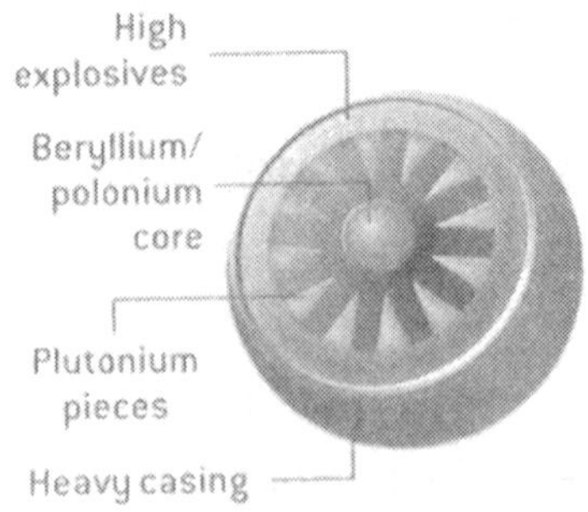

(핵분열 폭탄, nuclear bomb)

▶ 예문 5-1 이 확대 정의 예에서, 일반 대중이 중요한 구별을 명백히 할 수 있도록, 두 항목이 정의되었다 (Lannon, 2008, p. 443)

이런 정의 문제는 "콘도미니엄"이나 "대출"과 같은 추상적이고 일반적인 낱말들을 정의하는 것과는 다르다. "콘도미니엄"은 '습윤지' (습윤지 A는 습윤지 B와 아주 흡사하다)보다 더 모호한 용어인데, 전자는 많은 형태의 소유 유형들이 관련되기 때문에, 일반적인 청중을 위해서 정의를 확대하여야 한다.

청중과 목적에 따라서, 확대 정의는 짧은 단락 하나이거나 여러 페이지들로 늘어날 수도 있을 것이다. 예를 들어, 일반적인 청중을 겨냥한, 예문 5-1은 대량 살상 무기 두 가지의 차이를 (시각자료들이 지원된) 단 두 개의 단락으로 확대 정의한다. 그러나 만약 (방사능 피폭을 측정하기 위해 사용되는)디지털 물약 계량기와 같은, 복잡한 장비가 어떻게 작동하는지를 청중에 소개할 것이라면, 정의는 적어도, 여러 페이지는 아닐지라도, 여러 단락들을 요구할 것이다.

확대 방법[41)]

정의를 어떻게 확대할 것인가는 예상할 수 있는 청중이 궁금해 할 것들에 의해 좌우된다 (그림 5-2). 문장 정의로 시작한 다음, 아래의 여러 전략들 중 하나를 선정해서 정의를 확장할 수 있다. (일부 다른 확장 방법들이 4-8 절에 논의되어 있다.)

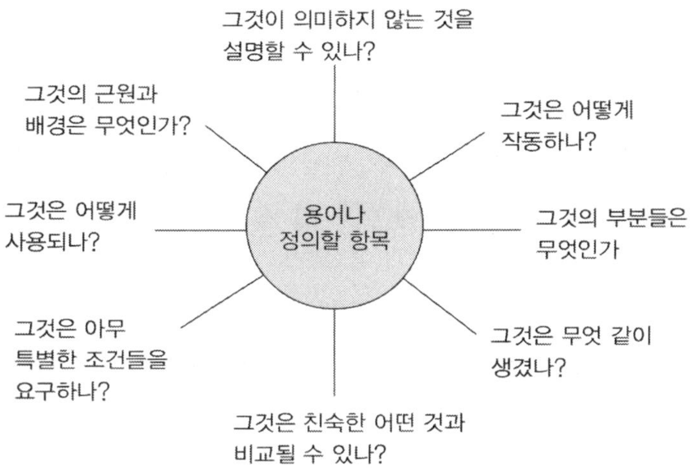

그림 5-2 정의를 확대할 수 있는 여러 방안(Lannon, 2008, p. 444)

(1) 어원(語源)

가끔, 어떤 단어의 근원 (그것의 발달과 변화하는 의미들)은 사용자들이 그것의 의미를 이해하는데 도움이 된다. 예를 들어, 곤충의 "생물학적 제어(biological control)"는 "생명" 또는 "살아있는 조직"을 뜻하는 라틴어 "bio"와 "대적하는" 또는 "반대하는"을 뜻하는 라틴어 "contra"로부터 유래된 것이다. 일반 사전들에 어원학적 정보가 담겨 있지만 이용할 최선의 그리고 누구라도 수긍하는 참고 서적은 표준국어대사전과 (또는 국립국어원 홈페이지) 과학, 기술, 및 비즈니스 관련 사전들이다.

일부 용어들은, 여러 단어들의 첫 글자들이나 부분들로부터 유래된, 약어들이다. Laser는 Light Amplification by Stimulated Emission of Radiation의 머릿 글자들로 만들어진 약자이다.

41) Lannon, 2008, pp. 442-448.

다른 용어들은 특수용어로 발전한 것들이다. 예를 들어, "bug"("프로그래밍 오류"를 뜻하는 특수용어)은 Harvard 대학에서 초기에 개발하던 컴퓨터에 고장을 일으킨, 전기 릴레이의 접촉을 막고 있던 죽은 벌레 한 마리에서 유래된 용어이다. 프로그래머들은 누구나 하는 그런 실수들을 인정하기 싫어하기 때문에, 그 용어는 "실수"에 대한 한 완곡어법이 되었다. 그리고 물론 "debugging"은 프로그램에 있는 그런 오류들을 제거하는 것을 의미한다.

(2) 역사와 배경

"레이더," "세균 분해 바이러스," "실리콘 칩," 또는 "X-레이"와 같은 전문 용어들의 의미는 흔히 배경 논의를 거쳐 명백히 할 수 있다: 개념의 발견이나 역사, 발전, 생산 방법, 적용 등. 전문 백과사전을 보면 그런 배경들에 대해 알 수 있다.

> 레이저에 대한 아이디어어의 근원은 Archimedes가 Syracuse를 포위하고 있던 동안 로마군의 배들을 불태우기 위해서 [확대]경을 사용했던 때인, 212B.C.까지 거슬러 올라간다.

> 광섬유 통신에 대한 초기 연구자들은 두 가지 주된 어려움, 강도가 충분히 센 광원의 결여와 그 빛을 간섭 없이 그리고 최소한의 신호 손실로 전달할 수 있는 매개체의 결여를 겪었다. 1960년에 발명된 레이저는 강렬한 빛의 가느다란 빔을 분출하여서, 첫 번째 문제가 해결되었다. 이 신호를 전달할 수단을 개발하는데 긴 시간이 걸렸지만, 과학자들은 1970년에 통신급 수준의 거의 순수한 실리카 유리 광섬유를 처음으로 개발하는데 성공했다(Stanton28).

역사와 배경은 깊이 있는 정보를 원하는 학생들과 연구자들에게 유용하다. 그러나 과제를 수행하려고 애쓰는 사용자들을 위해서, 역사와 배경은 성가시고 불필요 할 수 있다. 새로운 모뎀을 설치하려고 한다면 여러분은 "modem"이 "modulator-demodulator"를 뜻하는 것임을 설명하는 간략한 문장에 관심을 가질 것이다. 그러나 모뎀의 개발 역사에 관해서는 별로 관심이 없을 것이다.

(3) Negation(부정, 부인)

일부 정의는 그 용어가 의미하지 않는 것을 설명함으로써 명백히 할 수 있다;

수집한 그대로의 데이터는 "정보"가 아니다; 데이터는 그것을 평가하고, 해석하고, 적용한 후에야 정보가 된다.

(4) 작동 원리

제품을 올바르게 사용하기를 원하는 사람은 그것이 어떻게 작동하는지를 알아야 할 것이다:

전통적인 온도계는 열팽창의 원리에서 작동한다; 구(bulb)의 온도가 증가함에 따라, 그 내부 수은이 팽창하고, 가는 수은 줄기가 속이 빈 관을 따라 올라가게 된다.

기본적으로, 레이저는 전기 에너지를 사용하여 응집력 있는 빛을 생산하는데, 그 빛의 모든 파들은 서로 다른 위상을 가져서, 그 빛이 더 뜨겁고 그리고 더욱 강렬하다.

심지어 추상적인 개념이나 과정들은 그것들의 작동 원리를 바탕으로 설명할 수 있다:

인플레이션은 수요와 공급의 원리에 의해서 지배된다; 만약 어떤 물건이나 서비스의 공급이 부족하다면, 그 가격은 그것의 수요에 비례해서 증가한다.

(5) 부분들의 분석

사용자들이 복잡한 물건이나 개념을 이해해야 하는 때에는, 그것의 개별 부분이나 요소들을 확실히 설명하면 된다:

경사진 지붕이 있는 목조 가옥의 표준 프레임은 바닥 들보(floor joists), 벽 샛기둥(wall studs), 지붕 서까래(roof rafters) 및 주환(柱環) 이음나무들(collar ties)로 구성된다.

정신분석은 네 가지 부분으로 구성된 분석적이고 치료적인 기법이다: (1) 자유연상, (2) 꿈 해석, (3) 억압과 저항의 분석, 및 (4) (감정)전이의 분석

물론, 개별 부분을 논의하는데 있어서, "바닥 들보"나 "억압"과 같은 특수 용어들을 정의해야 할 것이다.

부분들의 분석은 일반인들에게 특별히 기술적인 개념을 일반인들에게 설명하는데 유용하다. 다음 분석(아래 예문 5-2)은 과정을 세 부분들로 분할함으로써 레이저 발생의 물리학을 설명하는데 도움을 준다:

1. 레이저는 전류나 심지어 다른 레이저[와 같은]를 에너지 원천으로 요구한다.
2. 어떤 공진하는 회로가… 레이저를 생성하는 매개체를 담고 있으며, 한쪽 끝은 완전히 반사하고 다른 쪽 끝은 부분적으로 반사한다. 고체, 액체 또는 가스일 수 있는, 매개체는 에너지를 흡수하고 그리고 에너지를 광양자들[빛을 방출하는 전자기 입자들]의 흐름으로써 방출한다. 광양자들은… 공진하는 회로의 완전히 반사하는 끝과 부분적으로 반사하는 끝들 사이에서 진동하고, 끊임없이 에너지를 집적해서 –즉, 그것들은 증폭된다. 미리 설정된 에너지 수준에 이르게 되면, 광양자들은 응집된 광선의 다발(광속(光束))로써 부분적으로 반사하는 표면을 박차고 나가서 광학 요소들과 마주칠 수 있다.
3. 광학 요소들 — 렌즈, 프리즘 및 거울들 — 은 레이저 빔의 크기, 모양 및 다른 특성들을 수정하고 그리고 레이저 빔이 그것의 목표물로 향하게 한다. 그림 5-3은 레이저를 구성하는 세 부분들을 보여준다.

▶ 예문 5-2 레이저 발생의 원리를 설명(Lannon, 2008, p. 446)

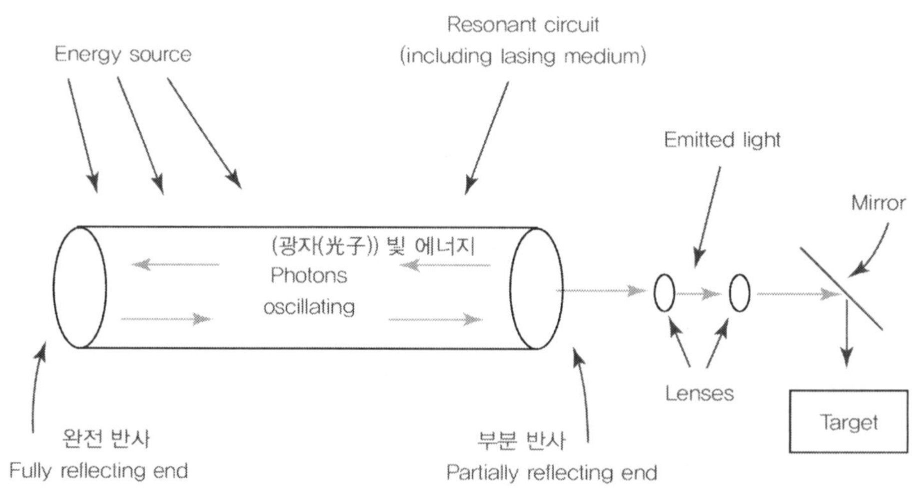

그림 5-3 레이저 생성 원리의 간단한 기술(Lannon, 2008, p. 446)

(6) 시각자료

위 예문에서처럼, 이름표들을 잘 붙인 시각자료는 정의를 명백히 하는데 도움이 된다. 항상, 여러분이 이용하는 시각자료를 소개하고 그것을 설명해라. 만약 시각자료가 빌려온 것이라면, 그 원천을 밝혀라. 시각자료가 한 페이지 전부나 그 이상을 차지하지 않는 한, 시각자료를 그것에 대해 논의하는 곳 가까이에 두어라. 그것을 다른 별도의 쪽에 두지마라.

(7) 비교와 대조

새로운 정보를 청중이 이미 이해하고 있는 정보에 비교하거나 대조하는 것은, 청중이 현재 가지고 있는 지식을 새로운 아이디어들로 연결할 수 있게 돕는다. 예를 들어, 어떤 비전문가들 그룹을 위해서, 다음과 같은 유사(아래에 논의될, 비교의 한 유형)를 사용함으로써 어떻게 지진이 시작되는지를 설명해도 될 것이다.

> 아래 부분의 가운데에 수직으로 칼로 벤 듯한 틈이 나 있는 거대한 gelatin 블록을 상상해라. 그 갈라진 틈을 따라, 거대한 손들이 오른쪽은 앞으로 서서히 밀고 왼쪽은 뒤로 당기고 있어서, 아래 반이 결국에는 둘로 갈라질 텐데, 그런 과정으로 인해 윗부분에도 밀고 당겨지는 긴장이 생성된다. 아래 부분의 갈라진 틈이 위 표면에 도달할 때, 블록의 아래 위 부분들은 두 개의 반 조각들은 밀쳐 떨어지고 앞뒤로 꿈틀거리다가 새로 정렬되어 안정을 찾게 된다.

> 광학 케이블의 평균 지름은 대략 1인치의 1000분의 2여서, 어린이 머리카락만큼이나 미세하다.

유사(analogy)는 다른 부류에 있는 두 가지 것 사이(예를 들어, 컴퓨터 메모리와 우편함, 또는 기숙사 방과 폐차장 마당)의 근본적인 유사성을 보이는 반면에, 비교(comparison)는 같은 부류에 있는 두 가지 것(예로, 스마트폰 두 대 또는 두 가지 치료 약물) 사이의 유사성을 보여준다. 예를 들어, 다음 예는 광학 섬유 케이블과 재래식 구리 동선 케이블을 비교한다:

> 가장 순수한 유리 광학 섬유 속을 달리는 레이저 광선의 빔들은 [재래식] 통신 시스템들보다 몇 배나 더 많은 정보를 전송할 수 있다. … 광섬유 한 쌍은 재래식 구리 케이블보다 만 배 이상 많은 신호들을 운반할 수 있다. 반 인치 광섬유는 사람 팔뚝 정도로 굵은 구리 케이블이 나를 수 있는 만큼의 많은 정보를 운반할 수 있다…

광섬유는 더 나은 신호를 생산할 뿐만 아니라, 신호를 더 멀리 보낸다. 모든 통신 신호는 케이블을 따라 이동하는 동안, 동력이 손실되거나 희박해진다. 이 동력 손실로 인해 신호를 재생하기 위해 구리 케이블의 1 또는 2마일 간격 마다 반복기들을 설치해야 한다. 광섬유를 쓰는 때에는 대략 매 300이나 40마일마다 반복기들이 필요하고, 그리고 그 거리는 광섬유의 세대가 늘어남에 따라 증가하고 있다.

다음은 비교와 대조를 조합한 예이다:

광섬유 기술은 통신 신호를 운반하기 위한 빛 파동들의 월등한 역량으로부터 생겨난다. 음파, 라디오파, 및 광파들은 모두 신호들을 운반할 수 있다; 그들의 역량은 그들의 주파수와 함께 증가한다. 전화에 의해 운반되는 음성 주파수들은 1초당 1000사이클, 혹은 1000헤르츠로 작동한다. TV 신호들은 대략 5천만 헤르츠로 전송된다. 그러나 광파는 수 백조 헤르츠의 주파수로 작동한다.

(8) 요구되는 제재들이나 조건

일부 항목들이나 과정들은 특별한 제재들과 취급을 요구하거나, 또는 그것들이 다른 요구조건들이나 제한들을 가질 수 도 있다. 확대 정의는 이 중요한 정보를 포함해야 한다.

레이저 기술의 경력자가 되려면 엔지니어링, 물리학 또는 화학에 대한 훈련 외에도, 광학(빛의 생성, 전달, 및 조작의 연구)에 대한 배경 지식이 강력해야 한다.

추상적 개념들은 또한 특별한 조건들에 관해서 정의될 것이다:

어떤 사람이 중상 비방하는 글로 유죄 판정을 받았다는 것은, 그 사람이 글이나 그림으로 다른 사람의 인격을 비방했다는 것이 틀림없다.

(9) 예

물건의 유형들이나 사용 방법을 보여주는 친숙한 예들은 정의를 명백히 하는데 도움이 된다. 다음 예는 레이저 빛이 어떻게 열-생성 장비로 사용되는지를 보여준다.

> 레이저는 건강 문제들을 처치하기 위해 날이 갈 수 록 그 사용이 늘어난다. 안과 의사들은 백내장과 분리된 망막들이 연관되는 눈 수술을 매년 수천 건 시술한다. … 피부과 전문의들은 피부 문제들을 처치한다. … 부인과 의사들은 출산 시스템의 문제들을 처치하고, 신경외과 의사들은 심지어 뇌수술을 시술하는데, 이 모두가 광섬유를 거쳐 전송되는 레이저들을 사용한다.

다음 예는 레이저 빛이 정보를 운반하는데 어떻게 사용되는지를 보여준다.

> 예를 들어, 컴퓨터 계산 과정과 기억장치들에서 레이저로 인해 큰 양의 데이터가 저장되고 신속하게 데이터가 처리될 수 있다. 그리고 음향디스크 연주기들은 그것들이 재생하는 소리의 품질을 개선하기 위해서 레이저 사용한다. 광케이블을 통해 데이터를 전송하는 것도 레이저에 의존한다.

예는, 그것들이 청중의 이해 수준에 맞춰지기만 한다면, 강력한 소통 도구들이다. 어떤 확대 전략들을 사용하든지, 3-4절의 인용법을 참고하여, 정보 원천들을 반드시 적어 넣어야 한다.

5-1-4 기술 정의를 요구하는 상황

다음 정의는 청중들의 수요에 적합한 확대 전략을 채용한다. 잘 쓴 에세이와 같이, 개별 정의는 통일되고 응집돼 있다: 개별 단락은 소주제에 관해 전개되고 논리적으로 다른 단락들에 연결된다. 시각자료들은 통합돼 있다. 전환들은 아이디어들 사이의 연결을 강조한다. 개별 정의는 의도된 청중과 연계하는 어느 정도의 전문적 수준에 있다.

(1) 반전문가 독자들을 위한 확대 정의의 준비

청중과 사용 프로파일

이 제재(예문 5-3)의 의도된 사용자들은 반(半)전문가인 초보 학생 기능공들이다. 그들이 솔레노이드를 수리할 수 있기 전에, 그들은 솔레노이드라는 용어의 유래가 무엇이고, 솔레노이드가 어떻게 생겼고, 그것이 어떻게 작동하는지, 그것의 부분들은 어떻게 작동하는지, 그리고 그것이 어떻게 사용되는지를 알아야 할 것이다. 이 정의는 서론의 한 부분이어서, 그것은 그 기구의 일반적인 (그렇지만 종합적인) 개관을 제공한다.

사용자들은 공대생들이 아니기 때문에, 그들은 전자기나 기구 이론에 관한 자세한 것들(예, 방정식 또는 전압 크기, 주울(joule), 힘의 작용선들을 예증하는 그래프들)을 알 필요가 없다.

솔레노이드

솔레노이드는 기계적 기능들을 수행하는 역량을 가진, 전기적 에너지가 공급되면 전자석이 되는 코일이다. "솔레노이드"라는 용어는 전기 장비와 관련하여 무엇의 "한 부분" 또는 "다른 전기 장비와 함께 또는 그 내부에 담겨있는"을 뜻하는 단어 "sole"로부터 유래된 것이다. 그리스 단어 solenoids는 "채널," 또는 "파이프처럼 생긴"을 의미한다.

간단한 plunger-유형 솔레노이드는 전원에 연결된 전선의 코일과, 쇠막대 혹은 나선의 축을 따라 코일의 안과 밖으로 통과하는, plunger로 구성된다. 복귀 스프링은 전류가 끊어질 때, 그림 5-4에서 보는 바와 같이, 코일의 외부에서 막대를 붙잡고 있다.

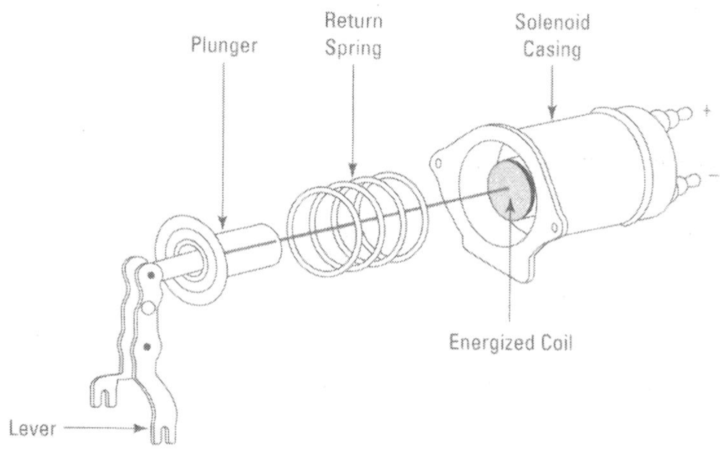

그림 5-4 Plunger 유형 솔레노이드의 분해도(Lannon, 2008, p. 450)

코일에 전류가 공급되면, 그것은 자석이 되고 그래서 그것의 원통 중심의 길이를 따라, 내부로 쇠막대가 끌어당겨진다. 쇠막대 끝에 부착돼 있는 레버로 인해, 그 막대는 전기 에너지를 기계적 힘으로 변환할 수 있다. 생성되는 기계적 힘의 양은 코일이 감긴 회수, 전류의 세기, 그리고 막대의 자기 전도성의 곱에 의해 정해진다.

그림 5-4에서 보는 plunger-유형 솔레노이드는 통상적으로 자동차 엔진의 시동-모터에서 사용된다. 이 유형은 길이가 4.5인치이고 지름이 2인치인데, 강철 케이스는 시동-모터의 케이스에 부착된다. 한 링크장치(pivoting 레버)가 솔레노이드의 쇠막대의 한쪽 끝에 부착돼 있고, 다른 끝에

는, 그림 5-5에서 보는 바처럼, 시동기의 구동기어가 부착돼 있다. 시동키를 돌리면, 배터리로부터 전류가 솔레노이드 코일로 공급되고, 쇠막대는 코일의 내부로 끌어당겨지며, 그래서 부착된 링크장치가 전환된다. 링크장치는, 그에 따라, 플라이 휠(크랭크축의 회전 속도를 고르게 하기 위해 장치한 회전하는 기어)과 함께 시동-모터에 의해 작동하게 된 구동기어와 맞물리게 된다.

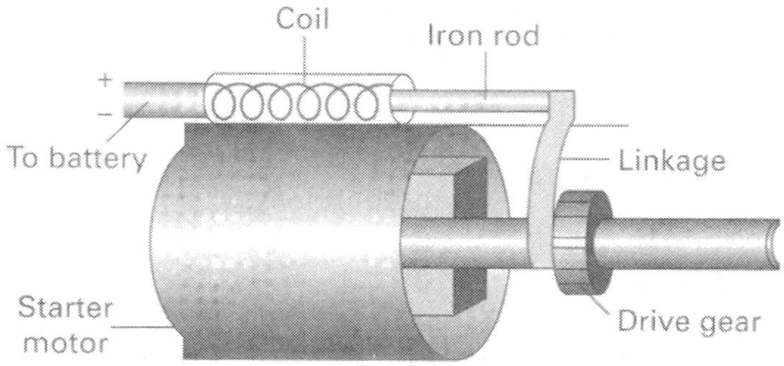

그림 5-5 솔레노이드와 시동 모터의 측면도(Lannon, 2008, p. 451)

솔레노이드가 많이 사용되기 때문에, 그것이 해야 하는 일에 따라 그것의 크기는 다양하다. 작은 솔레노이드는 작은 전선 코일을 가질 것이어서, 약한 자기장이 만들어진다. 코일이 커질수록, 자기장이 더 강해지고; 이 경우에, 솔레노이드에 있는 막대는 더 힘든 일을 할 수 있다. 예를 들어 보통 문에 쓰는 전기식 자물쇠에는 은행 금고용에 보다 훨씬 더 작은 솔레노이드가 쓰인다.

▸ 예문 5-3 반전문가 독자들을 위한 확대 정의 예(Lannon, 2008, p. 451)

아래 예문 5-4를 읽을 청중은 그들의 신분이 너무 다양해서, 필자는 모든 독자들이 이해할 수 있도록 전문적 사항의 가장 낮은 수준을 지향하였다.

(2) 비전문가 독자들을 위한 확대 정의의 준비

청중과 사용 프로파일

다음 예문 5-4는 고급기술에 대해 투자하는 사람들과 새롭고 장래가 유망한 기술들에 흥미가 많은 다른 비(非)전문가 독자들을 위해 써서 온라인에 게시된 것이다.

나노 기술과 관련된 것들을 이해하기 위해서, 독자들은 그것이 무엇이고 그것이 어떻게 발전되었으며, 또한 그것의 잠재적 사용, 현재의 응용, 건강 위험, 및 직장에 미치는 충격에 대해 알아야 한다. 질문-유형 머리제목들은 독자들이 궁금해 할 내용들에 대한 것이다. 나노미터와 마이크로미터의 괄호 정의는 축척의 근본적인 감각을 제공한다. 이 청중은 탄소 나노튜브(engineered nanoparticles), 나노레이저(진보된 응용) 또는 컴퓨터 계산 나노기술 (이론적인 측면)들과 같은 연관된 물리학이나 물리 화학에 대해서는 거의 관심이 없다. 그들은 단순히 가장 넓은 시야로 나노 기술을 볼 수 있는 그림이 필요하다.

Nanotechnology

나노 기술은 무엇인가?

나노 기술은 새로운 구조, 재료 및 장비들을 생산하기 위해서 치수가 대략 1에서 100나노미터인 물질의 이해와 제어를 지칭한다. (1나노미터 nm는 1m의 10억분의 1과 같고; 종이 두께가 대략 10만 나노미터 정도이다.) 그 외의 조망을 위해서, 우리의 유전 물질인 DNA의 지름은 2.5나노미터 범위인 반면에, 적혈구 세포들은 그림 5-6에서 보는 바처럼, 대략 2.5 마이크로미터(1 마이크로미터 μm는 1미터의 100만분의 1이다)이다.

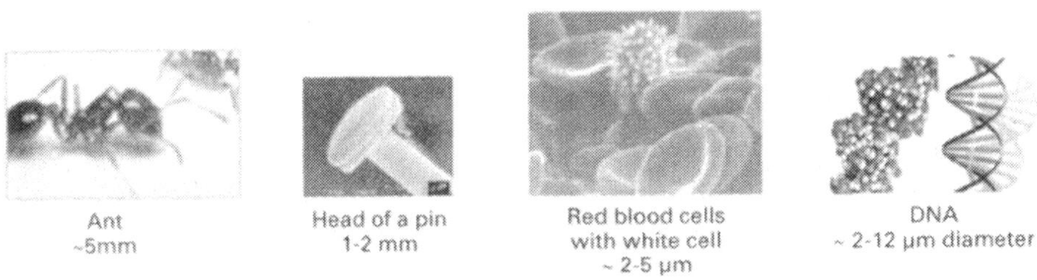

그림 5-6 사물의 크기 - 나노미터와 그 이상(Lannon, 2008, p. 452)

나노스케일 수준에서 재료들의 물리, 화학 및 생물학적 특성들은 개별 원자와 분자들 또는 (생물의) 몸통 크기 수준에서 보는 특성들과 다르다. 나노 기술 연구는 이들 새로운 특성들을 활용하는 개선된 재료, 장비 및 시스템들을 이해하고 생성하는 것을 지향한다.

어떻게 개발되었나?

나노 크기의 과학은 현미경, 다른 것들 중에서 가장 현저하게는 전자, scanning-터널 및 원자력 현미경들의 발달에 의해 가능하게 되었다.

어떻게 사용되나?

나노 입자들의 이용은 다음과 같은 기술과 의학의 많은 분야들에서 연구되고 응용되고 있다:

- 새로운 광학 및 전자 장비들의 개발
- 에너지 저장과 효율의 개선
- 의료 영상 촬영, 치료 및 약물 투여의 새로운 방법들의 발달

과학자들은 나노 기술이 많은 산업분야들을 혁신할 것이라고 예측한다. 예를 들어 나노 기술은 더 작고, 더 싸며 더욱 정확한 센서들의 생산을 가능하게 할 것으로 기대된다. 그 센서들은 환경 오염물질들을 탐지하고, 작업 현장에 독성 물질들이 있는지를 인지하며, 식품안전을 점검하고, 빌딩들에서 구조적 위험을 산정할 수 있을 것이다.

나노 과학을 이용해 생겨난 제품들이 현재 어떤 것들이 있나?

나노 기술이 경쟁 이전(pre-competitive)" 단계(그것의 응용 이용이 제한적이라는 의미)에 있다하더라도 나노 입자들이 몇 가지 제품들에 이용되고 있다. 오늘날 대부분의 컴퓨터 하드드라이브들은 자기 재료들의 나노 급으로 얇은 층들을 거쳐, 저장 용량을 10배 늘릴 수 있게 하는 거대자기저항(巨大磁氣抵抗, giant magnetoresistance, GMR)을 담고 있다. 다른 응용들은 햇볕차단제와 화장품, 정수 및 지뢰 탐지기들을 포함한다.

직업 현장에 위험이 있는가?

나노 물질들은 그것들의 극히 작은 크기로 인해 더욱 전통적인 물질들 보다 다른 방식들로 인체와 상호작용하는 것이다. 예를 들어 흡입된 나노 입자들의 비교적으로 큰 표면 넓이는 그것들의 독성을 증가할 수 있다는 연구 결과가 확립되어 있다. 그런 작은 입자들은 폐 깊숙이 침투할 수 있고 그리고 뇌를 포함하는 인체의 다른 부분들로 이동할지도 모른다. 우리가 이 물질들과 어떻게 안전하게 일할지를 충분히 이해하기 까지 많은 지식 간극들이 남아있다. 이것들과 다른 연구 질문들에 대한 답이 나올 때까지, 우리는 나노 물질들과 일을 할 때 극히 조심해야 한다.

장래 노동인구 수요는 얼마나 되나?

국가과학재단은 15년 내에 나노 기술 산업계를 뒷받침하기 위해서 세계적으로 2백만 근로자들이 필요할 것으로 추정했다.

▶ 예문 5-4 나노 기술을 비전문가 독자들에게 소개한다(Lannon, 2008, p. 453)

(3) 정의의 배치

잘못된 곳에서 정의를 하면 정보 흐름이 방해된다. 청중이 낯선 용어나 개념과 마주칠 때마다, 그 용어나 개념은 바로 그 페이지에서 정의해야 한다. 글말 텍스트에서는 그 용어가 언급된 바로 다음에 또는 바깥 여백에 간략한 괄호 정의를 이용하면 된다.

한 페이지에 세 개 이상의 용어를 정의하면 혼란스럽다. 종이 문서에서는, 그것들을 문장 정의로 다시 쓰고 그것들을 (주로 책 맨 뒤에 있는) 용어 해설(glossary)에나 서론의 "정의"절에 두어라.

문서에서 그것의 역할에 따라, 아래 장소들의 한 곳에 확대 정의를 두어라:

- 만약 정의가 전체 문서를 이해하는데 핵심적이라면, 그것을 서론에 두어라.
- 정의가 논의의 중요한 부분을 명백히 할 때는, 그것을 문서의 그 해당하는 절에 두되 너무 자주 그렇게 하지는 마라.
- 만약 정의가 참고 역할만 한다면, 그것을 별첨에 두어라.

(4) 정의를 위한 지침

- 자세함의 수준에 대해 결정해라

  정의는 길이와 상세함에 있어서, 괄호 속에 있는 몇 개의 단어로부터 여러 페이지의 문서까지, 굉장히 다양하다. 이 특별한 상황에서 필자가 하는 설명을 이해하고 요점을 알아차리기 위해서 청중은 얼마만큼의 자세함이 필요한가?
- 용어를 간결하게 분류해라

  부류가 더 좁을수록, 의미는 더 분명해진다. 스트레스는 작용된 힘으로 분류되고; 스트레스가 "무엇이다 …" 또는 "…일 때 발생한다."고 말하는 것은 구체적인 분류를 가리키지 못한다. 당뇨병은 간결하게, 의학 용어로서가 아닌, 물질대사 질병으로 분류된다.

- 용어를 정확하게 구별해라

만약 구별되는 특징들이 너무 광범위하면, 그것들은 한 개 이상의 용어에 적용될 것이다. *brief*(소송 사건 적요서)를 법정에서 사용되는 법률 문서로 정의한다면, 다른 법률 문서들 중의 하나인 brief(유언, 선서 및 그와 같은 것들)을 구별할 수 없다.

- 순환 정의를 피해라

구별 짓는 특징의 부분으로서, 정의하려는 단어를 반복하지 마라. "스트레스는 물체에 스트레스를 가하는 인가된 힘이다"는 순환 정의이다.

- 정의를 선택적으로 확대해라

문장 정의로 시작한 뒤 청중과 목적을 위해 확대 전략들의 가장 좋은 조합을 선정해라.

- 의미를 명백히 하기 위해서 시각자료들을 사용해라

흔히 말하듯이, 아무리 분명하게 설명한다 하더라도, 정확한 글과 함께 사용되는 때에, 그림 하나가 수천 마디의 말들 – 심지어 그 이상으로 읽을 만한, 값어치를 할 수 있다.

- "얼마나 많아야 충분한가"를 알아라

분명한 것에 대해 쓸데없이 자세하거나 낱낱이 설명함으로써 사람들의 지성을 모욕하지 마라.

- 정의의 복잡한 법률적 측면들을 고려하라

회사 근로자의 업무 평가에서 "불만족한 업무수행"이 의미하는 것은: 그 근로자가 해고되거나, 훈련 프로그램에 참가해야 하거나, 또는 개선을 위한 한번 이상의 기회가 주어지는 것인가? 여러분이 의미하는 것을 낱낱이 밝히지 못하면 법적 다툼이 생길 수 있다.

- 정의의 복잡한 윤리적 측면들을 고려해라

"노출의 안전한 수준" 또는 "안전을 지향하는 투자" 또는 "감당할만한 위험"과 같은 혼란을 일으키거나 모호한 용어를 정의하는 것이 공정하고 사실의 정확한 해석에 바탕을 두고 있는지를 확실히 해라. 예를 들어, 체코 공화국에서 흡연이 "재정 혜택들"을 증진했다는 최근 어떤 미국 담배 회사의 주장을 고려하라. 이 경우는 흡연자들이 젊은 나이에 죽어서, 노인들에게 지급해야할 보건 건강 복지비용과 연금의 수요가 줄어들었다는 사실에 의해 정의된 주장이었다.

- 정의를 적절한 장소에 두어라

사용자들이 정의를 알게 한 뒤에, 가능하면 멀리 벗어나지 않고 곧 바로 본문 내용으로 되돌아올 수 있게 해라.

점검 목록: 정의의 사용 가능성:

내용

- 정의의 유형(괄호식, 문장, 확대)이 청중과 목적에 부합하나?
- 정의는 그 용어를 적절히 분류하는가?
- 기술적 사항의 수준이 청중과 연계되는가?
- 순환 정의를 피했는가?
- 문장 정의는 그 용어를 같은 부류에 있는 모든 다른 용어들로부터 구별 짓는 특징들을 기술하는가?
- 확대 정의는 청중을 위해서 쓸데없이 자세한 사항들을 포함하고 있지는 않는가?
- 시각자료들이 적절히 그리고 어울리게 사용되었는가?
- 모든 정보 원천들이 적절히 밝혀져 있는가?
- 정의는 윤리적으로 그리고 법적으로 받아들여질 만한가?

배치

- 확대 정의는 (주제를 드러내는 에세이처럼) 통일되고 응집력이 있는가?
- 아이디어들 사이의 전환은 적절한가?
- 정의는 문서에서 적절한 장소에 놓여 있나?

스타일과 페이지 디자인

- 정의는 평범한 단어들로 썼나?
- 문장들은 분명하고, 간결하며, 유창한가?
- 단어 선택이 정밀한가?
- 정의는 문법에 맞나?
- 페이지 디자인은 마음을 끌고 접근할 수 있는 것인가?

5-2 기술[42)]

'기술 묘사(技術 描寫, technical descriptions)'는 글말과 시각자료들을 조합하여 어떤 제품이나 과정을 눈앞에서 보듯이 — 머릿속에 그것에 대한 분명한 이미지(image)를 갖도록 — 묘사하는 일이다. 아무 사물은 셀 수 없이 많은 관점들로 시각화할 수 있다. 그래서 어떤 것을 어떻게 묘사하는가 -어떤 조망을 택하는가-는 필자의 목적과 그것을 사용하는 사람의 수요에 따라 다르다.

기술이라는 관점에서, 4-2절에서 설명한 '묘사'와 같은 것이지만, 기술문 쓰기 관점에서 따로 '기술 묘사' 또는 '전문 묘사'라고 부를 수 있어서, 지금부터는 그냥 '기술'이라 하자.

기술은 아무 다른 기술문 쓰기 기법보다 더욱 널리 사용된다. 사실, 여러분이 쓰는 보고서에도 얼마간의 묘사가 필요할 것이다. 어떤 기구의 운전 조작에 대해 말하기 전에, 그것의 물리적인 특성들을 기술해야 한다. 그것은 얼마나 큰가? 소재는? 어떻게 구동하는가? 그것은 심장의 박동을 감지해서 전달할 수 있는가? 이것들과 같은 다양한 질문들에 대한 답을 해야 한다.

기술은 매뉴얼에서 가장 흔히 사용되는데, 필자가 어떤 물건이 어떻게 작동되는지를 설명하기 전에, 작동 기구의 물리적 특성을 자세히 기술해야 한다. 매뉴얼 외에도, 제안서, 타당성 보고서 및 짧고 비공식적인 보고서들에서 기술적인 절(section)들이 필요하다. 여러 대안적인 시스템들에 관해 보고해야 하는 타당성 조사 관련 필자는 어떤 것 하나의 설치를 추천하기 전에 대상물들을 기술하고 비교한다. 제안서에서, 필자는 설계 방안에 대해 철저히 기술하여 잠재적인 구매자에게 제공함으로써 그 회사의 제품을 납품하려고 한다. 독자들이 어떤 제품이나 기구에 대해 확실히 알게 되었다고 느끼도록, 자세하고, 분명하며, 정확하게 기술해야 한다.

기술 의사소통가들의 가장 기본적인 일은, 물건, 기계, 조직, 또는 생물체 이건, 대상물을 기술하는 것인데, 그래서 청중이 그것을 분명히 그리고 정확하게 시각화할 수 있도록 하는 것이다. 어떤 기구가 어떻게 작동하는지를 기술할 수 있기 전에, 어떤 장비를 어떻게 운전하고 수리하는지를 말할 수 있기 전에, 물건들을 대조하거나 그것들의 원인과 효과들을 분석할 수 있기 전에, 필자는 청중에게 자세한 기술에 의존할 수 있는 방향감각을 주어야 한다. 이를 위해서 필자는 움직이거나 이동하는 대상물이 정지해 있도록 붙잡아 두어야 한다. 대상물을

42) Lannon, 2008, pp. 462-489.

고립시켜 정지해 있게 하고 나서, 그 대상물과 그것의 "부분들"에 필자의 주의를 집중한다.

다른 수사학 기법 보다 아마도 기술법이 가장 정밀한 언어를 요구한다. 필자는 청중에게 대상물의 전반적인 외관, 그것의 부분들의 치수, 그것을 구성하는 소재 및 부품들이 어떻게 어디에 부착되는지를 전달해야 한다. 말로써 대상물의 정확한 그림을 그려야 하는데, 기술은 정밀한 그림들과 단어들에 의존하는 바가 크다.

기술의 목적과 유형

정의처럼, 기술은 이것이 무엇인가? 라는 질문에 답한다. 그러나 사용자들이 "시각화"하는 것을 돕기 위해서, 기술은 그것이 무엇을 하는가? 그것이 무엇같이 생겼나? 그것은 무엇으로 만들어졌나? 그것은 어떻게 작동되나? 그것은 어떻게 발생하나? 등을 조합하는 부가적인 질문들에 답을 한다. 정의와 기술은 서로 의존하고, 거의 아무 유형의 기술적인 설명의 기초를 제공한다.

기술은 두 가지 기초적인 유형으로 나눈다. 제품 기술과 공정(또는 과정) 기술. 어떤 특별한, 장비(예, 청진기)의 사용법을 배우는 사람은 제품 기술에 의존한다. 어떤 복잡한 사건(예, 수세식 좌변기가 어떻게 작동하는지)에서 발생하는 단계들이나 국면들을 이해하기를 원하는 사람은 과정 기술에 의존한다.

설치와 작동 매뉴얼의 부분인, 예문 5-5의 그림 5-7에서 보는 물건에 대한 제품 기술은 do-it-yourself(네 스스로 해라)유형의 집 주인들에게 어떤 장비의 전체와 그것의 부분들에 대해 머릿속에 분명히 그릴 수 있는 이미지를 준다. 그에 수반되는 예문 5-5의 그림 5-8에 대한 과정 기술은 그 장비(시스템)가 어떻게 작동하는지를 보여준다.

쓸모 있는 기술의 요소들

분명하고 한정적인 제목

제목 "Velo 10-단 경주용 자전거의 기술"는 사람들이 그 글이 자전거에 대해 종합적으로 기술한 것임을 짐작할 수 있게 한다. 만약 단지 자전거의 브레이크 기구만을 기술하려고 한다면, 그런 내용을 짐작할 수 있도록 글의 제목을 붙여야 한다: "Velo의 Center-Pull Caliper 브레이크 기구의 기술."

적절한 상세함과 전문성의 수준

분명한 그림을 그리기에 충분히 자세한 사항들을 주되, 불필요한 정보는 빼라. 청중들이 기술을 사용하려는 이유를 파악해야 한다.

어떤 자전거 모델에 대해 기술하려고 한다고 하자. 그것에 대해 생성하는 그림은 여러분 자신이 선정하는 세부 사항들에 의존할 것이다. 청중은 이 기술을 어떻게 사용할 것인가? 이 고객은 자전거의 외양-그것의 번지르르한 외모와 발랄한 스타일-에 관심이 있나? 고객은 부품들이 어떻게 작동하는지를 알아야하는 수리공인가? 고객은 이 자전거를 어떻게 조립하는지를 알아야 하는 자전거 가게의 조수인가? 또는 고객은 정밀한 기술 명세에 대해서 알려고 하는 자전거 제조자인가?

예문 5-5의 그림 5-7과 5-8에서 보는 바, 온수기에 대한 기술은 모델이 무엇 같이 생겼고, 그것은 무엇으로 만들어 졌으며, 그리고 그것이 어떻게 작동하는지에 초점을 둔다. 청중은 do-it-yourself 부류의 사람들로서 그들은 이미 온수기가 무엇이며 그리고 그것이 무엇을 하는지를 안다. 청중은 장비에 대한 배경에는 관심 없다. (그것이 어떻게 조립되었는지에 대해서는 이 매뉴얼의 뒷부분에서 설치와 정비보수 지침들과 함께 기술돼 있다.)

① 서머스탯(thermostat, 온도조절장치)이 Hot Water Maker(HWM, 온수기)에서 물을 데우기 위해서 에너지를 요청한다.

② 붙박이 릴레이(relay)가 보일러 물을 데움으로써 에너지를 생성하도록 보일러/버너에 신호를 보낸다.

③ 온수기 순환기(circulator)가 작동을 해서 데워진 보일러 물이 온수기 열교환기의 내부를 지나 순환한다.

④ 열 교환기 내부에 있는 보일러 물로부터 온수기 안에서 열교환기를 둘러싸고 있는 물로 열에너지가 전달 또는 "교환"된다.

⑤ 보일러 물에서 최대 열에너지가 빠져나간 후, 보일러 물은 보일러로 돌아와서 다시 데워진다.

⑥ 온수기에서 온도가 요망되는 온도까지 상승하도록 충분한 열이 교환되었을 때, 서머스탯은 릴레이에 에너지 공급을 중단하고 온수기 순환기와 보일러/버너를 끌 것이다. 이것은 — 온수기를 처음으로 작동했을 때 - 대략 23분 걸릴 것이다. 사용 중 재가열하는 데는 대략 9-12분이 걸릴 것이다.

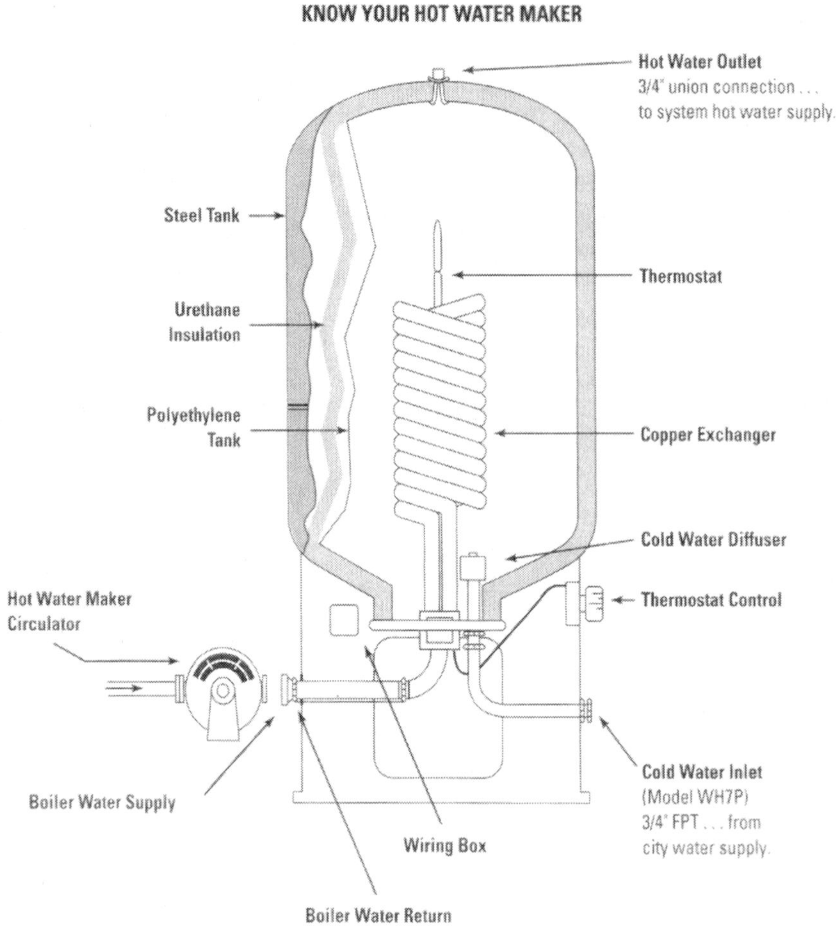

그림 5-7 사용자들이 온수기의 기본적인 부분들과 그것들의 관계들을 시각화할 수 있게 하는 제품 기술(Lannon, 2008, p. 464)

⑦ 이제 세탁기, 샤워, 싱크, 등에서 쓸 41갤런의 뜨거운 물이 저장되어 있다. 이 41갤런의 뜨거운 물은, 만약 그것을 사용하지 않는다면 보일러/버너가 다시 작동하게 하지 않는 상태로, 최대 열 시간동안 뜨거움을 유지할 것이다. (물론, 그 물을 겨울에 집을 난방 하는데 사용하지 않는 경우를 말한다.)

⑧ 뜨거운 물을 사용할 때, 대략 20갤런을 사용하면 온수기가 다시 켜질 것이다. 그러면 온수기에 찬물 20갤런을 보충하는" 동안, 사용할 수 있는 뜨거운 물 21갤런이 여전히 남아 있을 것이다. 이것은 정상적인 사용 조건(3 1/2 GPM Flow) 동안, 뜨거운 물이 결코 동이 나지 않을 것임을 의미한다.

뜨거운 물을 저장하고 뜨거운 물을 더 많이 만드는데 에너지를 효율적으로 전달하는 온수기의 능력이 보일러를 더 긴 시간동안 꺼져 있게 할 것이어서, 온수기가 쓰는 에너지를 현저하게 절약할 수 있을 것으로 기대할 수 있다.

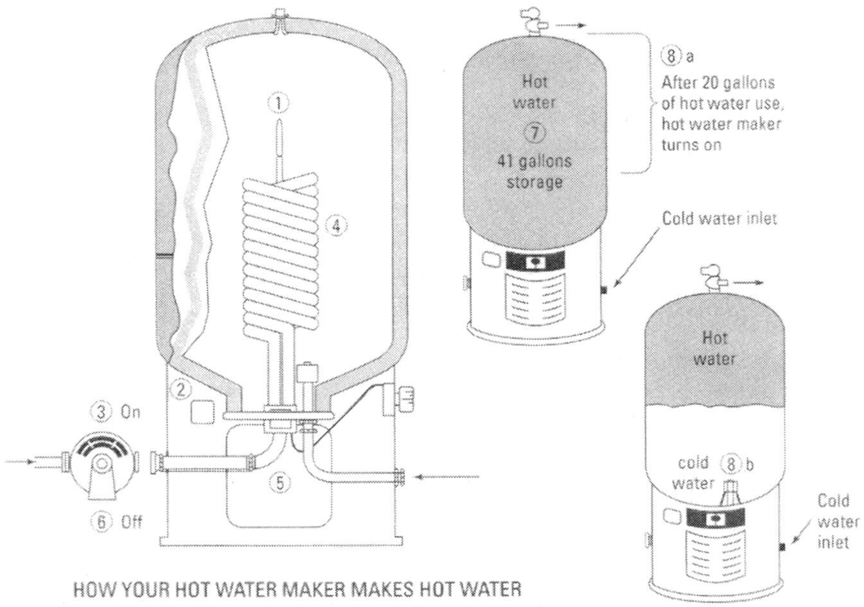

그림 5-8 온수를 생산하는데 관련되는 일들의 차례를 사용자들이 시각화할 수 있게 돕는 과정 기술(Lannon, 2008, p. 465)

▸ 예문 5-5 순간온수기의 기술(Lannon, 2008, p. 465)

이와 대조적으로, 온수기 제조를 위한 명세(明細, specifications)는 정확하고 자세하게(즉, 강철 탱크의 요구되는 두께와 정격 압력뿐만 아니라 철 합금에서 쇠, 탄소 및 다른 구성 재료들의 요구되는 비율 등을 포함하여) 각 부분들을 기술해야 할 것이다.

객관성

객관적인 묘사(4-2절 참고)는 어떤 정도가 적절한지에 대한 개인적인 판단을 배제하고, 관찰할 수 있는 세부들에 초점을 둔다. ("굴착 요원들은 얼음이 얼듯이 차가운 비를 맞으며 질풍 같은 바람 속에서 일했다"). 주관적인 묘사는 객관적 세부들에 개인적인 인상들과 은유들로 색을 칠한다. 그것은 보통 어떤 분위기를 조성하거나 대상물에 관한 느낌을 공유하려고 애쓴다. (“날씨는 혹독했다.”)

홍보용 글을 제외하고, 묘사는, 만약 그것들이 윤리적이어야 한다면, 편파적이지 않아야 한다. 그러나 물론, 순수한 객관성은 사람에게 불가능하다. 개별 관찰자는 사실과 그들의 의미하는 바에 어떤 독특한 관점을 가지고, 그래서 무엇을 넣고 무엇은 빼버릴지를 선택한다. 그럼에도 불구하고, 우리는 그것들을 알고 이해하는 바에 따라 사실들을 의사소통해야 하는 것이다. 홍보용 글이 펼치는 긍정적인 주장들조차도 객관적이고 입증할 수 있는 증거에 바탕을 두어야 한다.

Note

객관성을 유지하는 일이 어떤 제품이 불안전하거나 불량할지 모르는 경우에 대해서 개인적인 평가(습관·신앙 따위를)를 버려야 하는 것을 의미하지는 않는다. 윤리적인 의사소통가는 객관적이고 책임질 수 있는 연구와 관찰에 바탕을 둔 의견인 한에 있어서는, 제품들에 대한 자신의 의견을 표현할 수 있어야 한다.

다음 제안들은 기술 패턴의 기술문을 쓰는데 있어서 객관성을 달성하는데 도움을 줄 수 있다.

구체적이고 전부를 틀림없이 파악할 수 있기에 충분한 정도의 구체적인 세부들을 선정하라

아무 관찰자가 눈치 챌 수 있는, 마치 카메라가 세세한 것들을 사진 찍어 기록으로 남길 것 같은, 세부들에 초점을 두어라. 아래 이탤릭체로 쓴 것처럼, 아무 구분도 안 되는 세부적인 시각 이미지는 쓸모없다.

주관성

그의 사무실은 *경악할* 조망과 못쓸 가구들로 *침울한* 분위기이다.

아래 예문은 분명하고 정확한 그림을 제공한다:

객관성

그의 사무실의 깨어진 창문 밖으로는 벽돌 벽이 보이고, 바닥 깔개 가운데 부분에 20 cm 정도의 구멍이 나 있으며, 바닥 마루가 너덜너덜하고, 의자들은 찌그러져 있으며, 천장에는 회반죽이 몇 군데 떨어져 나가 있다.

간결하고 정보가 있는 언어를 사용해라

"큰," "긴," "가까운" 대신 정확한 측정, 무게, 길이, 및 구성 성분들을 제시해라. 장소(location)와 공간적인 관계들을 구체적으로 밝혀라: "위," "비스듬한," "뒤," "접한," "바로 곁에," "서로 얽힌," "받치고 있는," "겹친." 있는 곳(position)을 구체적으로 말해라: "수평의," "수직의," "좌," "우," "길이 방향," "횡단면," "평행." 판단을 표현해야 하거나 사실로 뒷받침할 수 있지 않는 한, 판단적인 단어들인 "인상적인," "불쌍한," "서툰"을 쓰지 마라:

간결한 단어들로 인해 사용자들은 시각화하는데 크게 도움을 받는다.

두루뭉술한	간결한
최신 모델의 자동차	그랜저 2011년 형
내부 모습	절단하거나, 잘라낸 내부 또는 해체한 내부
공중전화기 옆	공중전화기 오른쪽 옆
붉고 작은 것	지름이 2cm이고 가운데가 움푹 파인 빨간색 누름단추

Note

과도하게 복잡한 기술적인 용어들이나 뜻을 알 수 없는 쓸데없는 말, 허튼 소리를 정밀성과 혼돈하지 마라. "피" 대신 "피를 짜내는 시편" 또는 "단열" 대신 "열적 희박화" 또는 "피해 제어" 대신 "미래에 생길지도 모르는 문제들을 예상해서 행동하는 중립화" 로 말하지 마라. 일반인들을 겨냥한 가장 분명한 글은 –더 단순한 단어들로도 충분하다면 –간결하면서도 평범한 언어를 사용한다.

시각자료

독자들이 보고 있는 것이 무엇인지를 분석하는데 도움이 되도록 캡션과 라벨들과 함께– 도면, 다이어그램, 또는 사진들을 – 넉넉히 사용해라.

Note

시각자료의 경제성은 흔히 분명성과 동등하다. 말이 많고 잡다한 시각자료들로 인해 너저분해지지 않게 주의해라.

컴퓨터로 생성한 시각자료들 (예를 들어, 3-D 도면들이나 건축 제도 프로그램들)은 특별히 기술들을 위해서 적절하다. 다른 전문적인 그래픽들을 만드는데 도움을 주는 다른 원천들 중에는 clip art, 전자 스캐닝, 인터넷에서 내려 받기 등이 있다. (유용한 웹사이트들에서 표본을 채취하고 컴퓨터 그래픽들을 사용하는데 대한 법적 이슈들에 대한 논의는 아래 자료를 참조하라.)

- Clip art: 〈www.clipart.com〉
- Photographs: 〈www.classicphotos.com〉 〈www.photolinks.net〉
- Art images: 〈www.artresources.com〉
- Maps: 〈http://plasma.nationalgeographic.com/mapmachine〉
- International symbols: 〈www.iso.org〉
- Audio and video: 〈www.streamingmediaworld.com〉

Note

웹으로부터 시각자료들 (또는 그와 관련한 아무 제재들)을 내려 받아 사용하는 때에 극히 조심해야 한다. 복사금지법에 대해 검토해라. 웹에 있는 아무 저작물에 대해서는 원래 창작자가 주인으로 저작권을 가지고 있다. "공짜" 클립아트로 제공된 것을 포함하여 아무 사진도 저작물법에 의해 보호된다.

가장 분명한 기술 순서

아무 물건이나 공정은 보통 (1) 그것이 정적인 대상물로서 보이는 방식 (2) 그것의 부분들이 순서대로 작동하는 방식 또는 (3) 그것의 부분들이 조립된 방식에 바탕을 둔, 그것 자신 본연의 조직 논리를 가진다. 이 공간적, 기능적, 시간적 관계들에 대해 아래에서 논의한다.

기술은 일반적인 것으로부터 구체적인 것으로, 전체로부터, 부분들로 이동한다. 이 이동의 개별 단계에서, 크기, 모양, 소재, 장소 및 부착 방법 등과 같은 특성들을 언급한다. 기술은 대상물과 그것의 부분들의 외관을 전달하기 위해서 언어의 정밀성을 요구한다. 그러면 기술은 청중이 글말로 그것의 정확한 그림을 그려 대상물을 시각화하도록 돕는다.

공간적 순서

모든 물리적인 기술들의 부분인, 공간적 순서는 다음 질문들에 답한다: 그것은 무엇인가? 그것은 무엇을 하는가? 그것은 무엇처럼 생겼나? 그것은 무슨 부분들과 재료로 만들어졌나? 사용자들이 정적인 물건이나 정지하고 있는 기구를 시각화할 수 있기를 원할 때 이 순서를 적용해라 (사무실 내부 안쪽, 문서, 서류, 자유의 여신상, 대지의 플롯, 줄톱, 또는 컴퓨터 키보드). 이 물건은 정면에서 뒤로, 좌에서 우로, 위에서 아래로 시각화하는 것이 가장 좋겠나? (부분들은 무슨 논리적 경로를 생성하는가?) 안으로 접어 넣을 수 있는 펜은 논리적으로 외부에서 내부로 조망되어야 할 것이다.

기능적 순서

기능적 순서는 답한다: 그것이 어떻게 작동하는가? 35mm 카메라, 핵탄두, 연기 탐지기, 또는 자동차 순항-제어 시스템과 같은, 작동중인 기구를 기술하는데 이순서는 가장 잘 사용된다. 그 물건 본연의 논리는 그 물건의 부분들이 기능하는 순서에 의해 반영된다. 그림 5-4의 온수기처럼, 기구는 보통 단 하나의 기능적 순서를 가진다. 다음에 예를 들, 청진기에 대한 기술은 청진기에서 소리가 지나가는 부분들의 순서를 따른다.

태양열 시스템을 기술할 때에, 지붕에 있는 열 수집기로 시작해서 파이프, 펌프시스템, 그리고 가열된 물을 위한 탱크들을 거쳐 마루와 벽에 있는 열 통로로 - 근원으로부터 바깥 외부로 - 이동하면 될 것이다. 작동하는 부분들의 이 기능적 순서 후에, 공간적 순서로 개별 부분을 기술하면 된다.

시간적 순서

연대기적 순서는 답한다: 그것은 어떻게 합쳐져 있나? 그것은 어떻게 작동하나? 그것은 어떻게 발생하나? 조립 순서(한 점의 가구, 접이식 텐트, 또는 미리 조립된 창문이나 문짝과 같은)를 설명함으로써 그것을 가장 잘 시각화할 수 있는 물건에 대해서는 시간적 순서를 사용해라. 건축가들은 해변에 지을 집을 고객들에게 기술하기 위해 가장 좋은 공간적인 순서를 찾으려 할 것이다: 그러나, 건축 시공자들은 공정의 개별 단계에서 미리 정해진 치수, 소재 및 시공 방법들을 명세화하기 위해 (청사진들의) 시간적 순서를 사용하기도 할 것이다.

Note

필요에 따라 이 순서들을 조합할 수 있다. 예를 들어, (자동차 소유주의 매뉴얼을 위한) 자동차 잭(jack, 자동차를 들어 올리는 장비)을 기술하는데 있어서, 이 물건이 무엇인지 사용자들이 알아차리는데 도움을 주기 위해서는 공간적 순서를, 그들에게 그것이 어떻게 작동하는지를 보여주기 위해서는 기능적 순서를, 그리고 그것을 조립하고 올바르게 사용하도록 돕기 위해서는 시간적 순서를 이용하는 것이 좋다.

여기서 3장 글쓰기 과정 중 '쓰기 전' 과정을 생각해 보자. 3장에서 배운 바에 의하면, '쓰기 전' 과정에서, 주어진 '문제'에 대해, 화제, 제재, 소주제, 비공식 개요, 주제를 정한 다음에 개요를 정하였다. 그런데 아래에 '제품에 대한 기술문'을 쓰기 위한 개요가 주어져 있다. 이것은, 3장에서 잠시 언급한 바처럼, 기술문을 쓰기 위해서는 글을 쓰기 전에 필요한 제재들이 확보되어 있어야 하는 것을 의미한다. 그런 준비가 된 상황에서는 기술을 위한 일반적인 글의 개요를 따라 초벌을 쓰면 된다. 즉 아래에 주어진 개요는 '장르' 관점에서, 제품을 기술하는 글을 구성하는 틀이다.

5-2-1 제품 기술

어떤 복잡한 기구를 기술하기 위해서는 반드시 개요가 있어야 한다. 다음 모델 개요는 아무 기술에 적용될 수 있는 것이다.

I. 서론: 일반적인 기술[43)]

- A. 정의, 기능 및 물건의 배경
- B. 목적(과 청중 — 강의실에서 수업하는 경우에만 포함)
- C. 전반적인 기술(해당된다면, 개관을 보여주는 시각자료)
- D. 작동 원리(해당된다면)
- E. 주요 부분들의 개관

43) 대부분의 기술에서, 하부 분할들은 서론에서 합쳐질 수 있는 것들이어서 문서에서 그것들을 개별 머리제목들로 나타내지 않아도 된다.

II. 부분들의 기술과 기능
    A. 기술 순서에서 부분 1
        1. 정의
        2. 모양, 길이, 소재(구체적인 시각자료와 함께)
        3. 부속 부분(해당된다면)
        4. 기능
        5. 이웃 부분들과의 관계
        6. 부착 형식(적용된다면)
    B. 기술 순서에서 부분 2(등 등)
III. 결론과 작동 기술
    A. 요약(길고 복잡한 기술에만 적용)
    B. 부분들의 상호 관계
    C. 온전한 작동 한 사이클

주제와 목적 및 청중에 맞도록 이 개요의 부분들을 수정하고, 지우거나 조합해도 될 것이다.

서론: 일반적인 기술

사용자들이 제품을 이해하는데 필요한 만큼만 배경을 설명한다.

부분들의 기술과 기능

본론에서는 개별 주요 부분(부분 1, 부분 2, …)들에 대해 기술한다. 부분들을 차례로 배열한 뒤에, 개별 부분의 논리를 따라라. 단지 사용자들이 필요한 만큼의 세부 사항들만을 제공해라.

이 기술문을 읽는 독자들은 청진기를 매일 사용할 것이므로, 그들은 그것이 어떻게 작동하는지, 청소를 하려면 어떻게 해체하는지, 그리고 닳거나 부서진 부분들을 어떻게 교체하는지에 대해서 알아야 한다. (제조자를 위한 명세들은 더욱 더 많은 기술적인 세부– 치수, 합금, 곡률, 공차 등등 – 들을 요구할 것이다.)

아래 예문 5–6에는 청진기의 개별 부분이, 순서대로, 제품 구성의 논리에 따라 기술돼 있다.

결론과 작동 기술

결론에서는 부분들이 함께 작동해서 전체 물건이 어떻게 기능하는지를 설명한다.

다음 예문 5-6은 시각자료를 어느 정도 이용하여 쓴 글임을 주목하기 바란다.

표준 청진기의 기술

청진기는 몸에 이상이 있는지를 탐지하는 일을 지원하기 위해서 몸에서 나는 소리들을 증폭하고 전송하는 청음 장비이다.

이 계측기는 1819년 프랑스 의사, R. T. Laennec에 의해서 발명되었는데, 애초에 나무로 만든 깔때기 모양의 계측기로부터 진화되어 왔다. 여성 환자들의 수줍음 때문에 그는 (신체의 소리들을 듣는) 청진하기 위한, 귀가 아닌, 다른 도구를 개발해야 한다는 것을 알게 되었다.

이 기술은 초보 준 의료인 또는 간호학을 배우는 학생들에게 청진기의 구조, 조립 및 작동 원리를 설명한다.

표준 청진기는 민감한 소리-탐지와 증폭하는 장비로서 길이가 대략 24인치이고, 무게가 5온스 정도가 된다. 이 장비의 한쪽 끝의 평평한 표면을 환자의 신체 부위에 갖다 대어 압력을 가한다. 이 증폭하는 장비는 신체에서 나는 소리를 귀에 꽂아 듣는 장비로 전송하는 고무와 금속 튜브에 연결돼 있다.

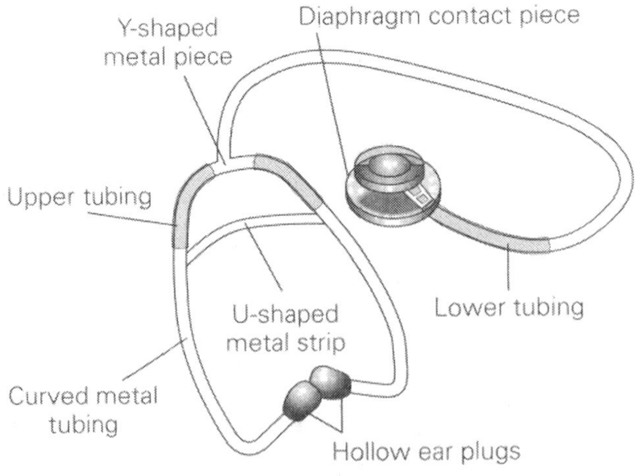

그림 5-9 다이어프램을 갖는 청진기 (정면도)(Lannon, 2008, p. 470)

청진기의 Y-모양 구조는 맞물려 연결돼 있는 일곱 가지 부품들로 구성된다: (1) 다이어프램(diaphragm piece) (2) 하부 튜브(lower tubing) (3) Y-모양 금속부 (4) 상부 튜브(upper tubing) (5) 가느다란 U-모양 금속관부 (6) 구부러진 금속 배관 (7) 속이 빈 귀 플러그. 이 부품들이 연속적으로 이어져서 한 단위를 형성한다(그림 5-9).

다이어프램

다이어프램은 속이 빈 얕은 금속 사발(bowl)인데, 대략 남자용 손목시계 크기 쯤 된다. (두께는 500원 동전의 두 배 쯤 된다). 신체에서 나는 다양한 소리가 그 사발에 잡혀져서, 그로 인해 플라스틱 격막이 진동한다.

다이어프램은 구별된 세 부분들로 만들어져 있는데: 속이 빈 강철 사발, 플라스틱 격막, 그리고 금속 프레임(그림 5-10).

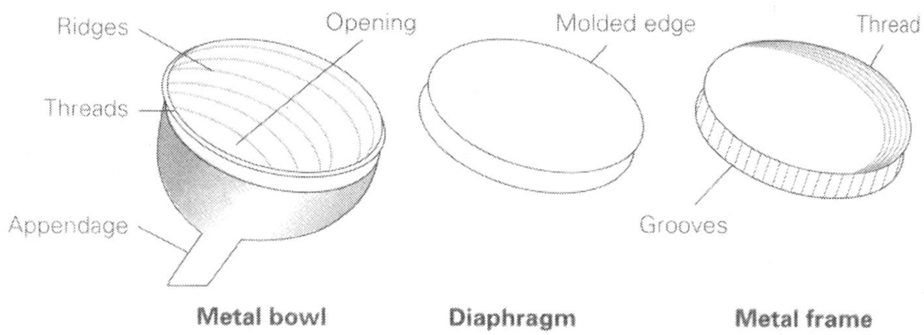

그림 5-10 다이어프램의 분해도(Lannon, 2008, p. 471)

스테인리스 강철 금속 사발의 오목한 내부 표면에는 동심의 산마루들이 나 있다. 그 산마루들로 인해 소리가 기울어진 바닥의 열린 구멍을 향해 흘러 가고, 그러고 나서 소리는 속이 빈 부속기관(appendage, 附屬 器官)을 거쳐 빠져나간다. 금속 사발 외부의 테두리를 둘러싸고 있는 측면 나사산들이 금속 프레임을 맞물고 있으며, 짜 맞춰진 격막이 사발 위쪽의 열린 구멍을 덮고 있다.

격막은 두께가 2㎜, 둘레가 4인치인 플라스틱 얇은 판인데, 테두리에 주조된 가장자리가 있다. 그것은 금속 사발 위에 걸쳐 있는 격층에 끼워져 있고 소리를 산마루들을 향해 진동한다. 사발에 나사로 결합된 금속 프레임이 격막을 제자리에 붙잡고 있다.

스테인리스 강철 프레임은 얇은 판과 금속 사발에 걸쳐 맞춰져 있다, 내부와 외부 가장자리 사이의 1/4 인치 산마루에 프레임을 사발에 나사로 조여 둘 수 있게 나사산들이 나 있다. 프레임의 외부 원주에는 프레임을 손가락으로는 쉽게 잡을 수 있게 –백 원이나 오백 원짜리 동전의 테두리에 있는 것과 같은 –동등하게 간격이 벌어져 있는, 얕은 깊이의 골들이 파져 있다.

다이어프램은 소리를 전달받고, 증폭하며, 부착된 배관 튜브 시스템을 거쳐 소리를 전송해 보낸다. 접촉부는 그것의 꼭대기(좁은 끝)에 있는 부속 기관에 의해서 하부 배관 튜브에 부착돼 있는데, 그 꼭대기 부분은 배관 내부에 맞춰져 있다.

청진기의 일곱 가지 주요 부분들은 계측기를 지지하고, 사용자들이 유연하게 청진기를 취급하도록 하며, 쉽게 사용할 수 있게 한다.

사용할 때, 피부에 갖다 대는, 다이어프램은 몸에서 나는 소리 자극을 붙잡는다. 이 소리 충격이 플라스틱 격막을 진동하게 한다. 증폭된 진동은, 튜브를 지나, 좌우로 갈라지는 지점까지 순차적으로 운반된다. 여기서부터, 증폭된 소리는 두 개의 구분된 동일한 튜브를 지나 속이 빈 귀 플러그 까지 운반된다.

▶ 예문 5-6 표준 청진기에 대한 제품 기술(Lannon, 2008, p. 470)

이 글을 시각자료를 이용하지 않고 쓴다면 어떻게 될까? 아마도 글쓰기가 엄청 어려울 것이다. 예를 들어, 위 그림 5-9과 그림 5-10에서 보듯이, 그림에서 청진기의 구성 요소들에 이름을 붙여 놓았기 때문에, 그 요소들의 형상이나 특성들을 말로 기술하기가 훨씬 쉬운 것이다. 그러므로 기술문 쓰기에서, 시각자료의 이용은 필수적이라 할 수 있다. 시각자료에 대해서는 6장을 참조하기 바란다.

제품 기술 연습

아래의 그림 5-11를 보고, 종이 클립의 크기, 모양, 치수들을 분명히 기술하는 글을 쓰시오 (Pauley, 1979, p. 76). 그러고 나서 종이 클립이 어떻게 작동하는지를 자세히 기술하는 글도 쓰시오. 클립이 작동하는 원리인 탄성이나 비틀림에 대해 설명해야 할 것이므로, 쓰기 전에 사전을 찾아보는 것이 좋을 것이다. 독자들은 기계공학에 대한 기초 지식이 없는 사람들이다.

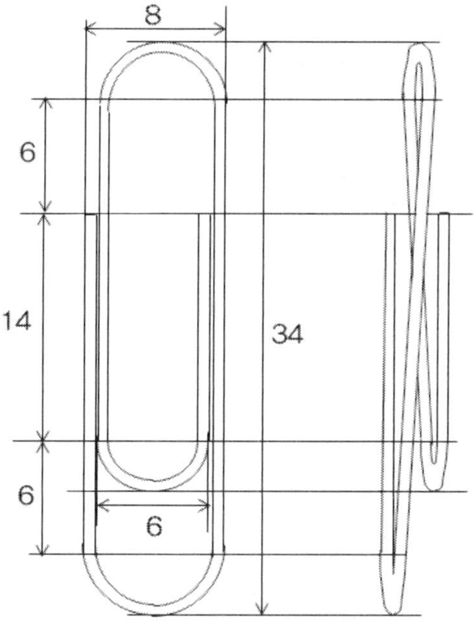

그림 5-11 종이 클립의 평면도와 측면도

5-2-2 과정 기술

일이나 사물들이 어떻게 작동하거나 발생하는지를 기술하는 일은 과정을 그것의 부분들이나 작동 원리들로 분할한다. 동료나 고객들은 증권이나 채권가격들이 어떻게 지배되는지, 은행은 어떻게 대출 담보물을 검토하는지, 광섬유는 어떻게 impulse를 전도하는지 등을 알려고 한다. 과정 기술은 사용자들이 그 과정을 단계별로 따라갈 수 있을 정도로 충분히 자세해야 한다. '과정' 서술 방식에 대해서는 4-3 절에서 배웠다.

많은 대학문들은 일이나 사물들이 어떻게 발생하는 지를 설명하는 글이다. 청중은 학생들이 배운 것을 평가할 교수이다. 학생들이 주제에 관해 알고 있는 것 보다 교수가 더 많이 알고 있기 때문에, 여러분은 흔히 세세한 것들은 제외하고 요점들만 논의한다.

그러나 여러분의 진정한 도전은, 여러분들보다 아는 것이 적은 그리고 모르는 것들에 대해 알려고도 하지 않지만 그럴 수도 없는 청중들을 위해서 과정을 기술하는 때에, 발생한다. 그러면 여러분은 선생님이 되고 사용자들이 여러분의 학생들이 된다.

과정이 무엇이고, 그리고 왜, 언제, 그리고 어디서 그것이 발생하는지를 기술해야 한다. 서론부터 쓴다. 본론에서는 각 단계들을 차례대로 분석함으로써, 그것이 어떻게 발생하는지를 말한다. 결론에서, 단계들을 요약하고 과정의 온전한 사이클 하나에 대해 기술한다.

다음 개요는 과정을 기술하는데 응용될 수 있는 모델이다:

Ⅰ. 서론
- A. 정의, 배경, 목적 과정의
- B. 의도된 청중(직장 청중을 위해서는 보통 생략)
- C. 과정을 이해하는데 필요한 사전 지식
- D. 과정의 간략한 기술
- E. 작동원리
- F. 과정이 발생하기 위해 필요한 특수조건들
- G. 특별한 용어들에 대한 정의
- H. 단계들 미리보기

Ⅱ. 과정에 있는 단계들
- A. 첫 중요 단계
  1. 정의와 목적
  2. 구체적 단계에 필요한 특수조건들
  3. (적용된다면) 하부 단계들
     - a.
     - b.
- B. 두 번째 중요 단계(등 등)

Ⅲ. 결론
- A. 중요 단계들의 요약
- B. 온전한 과정 사이클 하나

과정 기술에서 선정, 순서 및 원인

보통 과정 기술은 청중이 과정의 정상 순서를 이해하는데 도움이 되도록 과정 단계들을 연대순으로 배열한다. 단 한 번만 발생할 사건을 묘사하는 이야기와 달리, 과정 기술은 어떤 장비가 움직이도록 설정되는 모든 때에 그것이 어떻게 작동하는지를 말한다. 그 움직임의 자연스러운 순서는 새로 조정되지 않는다. 움직임의 원인들을 묘사하는데 연대기적 순서가 또한 필요하다. 비록 여러 부분들이 어떤 행동에 기여할지라도, 보통 개별 행동의 효과는 다음 일의 원인이 되어, 개별 행동은 다른 행동을 생성한다. 그래서 어떤 과정을 기술할 때, 개별 운동을 차례대로 그리고 그 운동의 결과들을 기술한다. 청중과 목적에 따라서 자세한 사항들을 선정한다.

과정 기술의 예[44)]

다음 과정 기술(예문 5-9)에서 필자는 화장실(toilet)의 수세식 좌변기의 작동을 기술한다. 필자는 먼저 관련된 원리들을 설명하고 과정 기술에 대해 예비적으로 개관한다. 필자는 그 다음에 과정의 개별 단계들과 개별 단계들의 효과를 기술한다.

가정에서 가장 흔히 사용되면서 고장이 가장 잦은 것으로 의심받는 배관 설비는 수세식 좌변기이다. 변기는 사람 배설물을 매우 간결한 방식으로 배출하기 위해 고안된 것이다. 변기의 작동 원리는 물속에 분리되어 가라앉은 공기 방울들은 표면으로 올라온다는 자연 현상에 의존한다. 레버 원리도 또한 변기의 여러 내부 부분들의 성공적인 작동에 적용된다. 보통 변기의 수세(水洗, flushing)는 두 가지 주된 과정으로 이루어진다. 첫 번째로, 배설물을 제거하는 변기 사발의 수세, 두 번째로 물탱크와 변기에 물 채움.

수세의 첫 과정은 수세 핸들을 시계 방향으로 신속하게 돌리는 것으로 시작된다. 작동은 이 초기 입력 에너지 이후 자발적으로 계속되는데, 장비의 개별 부분들이 다른 작동 구성품들에 통합적으로 연결돼있기 때문이다. 물탱크 바깥에 있는 수세 핸들이 움직이면 탱크 내부에 있는 핸들에 직접 연결된 금속 막대도 움직인다. 그 금속 막대가 갑자기 들어 올라감에 따라, 그것에 직각으로 연결된 물마개 줄도 덩달아 당겨 올라간다. 이 물마개 줄은 다시 마개 볼을 당겨 올린다. 마개 볼이 그 자리로 부터 당겨 올라가는 때에, 탱크에 갇혀있던 물이 변기 속으로 배출 파이프를 통해 쏟아져 내리고, 변기 용기에 있던 오물은 시궁창으로 연결된 오물 파이프를 거쳐 흘러나가게 된다. 마개 볼은 물속에서 신속히 위로 올라오는데, 그것이 막고 있던 자리에 작은 틈이라도 벌어지면 그 마개는 통제를 벗어난 공기 방울과 매우 유사하게 되기 때문이다.

44) Lay, 1982, pp. 163-164.

두 번째 과정에서는 탱크의 수위가 조정되는 몇 단계가 관련된다. 첫 단계는 물탱크 내의 수위가 서서히 내려감에 따라, 고무로 만든 속이 빈공인, 고무 부구(浮具, float)가 일정하게 내려간다. 고무 부구는 마개가 닫힌 빈병이 항상 물에 떠있게 되는 것과 같은 방식으로 물의 표면에 떠있다. 고무 부구가 수위와 함께 내려감에 따라, 그곳에 곧바로 연결된 부구 팔이 움직여서 물 유입 밸브가 열린다. 물 흐름 줄기가 배수 파이프를 통해 물이 빠져나가는 속도보다 훨씬 느린 속도로 서서히 탱크 속으로 유입된다. 동시에, 작은 물줄기가 동일한 물 유입 밸브로부터 보충 튜브를 통해 배출 유동 파이프 속으로 뿜어져 나오며 그리고, 종국에는 변기 사발에 물이 가득 담겨진다. 물줄기는 또한 예방 장비의 역할을 한다. 만약 물 유입이 탱크가 충만한데도 계속된다면, 과외의 물은 단순히 재충진 튜브 속으로 흘러들어 배출 유동 파이프를 거쳐 변기 사발 속으로 그리고 오물 파이프들을 거쳐 배출될 것이다. 탱크 내부에서 수위는 내려가고 마개 볼은 그것의 원래 자리에 앉혀질 때까지 낮아지는 물 표면에 떠 있다. 그것은 차오르는 물이 아래로 내려 누르는 압력을 가함에 따라 그 자리에 눌러 앉아 머문다. 이제 더 이상 탱크를 빠져나가는 물 흐름이 없기 때문에, 부구는 탱크 안에서 차오르는 수위와 함께 위로 움직인다. 부구가 그것의 평형위치에 까지 상승하고 나면, 물 유입 밸브가 닫힌다. 물이 이제는 탱크나 재충진 보충 튜브 속으로 밀려들어오지 않는다. 물탱크가 꽉 차는 때에 또 다른 수세를 위한 준비가 된다.

▶ 예문 5-9 기구(수세식 좌변기)의 작동 과정 기술(Lay, 1982, p. 163)

필자가 청중에게 끊임없이 행동의 시간들을 상기시키고 있음을 주목하라: 한 단계가 끝나자마자 다른 것이 시작되고; "동시에" 두 행동들이 발생하며: 한 행동이 끝나고 나면 다른 것이 시작한다. 필자는 행동, 시간, 전후 관련 순서 및 인과의 균형을 잡는다. 청중은 무슨 단계가 발생하고 언제, 그 전과 그 후에 다른 무슨 단계가 있으며, 무엇 때문에 그 단계가 발생하는지를 안다. 장비가 어떻게 작동하는지를 알아야하는 청중을 위해서 필자는 연속적인 행동이 연관되는 과정을 설명한다. 필자는 그 작동에서의 개별 변화나 단계를 기술해서 청중이 그 복잡한 과정을 시각화 할 수 있게 한다.

그 다음으로 과정 기술에서는 행동들이 시간 순으로 배열된다. 보통 장비가 작동하도록 설정되는 또는 켜지는 때는 언제나 똑같은 과정이 발생하기 때문에, 과정 기술은 시간의 진행 순서를 따른다. 이 순서에 따라 과정에서의 단계들이 원인들과 효과들로 기술될 수 있다. 생각이나 느낌 보다는 행동을 기술하기 때문에, 과정 기술에서는 보통 3인칭 객관적 관점이 사용된다.

과정 기술에서 사람 작용자

만약 필자가 기술하려는 과정에서 사람이 핵심 역할을 한다면 그 사람 "운전자" 또는 "대행자"는 과정의 부분으로 포함된다. 과정 기술에서는 독자가 그 과정에 참여하거나 그 과정을 반복하도록 하기 보다는, 그것을 이해할 수 있도록 과정의 행동이 기술되기 때문에, 독자는 기술되는 과정의 운전자나 대행자가 아니다. 과정 기술에서, 대행자나 운전자는 그저 작동하는 장비의 다른 "부분들" 중의 하나이지 그 이상 중요한 것이 아니다.

연습

아래 그림 5-12는 4 행정 내연기관의 작동 과정을 기술하는 다이어그램이다(Pauley, 1979, p 58). 다이어그램을 보고 작동 과정을 기술하는 기술문을 쓰시오.

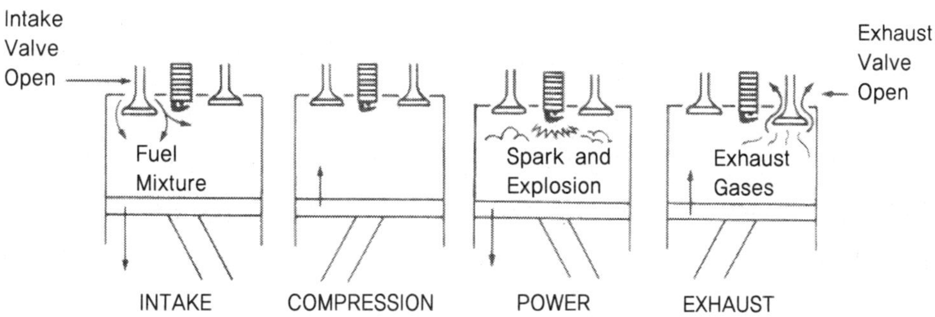

그림 5-12 FOUR STROKES OF A PISTON

5-2-3 명세[45)]

비행기, 교량, 연기 탐지기 및 셀 수 없는 다른 기술들은 명세서(specifications, 시방)에 따라 생산된다. 기술 패턴의 특별한 유형인, 명세(또는 'specs')는 성능, 안전성 및 품질을 위한 표준들을 규정한다. 셀 수 없는 제품들과 과정들을 위해서, 명세서들은 아래 특징들을 기술한다:

45) Lannon, 2008, pp. 479-482.

- 제품 제조, 조립 또는 설치하는 방법
- 사용될 재료들과 설비
- 제품의 크기, 모양 및 무게
- 구체적인 시험, 정비 보수, 및 점검 절차

명세서는 흔히 특별한 안전성 코드, 엔지니어링 표준, 또는 정부나 법적 규제에 순응하는지를 보증하기 위해서 사용된다.

명세가 품질의 "받아들일 수 있는" 수준을 정의하기 때문에, 명세를 충족하지 못하는 제품은 소비자들로부터 고발당할 빌미를 제공할 것이다. 상해나 사망이 초래될 때(교량 붕괴에서나 항공기 사고에서처럼), 장비는 보통 그것이 적절한 명세에 따라 만들어 졌고 정비되었는지 확인된다. 만약 문제가 있다면 제조자 또는 공급자가 책임을 져야 할 것이다.

중앙 정부와 지방자치단체 규제 대리인들은 정기적으로 안전을 보장하기 위해서 명세들을 하달한다. 소비자 제품안전 위원회는 잔디 깎는 동력 기계의 손잡이에 "비상 정지 스위치," 발상해를 예방하기 위한 칼날 보호막, 그리고 눈과 얼굴 상해를 예방하기 위한 아래로 향하게 하는 풀 발사기(thrower)를 갖추도록 명세한다. 또 그 위원회는 파자마 섬유 천의 방화재를 규제하듯이, 아기 용품들을 위한 명세들을 제정한다. 통로 폭, 좌석 안전벨트 형상 및 비상설비에 대한 승객 항공기 명세들은 정부 항공 관리처가 제정한다. 지방 정부와 지역 대리인들은 안전과 신뢰성을 위해 건축물 코드, 화재코드, 및 다른 표준들의 형태로 명세들을 제정한다.

정부 부서들(국방부, 안전행정부 등)은 모든 형태의 군용 장비와 다른 장비를 위한 명세들을 제정한다. 우주선 부품들을 위한 한 세트의 우주항공개발 명세서는 심지어 나사산 깊이와 폭에 이르기까지의 세세한 것들에 대한 표준들을 규정하는 수백 페이지짜리 문서이다.

민간 부문은 고객들이 원하는 것을 정확히 획득할 수 있도록 하기 위해, 셀 수 없이 많은 제품들이나 프로젝트들을 위한 명세들을 제정한다.

명세는 넓은 범주의 청중이 동일하게 해석하도록 그 내용이 분명해야 한다.

- 고객은 필요한 것에 대해 전체적으로 큰 그림을 이해하고 그리고 가장 좋은 가격에 가장 좋은 제품을 원한다.
- 디자이너(건축가, 엔지니어, 컴퓨터 과학자 등)는 고객의 희망을 실제 명세로 변환해야 한다.

- 가장 낮은 입찰가를 제시함으로써 일거리를 따낸 사람으로서 계약자 또는 제조자는 정해진 것만 함으로서 이윤을 보존해야 한다.
- 공급자는 정확한 재료들과 설비를 공급해야 한다.
- 실제 조립, 건설 또는 설치할 사람 – 시행자(관리자, 매니저, 감독자, 하청계약자 및 작업자 – 배관이나 전기와 같이 제품의 부분에 대해 일하는 사람)
- 검사자 또는 (건축, 배관 또는 전기 검사자들과 같은)감리자는 제품이 명세들을 얼마나 잘 지켰는지를 평가한다.

이 당사자들의 각각은 정확하게 무엇이 행해져야 하고 그것이 어떻게 행해져야 하는지에 대해 이해하고 동의해야 한다. 명세를 충족하지 못한데 대한 소송 사건에서 영향력을 가진 사람들 중에는 넓게는 판사, 변호사 및 배심원들이 포함된다. 그림 5–13은 한 세트의 분명한 명세들이 어떻게 모든 사용자들 (그들의 다양한 관점, 동기, 및 전문성의 수준들)이 이해를 공유하도록 통합하는지를 묘사한다.

그림 5–13 명세들의 사용자들과 잠재적 사용자(Lannon, 2008, p. 481)

명세는 제품의 디자인과 제조를 안내하는 것에 더하여, 제품의 사용과 정비 보수를 활성화할 수 있다. 예를 들어 컴퓨터 매뉴얼에 있는 명세는 그 제품의 성능 제한 또는 등급(ratings)

을 포함하는데 동력 요구조건; 처리와 저장 역량; 작동 환경 요구조건; 주요 부품들의 조립; 등. 가전기기, 전동공구 및 다른 물건들을 위한 제품지원 문서는 일상적으로 고객들이 좋은 작동 환경을 선정하거나 낡거나 결함 부품들을 교체하는 일을 돕기 위한 등급들을 담고 있다.

설계 명세(design specifications)는 보통 어떤 물건의 설계와 제작 또는 대규모 건설 프로젝트들에 대해 작성된다(Sorby, 2006, p. 108). 전형적으로, 그런 프로젝트들은 그 프로젝트에 대해 구체적인 과업들을 수행하도록 고용된 여러 하도급 계약자(subcontractors)들을 감독하는 일반 계약자(general contractor)에 의해서 구축된 그 과업에 고유한 설계들이다. 대규모 건설 프로젝트에 대한 문서는 적어도 두 가지 부분들로 구성된다.

1. 설계 해결책을 도식적으로 예증하는 도면들의 한 집합
2. 도면들에 의해 제공되지 않는 정보들을 제공하는 글로 적은 명세서들의 집합

명세들은 도면들을 수반하고, 그리고 이 두 항목들은 전체 설계문서를 구성한다. 명세들이 문서들이기 때문에, 그것들은 제작(또는 건설) 계약의 결과로 발생하는 아무 법적 소송 절차에서 보다 윗자리를 차지한다. 세 번째 흔한 유형의 문서는 설계를 수행한 엔지니어들과 프로젝트 구현의 책임을 맡은 엔지니어들 사이의 서면 계약사항이다.

예를 들어, 여러분이 정유 공장의 설계와 건설에 대해 책임을 지는 화학 공학 엔지니어라고 상상하자. 설계 과정 동안, 여러 엔지니어링 팀들이 전체 플랜트에 대한 모든 시스템을 설계한다. 토목 엔지니어는 플랜트 구조를 설계하고, 기계 엔지니어는 펌프 설비와 난방 및 냉방 시스템들을 설계하며, 전기 엔지니어는 플랜트의 전력 수요를 확인하며, 환경 엔지니어는 요구되는 공해-예방 시설들을 개발한다. 화공 엔지니어로서, 여러분은 원료나 소재가 플랜트를 거쳐 어떻게 유동하고, 화학 공정처리의 각 단계에서 유지되어야 하는 온도, 그리고 공정처리 동안 제품에 부가되거나 추출되어야 하는 다른 화합물들을 결정해야하는 책임을 진다.

플랜트가 설계된 후에, 설비 시설을 짓기 위해 일반 계약자가 고용된다. 그 계약자는 또 다시 그 플랜트 내의 다양한 시스템들을 구축하기 위해 하부계약자들을 고용한다. 이 모든 건설 동안, 명시적인 글말 의사소통이 그 원계약자와 하부계약자들에게 설계 명세들의 형태로 제공된다. 명세들은 다음과 같은 항목들에 대한 예비 규정들을 포함한다.

- 플랜트에서 사용되는 모든 펌프의 크기와 용량
- 플랜트에서 콘크리트와 다른 소재들에 대한 소재 특성들과 성형 기법들
- 준수해야 하는 정부 법규, 표준, 및 규제
- 하부 계약자들을 고용하기 위한 조건들과 책임
- 플랜트 내에 건물들의 기초를 위해 요구되는 토양 밀집도
- 배선 시스템들에서 사용될 배선 연결의 유형
- 다양한 플랜트 시스템들의 요구되는 전반적인 성능 특성

학생들은 설계 명세에 대해서 기초설계, 요소설계 혹은 종합설계 과목들에서 부분적으로나 종합적으로 배울 것이고, 전공 분야나 전공 주제의 성격에 따라 요구되는 명세서 작성 방법에 대해서 배울 기회가 있을 것이다.

5-3 정보 요약[46)]

엔지니어링 업무나 실험 · 실습수업에서, 여러분들이 알아낸 것들을 간략하고 요령 있게 요약하는 일을 자주 하게 될 것이다. 이런 문서의 길이는 사용 맥락에 따라 다양하다. 이 형태의 문서를 작성할 때, 단어를 조심스럽게 선택해야 하고 문장들에 군말이 없어야 한다.

정보를 요약하는 문서들의 두 가지 주된 유형들은 실무 요약과 초록이다.

5-3-1 실무 요약

기능

실무 요약(executive summary 또는 executive abstract)은 보고서의 온전한 개관을 주는 것으로서 전체 보고서를 대체한다. 그것은 보고서의 하나의 독립된 요소이고, 그래서 독립적일 수 있어야 한다. 실무 요약은, 흔히 여러 엔지니어들 또는 다른 업무 요원들로 구성된 팀을 맡고 있을, 관리자(의사 결정자)들에게 제출하는데, 그 사람은 보통 보고서의 단지 일부분만을 읽는다. 이 지위에 있는 관리자는 보고서의 주된 요점들을 신속히 알아내기를 원하고 보고서의 텍스트 모두를 읽으려 하지 않는다. 만약 관리자가 실무요약을 읽다가 아무 구체적인 질문이 생기면, 그 때에 그는 필요한 자세한 사항들을 알기 위해서 전체 보고서를 읽을 것이다. 효과적으로 실무요약을 쓸 수 있는 능력은 (시간이 아주 중요한 조직 세계로 들어감에 따라) 여러분에게 큰 힘이 될 것이다. 실무요약은 모든 청중을 마음에 두고 써야 하고, 그것들이 조직 내부(in-house) 기술 보고를 위해서 뿐만 아니라 회사의 고객들에 배부될 보고서를 위해서도 흔히 사용될 수 있기 때문에 간결해야 한다.

형식

실무 요약은 대체로 세 가지 부분들로 구성된다:

1. 서론, 목적, 배경 제재, 절차 및 보고의 결과들의 핵심 요점들의 요약
2. 결론
3. 추천

46) Sorby, 2006, pp. 79-84.

많은 실무 요약에서, 이 부분들은 흔히 별도의 절들이고 개별 것은 머리제목을 가진다: 요약, 결론 그리고 추천. 그런 분할로 인해 독자는 실무 요약 전체를 읽지 않고서도 필요한 정보를 알아낼 수 있다.

기교

실무 요약의 길이는 보통 대략 1쪽이나 500단어 정도이다. 어떤 회사는, 실무 요약은 길어도 2쪽을 넘지 않게 하고, 다른 회사들에서는 그 길이를 보고서 길이의 백분율(즉, 5 ~ 10 %)로 정해두고 있다. 실무 요약은 이 세 가지 요소들(앞에서 열거한)을 분명하고 간결하게 진술해야 하기 때문에, 쓰기에 대한 도전 과제가 될 수 있다. 실무 요약을 쓸 때, 독자를 고려한 소개적인 제재를 포함하고, 결과들의 중요성과 그 함축하는 의미들을 기술하며, 필자의 결론과 추천을 분명히 진술해야 한다. 전체 보고서를 마무리한 다음에 실무 요약을 작성해야 하고, 보고서의 핵심 요점들이 실무 요약에 분명히 제시되어야 한다.

저가 휴대용 내연기관 데이터 분석 시스템의 설계

실무 요약

요약

현재 연방 공기 품질 표준들에 의하면 새로운 자동차들을 대량 생산하기 전에 그것들은 배출 가스시험을 통과해야 한다. 현재 정부 시험 기준에는 배기관(tailpipe) 배출 측정이 정해져 있지만 새로운 차량 모델의 개발 국면에서는 배기관 배출을 측정하는 것만으로는 효율적이지 않다. 차량동력계 챔버에서의 시험이 차량을 설계하는 동안 할 수 있는 배출 시험 방법이기는 해도, 새로운 자동차 모델을 개발하는 국면 동안 시험을 위해서 그 방법은 비싸고 효율적이지 않다. 이 프로젝트에서 차량동력계 챔버 시험에 대한 저비용–시험 대안이 개발되었다. 이 개발은 새로운 자동차의 설계와 연관된 비용을 상당히 줄이는 것으로 잠재적으로 해석될 수 있는 것이다.

데이터는 시험 차량의 실린더, 배기다기관 및 촉매 컨버터들에 부착된 여러 압력 및 온도 센서들을 통해 수집되었다. 이 데이터들은 데이터 획득 보드에 입력되어 신호들이 조정되고 아날로그로부터 디지털로 전환되었으며 여러 컴퓨터 계산 루틴들을 거쳐, 총량 배출이 어림된다. 개발된 데이터 분석 시스템은 데이터 표본 채집을 위해서 LabVIEW 프로그램을, 컴퓨터에 의한 계산을 위해서는 C++프로그램, 그리고 데이터를 Excel 스프레드시트로 옮겨 넣기 위해서는 Visual Basic macro

를 사용한다. 사용 가능한 포맷으로 데이터가 Excel에 옮겨 들어가고 나면, 그것들은 좀 더 가공될 수 있어서 필요한 대로 그래프들이 생산될 수 있다.

결론

이 프로젝트를 통해, 차량 연소 실린더들로부터 나오는 이산화질소(nitrous oxide)배출들을 추산하기 위한 데이터 분석 시스템이 성공적으로 개발되었다. 이 시스템은 차량동력계 챔버에 의한 비용 지출 없이 배출들의 정확한 예측을 할 수 있게 한다. 시스템은 분석을 위해서 간단한 Windows NT PC 플랫폼을 그리고 데이터 획득을 위해서는 표준 센서들과 소프트웨어를 이용한다. 시스템은 비용 효과적이고 사용하기에 편하며 새로운 차량 모델들의 설계에 연관되는 시간과 지출을 틀림없이 대단히 많이 감축한다.

권고

이 데이터 분석 시스템을 앞으로 더욱 발전시키기 위해서는 분석을 실행하기 위한 사용자 인터페이스를 개선하는 것과 시스템을 단 하나의 루틴으로 능률적으로 간소화하는 일일 것이다. 또 다른 개선 사항은 시스템을 MTS/CAS 시스템으로 옮겨서 차량을 통 털어, 수집된 부가적인 데이터가 분석에 통합될 수 있게 하는 일이 될 것이다.

▸ 예문 5-10 실무 요약의 예(Sorby, 2006, p. 81)

5-3-2 초록

초록은 기술 보고서들의 (그리고 가끔 제안서에서는, 만약 제안의 수령자가 그렇게 요청한다면)시작부 - 문서의 제목 쪽이나 아니면 바로 그 다음에 - 에 등장하는데, 문서의 내용을 간략히 요약한다. 대부분의 초록들은 네 가지 요소들을 담는다: (1) 목적 (2) 방법론 (3) 결과 그리고 (4) 결론. 이것들 중 어떤 것들을 포함할 것인지는 필자가 쓰는 문서의 유형, 주어진 요구 조건들(초록에 대한 회사, 선생님 또는 학회의 전문위원회의 지침) 및 독자들의 수요에 따라 다르다. 보통 필자들은 보고서를 다 쓰고 난 다음에 초록의 초안을 쓰는데, 그래야 문서에 담은 내용들을 정확히 반영할 수 있기 때문이다. 초록을 문서에서 말하려는 것에 초점을 맞추는 수단으로 간주하여 초록을 처음에 써야 한다고 말하는 사람들도 있기는 하지만, 대부분의 기술 의사소통가들은 보고서를 마무리한 다음에 초록을 쓴다.

기능

초록의 기능은 실무 요약의 기능과 비슷하다. 초록은 기술문서의 내용을 요약(실무 요약은 보고서 전체의 내용을 요약)하는데, 보통 한 단락을 넘지 않는다. 초록의 기능은 문서 내용과 요점들을 독자에게 알려준다. 그래서 초록은 독자가 전체 문서를 읽을 가치가 있는지를 신속히 결정할 수 있게 한다. 이 기능은, 실무 요약이 보고서에 있는 모든 자세한 것들을 힘들여 읽어 나갈 시간을 가지지 못하는 사람을 위해 보고서를 잠정적으로 대체하려는 의도로 쓴 것이라는 관점에서, 실무 요약의 기능과 다르다. 이와 대조적으로, 초록이 보고서에 포함된 주된 아이디어들을 요약하지만, 초록은 문서를 읽을 수요까지를 대체하지는 않는다.

초록은 가끔 ① 기술(descriptive) 초록(예문 5-11)과 ② 정보(informative) 초록(예문 5-12)으로 구별하기도 한다. 앞에서 말한 것은 기술 초록에 대한 것이었다. 정보 초록은 실무 요약과 유사한 것이다. 어떤 보고서는 초록과 실무 요약 둘 다를 가질 수 있다. 그런 경우에, 초록은 독자가 계속해서 실무 요약을 읽어야 할지를 결정하는데 도움을 주는 보고서의 짧은 기술이다.

형태

머리제목들을 붙이지 않고 더 짧다는 것을 제외하고는, 초록의 기초적 형태는 실무 요약의 형태와 같다. 초록은 타당한 배경 정보와 성취된 결과들 및 결론들을 확실히 담고 있어야 한다. 장래의 일거리에 대한 추천은 초록에 포함될 수도 있고 그렇지 않을 수도 있다.

기교

초록은 전형적으로 길면 한 단락 정도이고 짧으면 단어 100에서 150 개 정도로 길이가 제한될 것이다. 초록에는 별도의 머리제목들은 포함되지 않는다. 다른 말로하면, 초록은 영화에 대한 예고편 같은 것이다: 독자들은 초록의 내용으로부터 그들이 전체 글을 읽기 위해서 "입장료"를 내야 할지 말아야 할지를 결정할 것이다. 초록은 글의 다른 부분들을 모두 마무리하고 나서 써야 한다. 많은 경우에, 초록을 위해 사용되는 글씨 모양은 글의 나머지들에 대해 사용된 글씨 모양과 다른데, 그래서 초록이 글의 주된 몸통과 구별되게 한다.

초록을 문서의 초안을 쓰기 전이나 후에 쓰기로 했건 간에, 어떤 종류의 초록이 필자의 목적에 가장 부합하고 독자들의 수요를 충족할 것인지에 관해 조심스럽게 생각해야 한다. 일반적으로, 두 가지 유형의 초록이 있다:

기술 초록은 문서의 본론에 망라된 소주제들을 가리키는, 내용의 산문표 구실을 한다. 그래서 토픽초록 또는 내용목차 초록이라고도 부른다. 이 초록은 자세한 것들이나 정량적 정보(중요 결과, 결론이나 추천 등)를 많이 담지 않은 일반 목적의 도구이다. 이 초록은 단순히 내용목차에 포함된 정보를 복제한다. 이 유형의 초록을 선호하는 독자들은 문헌이 일반적으로 다루는 내용이 무엇인지, 부분들은 무엇인지, 그리고 제재들이 어떻게 전개되었는지를 알기를 원한다.

초록

배송 자동화를 위한 라디오-기반 시스템의 설계

이 시점에서, 전력공급체계를 감시하는 주요 기법들은 장애신고, 계량기 읽기 그리고 문제 경고 등과 같은 사후지시계(after-the-fact)들이다. 이 기법들은 두 가지 측면에서 부적절하다. 첫 번째로 그런 정보가 공급체계의 동특성의 정확한 상황을 공급사에 제공하지 못한다. 두 번째로, 사후지시계들이 비싸다. 그러나 실시간 부하 감시와 관리는 전력사에 시스템 신뢰성과 장기 비용절감, 두 가지 이점을 제공할 것이다. 이 보고서는 배송 자동화의 시험 프로그램을 위한 라디오-기반 시스템을 설계하기 위해 사용되는 설계 기준에 관한 것이다. 보고서는 그 다음에 시스템의 하드웨어와 소프트웨어를 기술한다.

▸ 예문 5-11 기술 초록의 예(Markel, 1988, p. 283)

정보 초록은 주된 아이디어들을 강조하는, 전반적인 보고나 제안의 캡슐 버전인데, 축소된 문서 구실을 한다. 이 초록은 보고서가 전달하는 중요 정보를 제시한다. 단순히 토픽들을 열거하기 보다는, 문제, 범위와 (적절하다면)방법 및 주요 결과, 결론 또는 추천들을 진술한다. 그래서 이 초록은 흔히 기술 초록보다 길고 그리고 전체 문서를 읽지 않고 주된 요점들을 알기를 원하거나 또는 그 중요한 요점들에 대해서 즉각적으로 조치를 취해야 하지만 전체 문서는 나중에 읽을 독자들이 선호한다.

초록

배송 자동화를 위한 라디오-기반 시스템의 설계

이 시점에서, 전력 배송 시스템을 감시하는 주요 기법들은 장애신고, 계량기 읽기, 그리고 문제 경고 등과 같은 사후지시계 들이다. 이 시스템은 그것이 배송 계통의 동특성의 정확한 상황을 전력사에 제공하지 못한다는 측면에서 부적절하고, 그리고 그것이 비싸다. 이 보고서는 시험 프로그램을 위한 라디오-기반 시스템을 설계하기 위한 프로젝트를 기술한다. 패킷 스위칭 기술을 사용하는 기초적인 체계는 (개인용 pc를 중심으로 꾸며지는) 기초 장치, 라디오 연결, 및 원격장치로 구성된다. 이 보고서에 기술된 라디오-기반 배전 감시 계통은 현재 사용 중인 사후지시계들 보다 더 정확하고, 그것은 현재의 측정기들을 대체할 만큼 충분히 작고, 3.9년 이 지나면 그 비용이 상계되며, 그것은 사용하기 간편하다. 우리는 시험차원에서 이 기초적 계통을 설치하기를 권장한다.

▸ 예문 5-12 정보 초록의 예(Markel, 1988, p. 286)

5-4 아이디어 제안[47)]

제안서

가장 중요한 도구들 중, 특히 컨설팅 엔지니어에게, 중요한 도구는 제안서이다. 그것으로 여러분은 자신을 고용하고 있는 회사를 위해서나 만약 여러분이 독립된 컨설팅 전문가이라면, 여러분 자신을 위한 일거리를 갖게 된다.

제안서들에 관한 문헌들을 탐구한다면, 그것들이 제각각의 방식들로 정의되어 있는 것을 알게 될 것이다. 그렇지만, 이 책에서는 제안이 아주 구체적인 것이다: 제안은 입찰, 제안 또는 어떤 프로젝트를 하기 위한 요청이고 그에 더하여, 그 프로젝트를 하기 위해서 승인이나 동의를 획득하는데 필요한 뒷받침 정보이다. 제안은 가끔 수령자에게 프로젝트의 필요성에 대해 납득시켜야 하고, 또한 제안은 프로젝트를 맡으려는 제안자가 그 프로젝트를 할 만한 적합한 개인이거나 조직이라는 것에 대해 수령자를 납득시켜야한다.

전형적인 제안 시나리오에서, 어떤 조직이 프로젝트를 맡으려는 사람들에게 제안서를 제출하도록 요청, 즉 request for proposal, RFP를 제출하도록 요청한다. 이 요청서는 신문이나 직업전문잡지들이나 상공회의소신문과 같은 특수 정기간행물들에 공지되거나; 영업 부서들이 선정한 거래처 목록에 있는 사람들이나 기관들에 우편으로; 또는 전화나 e-메일과 같은 다양한 비공식 수단들에 의해 발송되기도 할 것이다. 그러면 조직이나 사람들은 그들이 그 일을 할 만한 자격을 갖추고 있음을 제시하고 그들이 적임자임을 주장하는 제안서들을 제출한다. 제안서들을 접수한 사람은 제안들 중의 하나를 선정하고 계약 협상을 시작한다. 그것이 마무리 되고 나면, 그 프로젝트를 맡게 된 조직은 일을 시작하게 된다.

제안서를 써서 일을 맡게 되는 일은 경쟁이 심하다. 자신의 회사의 강점들을 강조해야하고 그 프로젝트를 위한 적임자로서의 여러분 회사의 입장을 잘 증명해야 한다.

제안의 유형

제안은 수령자의 요청 여부에 따라 통상적으로 두 가지 유형으로 나뉜다.

- 간청된 경우. 만약 어떤 조직이 제안을 요청한다면 제안은 간청된 것이다.

47) Sorby, 2006, pp. 84-89.

- 간청되지 않은 경우 – 수령자들의 공식 요청이 없어도 개인들과 회사들은 흔히 제안을 먼저 한다. 제안자들은 개인이나 조직이 어떤 문제나 기회를 가지고 있음을 알고 있는지 모른다. 제안이 간청되지 않았을 때, 제안서 작성자는 프로젝트가 행해져야 한다는 것에 대해 제안 수령자를 납득시켜야 하는 부가적인 일을 해야 한다.

제안은 또한 그것들이 발생하는 맥락에 따라 구분될 수 있다.

- 내부적. 만약 여러분이 조직 내에 있는 누군가에게 제안을 하게 된다면, 그 포맷과 내용들은 크게 달라진다. 메모 포맷이 보통 적절하고, 자격 요건이나 비용과 관련한 절들은 필요하지 않을 것이다.
- 외부적. 만약 여러분이 외부의 개인이나 조직에게 제안을 한다면, 여러분은 자신의 자격 요건들을 제시하고 비즈니스-편지와 공식-보고 포맷들을 조합해서 사용해야 한다.

내용과 구성

제안의 전형적인 절들은 다음과 같다[48]: (예문 5-13 참고)

서론

제안의 첫 단락 또는 첫 절에서, 제안의 수령자와 일부 이미 협의가 진행된 내용에 대해 또는 그 프로젝트에 관한 정보의 원천에 대해 언급해라. 제안을 뒷받침하는 정보의 정체를 확인해라(다른 말로 하면, 목적을 진술해라). 또한 제안 내용에 관한 간략한 개관을 제시해라.

배경

간청되지 않은 제안에서, 필자는 자신이 제안을 하게 된 바탕이 되는 문제나 기회를 논의해야 한다. 간청된 제안에서는 제안을 요청하는 당사자가 문제를 매우 잘 알고 있기 때문에, 이것이 필요 없을 것이다. 그렇더라도 요청된 제안에서도 배경 부분은 유용할 수 있는데, 그것은 여러분이 상황을 온전히 이해하고 있고 그리고 그것에 관한 여러분의 해석을 수령자가 한 번 더 점검할 수 있게 한다.

48) Sorby, 2006, pp. 87-89.

실제 제안 진술

제안하고자 하는 것이 명시적으로 무엇인지를 진술하는 짧은 절을 포함해라. 제안은 흔히 많은 가능성들을 포함하고 있어서 실제로 무엇이 제공되는지가 약간 모호할 수 있다. 또한 제공되지 않을 것은 무엇인지에 관해 명시적으로 진술해야 한다.

업무 실적의 기술

일부 제안서에는 제안된 프로젝트 - 즉 업무의 결과-를 기술하는 절이 있어야 한다. 이것은 건축된 빌딩, 프로그램 디자인, 청사진이나 계획, 또는 심지어 40쪽짜리 보고서일지도 모른다. 요점은 제안 수령자들이 관심을 가질 것에 대해 자세한 사항들을 포함해야 한다.

프로젝트의 이점과 타당성

수령자에게 프로젝트에 대해 홍보하기 위해서 일부 제안들은 프로젝트를 시행하는 이점들을 논의한다. 다른 제안들은 그 이점들의 가능성들에 대해 논의한다. 이것은 무엇보다도 프로젝트가 필요한 것이라는 것을 수령자가 납득해야 하는, 요청되지 않은 제안에 대해서 특별히 그렇다.

방법이나 접근

일부 제안들은 일에 착수하기 위한 계획은 어떻게 세우는지 심지어 문제 해결에 관련된 이론을 설명하는 별도의 절을 요구한다. 일부 프로젝트들에 대해서 사람들은 일이 어떻게 진행될 것인지를 알아야 한다. 배경 절에서처럼 이 논의에서는 제안자의 전문성을 입증할 수 있어야 한다.

자격 요건과 신용 조회

대부분의 제안들은 과거 업무실적의 조회와 함께 제안하는 조직의 중요 자격요건들을 열거한다. 이 절은 약식 이력서와 같은 것이다. 대형 제안들은 실제로 그 프로젝트에 대해 일을 할 개인들의 완전한 이력서들을 포함한다. 관련된 사람들에 대해 알고 있는 내부 프로젝트에서 이 절은 불필요하다.

일정

제안은 주요 추진과제들에 대한 날짜나 업무 일정과 함께 반영된 과제의 일정을 담고 있어야 한다. 이 정보는 방법과 절차 절에 포함되어도 괜찮지만 그것만의 별도의 절을 두어도 좋다. 일정은 앞으로 해야 하는 일에 대한 아이디어와 혹시 변화가 필요하다면 언제가 변화를 위한 요청을 할 좋은 시기인지를 수령자에게 알려준다; 그것은 또한 필자가 얼마나 체계적이고, 조직적이며 전문적인지를 보여줄 수 있게 한다.

비용

일부 제안들은 프로젝트와 관련된 다양한 비용을 자세히 기술하는 비용 절을 가진다. 총액을 달랑 내놓기보다, 그것을 세부 과제들의 종류들로 구분해서, 각각에 대한 시간 임금 및 다른 요금들로 구분하여라. 만약 내부제안서를 쓴다면, 여러분은 필요한 공급물자, 새로운 장비를 위한 지출비용, 시간(비록 그것에 요금을 부과하지는 않을 지라도) 등을 열거해야 할 것이다.

결론

제안의 최종 단락들은 수령자가 여러분의 제안을 고려하고, 의문사항에 대해서는 여러분에게 연락하며, 여러분의 입찰이나 요청을 받아들이도록 재촉도 한다. 또한 프로젝트를 시행하는 장점들을 결론에서 한 번 더 언급해도 좋다.

포맷

수령자와 제안자와의 관계, 제안의 규모와 본성 및 제안서가 수령자들에 의해 어떻게 사용될 것인가에 따라 제안서는 여러 가지 방식들로 꾸릴 수 있다.

- 메모 포맷
  만약 제안서가 (세 쪽 이하로) 짧고 회사 내의 누군가에게 제출될 것이라면, 간단한 메모 포맷(예문 5-18 참조)을 사용해라. 그 외의 다른 문서에 대해서는 정상적으로 머리제목들을 다는 것이 좋다.

- 비즈니스 편지 포맷

  만약 제안서가 짧지만 여러분이 속한 조직 외부의 누군가에게 제출될 것이라면, 비즈니스 편지 포맷을 사용해라. 마찬가지로 이 경우에도 머리제목들을 붙여라.

- 제안서를 표지 메모와 분리해라

  만약 제안이 (네 쪽이 넘는) 길고, 여러분 회사의 어떤 사람에게 제출되며, 검토할 사람들이 여럿이고 여기저기 회람될 것이라면, 그것 자체의 제목을 갖는 별도의 문서로 만들어라. 첫 장에 표지 메모를 붙이고 메모에서 서론과 결론의 핵심 요소들을 반복해서 진술해라. (메모로 재구성된 편지 포맷으로 만드는 것이 좋다.)

- 표지 편지와 제안을 구분해라

  제안이 길고, 여러분이 속한 조직 외부의 사람에게 제출될 것이며, 여러 검토자들에게 회람될 것으로 전망된다면, 제안서를 그것 자체의 제목을 붙인 별도의 문서로 만들어라. 겉에 표지 편지를 붙여라; 편지에서, 서론과 결론의 핵심 요소들에 관해 재 진술해라.

자동차 환경의 전자기 특성을 위한 통합 접근의 제안

제목과 저자

F. W. Perger and R. S. Rousselle

프로젝트 요약

제안된 프로젝트의 간략한 개관

최근 자동차 통신 수요의 폭발적 증대는 자동차용 안테나 구조 문제로부터 그 성능 개선에 대한 관심을 더 크게 하였다. 그러나 자동차 안테나 또한 기계적 및 공기역학적 제한조건들도 충족해야하는데, 이것은 전기 및 기계적 소프트웨어와 모델링을 통합하는 설계 접근을 제시한다. 자동차 환경을 고려하는 과학적 시각화를 통해 새로운 안테나 구조를 설계하기 위한 과업을 완수할 가능성이 큰 한 해결책이 개발되었다. 제안된 연구는 이 해결책을 현실성 있는 자동차 예들에 적용하는데 대한 타당성을 탐구하려고 한다.

서론

다른 엔지니어링 분야로부터 온 아이디어 또는 그 분야와 설계 정보를 공유하는 아이디어는 흔히 "비전통적인 것"으로 간주되고, 특히 전자기(EM)분야에서 그런데, 그것의 독특성과 요구되는 전문성의 정도 때문이다. 그렇지만 컴퓨터 워크스테이션을 쓸 수 있게 된 후로, 컴퓨터 모델링 설계 및 분석 기법들이 엔지니어링 전공분야들을 통틀어 유사하다는 인식이 이 문제의 해결 가능성을 제시하고 있다. 이 인식의 평행선들을 활용하면 EM을 통합하는 효율적인 컴퓨터 지원 엔지니어링(CAE) 환경을 현실화할 수 있게 된다. EM 분석 방법들에서 부딪히는 한 가지는 문제는 NEC2(Burke and Poggio 98)와 같은 수치계산 처리장치들(processors)로 부터의 결과들을 시각화하기 위해 사용될 수 있는 도구들의 부족이다. 과학적 시각화는 복잡한 주제인데 데이터를 드러내 보이는 일이 흔히 주어진 응용에 한정되기 때문이다. 그러나 시각(visual), 텍스트(textual) 및 수치(numerical) 형태들을 나란히 놓고 보면, 그렇지 않다면 종잡을 수 없는 데이터 덩어리들에 불과한 것들을 시각화하는 시스템의 의미를 수긍할 수 있다(Arrott and Latta 63).

문제정의

저자/페이지 방법으로 참고문헌 인용

배경

전통적인 엔지니어링 설계 과정은 근본적으로 흔히 over the wall engineering 이라고 언급되는 1차원 접근이다. 이름이 제시하는 바처럼, 설계 엔지니어링 전공분야의 한 부서에서 한 일이 다른 부서로 넘겨진다. 설계가 제조 상태에서 도달할 즈음에 상당한 비용 절감을 가져다 줄 사소한 설계 변경 안이 나오더라도, 다양한 엔지니어링 전공분야들 사이에 설계 기준에 대해 절충할 효율적인 방식이 없기 때문에 설계 개선을 반영할 수 없게 된다.

문제배경과 이전 연구들에 의한 추천

설계 과정의 효율을 증가하기 위해서 많은 회사들이 동시 엔지니어링 concurrent team engineering의 전략을 채용하고 있다. 이 과정에서 비용 효과적이고 최적의 해결책을 개발하기 위해 설계과정을 통틀어 설계자, 분석가, 및 제조자들이 한 팀으로 함께 일한다. CAE 소프트웨어는 팀 구성원들 사이의 공통의 링크를 제공하는데 이것이 이 설계 철학에 근본적인 것이다. CAE 소프트웨어를 통해 팀 구성원 하나하나는 과정의 모든 국면들을 거쳐 설계에 접근할 수 있다.

과학적 시각화의 측면들을 포함하는 EM 설계 시스템들의 개발을 위한 많은 추천들이 있어왔다. 안테나들에 의해 접수되는 EM장들의 모델링을 위한 합리적으로 정확하고 그리고 신뢰할 수 있는 소프트웨어 패키지들이 존재하는 반면에 자동차 업계에서 안테나 구조를 설계하기 위한 기계적 CAE 도구들과 함께 사용될 수 있는 정교한 시각화 도구들이 변변치 않다.

목적

구체적 목표와 제안된 프로젝트의 결과

이 프로젝트의 주된 목표는 자동차를 위한 안테나 구조의 분석과 설계를 위한 틀을 시험하는 것이다. 프로젝트의 구체적인 목적은 다음과 같다:

- EM 분석 방법들에 관련되는 소재 특성을 포함하는 CAE 소프트웨어에서의 자동차의 현실성 있는 3-D 모델의 개발
- EM 분석을 위한 CAE 소프트웨어로부터 온 기하학 및 소재 데이터를 NEC2 프로그램이 받아들일 수 있도록 그것을 개조
- 구조, 심미 및 EM 특성을 고려한 반복적인 설계 최적화를 통한 framework의 시험

과제의 중요성

프로젝트 필요성에 대한 예증

무선통신 기술의 급속한 성장으로 인해 자동차들끼리 그리고 자동차와의 통신 수요가 기하급수적으로 증가하였다. 그러나 자동차와 그 안테나들을 위한 상충하는 설계 제약 사항들 때문에 이 수요에 대처하는 일이 어려움에 봉착하게 되었다. Gigahertz bands로 작동하는 1.575 GHz의 global 위치 추적 시스템들과 같은 무선 응용의 도래는 구조, 공기역학 및 심미적 설계 제약사항들뿐만 아니라 새로운 요구조건들을 충족하는 능력을 갖는 자동차 안테나 시스템들에 대한 수요를 쏟아내고 있다. 이 수요는 최근까지는 아직 해결책을 찾지 못한 방식들로 자동차 안테나들의 설계를 위한 어떤 통합된 접근의 개발의 중요성을 제시하고, 이 통합된 접근은 이제 현재 워크스테이션들의 처리 능력과 그래픽 역량들의 진보를 통해 가능해지고 있다.

이 프로젝트에서 제안된 연구와 개발은 구조적으로 건전하고, 심미적으로

마음에 들며, 높은 품질의 EM 특성을 가진 자동차 모델들의 설계에서 동시적으로 작동하는 능력을 여러 전공분야를 통틀어 엔지니어들에게 제공함으로써 자동차 업계에서의 수요를 메울 것이다. 개발되는 설계와 분석 도구는 자동차 업계에서 동시 엔지니어링을 위한 효율적인 틀을 위한 수단을 제공할 것이다.

프로젝트의 대강

동시 엔지니어링 환경에서 극복해야 하는 가장 큰 장애물들 중의 하나는 모델 지원자들의 도움으로부터 실제 설계 도구들로 이상적으로 건너 뛸 수 있게 하는 것이다. 이 제안에서는 기술된 설계도구로, 엔지니어는 소프트웨어 패키지들을 바꾸지 않고 전체 설계과정을 거쳐 나아갈 수 있다. 그림 1은 이 설계과정의 개관을 보여준다. 이 소프트웨어 도구로, 동일한 컴퓨터 모델과 설계기준에서 공유된 관심을 이용함으로써 시스템의 낱낱의 측면이 개발된다.

본문에서 그림 1이 언급됨

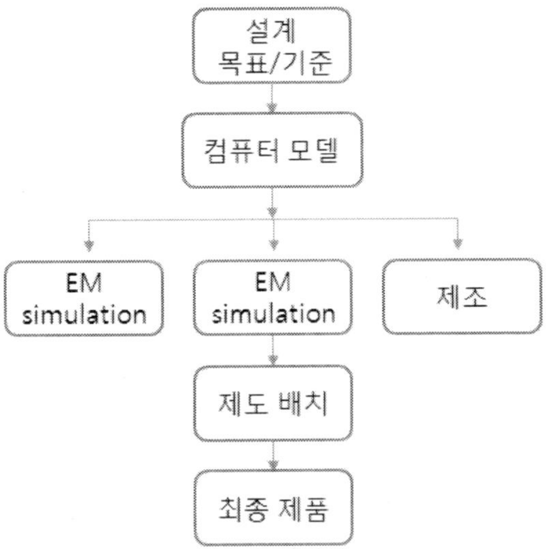

그림 1 통합 소프트웨어 도구를 이용하는 설계 과정의 개관

그림 1의 캡션

자동차 업계를 위한 통합된 소프트웨어 도구의 초기 개발은 전망이 좋은 듯이 보인다. 제안된 프로젝트를 통해 이 과업은 확장되고, 다듬어지며, 충분히 시험될 것이다. 이 프로젝트를 통해 완수해야 할 구체적인 단계들은 다음과 같다;

- 타당성 조사에서 이미 개발된 예비적인 소프트웨어 도구를 자동차에 적용하기 위해 구체적으로 더 이상 최적화되고 적응될 것이다.
- 소프트웨어 결과들의 검증을 위해 반향이 없는 무향실에서 축척(축소)-모델 시험을 할 것이다.
- 통합된 소프트웨어 도구의 사용에 대한 지침서들과 그 사용에 대한 통찰을 가진 장래의 사용자들에게 제공할 매뉴얼을 작성할 것이다.

완수해야 할 구체적 과업

인력과 예산

이 프로젝트에 연관되는 세 가지 유형의 주된 비용은 다음과 같다; (1) 인건비(각각 3개월분으로 측정)와 관련 장려 혜택, (2) 컴퓨터 하드웨어 upgrade, (3) 무향실과 관련한 사용 비용. 이 카테고리들의 각각에서의 비용들에 대한 측정들이 다음과 같이 구분된다.

F. Perger의 월급	$18,000
R. Rousselle 의 월급	$15,000
장려금 @ 40%	$13,200
컴퓨터 upgrades @각 $5,000	$10,000
무향실(기술지원 포함)	$15,000
총 프로젝트 비용	$71,200

비용과 투입 시간 추산

참고문헌

인용한 자료들을 알파벳 순으로 열거

Arrott, Matthew, and Sara Latta. "Perspective on Visualization." *IEEE Spectrum*. Sept. 1992 : 61–65.

Burke, Gerald J. and Andrew J. Poggio. *Numerical Electromagnetics Code (NEC)-Method of Moments*. Technical Document 116. San Diego, CA :Naval Ocean Systems center, 1981

Miller, Edmund K. "PCs for AP: Scientific Visualization, Visual Electro magnetics Visualization software." *IEEE Antennas & Propagation Magazine* Dec.1989: 26–29

Miller, Edmund K., R .P. Kruger and S. Moraiter. "A proposed Approach for Developing Next – Generation Computational Electromagnetics Software. *Proceedings of the 9th Annual Review of Progress in Applied Computational Electromagnetics*. Washington, D.C: U.S. Department of Energy, 1993. 122–38.

Siarkiewicg, K. R. "The Electromagnetic Modeling and Simulation Environment for systems (EMSES)." *Proceedings of the 9th Annual Review of Progress in Applied Computational Electromagnetics*. Washington, D.C: U.S. Department of Energy, 1993. 114–21.

▶ 예문 5-13 제안서의 예(Sorby, 2006, pp. 87–89)

5-5 정보와 활동 보고

대학생 또는 직업 전문가들은 흔히 연구나 조사의 결과들을 보고해야 한다. 기술 정보는 전형적으로 보고서나 논문으로 의사소통된다. 보고의 두 가지 통상적인 유형은, 실험 보고와 설계 보고이다. 아무 유형의 문서에 대해서처럼, 필자는 이 유형의 보고서를 쓰기 시작하기 전에 청중, 목적, 여건 및 문서의 사용 맥락에 대해 분명히 이해해야 한다.

대부분의 보고서들을 구성하는 통상적인 요소들은 제목 페이지, 내용 목차, 그림 목차, 및 하나 이상의 부록이다.

활동 보고[49)]

오늘날, 회사들은 컴퓨터 네트워크들을 사용해서 관리 구조의 계층 수를 줄이려고 한다. 그래서 고위 임원들이 회사 전체 근로자들과 의사소통을 더 잘하는데 컴퓨터 네트워크들이 큰 도움이 되기 때문에, 회사들은 관리자들의 계층 수를 그전보다 더 적게 운용한다.

오늘날 경영 구조가 "더 평평해"져서, 회사 내의 근로자들은 서로 간에 더 많이 의사소통하고, 더 신속하게 피드백하며, 그리고 더 많은 책임을 지게 된다. 따라서 활동 보고는 기술 직장에서 그 어느 때 보다 더 일상적이다.

몇 가지 종류의 활동 보고들의 예와 그것들이 사용되는 방식은 다음과 같다:

- 새로운 자동차를 개발하고 있는 팀의 어떤 전기공학 엔지니어가 최적의 배선에 대해 논의하는 진도보고서를 쓴다.
- 어떤 과학자가 수소를 동력원으로 하는 여객 기차의 가능성에 관해 정부 기관에 브리핑한다.
- 어떤 과학자가 염소 가스가 누출된 최초의 실험실 사고를 설명하기 위한 사고보고서를 쓴다.
- 어떤 기술자가 남아메리카에서 잡은 모기들에서 말라리아를 찾아낸 일을 제시하는 실험보고서를 작성한다.

49) Sheehan, 2010, pp. 635-636.

활동 보고서는 회사 내에서 아이디어들이나 정보를 객관적으로 제시하기 위해서 사용된다. 한 장르로서, 활동 보고서는 많은 하부 장르들을 가지는데, 기술 관련 직장에서 마주치게 될 많은 상황들에 그것이 적용된다.

활동 보고서의 기본적인 특징

활동 보고서는 보통 다음 특징들을 포함하는데, 그것들은 보고서가 사용될 상황들의 수요에 맞춰 수정될 수 있을 것이다:

- 서론
- 활동의 요약
- 활동이나 연구의 결과
- 미래 활동이나 연구
- 초래된 또는 미래의 비용
- 도해

활동 보고서는 다양한 목적을 위해 사용된다는 것을 명심해라. 그러므로 보고서의 패턴을 필자의 수요에 맞도록 조정해야 한다. 그림 5-15는 활동 보고서의 기본적인 패턴을 보여준다. 보고서를 쓰는 이유에 따라 이 기본적인 패턴에서 일부 절들을 더하거나 뺄 수 있다.

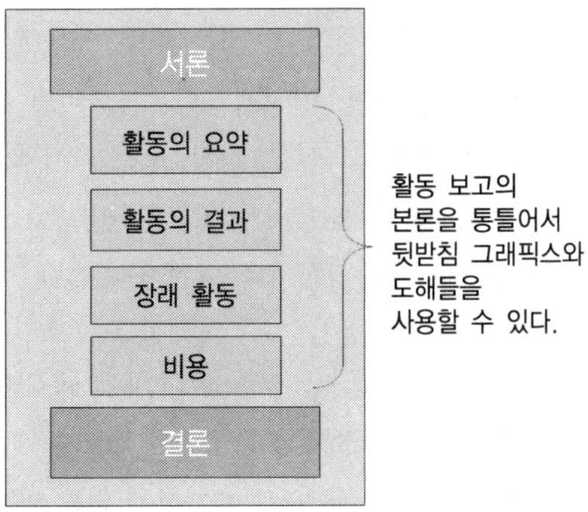

그림 5-15 진도보고와 브리핑은 무슨 일이 발생했는지, 활동의 결과 및 장래에 무슨 일이 발생할 것인지를 강조한다(Sheehan, 2010, p. 636)

활동 보고의 유형

비록 다양한 유형의 활동 보고서들이 여러 면에서 유사하더라도, 그것들의 다양한 목적들을 반영하여 보고서를 다양한 이름들로 부르고 있다. 그렇지만 그런 활동 보고서들은 (1) 무슨 일이 벌어졌는지 (2) 무슨 일이 발생하고 있는지 (3) 가까운 장래에 무슨 일이 발생할 것인지에 관해 독자들에게 객관적으로 정보를 제공하는, 한 가지 목표를 공유한다.

통상적인 엔지니어링 문서 작성[50)]

글쓰기는 e-메일 쓰기에서부터 공식적인 기술보고서 작성에 이르기까지, 거의 매일 엔지니어가 연관되는 활동이다. 그러므로 여러분은 자신이 생산하고 비평하거나 평가해야 할지도 모를 문서 의사소통의 다양한 형식들을 이해해야 한다. 공대 학생으로서 또는 엔지니어로서 사용하게 될 문서 의사소통의 많은 형식들이 있다. 주어진 상황이 통상적이지 않은 유형의 문서를 요구할 수도 있겠으나, 이 장에서는 글말 기술 의사소통의 더욱 통상적인 형식들에 대해 설명한다.

엔지니어로서 여러분들이 쓰게 될 보고서들을 포함하는 다양한 공통적인 유형(장르)들의 일부를, 특히 전형적인 내용과 구성의 관점에서, 탐구해 보자. 이 절을 읽을 때, 유형들의 이름이 상당히 다양하고, 그리고 그 내용이 자주 다른 방식들로 조합된다는 것을 명심해라.

- 검사(inspection)와 출장(trip) 보고: 어떤 현장, 시설, 또는 자산의 검사 점검에 관해 간략하게 보고하거나; 업무 출장을 요약하거나; 또는 어떤 사고에 관해 보고하거나, 문제를 기술하고, 원인과 결과들을 논의하며, 어떻게 그것이 회피될 수 있는지를 설명한다.
- 실험실(laboratory)과 현장(field) 보고: 실험, 시험, 또는 조사에 관해 보고하거나; 수집된 데이터를 제시하고 연구 이론, 방법 또는 절차를 토의하며; 결론들을 토의하고, 가능하다면, 더 이상 연구를 할 필요나 가능성들이나 발견한 것들에 대한 응용을 탐구한다.
- 명세(specifications): 개발될 어떤 제품을 위한 상세한 요구조건들 또는 어떤 제품에 대해 상세하게 기술하고 설계, 기능, 운용 및 건축에 관해 구체적인 사항들을 제공한다.
- 제안(proposals): 어떤 프로젝트를 하기 위한 계약, 승인, 또는 재원 확보를 추구한다; 프로젝트를 수행하는 자격을 얻기 위한 경쟁 입찰의 기능을 한다; 프로젝트를 위해서 여

50) Beer, 2005, pp. 91-92.

러분이나 여러분의 조직이 그 일을 할 수 있는 자격을 갖추고 있음을 홍보한다; 왜 그것이 필요한지를 보임으로써 그 프로젝트 자체를 홍보한다.

- 진도(progress) 보고: 프로젝트가 어떻게 진행되고 있는지, 여러분이나 여러분의 그룹이 무엇을 성취했는지, 무슨 일이 앞에 놓여있는지, 무슨 자원들이 이미 사용되었는지, 무슨 문제들이 발생했는지를 요약한다.
- 지시(instructions): 과업을 어떻게 수행하는지를 설명하고, 설계를 구현하는데 대한 절차들을 제공하며, 문제 해결법과 유지보수 지침들을 주고, 정책과 운용 절차들을 설명한다.
- 추천(recommendation) 보고: 어떤 상황이나 문제를 연구하고, 다양한 대안들이나 옵션들에 대해 보고하며, 가장 좋은 안을 권고 · 추천하거나 아이디어의 타당성을 평가한다.

예비 지식

자세한 것들로 들어가기 전에, 이제 곧 토의하려는 모든 유형의 보고서들에 적용되는 몇 가지 요점들을 살펴보자.

- 보고서의 이름에 너무 신경 쓰지 마라

  보고서들의 적절한 이름, 내용, 및 포맷에 관해 정해진 표준은 없다. 어떤 보고가 진정으로 평가보고이거나 진정으로 추천보고인지에 관해 염려하지 마라. 여러분이 써야하는 보고서를 위한 요구조건들을 결정해라; 보고서를 읽을 청중의 수요와 요구조건들에 관해 최대한 분명히 생각해라. 여기서 토의되는 보고서 유형들의 하나 또는 몇 가지를 조합하면 충분할 것이다.

- 필자가 속한 조직의 요구조건들을 알아내어라

  이 절은 보고서를 위한 통상적인 포맷, 내용, 및 구성을 예증한다. 그러나 개별 회사, 조직, 분야 및 직무는 보고서에 대한 포맷, 내용 및 구성에 관한 그 자체의 요구조건들 뿐만 아니라 보고들을 위한 적절한 이름도 정해두고 있을 것이다. 그 요구조건들은 공식적인 문서로 작성돼 있거나 또는 그것들이 모두 "대수롭지 않게 알고 있는" 전통이나 관습일 수 있다. 필자가 해야 할 일은 그 요구조건들 또는 전통이나 관습이 무엇인지를 알아내는 것이다. 이 절에 있는 토의와 예문들은 무엇을 기대할지에 관한 실마리와 그리고 지침이 전혀 없을 때 사용할 그 무엇인가를 준다.

- 내용과 구성에 관해서 창의적으로 생각해라

  여기 기술된 보고서들의 내용들과 구성은 여러분의 업무 현장 보고 프로젝트들에 꼭 맞는 것이 될 가능성이 적다. 여기 제시된 보고서들의 계획들은 그대로 따라 하면 될 본보기로 사용될 수는 없다. 항상 창의적으로 생각하고, 그 외의 무엇이 보고서 쓰기 상황에 요청되는지에 관해 브레인스토밍해라.

- 독자의 수요를 반영하여 보고서를 만들어라

  보고서에 관한 모든 것이 그것을 읽게 될 특정한 사람들에 의해 평가될 것이다. 그래서 가끔 같은 보고라 하더라도 다른 독자들을 위해서는 보고서를 달리 써야 한다. 독자들을 분석하고 그에 적응하는데 관한 자세한 내용은 3-2 절 (2)를 참고해라.

- 기술적 배경에 대한 토의(고찰)에 대해 조심해라

  이 절에 있는 대부분의 보고서들은 기술적인 배경을 요구하지만 반드시 그런 것은 아니다. 배경 절들은 보고서의 나머지 내용들을 이해하는데 도움이 될 정보를 제공한다. 그러나 느슨하게 연관된 배경 절들은 도움이 되지 않는다. 이 공통적인 문제를 피하기 위해, 보고의 주요 요점을 먼저 적고, 그러고 나서 그것들이 독자들에게 도움이 될 것인지에 대해 검토해라. 독자들의 수요를 명심하고, 배경 절은 나중에 써라.

- 보고의 서론을 조심해라

  또 다른 문제는 서론에 대한 염려이다. 서론은 독자들을, 기술적 문제들이 아닌, 보고로 안내해 들인다. 서론은 독자가 보고를 읽을 준비가 되게 한다. 서론은 토픽을 미리 알리고, 보고의 필요가 생겨난 상황을 언급하며, 보고를 이해하기 위해서 청중이 알아야 하는 것을 밝히고, 다룰 (그리고 다루지 않을) 토픽에 대해 간략한 개관을 제공한다. 서론에서 주요 내용으로 곧바로 몰두하게 하는 것은 나쁜 방법이다. 그러면 독자들은 전체 보고서를 위한 안내 길잡이가 없어 애를 먹게 된다.

5-5-1 실험 보고[51)]

기능

실험 연구나 일련의 실험을 마무리했을 때, 여러분은 자신이 수집한 데이터를 요약하는 보

51) Sorby, 2006, pp. 92-102.

고서를 준비한다. 그 문서가 실험 보고서(experimental report)이다. 공대 학생으로서 여러분은 실험실에서 실험을 하고 결과들을 요약하는 실험실 실험 보고서들을 제출해야 할 것이다. 나중에 여러분은 현장 엔지니어로서 대부분 자신이 경험한 바에 대해 실험 보고서를 쓰게 될 것이다. 실험 보고서는 실험을 통해 얻은 결과들을 보고하고, 만약 필요하다면 누군가 다른 사람이 나중에 같은 실험을 따라 해 볼 수 있도록 여러분이 따랐던 절차를 요약하며, 결과들에 영향을 미쳤거나 미쳤을지도 모르는 문제들이나 오류들을 기술한다.

형태

보통, 실험 보고서는 여러 개의 절들로 분할되는데, 그 각각의 맨 앞에 머리제목을 적는다. 실험 보고서에 포함할지도 모르는 전형적인 절들에 대한 기술은 다음과 같다.

제목과 필자

흔히 제목과 필자(또는 필자들)는 별도의 제목 페이지에 포함되지만 별도의 페이지가 항상 필요한 것은 아니다. 제목은 사람들이 보고서를 계속해서 읽을 것인지를 결정하는데 도움을 준다. 보고 일자도 또한 포함되어야 한다.

초록이나 요약

산업계에서 보고서를 위한 초록이나 실무 요약이 일반적으로 요구된다.

서론이나 목적

서론 또는 목적 절에는 실험의 목적이 진술되는 한 짧은 단락이 포함된다. 일부 경우들에서 독자가 발견한 중요한 것들이 무엇인지를 당장 알게 하기 위해서 실험결과들의 한 요약이 이 절에 제공되기도 할 것이다.

절차

절차 절은 필자가 따랐던 실험 절차를 기술한다. 이 절에서는 전형적으로 피동형 문장으로 쓰고, 1인칭을 쓰지 않는다. 만약 필자가 출판된 표준 절차들을 따라 실험을 했다면 그 표준을 인용해라. 그러나 만약 따른 절차가 출판된 표준들과 약간 다르다면 그 대신 그 차이들에 대해 특기해라.

기본 이론

어떤 유형의 보고서에서 기본 이론에 관한 절은 선택사항이다. 만약 그것이 포함된다면, 책이나 저널기사들로부터 가져온 이론들뿐만 아니라 그 이론을 기술하는 지배방정식을 이 절에서 논의해야 한다.

자료와 결과

만약 실험 데이터가 많다면, 독자들이 그것들을 신속히 쉽게 이해할 수 있도록 그것을 논리적으로 표를 만들어라. 가끔 데이터에 있는 경향들을 보여주기 위해서 그래프를 포함하는 것이 또한 유용하다. (표와 그래프들에 대해서는 6장에서 논의된다.) 많은 양의 데이터들은 보고서의 본론에 보다는 부록에 갖다 두는 것이 좋다.

토의(고찰)

토의 절에서 여러분은 보고서의 앞선 절들에서 제시한 데이터와 결과들을 기술한다. 만약 실험으로 결정된 양들에 대해 참고할 기준 값들이 나와 있다면, 그것들을 이 절에서 제시되고 적절히 인용해야 한다. 또한 실험으로 결정된 값들은 참고 기준 값들과 비교되어야 한다. 이 절에서 여러분은 데이터에 있는 실험 오류의 원천들과 실험하는 동안 부딪혔던 문제들에 대해 언급해야 한다. 만약 데이터가 일반적인 관점이나 방식에서 특이하다면, 그 데이터의 비일상적인 측면들을 토의하고 왜 그 데이터가 기대한 것과 다른지에 대한 가능한 이유들을 진술해야 한다. 앞 절과 이 절을 하나로 합쳐서 "결과와 토의"라고 이름 붙여도 된다. 이 방법은 제시되는 데이터가 복잡하고 그것을 제시할 때 독자들이 그것들을 이해할 수 있도록 토의를 해야 하는 때에 특히 적절하다.

결론

결론 절에서 여러분은 실험 데이터로부터 이끌어 낼 수 있는 결론들을 진술한다. 더 조사할 필요가 있는 영역들도 적절히 제시해야 한다. 그 어떤 새로운 내용도 결론에서는 언급하면 안 된다.

추천

실험 연구로 인한 결론들이 어떤 구체적인 조치들을 요구한다면, 그 조치들은 추천절에 진술해야 한다. 이 절은 단 한 문장이거나 한 쪽 또는 두 쪽 길이가 될 수 있다. 흔히, 구체적인 추천들이 열거된다.

참고문헌

보고서에 인용된 그 어떤 것들에 대해서도, 그 자료들은 참고문헌 목록에 포함되어야 한다.

부록

데이터나 결과들을 드러내 보이기 위해서 필요한대로 보고서에 부록들을 포함해라.

기교

설계보고서에서처럼, 머리제목들과 부머리제목들은 폰트 크기나 취급을 달리 함으로써 텍스트의 나머지 것들과 구별되어야 한다. 게다가 구체적인 실험 보고서의 몇 가지 핵심 측면들이 이 유형의 문서에 포함되어야 한다:

- 결과를 참고 기준 값들과 비교하라
  실험으로 얻은 특성들과 많은 결과들은 책이나 문헌들에 그에 상응하는 값들이 제시되어 있을 것이다. 예를 들어, 주어진 재료의 밀도를 실험으로 결정한다면, 비교를 위해 참고 서적에서 그 값을 찾아보아야 한다. 결과들을 참고 기준 값들과 비교할 때, 그런 값들의 원천과 결과들과 기준 값들 사이의 편차의 백분율을 진술해야 한다.
- 참고 기준 값들과 잘 상응하지 않는 아무 결과들을 설명해라
  만약 결과들이 몇 퍼센트 포인트 이상이나 참고 기준 값들과 다르다면, 그 차이에 대한 가능한 이유들을 토의해야 한다. 그 편차에 대한 유일한 이유로 "실험 오류"라고 열거하지 마라. 애를 써서 실험 오류의 일부 원천들과 그 편차에 대한 다른 가능한 이유들을 밝혀라.
- 많은 데이터를 드러내 보이기 위해서는 표나 그래프들을 이용해라
  결과들이 보고서의 본문 내에 파묻히지 않게 해라. 표나 그래프들을 이용하면 데이터를 찾기 쉽고 알아차리기 쉬워 진다.
- 핵심 요점들을 예증하기 위해 표본 계산들을 포함해라
  가끔, 계산들은 보고서의 부록에 포함하는 것이 가장 좋다: 그러나 그 계산들이 표준적인 것이 아닐 때는 그것들을 보고서의 본론에 포함해야 한다.

예

아래의 예문 5-14는 실험 보고서의 한 표본이다.

응력과 변형률 집중

제목과 저자

김토목

2003. 5. 28

목적

이 실험의 목적은 휨(flexural) 하중을 받은 보에 있는 원형 구멍으로 인한 응력 집중 인자의 어림값을 구하는 것이다. 스트레인게이지를 이용해서 구멍 가까이와 그것으로부터 멀리 떨어진 곳에서 스트레인 분포를 구했다. 이 실험으로 응력집중 인자 1.64를 구했다.

실험 결과의 진술과 간략한 목적

절차

시험보(Vishay 스트레인 집중보 #47263)에서 구멍 중앙으로부터 다양한 거리에 세 개의 스트레인게이지를 붙였다. 네 번째 스트레인게이지는 구멍으로부터 상대적으로 먼 거리에 균일한 스트레인 분포가 가정되는 영역에 붙였다. 보의 높이와 폭은 금속자로 재었다. 게이지 위치들을 포함하는 모든 다른 치수들은 Vishay 제조사가 제공한 것들이다. Fig 1은 보의 형상과 스트레인게이지의 위치를 보여준다.

사용된 장비와 실험 절차의 개요

그림 1이 본문에 언급됨

게이지 네 개가 a switch and balance 장비(#70533)에 연결되었는데, 그 장비는 그러고 나서 two-wire, quarter-bridge 형상 하나를 거쳐 스트레인 지시기 box(#47459)의 한 쪽 다리를 가로질러 연결되었다. 보에는 스트레인게이지 4의 스트레인 눈금이 500$\mu\varepsilon$가 될 때까지 하중을 가했다. 그러고 나서 게이지 1, 2 및 3의 스트레인 눈금을 읽어 기록했다.

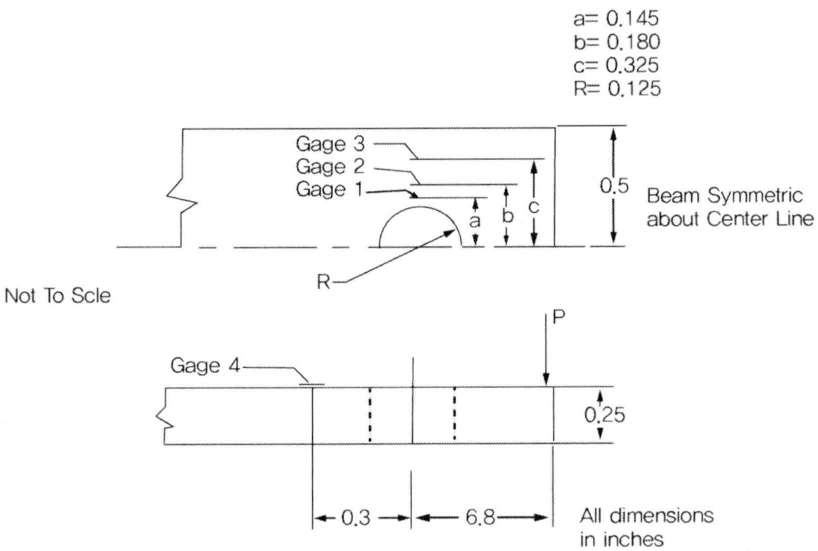

Figure 1. Vishay Strain Concentration Beam #47263

기본 이론

구멍의 양쪽 어느 쪽에서의 스트레인 분포는 다음 방정식으로 나타내는 것으로 가정한다. (Perterson, 1974, p.102);

인용한 방정식 출처

$$\varepsilon_i = A + B\left(\frac{r}{x_i}\right)^2 + C\left(\frac{r}{x_i}\right)^4 \qquad (1)$$

여기서 r은 구멍의 반지름이고 x_i는 구멍 중심으로부터 점 i까지 거리이다.

게다가 게이지 위치 4에서 스트레인은 reduced sections의 공칭 응력을 나타내는 것으로 가정되었다. 이 가정이 참이기 위해서는 다음 방정식이 충족되어야 한다:

$$\frac{L_h}{L_4} = \frac{b-d}{b} \qquad (2)$$

방정식 번호

여기서 L_h와 L_4들은 하중에서부터 구멍 중앙과 게이지 4까지 각각의 거리이고; b는 보의 폭이며; d는 구멍의 지름이다. 이 경우에, 방정식의 양변은 0.75와 같아서, 이 가정이 충족된다. 이 실험에서는 또 게이지 4가 균일 응력장에 위치되었고 그리고 보의 탄성 한계는 초과되지 않았다고 가정하였다.

데이터와 결과

이 실험에서 얻은 데이터는 표 1에 제시되어 있다.

본문에서 표1이 언급됨

표 1 실험 데이터

표 1의 제목

게이지 1	게이지2	게이지3	게이지4
$638\mu\varepsilon$	$520\mu\varepsilon$	$466\mu\varepsilon$	$500\mu\varepsilon$

실험 데이터를 표로 제시

토의

스트레인 값들과 게이지 1–3들의 적절한 치수들이 식 (1)에 대입되면, 상수 A, B 및 C를 위해 풀어야 하는 세 개의 독립방정식들을 갖게 된다. 이 실험 절차를 위해, 다음 것들이 결정되었다: A=477.0$\mu\epsilon$, B=–146.5$\mu\epsilon$ 및 C=488.6$\mu\epsilon$. 방정식에 의해 최대 스트레인은 $x = r$(즉, 구멍의 테두리"에서)에서, 최소 스트레인은 $x \cong \infty$에서 발생할 것이다. 이 실험으로부터 $\varepsilon_{\max} = 819\mu\varepsilon$이고 $\varepsilon_{\min} = 477\mu\varepsilon$를 구했다.

Peterson(1974)에 따르면, 이 실험 설정에 대한 응력 집중인자는 1.84여야 한다. $\varepsilon_{\max}$의 계산으로부터 응력 집중인자 1.64(즉, $819\,\mu\varepsilon/500\,\mu\varepsilon$)가 구해졌는데, 그것은 참고 기준 값보다 11% 더 적은 값이다.

실험 결과와 기준 값의 비교

오류의 여러 원인들이 이 실험에서 있을 수 있다. 하나는 단 한 번의 읽음만 구했다는 것인데; 그래서 잘못된 연결들이나 다른 문제들로 인한 아무 오류들이 탐지되지 않았을 지도 모른다. 오류의 두 번째 가능한 원인은 균일 스트레인 분포들로 가정된 영역에서 단 한 개의 게이지가 사용되었다는 것인데, 이 가정이 유효한지를 결정할 아무 방법도 없었다는 것을 의미했다. 세 번째 가능한

잠재적인 오류 유발 인자 토의

오류의 원천은 two-wire quarter-bridge hookup 하나가 사용되었다는 것인데, 그것은 게이지 읽음에 아무 열 스트레인들이 반영되지 않았을 것이라는 것을 의미한다. 열 스트레인들은 무시될 수 있는 것으로 가정되었다.

결론

새로운 정보의 부가 없이 결론 진술

이 실험을 통해서 조사 대상 보에 대한 응력 집중인자 1.64를 구하였다. 이 값은 응력 집중 인자에 대한 참고 기준값보다 11% 더 적은 것이다. 실험의 목적이 보에 대한 응력 집중인자의 어림값을 결정하는 것이었기 때문에, 1.64란 값은 합리적인 것으로 여겨진다.

참고 문헌

Peterson, R. E. (1974). *Stress concentration factors*, New York: Wiley.

▸ 예문 5-14 실험 보고서의 예(Sorby, 2006, pp. 100-101)

5-5-2 진도보고[52)]

진도보고(progress report)는 현황(status, 現況) 보고라고도 부르는데, 프로젝트의 진도나 현황에 관한 정보를 관리자에게 전달하기 위한 것이다. 이 보고는 보통 정기적인 간격을 두고, 지난 진도보고서를 제출한 이래로 무엇이 발생했는지에 관해 갱신하기 위해서, 주간, 격주간, 월간으로 쓴다. 회사의 관리자는 또한 팀 활동에 관해 알려고 진도보고서를 주기적으로 요청한다.

전형적인 진도보고서는 다음 정보를 제공한다:

- 완료된 활동들의 요약
- 진행 중인 활동들의 논의
- 미래 활동들의 예보

52) Sheehan, 2010, pp. 636-638.

예문 5-15는 예를 들어, 어떤 프로젝트의 최근 현황을 관리자에게 보고하기 위한 진도보고서이다. 예문 5-18은 메모 형식의 진도보고서 예이다.

Hanson 엔지니어링

2008년 3월 14일
수신 : 홍길동, 과장
발신 : 박이수, Iota 팀장
주제 : 3월 14일 진도보고

이번 달에, 우리는 전통적인 방법들보다 에너지를 적게 쓰는 새로운 담수화 방법을 개발하는 일을 시작하는 의미 있는 진척을 이루었다.

우리는 올해 초에 당신과 논의했던 태양열 담수화 방법을 시험하는 일에 노력을 집중해왔다. 태양 집열판(solar panels)들을 이용해서, 태양에 의한 물의 자연스러운 담수화를 복제하기 위해 우리는 노력하고 있다(그림 5-16). 우리가 개발하려는 시스템에서, 광전 태양 집열판들로부터 생긴 전기는 물을 증발시켜 챔버 안에 "수증기 구름 clouds"를 생성하는데, 이것은 태양 빛에 의해 바닷물로부터 구름이 만들어지는 것과 비슷한 방식이다. 소금 침전물들은 역삼투로 제거되고 맑은 물은 증기로 제거된다.

우리는 작은 규모로는 이미 성공했다. 현 시점에서, 우리가 개발한 태양열식 담수화기는 1 시간에 평균 맑은 물 2.3갤런을 생산할 수 있다. 현재, 우리는 효율을 증대하기 위해서 시스템을 개선하고 있으며, 곧 1 시간에 5갤런의 맑은 물을 생산할 수 있기를 희망한다.

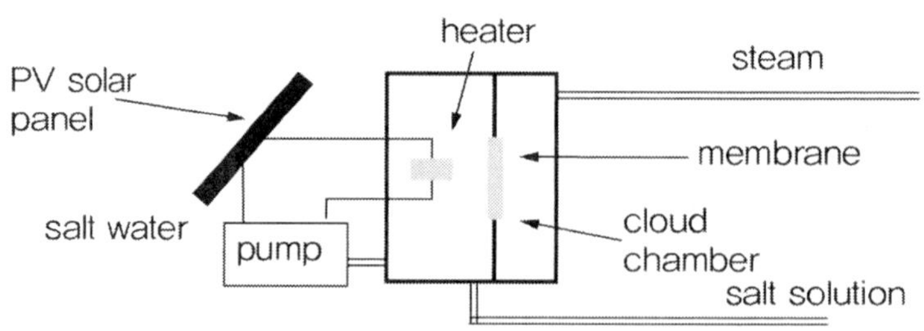

그림 5-16 담수화기(Sheehan, 2010, p. 637)

우리는 시간당 3천 갤런의 맑은 물을 생산할 수 있게 될 대규모 태양열 담수화 플랜트를 위한 계획의 밑그림 그리기를 시작하려고 한다. 4월 17일 회의에서 우리는 당신과 우리의 아이디어들에 관해 논의할 것이다.

이달에 우리는 공급과 설비비용으로 8,921달러를 집행했다. 일들이 잘되어가는 것 같다. 만약 질문이 있으면 나에게 E-메일을 보내주기 바란다. (cmack@○○○○.com)

▸ 예문 5-15 팀 활동을 기술하고 장래 활동을 논의한 진도보고서(Sheehan, 2010, p. 637)

한 문장짜리 첫째 단락은 글을 시작하자마자 주제와 목적 및 요점들을 적은 것이다. 두 번째 단락은 진행 중인 활동들에 대해서 객관적으로 기술한 것이다. 그림 1이 본문 내용을 뒷받침한다. 세 번째 단락에는 결과가 제시돼 있다. 네 번째 단락에서는 간략하게 결론을 맺고 장래 전망을 했다. 마지막 단락에서는 기간 내에 집행한 비용 총액을 밝히고, 혹 연락할 일이 있을 경우를 대비해서 E-메일 주소를 적어 두었다.

5-5-3 사고보고[53)]

사고(incident)보고서는, 보통 사고 또는 비정상적으로 발생한 사건을 기술하고, 그것들에 대해 무슨 시정 조치들을 취했는지를 확인한다. 다른 종류의 활동 보고들에서처럼 사고보고서는 사실들을 최대한 객관적으로 제시한다. 그것들은 다음 정보를 제공한다:

- 발생한 일(사실)의 요약
- 왜 그 일이 발생했는지에 대해 토의
- 상황이 어떻게 처리되었는지 기술
- 문제가 장래에는 어떻게 처리될 것인지 토의

특별히 어떤 사건이 여러분의 잘못으로 인한 것일 때, 변명하거나 사과하려는 유혹이 생기는데, 사고보고는 그렇게 하는 것이 아니다. 다른 활동 보고서들에서처럼, 사실들에 집중해야 한다. 발생한 일에 대해 최대한 정직하고 분명하게 기술해라. 나중에 변명하거나 사과할 기회가 있을 것이다.

53) Sheehan, 2010, pp. 638-642.

예문 5-16은 실험실에서 발생한 어떤 사고를 관리자에게 알리는 전형적인 사고보고서의 예이다.

Red Hills Health Sciences Center

시험 연구부
201 Hospital Drive, Suite A92
Red Hill, CA92698

2008년 3월 10일

TO: Brian Jenkins, Safety Assurance Officer

FROM: Hal Chavez, Testing Laboratory Supervisor

주제: 사고보고: 실험실 사고

2008년 3월 9일 어제 오후 3시 34분, 시험 실험실5에서 발생한 화재에 대해 보고한다.

Bunsen 버너로 샘플을 가열하다가 화재가 발생했다. 버너 너무 가까이에 있던, 실험실 노트북 PC가 불에 탔다. 실험실 조수 중 한 사람인, Vera Cather가 그 노트북 PC를 폐기물 용기에 집어 던져 넣었는데, 그로 인해 폐기물 용기의 내용물에 불이 옮겨 붙어, 실험실에 검은 연기가 자욱했다. 그 시점에 또 다른 실험실 조수, Robert Jackson이 소화기를 집어 들어 불을 껐다. 천정의 소화 분무가 작동해서, 방 전체가 흥건히 젖었다.

아무도 해를 입지는 않았으나, 실험실 인원 모두 아래층의 응급처치실로 가서 검진을 받았다. 우리가 대기실에 있는 동안 Vera Cather가 기침을 하기 시작했고 그의 눈이 충혈 되었다. 그 여자는 더 관찰하기 위해서 그곳에 머물렀다가 상태가 안정되어 그날 저녁에 귀가 했다. 나머지 사람들은 응급실 의사들의 진찰을 받았는데, 의사들은 실험실이 완전히 깨끗이 될 때 까지 우리가 실험실에 들어가지 말 것을 지시했다.

나는 병원 HazMat 팀에게 화재로 인한 난장판을 깨끗이 치워달라고 요청했다. 우리는 Lyme 질병을 일으키는, Borrelia burgdorferi 박테리아 샘플들을 가지고 실험하고 있었다. 폐기물 쓰레기통에 우리가 폐기한 샘플들의 일부가 묻어 있는지를 알 수 없었다. 그래서 내 생각으로는 실험실을 최고 수준으로 깨끗이 청소하는 것이 좋겠다. 비록 샘플들이 폐기물 쓰레기통에 있었고, 박테리아가 화재에서 살아남았을 것 같지는 않지만, 나는 HazMat 팀에게 유형3의 청소를 하도록 요청했다.

HazMat 팀이 청소비용으로 2,405 달러를 청구할 것이다. 이 화재로 인한 실험실 피해는 대략 3,529 달러이다. 이 비용은 당장은 실험실 운용 예산에서 지불할 것이다. 나중에 우리는 센터가 가입한 보험회사에 이 비용을 청구할 것이다.

장래에 우리는 실험실에서 화재가 발생하는 위험성에 대해 더욱 주의할 것이다. 우리는 현재 이와 유사한 종류의 상황들이 장래에 발생하는 것을 피하기 위한 방안들을 마련하고 있다. 우리는 또한 이런 일이 다시 발생할 것에 대비해서 이런 종류의 상황에 대처하기 위한 조치와 대피계획을 세울 것이다.

걱정과 관심을 보여주어서 고맙다. 만약 질문이 있거나 이 사고에 대해 더 이야기를 하려면, 5-9124로 전화해 주기 바란다.

▶ 예문 5-16 사고보고서는 변명을 하거나 책망을 하는 문서가 아니다. 사고 경위를 최대한 객관적으로 진술해야 한다(Sheehan, 2010, p. 641)

이 예문에서, 첫 단락에 글의 주제와 목적이 제일먼저 기술되었다. 두 번째 단락 첫 문장은 사고를 객관적으로 기술한 것이다. 두 번째 단락 후반부와, 세 번째와 네 번째 단락은 사고에 대해 취한 조치에 대한 것이다. 다섯 번째 단락은 사고 수습 비용에 대해서, 여섯 번째 단락은 사고 방지를 위해 장래에 할 일들을, 그리고 마지막 문장은 이 보고서 담당자의 연락 번호이다.

5-5-4 활동 보고의 계획과 연구[54)]

활동 보고를 하는 일의 좋은 점 중의 하나는 보고할 대부분의 내용이 이미 생산되어 있기 때문에, 보고서를 쓰기 위해 쓸 내용에 대해서 걱정할 것이 없다는 것이다. 여러분은 아마도

54) Sheehan, 2010, pp. 646-652.

독자들과 친숙할 것이다. 그래서 최소한의 계획이 요구되고, 연구는 거의 마무리 되어 있다. 이 내부 보고들은, 결국, 여러분이 한 활동에 대해 기술하는 것들이다.

이런 활동 보고를 위해 평소에 잘해야 하는 업무 방식은 활동 저널이나 업무일지를 컴퓨터나 노트북 pc에 간직해두는 것이다. 완수해야 하는 일들을 업무 수첩이나 활동 저널에 매일 적어두고 하루 일과를 시작해라. 개별 활동을 마무리할 때마다, 그것들이 완수된 날짜와 시간으로 결과들을 적어두어라.

컴퓨터는 또한 여러분이 하는 활동들을 추적하는 일을 도울 수 있다. Llamagraphic사의 Life Balance와 같은 소프트웨어와 Lotus Notes와 MS사의 Outlook과 같은 그룹웨어 프로그램들은 여러분의 업무 달력을 챙겨주면서 "해야 할 일" 목록들을 유지해 줄 수 있다. 마찬가지로, personal digital assistants(PDAs)들도 "해야 할 일" 목록과 여러분의 업무 달력을 유지할 수 있게 해준다. 과제를 하나 마무리할 때, 업무 목록에서 그것에 선을 그어 제거한다. PDA는 시간과 일자를 추적할 것이다.

처음에는, 활동 일지 저널을 관리하는 것이 과외의 일로 여겨질 것이다. 그러나 곧 저널이 해야 하는 일을 놓치지 않게 하고 결국에는 시간을 절약해 준다는 것을 깨닫게 될 것이다. 더욱이, 주간이나 월간 활동들을 보고해야 할 때에, 완수한 모든 것들의 기록을 가지고 있게 될 것이다.

수사적 상황 분석

업무 노트를 앞에 펴두면, 활동 보고서를 쓸 준비가 된 것이다. 먼저 육하 원칙(5W1H) 질문들에 간략하게 답을 해야 한다:

이 보고서를 누가 읽을 것인가?
사람들은 보고서를 왜 읽으려하나?
그들은 무슨 정보를 알려고 하나?
보고서는 어디에 사용될 것인가?
보고서는 언제 사용될 것인가?
보고서는 어떻게 사용될 것인가?

이 질문들을 고려한 후에, 활동 보고서를 어떻게 쓸 것인지 또는 브리핑을 어떻게 할 것인지에 대한 윤곽을 정할 수사적 상황에 관해 생각을 시작할 수 있다.

주제

보고서의 주제에는 최근의 활동들이 포함된다. 단지 독자들이 알아야하는 정보만을 포함해라. 여러분이 말하고 싶지만 쓸데없는 정보는 제거해라. 보고서에 포함할만한 많은 일들을 했지만, 독자들은 그것들 모두에 관해서 알 필요가 없는 것이다.

목적

보고서의 목적은 무슨 일이 발생했고 그리고 무슨 일이 장래에 생길 것인지에 대해 기술하는 것이다. 서론에서, 여러분의 목적을 직접적으로 진술해라:

이 메모에서, 나는 2008년 8월에 한 Hollings 프로젝트에 관한 진도를 요약한다.

이 브리핑의 목적은 KTX의 안전에 관한 최신 연구 내용을 밝히는 것이다.

목적을 기술하기 위해 다음과 같은 행동 동사들을 쓰는 것이 좋다:

설명하려고, 보여주려고, 입증하려고, 예증하려고, 제시하려고, 전시하려고, 밝히려고,
정당화하려고, 내보이려고, 윤곽을 그리려고, 요약하려고, 알리려고

독자

보고서를 사용해야 할 사람들에 관해 생각해라. 활동 보고서들의 독자들은 여러분의 상급자나 감독자들이기가 쉽다. 경우에 따라서, 그렇지만, 이 종류의 보고서들은 고객들이 읽거나(실험실 보고서나 브리핑) 또는 증언을 뒷받침하기(백서) 위해서 사용된다. 사고보고서는, 특별히 그것이 어떤 사고에 관한 것일 때, 다양한 독자들이 다양한 방식들로 그 문서를 사용할 것이다. 예를 들어, 보험 조정관은, 여러분 회사의 품질 담당 이사가 그 보고서를 이용할 것과는 다른 방식으로, 사고보고서를 이용할 것이다. 그래서 보고서는 이 두 독자들의 수요에 맞게 구성되어야 한다.

사용 맥락

활동 보고서의 사용 맥락은 다양할 것이다. 대부분의 경우에, 독자들은 단순히 보고서를 훑어보고 파일로 보관할 것이다. 마찬가지로, 구두 브리핑들도 그렇게 심각한 것들은 아닐 것이다. 청중들은 그들의 관심을 끄는 정보에 대해 몇 마디 거들겠지만, 그들은 기껏해야 여러분들이 진척을 보이고 있는지에 대해 점검할 것이다.

그럼에도 불구하고, 말썽거리가 될 윤리나 정치적 이슈들이 연관되는 제재들이 활동 보고서에서 논의될 것인지에 대해서는 시간을 들여 신중하게 결정해야 한다(예, 2-3 절 상황 3). 경력을 쌓아 가는 동안, 이런 종류의 별것 아닌 것 같은 보고서들이 나중에 회사 일이 잘 안 돼 갈 때 문제가 되어 떠오르는 것을 알게 될 것이다. 실수가 발생할 때, 부주의한 진술들이나 자책 사유들을 찾아내기 위해서 회계 감사관들과 변호사들이 활동 보고서들을 샅샅이 뒤질 것이다. 그래서 진술 내용들은 실제 활동들과 여러분이 한 일의 결과들을 반영해야 한다.

더욱이, 만약 활동 보고서에서 비용을 보고한다면, 그 내용은 정확해야 한다. 회계 감사관들과 회계사들은 그 숫자들을 세밀히 살필 것이다. 만약 그 숫자들의 앞뒤가 맞지 않게 되면, 여러분은 그것에 대해 설명해야 할 것이다.

활동 보고 구성과 초벌 쓰기

활동 보고서를 구성하고 초벌 쓰는 일에 너무 많은 시간을 들이지 않아야 한다. 만약 활동 보고서를 쓰느라 한 시간 이상을 보내고 있다면, 아마도 일상적인 일에 너무 많은 시간을 허비하고 있는 것이다.

능률적으로 일하기 위해서, 모든 기술문서는 서론, 본론, 및 결론 순으로 써야 한다. 이 부분들 각각은 여러분이 보고서의 초벌을 쓰는 동안 길잡이로 이용할 수 있는 예측 가능한 조치들을 만든다.

서론

활동 보고의 독자들은 대개는 사실들에 관심이 있다. 그래서 서론에서는 그 사실들을 이해하는데 필요한 간략한 틀만을 그들에게 제시해야 한다. 그 뼈대를 제공하기 위해, 간결하게 다음 일들을 해야 한다.

- 주제의 정의
- 목적의 진술
- 주요 요점의 진술

만약 독자들이 프로젝트에 대해 익숙하지 않다면 (즉, 여러분이 고객들에게 시범을 보여줄 것이라면), 배경 정보도 또한 제공하고, 주제의 중요성을 강조하며, 보고의 본론을 예보하는 등으로 서론 내용을 확대해야 하는 경우도 있을 것이다.

예문 5-17은 실증을 수반하는 어떤 문서의 서론을 보여준다. 이 예는 서론에 포함해야 하는 모든 전형적인 내용들을 담고 있다. 첫 단락은 배경 정보를 제공한다. 두 번째 단락은 목적을 진술하고 주제를 정의한다. 그러고 나서, 필자는 주제의 중요성을 강조하고 실증의 요점을 진술한다. 마지막 세 문장들은 실증하는 동안 발생할 일들에 대해 예보한다.

Wilson National Laboratory

Always Moving Forward

Nanotech Micromachines Demonstration for
Senators Laura Greetz and Brian Hanson
작성: Head Engineer, Gina Gould

나노기술은 원자 하나하나, 분자 하나하나, 또는 macro 분자 수준에서 물질의 제어를 통해 성취되는 신기한 특성들과 기능들을 가지고 있는 기능성 소재, 장비 및 시스템들을 생성하고 활용하는 일에 대한 것이다. 나노 스케일로 물질을 체계적으로 조직하고, 특성을 정하며, 조작하는 능력에 기초하여, 과학, 엔지니어링 및 기술의 혁명이 시작되었다.

이 실증에서, 우리는 여러분에게 Wilson National Laboratory의 5492 그룹이 나노기술 과학에서 성취한 획기적인 약진들을 혁명적인 새로운 마이크로 기계들에 어떻게 적용하는지를 보여줄 것이다. 2002년 이래로 우리의 실적은 이 아주 작은 장비들의 역량을 획기적으로 확대할지도 모르는 일부 놀라운 결과들을 산출하고 있다.

오늘 우리는 먼저 우리가 나노기술 원리들을 써서 개발한 프로토타입 마이크로 기계들 몇몇을 여러분들에게 보여줄 것이다. 그러고 나서, 우리는 이 프로토타입들을 시험해서 수집한 데이터를 발표할 것이다. 끝으로 우리는 마이크로 기계 엔지니어링에서 나노기술의 장래 이용에 대해 토의할 것이다.

⋮

▶ 예문 5-17 독자들이 주제에 낯설 때, 필자는 서론에서 배경 정보를 부가하고, 주제의 중요성을 강조하며, 문서의 나머지에 대해서 예보한다(Sheehan, 2010, p. 650)

본론

활동 보고서의 본론은, 다음 것들의 일부나 모두를 포함해야 한다:

활동의 요약 – 이전에 활동 보고를 한 이후에 벌어진 프로젝트 관련 주요 사건 두 가지에서 다섯 가지들을 연대기적 순서로 요약해라. 너무 자세한 내용을 오래 서술하지 마라. 대신, 독자들에게 완료한 일들에 대해 말하고 그리고 프로젝트와 관련해서 진전된 아무 내용이나 부진한 일들에 대해 강조해라.

활동이나 연구의 결과 – 프로젝트 관련 가장 중대한 결과들 두 가지에서 다섯 가지 정도를 중요성의 순서로 나열해라. 독자가 내용을 한 눈에 알아볼 수 있도록, 그것들 앞에 심지어 큰 방점들을 찍어서 결과들을 강조해도 될 것이다.

장래 활동들이나 연구 - 다음 기간 동안 할 일에 대해 독자들에게 말해라.

비용 – 그렇게 해야 한다면, 지난주나 지난달에 발생된 비용에 대해 진술해야 한다. 프로젝트의 예산 범위를 벗어나 발생한 비용들을 강조해라.

예문 5-18 진도보고서의 본론에는 이 네 가지 항목들이 포함돼 있다.

결론

결론은 최대한 간략하게 써되, 다음 것들을 포함해야 한다.

• 주된 요점의 재 진술
• 목적의 재 진술
• 적절하다면, 권고나 추천
• 장래에 대한 전망

결론 단락은 2~4 개의 문장으로 마무리하는 것이 좋다.

결론적으로, 이 실증에서 우리는 여러분에게 나노기술 마이크로 기계 개발과 관련한 최신의 기술 진보 내용을 알려주려고 했다. 전반적으로, 우리가 목표를 향해 굳건하게 진전해 가고 있고 일정을 잘 지키고 있는 것으로 보인다. 다음 두어 달 동안, 몇 가지 버거운 기술적 도전들과 마주칠 것이다. 그때쯤이면, 우리는 현재의 기술로 마이크로 기계들을 실현할 수 있을지에 대해 알게 될 것이다.

예문 5-18에서 보는 결론은 아마도 이 예보다 더 통상적인 것이다. 그것은 간결하게 메모의 주요 요점을 재 진술하고, 메모를 끝맺는다. 예문 5-14는 진도보고서이다.

TIGER INDUSTRIES
Automation Development Division

일자 : 2009년 2월 28일
수신 : Hal Roberts 부장
발신 : Sally Fenker, GreenRobot 프로젝트 매니저
제목 : GreenRobot 프로젝트에 관한 진도보고

우리는 자신만만하게 X53 제조 로봇을 위한 코딩(coding)에서 중대한 진전을 이룬데 대해 보고한다. 지난 9월에, 우리는 로봇팔의 좌우 움직임에 대한 프로그램을 코딩했다. 그 이후 우리는 로봇의

반복정밀도 정확성을 개선하는데 필요한 몇 가지 쓸 만한 서브루틴들을 개발했다.
지금까지, 우리가 한 일의 쓸 만한 결과들은 다음과 같다:

• 반복정밀도 정확성 0.009mm
• placement 스피드 분당 20회
• 100번 시도에서 실패(frozen arm)는 단지 3회

3월 까지는, 소프트웨어 개발을 마무리할 수 있기를 희망한다. 팀원 중 한 명이 현재 debugging 중이다. 현재로서는 로봇을 5월에 시장에 내놓는 일정을 잘 지켜가고 있다. 물론, 그 일은 제조부서가 책임지고 해야 할 일이다.

이 시점에서, 우리는 예산을 조금 초과하여 집행했는데, 계약자들과의 비용이 기대한 것 보다 조금 더 들었기 때문이다. 아마도 2천불 정도 초과했을 것이다.

그 외에는, 우리가 일정을 잘 지키고 있고 완성된 결과를 조속히 볼 수 있기를 기대하고 있다. 만약 조금이라도 의문이 있다면 505-xyz-0180으로 전화하든지 아니면 sallyf@tigeradd.com로 나에게 E-메일을 주기 바란다.

▶ 예문 5-18 무슨 일이 있었고, 결과는 무엇이며, 장래에 무슨 일이 있을 것인지에 대해 논의하여, 일들을 간략하게 파악하는 진도보고서(Sheehan, 2010, p. 651)

활동 보고서에서 스타일과 디자인 사용

일반적으로 활동 보고서는 평범한 스타일을 따르고 단순한 디자인을 이용한다. 이 문서들은 대부분 정보를 제공하는 것들이고 과도하게 설득적이지 않으므로, 필자들은 그것들을 있는 그대로 솔직한 스타일로 쓰는 것이 좋겠다.

평범한 스타일 사용

문서를 개정하는 때에, 스타일을 염두에 두고 다음 사항들을 주의해라;

문장 - 평범한 스타일 기법들을 사용해서, 대부분의 문장들에서, (1) 주어가 "행위 주체"이고 (2) 서술어가 행동을 표현하는지를 확인해라. 적절한 곳에서는 전치사구 연쇄들을 제거해라.

단락 - 개별 단락은 단락의 나머지가 뒷받침할 직접적인 진술이나 주장을 제기하는 소주제 문장으로 시작해야 한다. 소주제 문장은 보통 개별단락의 첫 번째 문장이어야 한다.

음조 – 활동 보고서들은 흔히 신속히 쓰기 때문에 적절한 음조(tone)가 드러나는지를 확인해야 한다. 빈정거리거나 익살스럽게 쓰고 싶기도 할 테지만, 그렇게 하면 안 된다. 활동 보고서가 나중에 어떻게 사용될 것인지는 아무도 결코 알 수 없다. 브리핑을 하는 동안에도 직업 전문가적인 음조를 유지해야 한다. 만약 전달하는 내용이 부정적인 것이라면, 그것을 변명하지 말고 솔직하게 진술해라.

디자인과 그래픽 사용

활동 보고서의 디자인은 또한 단순해야 한다. 보통 이 문서들은 대부분 메모 포맷이나 아마도 실험실 보고서들을 위해 표준화된 형태와 같은 표준화된 포맷으로 디자인된다. 어떤 회사에도 활동 보고서의 포맷에 대한 규정이 있을 것이다. 그렇지 않다면 word-processing 프로그램이 제공하는 표본들을 이용해도 될 것이다.

만약 시각자료들을 부가하려면, 필자가 그에 대해 언급하는 지점 바로 다음에, 본문의 중앙에, 그것들을 넣어야한다. 비록 활동 보고서가 짧을지라도, 시각자료에 제목과 번호를 붙이고 그것을 본문에서 그 번호로 언급해야 한다.

만약 브리핑을 말로 한다면, 발표를 뒷받침할 그래픽들을 포함할 방식들을 찾아야 한다. 사진은 발표자가 말하고자 하는 것을 청중이 시각화하는데 도움을 주므로, 일부 그림들은 디지털 카메라로 찍어서 이용해라. 그래프는 데이터에 있는 추세들을 보여주는데 도움이 된다.

CHAPTER

06 시각자료

CHAPTER 06 시각자료

이 장55)에서는 기술 문서들에 포함될 시각 의사소통(visual communication(Sorby, 2006, p. 158)의 다양한 형태들과 그것들을 받아들이는 관례에 대해 배운다. 시각자료(visual aids)는 개념을 명백히 하고, 특별한 의미를 강조하여 요점을 예증하거나 아이디어나 데이터를 분석하기 위해서 사용되는, 눈으로 보아 쉽게 알 수 있는 그림으로 나타내는 설명이다. 지면을 차지하는 공간과 글말(words)을 줄일 수 있는 외에, 시각자료들은 사람들이 정보를 처리하고, 이해하며 기억하는데 도움을 준다. 시각자료들이 데이터를 바라보는 강력한 새로운 방식들을 제공하기 때문에, 그것들은 그렇지 않으면 사실들과 그것들의 목록들에 묻혀 있게 될 경향, 문제 및 가능성들을 드러낸다. 시각자료들은 또한 대부분의 구두 의사소통에도 요긴한 것들이다.

시각 의사소통은 흔히 기술 의사소통의 핵심적인 구성 요소이고, 기술문서나 프레젠테이션에 약간의 도식적 요소들이 없다면 이상하게 여겨질 것이다. 많은 경우에, '백문이 불여일견(百聞不如一見, seeing is believing),'이고 "a picture is worth a thousand words (한 장의 그림이 천 마디 말의 값어치를 한다)." 레오나르도 다빈치의 작품 '모나리자'와 같은 그림을 보고 순간적으로 그 그림이 어떤 것인지를 이해하는 것에 비해, 그 그림에 대해서 말로 묘사한다면 얼마나 많은 말을 해야 할 것이며 말로 충분히 그 그림에 대해 묘사할 수 있겠는가?

글이 간결하고 뜻이 분명해야 한다는 것이 기술 의사소통의 핵심적인 특징이기 때문에, 만약 시각자료들을 사용해서 글의 분량을 굉장히 감축할 수 있고, 그 시각자료가 타당하다면 글에 포함되어야 한다. 시각자료들이 기술 의사소통에서 사용되어야 하는 다른 이유는, 훈련에 의해서, 엔지니어들이 전형적으로 도식적으로 지향돼 있다는 것이다. 엔지니어들은 흔히 손으로 그린 스케치들을 통해 서로 간에 비공식적으로 의사소통한다. 그런 스케치들은 흔히 점심 먹으면서 냅킨이나 봉투 뒷면에 하기도 한다. 엔지니어들이 너무도 도식적으로 지향돼 있기 때문에, 시각자료들을 분별하여 사용하면 뜻하는 바가 서로 다른 엔지니어들 사이의 의사소통이 더 잘 될 것이다. 본질적으로, 시각자료들은 효과적인 기술 의사소통의 중대한 부분이다.

55) Lannon, 2008, pp. 252-281.

6-1 시각자료의 중요성

인쇄되었거나 온라인 문서들에서, 구두 발표나 멀티미디어 프로그램들에서, 시각자료들은 오늘날 의사소통의 주요 산물이다. 예를 들어, 1980년대 말이나 1990년대 초에 발행된 전형적인 교과서나 신문을 최근 발간된 본들과 비교해 보아라. 최근 책들에서는 그림 · 사진, 그것도 다양한 색깔들로 그려진 시각자료들을 볼 수 있다.

그래픽스 소프트웨어, 컬러 프린터, 디지털 카메라, 그리고 비디오 조작 도구들을 가지고, 아무나 차트, 그래프, 다이어그램 및 디지털 방식으로 변경된 사진들을 생성할 수 있다. 사람들은 정기적으로 인터넷으로부터 클립아트를 내려 받고, 그들 자신의 웹 페이지들을 생성하며 또는 비즈니스 회의들에서 시각적 발표들을 한다.

이것은 구두(verbal, 입말) 메시지가 진부하다는 의미가 아니다. 대신, 글말(words)은 모양들과 이미지 영상들을 통합해서 디자인 전문가 Robert Horn이, 시각 언어(visual language)라고 부르는 것을 생성한다(Lannon, 2006, p. 289):

> 세상이 점점 더 복잡해지고, 비즈니스와 사회 문제들을 더 빨리 풀어야 하며, 문제 관련 상세함의 여러 수준들뿐만 아니라 "문제 해결을 위한 큰 그림(big picture)"에 즉각적으로 접근하는 것이 점점 긴요해짐에 따라, 시각 언어는 우리들의 삶에서 더욱 더 유행하게 될 것이다(Lannon, 2006, p. 289).

의사소통이 세계적이고 즉각적이며, 사람들이 — 흔히 세계 곳곳에 흩어져서 — 팀으로 일하며, 그리고 늘어나는 복잡한 정보의 양을 효과적으로 이용하는 것이 성공에 중요한 요소라는 사실에 의해, 직장에서 우리는 어쩔 수 없이 시각자료들에 의존하지 않을 수 없다.

궁극적으로, 청중들이 시각자료들을 기대하기 때문에 우리는 그것들에 의존한다. 모든 원천들에 정보가 주체할 수 없을 정도로 많기 때문에, 사람들은 그들이 필요한 것을 신속히 그리고 쉽게 찾기를 원하고, 그들은 그 정보가 이해할 수 있는 것이기를 원한다. 사람들은 자신이 유식하다는 자부심을 가지기를 좋아하고 메시지를 한 눈에 이해하고 싶어 한다. 시각자료들은 사용자들이 정보를 처리하는 동안 생기는 많은 질문들에 대한 답을 찾는데 도움을 준다.

정보를 처리하는데 있어서 청중들이 가지는 전형적인 질문

- 어느 정보가 가장 중요한가?
- 어디에 정확히 초점을 맞추어야 하나?
- 이 숫자들은 무엇을 의미하는가?
- 나는 무엇을 생각하거나 행해야 하나?
- 이것에 관해서 무엇을 기억해야 하나?
- 그것은 무엇처럼 생겼나?
- 그것은 어떻게 구성, 조직 되어있나?
- 그것은 어떻게 행해졌나?
- 그것은 어떻게 작동하나?

Note

시각 디자인은 잘못 하면 일을 크게 망칠 수 있는 까다로운 기교이다. 아무리 많은 시각 기술도 청중, 의사소통의 목적, 및 필자가 이용할 수 있는 디자인 옵션들에 관한 주의 깊은 결정들을 대체할 수는 없다.

시각자료는 어떻게 작동하나

대부분의 사람들은 말보다 영상 이미지들을 더욱 잘 받아들이기 때문에, 지루하게 이어지는 글말 텍스트를 달갑지 않게 여긴다. 시각자료는 여러 방식들로 이 저항을 해소하는데 도움이 된다.

- 시각자료들은 추상적인 개념을 구체적이고, 기하학적 모양들로 드러내 보여줌으로서 이해를 증진한다. "어떻게 미터 단위계가 작동하는가?" "레이저는 어떻게 작동하는가?" (예문 5-2의 그림 5-3 레이저 발생 원리의 간단한 기술)
- 시각자료들은 의미 있는 비교가 가능하게 만든다. "환경으로 배출되는 유독 화학물질의 양은 산업계별로 어떻게 비교되나?" (그림 6-1)
- 시각자료들은 관계를 기술한다. "계절 변화는 우리 지역 건설 경기에 어떻게 영향을 미치나?" "섭씨와 화씨온도 사이에 무슨 관계가 있나?"

• 시각자료들은 보편적 언어 구실을 한다. 주의 깊게 디자인된 시각자료들은 문화적 그리고 언어 차이의 한계를 넘을 수 있어서, 세계적 기업의 직장들에서 국제적 의사소통을 활성화 할 수 있다.

어떤 전문가가 지적한 바대로, "텍스트의 시각 요소들은 독자들이 어떻게 글말과 상호작용할지에 영향을 준다."

산업별, 독성 물질 배출: 2001 (단위, 백만 파운드)

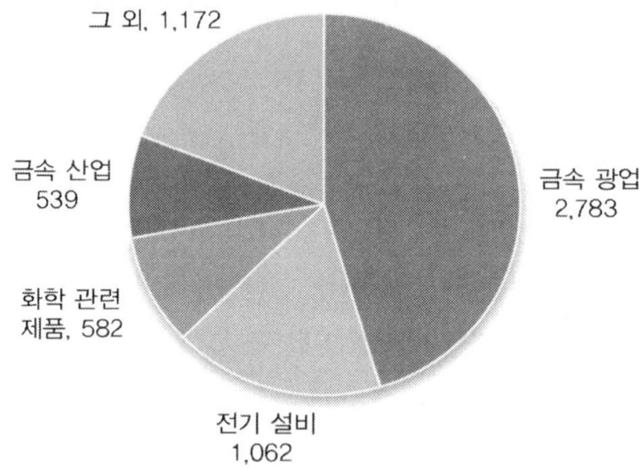

그림 6-1 큰 그림(big picture)"을 보여주는 시각자료(Lannon, 2006, p. 291)

언제 시각자료를 써야하나?

일반적으로, 글말 텍스트에 의해서보다 요점을 더욱 분명하게 만들 때는 언제라도 시각자료들을 사용해라. 다음 상황들에서처럼, 청중의 집중을 유도하거나 그들이 어떤 것을 기억하는데 도움을 주기 위해서 시각자료들을 이용해라:

- 지시하거나 설득하기를 원할 때
- 중요한 것으로 즉각적으로 주의를 끌려고 할 때
- 문서가 그것의 원래 순차대로(즉, 메모나 편지처럼) 읽혀 지지 않고, 무작위로 또는 선택적으로 (즉, 매뉴얼이나 다른 참고 서적을 볼 때처럼) 이곳저곳 필요한 부분만을 찾아서 읽혀질 것으로 예상될 때

- 청중의 교육 수준이 비교적 낮고, 동기부여가 덜 되었거나 또는 토픽에 낯선 것으로 여겨질 때
- 청중이 산만할 것이 우려될 때

시각자료들을 사용하는데 대한 조직과 업무의 특성이 있을 수 있다. 예를 들어, 일부 회사들은 연간 보고서에는 항상 차트나 그래프들이 포함될 것으로 기대한다. 재정 · 금융 업계에서는 흔히 그래프와 차트들을 (일간 다우존스 산업 평균(Dow Jones Industrial Average) 그래프와 같은) 사용한다.

Note

문서를 단순히 치장하기 위해서가 아니라, 논의를 분명히 하고 증진하기 위해서 시각자료들을 사용해라.

무슨 유형의 시각자료들을 고려할까?

다른 유형의 시각자료들은 다른 기능을 한다. 일반적으로 시각자료들은 네 가지 부류로 나눈다: ① 표, ② 그래프, ③ 차트 및 ④ 그래픽 도해. 개별 시각자료는 자료를 새로운 방식, 다른 조망으로 보게 한다(Lannon, 2008, p. 255). 그래픽 도해를 다이어그램이라고 부르기도 하는데, 이에는 제도(drawing, 도면)가 포함된다.

시각자료들의 유형과 용도

표(table)는 쉽게 비교할 수 있도록 자료를 행과 열로 조직해서 보여준다.

수치(numerical)표	정확한 수치 값들을 제시
산문(prose)표	말로 하는 묘사, 설명 또는 지침을 구성

그래프(graph)는 수를 모양, 음영(shades) 및 패턴들로 환언한다.

막대그래프	비교를 보여 줘
선 그래프	시간, 비용 또는 다른 변수들에 걸친 변화를 보여 줘

차트(chart)는 기하 도형, 화살, 선 및 다른 디자인 요소들을 이용해서 관계들을 표현한다.

파이 차트	전체에 대한 부분들이나 백분율들을 연관시켜
조직 차트	회사의 부서, 경영 구조 또는 다른 요소들 사이의 연관을 드러내
흐름 차트	절차의 단계들(또는 결성들) 또는 과정의 단계들을 추적
갠트 차트	프로젝트의 국면들이 서로 어떻게 연관 되는지를 드러내
트리 차트	아이디어나 개념들이 서로 어떤 관련이 있는지를 보여 줘
그림 차트(pictograms)	icons(또는 동형상(同形像, isotypes)들을 매개로 하여 드러내 보이거나 측정된 항목들을 상징화

그래픽 도해들은 데이터나 말보다는 그림들에 의존한다.

설명(representational) 다이어그램	보통, 핵심 부분들에 설명 꼬리표들을 붙여서, 현실감이 있지만 간략화 된 조망을 제시
분해(exploded) 다이어그램	항목이 어떻게 짜 맞추어지는지 또는 사용자가 어떻게 제품을 조립해야 하는지를 설명
절단(cutaway) 다이어그램	장비 내부에 무엇이 있는지 보여주기 위해서 또는 장비가 어떻게 작동하는지를 설명하는 일을 도와
개략 다이어그램	외양보다는 기능을 그림으로 표현하기 위해 원리, 과정 또는 시스템의 개념적 요소들을 제시
지도	독자들이 구체적인 장소를 눈으로 찾거나 지리적 영역에 관한 데이터를 알아차리는데 도움을 줘
사진	무엇이 어떻게 생겼는지를 정확히 드러내
심벌(symbol)과 아이콘	국제적인 청중, 어린이들 또는 읽기가 미숙한 사람들을 포함하는 넓은 범위의 청중들이 개념들을 이해할 수 있도록

일정한 투상법(投像法)과 법칙에 따라, 점, 선, 문자 및 기호 등을 써서 설계자의 의사를 명확하고 간단하게 표시한 그림이 도면(drawing, 圖面)이다. 도면은 문제 해결책의 탐구, 아이디어의 발굴과 전개, 및 참고나 증거 자료들을 기록으로 남기는 목적 등으로 이용된다. 도면을 그리는 일, drawing을 제도(製圖)라 한다.

이런 다양한 시각자료들 중, 표(table)를 제외한 다른 것들은 모두 그림(figure)으로 부르기도 한다.

목적과 청중을 고려해서 시각자료들을 어떻게 선정하나

가장 효과적인 시각자료를 선정하기 위해서, 필자의 구체적인 목적과 청중의 능력과 선호하는 바를 고려해야 한다.

시각자료들의 목적과 청중에 관한 질문(Lannon, 2006, p. 296)

목적이 무엇인가?

- 청중이 무엇을 하거나 무엇을 생각하기를 원하는가?

청중이 사실과 숫자들(figures)에 대해 알기, 지시 따르기, 판단 하기, 어떤 것이 어떻게 작동하는지 이해하기, 관계를 인식하고, 무엇인가에 대한 정체를 확인하며, 어떤 것이 무엇 같이 생겼는지 알고, 주의를 기울이기를 원하는가?

- 사용자들이 하나 이상의 정확한 값들에 초점을 맞추거나, 둘 이상의 값들을 비교하거나 또는 어림값들의 한 범주를 합성하기를 원하나?

청중은 누구인가?

- 소주제에 관한 그들의 전문적인 배경은 무엇인가?
- 소주제에 관한 그들의 관심의 수준은 어느 정도인가?
- 그들은 있는 그대로의 데이터를 좋아할까 아니면 그 데이터의 분석을 더 좋아할까?
- 그들은 시각자료들을 해석하는데 익숙한가?
- 그들의 문화적 배경은 무엇인가?

이 상황에서 어느 유형의 시각자료가 가장 잘 작동 할 것인가?

- 이 시각자료는 정보를 무슨 형태(수, 모양, 말, 그림, 상징 부호)로 그려서 표현해야 하는가?
- 필자가 청중으로부터 추구하는 판단, 행동, 또는 이해의 유형과 가장 잘 조화 될 시각자료는 어떤 것인가?
- 청중은 어느 시각자료 디스플레이를 가장 접근하기 쉬운 것으로 받아들일까?

시각자료들을 선정하는데 있어서 고려해야 하는 몇 가지 예들이 있다:

- 만약 청중이 단지 사실들과 숫자들을 알기를 원한다면 표가 충분하겠지만, 그들이 데이터들에 관해서 특별한 판단을 하기를 원한다면, 막대그래프, 선 그래프 또는 파이 차트가 더 나을지도 모른다.
- 어떤 기구의 동작하는 부분들을 그려서 표현하려고 하면, 분해(exploded) 또는 절단(cutaway) 다이어그램이 사진보다 더 나을지도 모른다.
- 전문가 청중들은 수치표, 흐름 차트, 개략 차트, 그리고 복잡한 그래프들이나 그들 스스로 분석할 수 있는 다이어그램들을 더 좋아하는 경향이 있다.
- 일반 청중들은 기본적인 표, 그래프, 다이어그램 및 그들의 초점을 이끌어 주고 그 데이터로부터 추출되는 주요 요점들을 해석해 주는 다른 시각자료들을 더 좋아하는 경향을 보인다.

비록 몇 가지 대안들이 가능할 테지만, 보통, 한 가지 특별한 유형의 시각자료(또는 한 조합)가 가장 적합하다. 그렇지만, 가장 좋다고 여겨는 옵션을 필자들이 항상 이용할 수 있지는 않을 것이다. 또 특별한 청중이나 조직이 그 자신이 선호하는 것을 요구할 지도 모른다. 또는 필자가 선택한 것들이 장비의 결여(소프트웨어, 스캐너, digitizer), 부족한 인력(그래픽 디자이너, 전문 도해가들), 또는 예산 부족에 의해 제약될 수도 있을 것이다. 어느 경우에도 필자의 기본 과업은 청중이 시각자료를 올바르게 이해할 수 있게 하는 것이다.

Note

비록 시각자료 소통이 세계적인 호소력을 가지고 있다하더라도, 특정 시각자료는 어떤 문화에 부적절 할 수도 있다. 예를 들어, 모든 문화에서 왼쪽에서 오른쪽으로 읽는 것이 아니어서, 결과적으로 반대 방향으로, 왼쪽에서 오른쪽으로 읽도록 디자인 된 차트는 오해를 부를지도 모른다.

구체적인 목적을 위해 선호되는 시각자료

목적	추천 시각자료
• 수치데이터 조직하기	표
• 비교되는 데이터 보여주기	표, 막대그래프, 선 그래프
• 경향 보여주기	선 그래프
• 데이터 의미 분석이나 강조	막대그래프, 선 그래프, 파이 차트, 지도
• 낯선 물건 소개	사진, 설명 다이어그램
• 프로젝트 일정 디스플레이	Gantt 차트
• 부품들이 어떻게 조립되는지 보여주기	사진, 분해도
• 어떤 것이 어떻게 구성돼 있는지 보여주기	구성 차트, 지도
• 지침 제시	산문표, 사진, 다이어그램, 흐름도
• 공정 설명하기	흐름도, 블록 다이어그램
• 개념이나 원리 명백히 하기	블록 또는 개략 다이어그램, tree 차트
• 기구 기술 묘사하기	사진, 설명 다이어그램 또는 절단 다이어그램

6-2 표

표(table)는 명세, 비교나 조건들과 같은 밀집한 텍스트 정보를 드러내 보이기 위한 강력한 방식이다. 예를 들어, 여러분이 심장병과 암으로 인한 최근의 사망률을 조사하고 있다고 하자. 다양한 원천들로부터, 다음 자료를 수집했다고 하자.

1. 1970년에, 10만 명당 남자 419명 여자 309명이 심장병으로 사망했고, 남자 172명 여자 135명이 암으로 사망했다.
2. 1980년에, 10만 명당 남자 369명 여자 305명이 심장병으로 사망했고, 남자 205명 여자 164명이 암으로 사망했다.
3. 1990년에, · · ·

위의 텍스트에서 수치 정보가 반복되어 있어서 해석하기에 힘들다. 수치 자료의 양이 늘어남에 따라 이 제재를 처리하는데 어려움도 커진다. 위의 통계는 표 6-1(워드프로세싱 프로그램에서 "table" 명령어를 이용해서 구축된)로 비교하고 분석하기 더 쉽다.

Note

독자들이 알아차리기를 원하는 경향이나 요점들을 분석하거나 해석하기 위해, 시각자료에 캡션(caption, 제목)을 포함해라.

표 6-1 1970 – 2000 기간에 심장병과 암으로 인한 사망률(Lannon, 2006, p. 298)

연도	사망자수(10만 명 당)			
	심장병		암	
	남자	여자	남자	여자
1970	419	309	248	163
1980	369	305	272	167
1990	298	282	280	176
2000	256	260	257	206
1970-2000 %변화	-38.9	-15.8	0.36	26.3

표 6-1과 같은 수치표(numerical table)는 정량 정보(측정될 수 있는 데이터)를 제시한다. 표 6-2와 같은 산문표(prose table)는 정성 정보(산문 기술 descriptions, 설명, 또는 지시 지침들)를 제시한다. 표 6-2는 예를 들어, 어떤 제품 생산을 위해 필요한 자원과 그에 대한 간략한 설명을 보여준다.

표 6-2 산문표는 복잡한 수치와 글말 정보를 드러내 보여준다

단계	공정	장비	인원	작업 설명
1	컴파운딩	2	1	소재를 연속 스트립으로 프레스에 투입하고 컴파운딩으로 제작된 링을 작업자가 손으로 스트립에서 집어낸다.
2	압인(coining)	1	1	작업자가 링을 손으로 잡고 금형에 투입하고 빼낸다.
3	Wave bending	1	1	작업자가 링을 손으로 잡고 금형에 투입하고 빼낸다.

그 어떤 표라도 청중을 위해 과도하게 복잡해서는 안 된다. 비록 인상 깊어 보일지라도, 한 번에 너무 많은 정보를 제시하는 표는 비전문가들이 해석하기에 어렵다. 비윤리적인 필자는 의문시되거나 황당한 숫자들을 묻어 버리기 위해서 표를 복잡하게 보기 어렵게 만든다. 일반인들을 위해, 표를 작게 그리고 보기 쉽게 만들어라.

일반적으로, 표는 데이터를 수평이 아닌, 수직으로 읽도록 구조를 만들어야 한다. 즉, 같은 매개변수가 변하는 것을 보기 위해서, 독자의 눈이, 행을 따라 수평으로 아니라, 열을 따라 아래로 이동해야 한다. 예를 들어, 만약 세 개 지역(군)의 인구들이 지난 3년에 걸쳐 다른 율로 변화했다는 것을 보여주기 위해 표를 생성한다면, 표 6-3(Markel, 1988, p. 247)과 같이 구조를 갖춰야 한다. 독자들은, 이 구조에 의해, '가' 군의 인구가 지난 3년 동안 감소하고 있는 반면, '다' 군의 인구는 1987년에 급격하게 늘어났음을 알 수 있게 된다. 이 표의 제목도 데이터를 열을 따라 수직으로 읽어야 하는 것을 반영하여 붙여진 것이다.

표 6-3 가', 나', 다' 군들의 3년간 인구 변화(1985-1987)

연도	인구		
	가' 군	나' 군	다' 군
1985	35,912	46,983	53,572
1986	34,124	47,912	53,954
1987	29,876	47,321	62,876

만약, 그렇지만, 매 년 세 개 군의 인구를 비교하려면, 다음 표 6-4(Markel, 1988, p. 247)의 구조가 더욱 적절할 것이다. 이 구조는 독자들이 특정 연도에 세 개 군 각각의 인구를 비교하기 위해서 연도 열을 따라 위에서 아래로 훑어볼 수 있게 한다. 표의 제목이 데이터의 배열을 반영하기 위해서 어떻게 달라졌는지를 주목하라.

표 6-4 가', 나', 다' 군들의 연간 인구 비교 (1985, 1986, 1987)

지역	연도		
	1985	1986	1987
가' 군	35,912	34,124	29,876
나' 군	46,983	47,912	47,321
다' 군	53,572	53,954	62,876

표에 있는 정보를 드러내 보이기 위해서, 아래의 일반적인 지침을 따라라:

- 일반적으로 표의 번호와 제목(캡션)은 표 위에 붙인다.
- 표가 한 쪽(페이지)을 넘지 않도록 해라. 그렇게 하지 못한다면, 바닥에 "계속"이라고 쓰고 두 번째 쪽을 온전한 제목, "계속" 그리고 원래의 열 머리 제목을 갖추어 시작해라.
- 만약 표의 폭이 쪽에 비해 너무 넓다면, 표를 반시계방향으로 90도 돌려서 표의 제목이 책을 제본한 선과 나란히 되도록 해라. 또는 데이터를 두 개의 표에 분할해라. (넓은 쪽으로 표를 읽기 위해 쪽을 회전하는데 대해 불평하는 독자들은 거의 없다.)
- 토의에서, 표는 그 번호로 언급하고, 독자들이 주목해야 할 것들을 설명해라. 또는 산문 캡션을 포함해라. 요약에서, 표에 대해 토의하고, 그것을 제시하고 나서, 그것을 분석해라.

표를 생성하는 일에 관한 구체적 정보를 위해서는, 아무 워드프로세싱 프로그램의 table 옵션에 대해 공부하면 될 것이다.

표는 정확한 값들을 나타내는데 적절하지만, 독자들은 그래프들이나 차트들을 해석하기가 더 쉽다. 도형(막대, 곡선, 원)은 일반적으로 숫자들의 목록보다 기억하기 더 좋다.

6-3 그래프

그래프와 차트의 통상적인 특징[56)]

효과적인 그래프와 차트는 선택된 도해의 유형에 상관없이, 많은 특징들을 공유한다. 이 절에서는, 각각의 특징을 기술하고 그래프와 차트를 생성할 때 따라야하는 일반적인 규칙들을 제시한다. 이 규칙들에 대한 예외들은 그래프나 차트의 개별 유형에 대한 기교를 논의할 때 살필 것이다. 그래프와 차트들의 공통 특징 다섯 가지들은 다음과 같다:

1. 그래프나 차트에서 개별 축에는 축 제목(꼬리표, label)을 분명히 붙여야 하고 적절한 곳에 단위를 적어 넣어야 한다. 차트의 수평축에도 축 아래쪽에 축 제목을 붙인다. 수직축에도 축 제목을 붙이되, 페이지를 시계방향으로 90도 회전했을 때 그 축 위쪽의 왼쪽에서 오른쪽으로 읽을 수 있게 제목을 쓴다. 수평과 수직축 둘 다의 tick mark에 수평하게 읽을 수 있게 수치 데이터를 적어 넣는다. 축 값의 최대 및 최소 데이터 값들은 실제 데이터 범위를 조금 넘어서는 값들로 정한다. 그런데 이런 일들은 보통 차트나 그래프를 그리는 소프트웨어에서 선택 사항들로 처리할 수 있다.

2. 그래프나 차트는 아래 부분에 수평으로 시각자료의 번호와 함께 제목을 붙인다. 제목은 단순히 수평이나 수직축 제목들을 반복한 것이어서는 안 된다. 예를 들어 "응력 대 스트레인"은 그래프를 위한 적절한 제목이 아니다. ("A36 강철에 대한 인장 시험 응력-변형률 결과"는 적절한 제목이다.)

3. 만약 하나 이상의 데이터 세트를 그래프나 차트에 나타낸다면, 그래프를 보는 사람이 어느 곡선, 막대 또는 쐐기가 개별 데이터 세트에 상응하는지를 이해할 수 있도록 범례를 포함해야 한다. 범례는 그것이 그래프에 나타난 데이터를 가리지 않는 곳에 배치하여야 한다. 범례들은 보통 그래프의 오른쪽 또는 제목 바로 아래에 배치된다. 그래프를 생성하는데 사용된 것과 동일한 빗금, 색깔, 선 유형 또는 데이터 점 표지가 범례에 사용되어야 한다.

---

56) Sorby, 2006, p. 161.

4. 대부분의 경우에, 데이터 점들을 그래프에 보여야 한다. 그래야 그래프를 보는 사람이 그래프로부터 값들을 더욱 정확하게 분간할 수 있다. 그렇지만, 만약 데이터 점 심벌들을 포함하는 것이 그래프가 이해하기 어려운 것이 될 정도로 어수선하게 흩뜨려진 것이 되게 한다면, 그 심벌들은 넣지 않아야 한다. 항상 선명성이 제일 중요하다.

5. 여러 소프트웨어 도구들이 전문가들이 만든 것처럼 보이게 하는 그래프와 차트들을 생성하는데 도움을 준다. 대부분의 소프트웨어 도구들은 개별 데이터 세트에 대해 다른 색깔을 가지게 그래프와 차트들을 생성한다. 칼라 인쇄기나 사진 인화기를 갖고 있지 않거나 이용할 수 없는데, 그래프에 한 개 이상의 데이터 세트를 넣어야 한다면, 틀림없이 다른 빗금이나 흑백의 채도가 구별되는 색들을 사용해야 하는데, 색깔의 차이들은 인쇄된 흑백 문서에서 명백하지 않을 수 있기 때문이다.

그래프는 숫자들을 모양, 색의 음영 및 패턴으로 환언한다. 그래프는 한눈에 금방 알아 볼 수 있게, 어림값, 그 값들이 의미하는 요점, 그리고 강조되는 관계를 드러내 보인다. 그래프들은 비교, 시간에 걸친 변화, 패턴 또는 경향들을 그려 보여주는데 특별히 유용하다.

그래프의 수평축은, 어떤 기간 내의 연도들(1980, 1990, 2000)과 같은, 비교될 카테고리들(독립변수들)을 보여준다. 수직축은, 특정 연도에 심장마비로 사망한 사람들의 수와 같은, 카테고리들을 비교하거나 측정하기 위한 값들(종속변수들)의 범위를 보여준다. 종속변수는 독립변수에 따라 변화한다.

6-3-1 막대그래프

막대그래프들은 연도별 또는 월별과 같은, 이산 비교들을 일반적으로 이해하기 쉽게 보여준다. 수직 막대는 구체적인 양을 나타낸다. 한 가지 값에 집중하거나 시간에 걸쳐 있는 값들을 비교하는데 막대그래프(그림 6-2)를 이용한다.

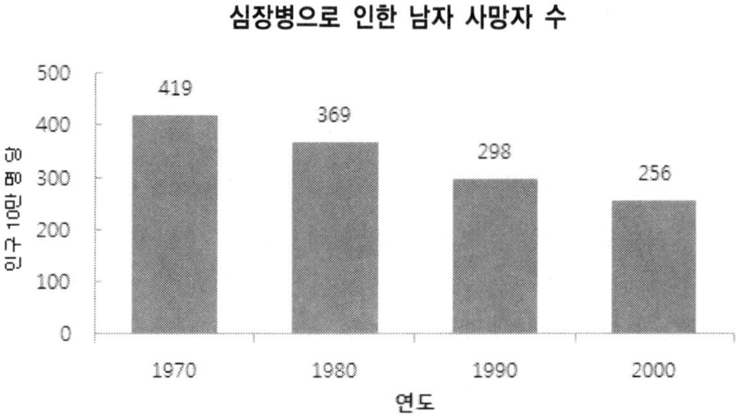

그림 6-2 단순 막대그래프는 데이터가 드러내는 단 하나의 관계를 보여준다

기능

막대그래프(차트)는 일반적일뿐만 아니라 전문 주제에 관한 문헌에서 흔히 볼 수 있는 것이다. 사실, 전문 주제에 관한 텍스트 책들과 보고서들에서 뿐만 아니라 신문과 잡지들에서도 막대그래프들을 쉽게 볼 수 있다. 파이 차트처럼, 막대그래프들은 일반 대중에 의해 잘 이해되지만, 정보와 데이터가, 파이 차트 보다는, 막대들로 보다 효율적으로 나타날 수 있기 때문에, 막대그래프들은 전문 주제에 관한 문헌에 더욱 유용하다.

막대그래프들은 연속으로 발생하는 데이터 보다 시간에 따라 구별되는 간격들이나 점에서 발생되는 데이터의 유형들을 보여주는데 유용하다. 예를 들어, 환경기사가 7년 동안에 어떤 굴뚝에서 발생하는 매연을 플롯하기를 원할 수 도 있다. 비록 시간이 연속 변수라 하더라도, 이 유형의 데이터는 연도1, 연도2, 연도3 등에 배출된 매연의 양을 나타내는 개별 막대들로 막대그래프를 그릴 수도 있을 것이다. 이 데이터를 나타내기 위해서 막대그래프를 생성하는 일은 주어진 기간 동안 해마다 매연이 감소하고 있는지 뿐만 아니라 주어진 연도에 발생하는 매연의 양을 나타내는 수치 값도 보여줄 것이다.

막대그래프는 또 두 데이터 세트들 사이의 비교를 보여준다. 만약 어떤 플랜트의 두 개의 굴뚝에서 내뿜는 매연들을 보여주기를 원한다면, 한 굴뚝에서의 데이터를 다른 굴뚝에서의 데이터 옆에 자리 잡게 해서 막대그래프 위에 데이터를 적어 넣어도 될 것이다. 이 방식으로, 매연의 차이들이 막대들의 상대적 높이를 비교함으로써 분명히 보여 질 수 있을 것이다. 그래프를 살핌으로써, 예를 들어, 구체적인 기간 동안에, 한 굴뚝에서 나오는 매연은 증가하고 다른 굴뚝에 대해서는 매연의 양이 일정하게 유지된다는 것을 확인할 수 있게 될 것이다.

Form

데이터 막대들은 비록 수직 막대들이 더욱 통상적으로 사용된다 하더라도 수직으로나 수평으로 막대 차트위에 포함될 수 있다. 또한 누진적 데이터를 보여주기 위해서 막대들을 겹쳐서 쌓을 수 있다. 예를 들어 어떤 부품 생산 엔지니어가 공장의 다양한 기계들에 의해 생산된 불량 부품들의 실패율을 보여주려고 한다고 하자. 이 경우에 불량은 주어진 부품에서 치수들이 허용될 공차 한계들 내에 있지 않는 것으로 정의된다. 주어진 기계에 대해서, ±0.05mm－0.1mm, ±0.1mm－0.25mm, 및 ±0.25mm 이상의 치수 변동, 세 가지 불량 계층(등급)을 매길 것이다. 개별 카테고리에서 불량을 보여주는 막대들은 기계 당 불량의 총 개수를 보여주기 위해 겹쳐 쌓을 수 있다. 이 방식으로 총 불량과 각 카테고리에서의 불량을 나타내는 두 개의 그래프를 따로 그리는 것 보다는, 오히려 그래프 하나로 보여줄 수 있다.

기교

차트에서 개별 막대의 폭은 중요하지 않지만, 그것은 전체 차트에서 비례적으로 올바로 보이게 해야 한다. 차트에 있는 모든 막대들의 폭은 동일해야 한다. 만약 하나가 다른 막대들보다 더 두꺼우면 특별한 강조가 함축될 것이다. 만약 여러 개의 막대들이 사용된다면 개별 것은 상대적으로 얇아야 한다. 만약 단지 몇 개의 막대들만이 사용된다면, 각각의 것은 약간 더 두꺼워야 한다. 막대들 사이에 막대들의 폭 보다 약간 더 작은 간격을 벌려 두어야 개별 데이터 점이 구별된다.

만약 두 데이터 세트들 사이의 비교를 보여주기를 원한다면, 그것들 사이에 적당한 공간을 두고, 비교 막대들을 서로에 가까이에 두어라. 데이터의 두 세트들 이상의 비교들을 보여 줄 수 있지만, 차트가 너무 어수선해 보이지 않도록 해야 한다. 주된 관심사는 분명하게 드러내 보이는 것이다.

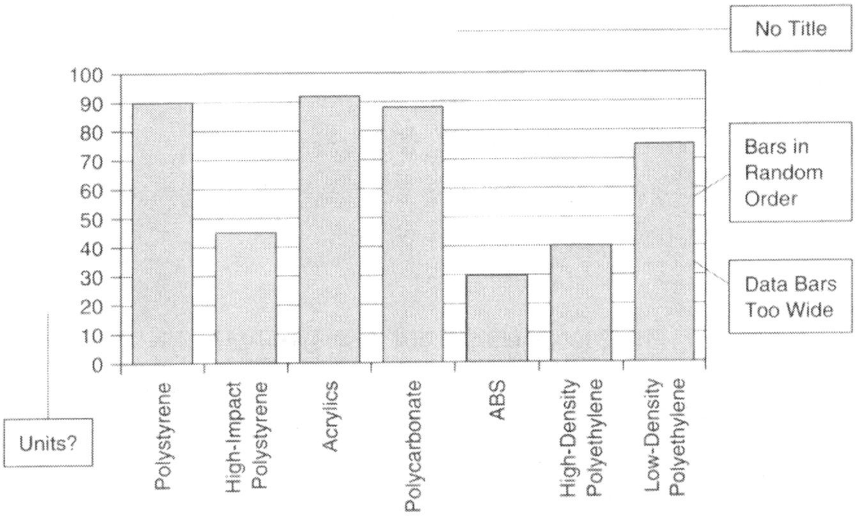

그림 6-3a 엉터리 막대그래프(Sorby, 2006, p. 165)

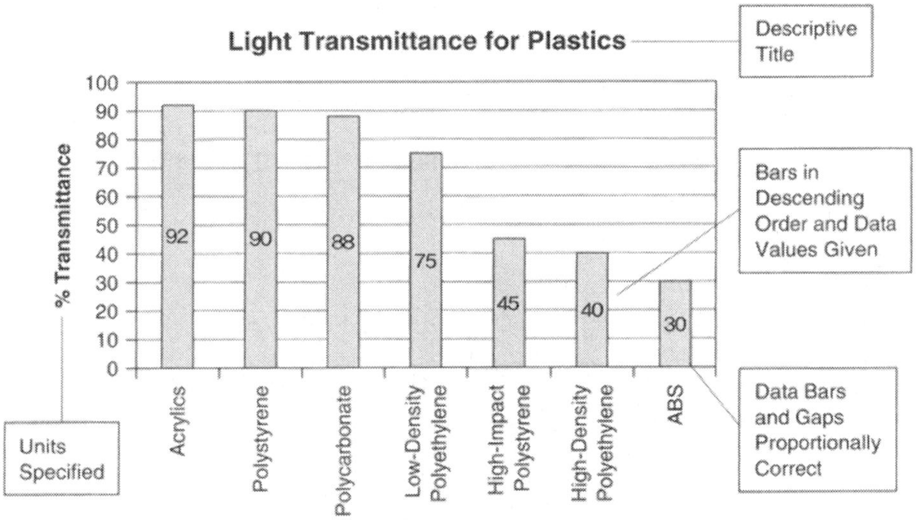

그림 6-3b 제대로 그린 막대그래프(Sorby, 2006, p. 165)

위 그래프 그림 6-3a는 엉터리이고 그림 6-3b는 제대로 그린 막대그래프이다. 여러 관점에서 차이가 많은 것을 관찰할 수 있다.

단순 막대그래프

단순 막대그래프는 한 가지 경향이나 주제를 드러내 보인다. 그림 6-2에서 보는 그래프는 표 6-1에서 추출된 한 가지 경향, 심장병으로 인한 남자 사망자 수를 보여준다. 분석을 지원하기 위해, 각 막대 위에 정확한 값을 적어 넣을 수 있으나, 다만 청중이 정확한 숫자를 알아야 하는 때에만 그렇게 하는 것이 좋다.

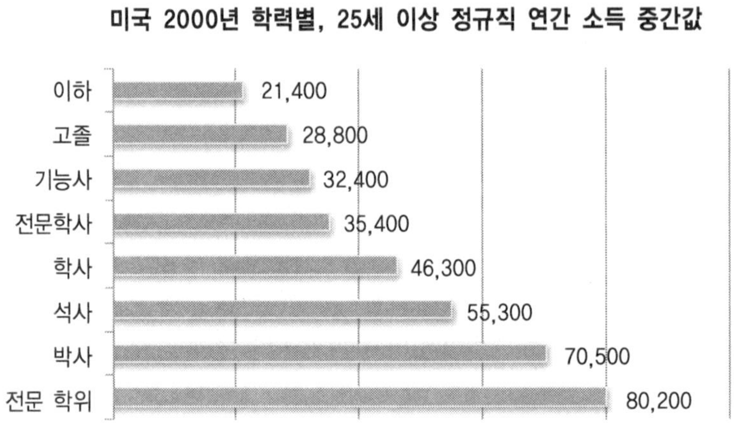

그림 6-4 수평 막대그래프는 긴 꼬리표를 수용한다

수평 막대그래프

수평 막대그래프는 그림 6-4에서처럼 증가하거나 감소하는 값의 순서대로 배열된 많은 수의 막대들을 수평으로 디스플레이 하는데 좋다. 이 포맷은 카테고리의 이름들을 길게 수평으로 적어 넣을 수 있어서 좋다.

막대그래프들을 구축할 때, 다음 네 가지 기본적인 지침들을 따라야 한다(Markel, 1988, p. 251):

1. 축의 축척 비율을 공정하게 해라.
2. 할 수 있으면, 눈금을 0에서 시작해라. 그래야 막대들이 양(量, quantity)을 정확하게 나타낼 수 있다. 만약 그림 6-5a에서처럼 눈금이 0에서 시작하지 않으면 그래프가 오해를 불러일으킬 수 있다. 그림 6-5a에서는 그림 6-5b에서 보다 상대적인 차이가 확실히

현저한 것으로 보인다. 그림 6-5a에서, 막대들의 확연한 길이 차이로 인해, 항목 A가 항목 B보다, 항목 B가 항목 C 보다 훨씬 더 많은 것으로 보인다.

만약 양을 나타내는 눈금을 0에서 시작하는 것이 실제적이지 않다면, 그 축을, 그림 6-5c에서처럼, 필요한 부분을 분명히 절단해라.

3. 양을 분간하기 쉽도록 격자(grid) 선이나(그림 6-3b에서 수평 격자선) 작은 눈금(tick mark)(그림 6-12)을 사용해라.
4. 막대들을 논리적인 차례로 배열해라.

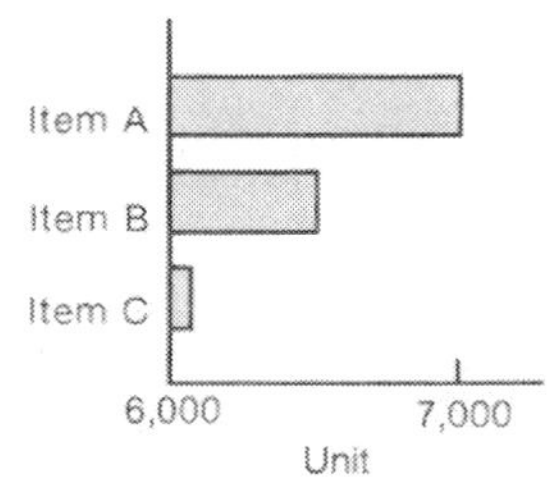

그림 6-5a 오해를 유발하는 막대그래프(Markel, 1988, p. 252)

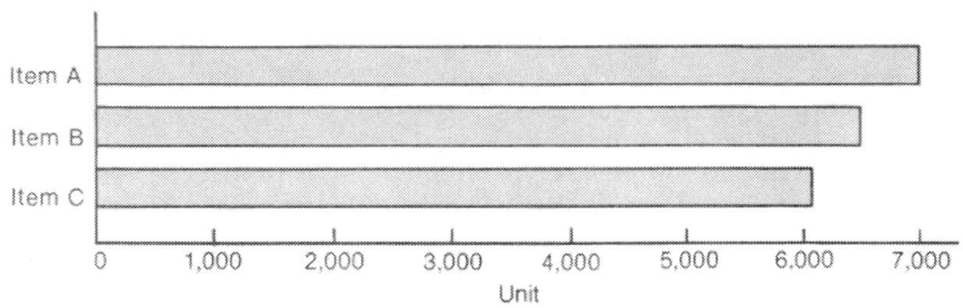

그림 6-5b 막대를 공정하게 나타낸 그래프

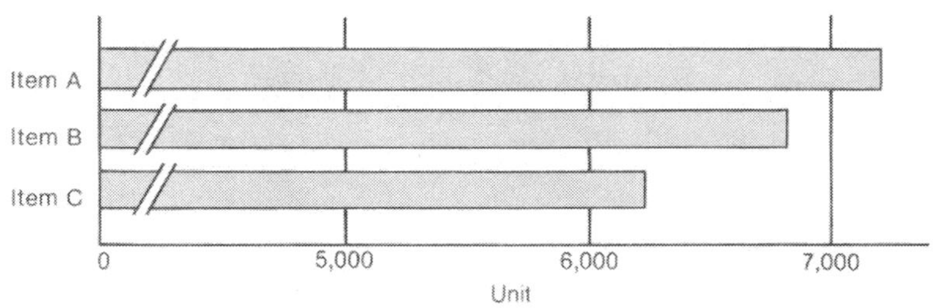

그림 6-5c 양을 나타내는 축 부분의 절단을 분명하게 표시한 막대그래프

다중 막대그래프

막대그래프는 둘 이상의 관계들을 동시에 디스플레이할 수 있다. 그림 6-6(Sorby, 2006, p. 166)은 독자들이 두 가지 이상의 경향들을 볼 수 있게 정보를 대조한다. 다중 막대그래프를 생성할 때, 개별 막대에 대해서 다른 패턴이나 색깔을 사용해야 하고, 범례를 포함해야 청중이 색깔이나 패턴이 어느 막대와 상응하는지를 알게 된다.

그래프에 포함하는 관계들이 많을수록 그래프는 더욱 복잡해지므로, 한 그래프에 셋 이상을 포함하지 않아야 한다.

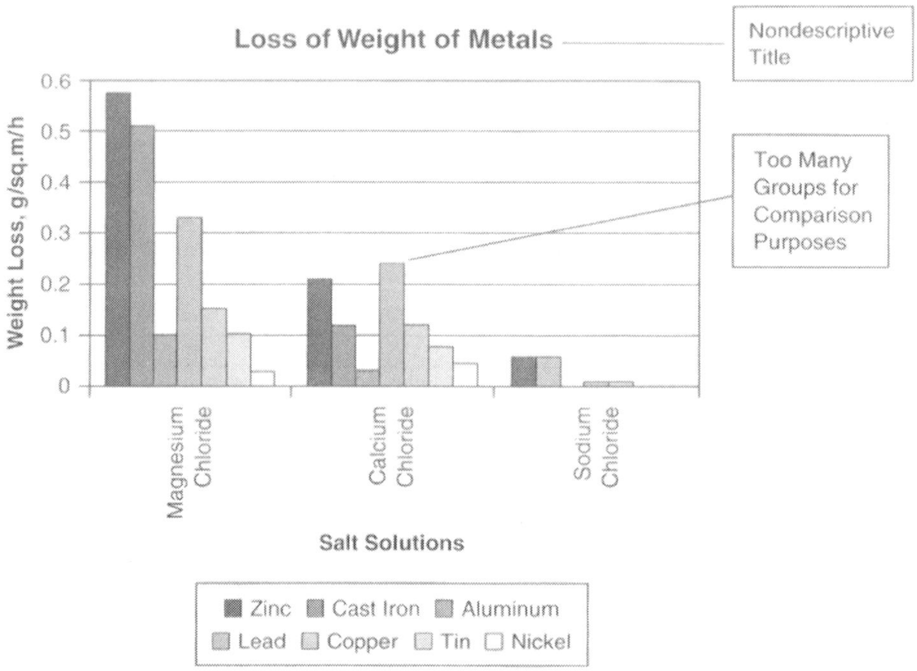

그림 6-6a 엉터리 다중 막대그래프

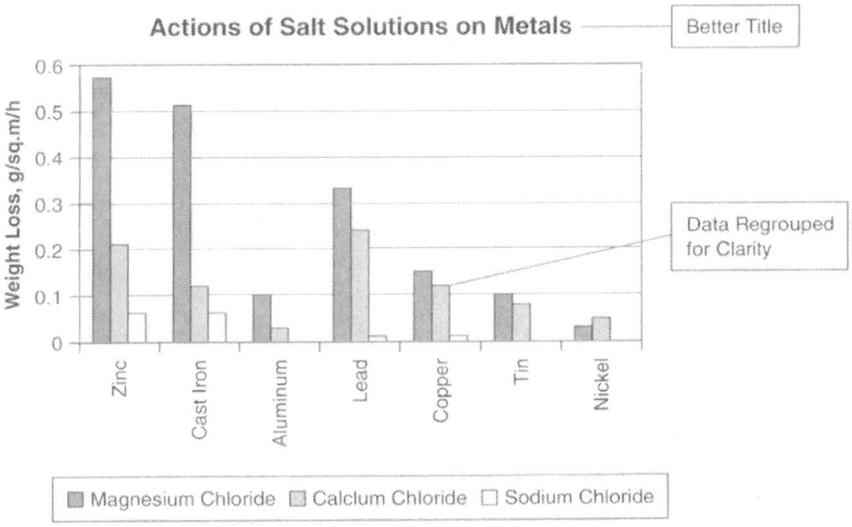

그림 6-6b 제대로 그린 다중 막대그래프

적층 막대그래프

막대들을 나란히 따로 세워서 디스플레이 하지 않고, 그것들을 쌓아 올릴 수 있다. 적층 막대그래프들은 개별 항목이 전체에 얼마나 기여하는지를 보여주는데 특별히 유용하다. 그림 6-7은 표 6-1과는 다른 비교를 드러내 보인다. 혼란을 피하기 위해, 한 막대에 넷 이상의 데이터 세트를 나타내지 마라. 그림 6-8a는 부실하고 그림 6-8b는 제대로 그린 적층 막대그래프이다.

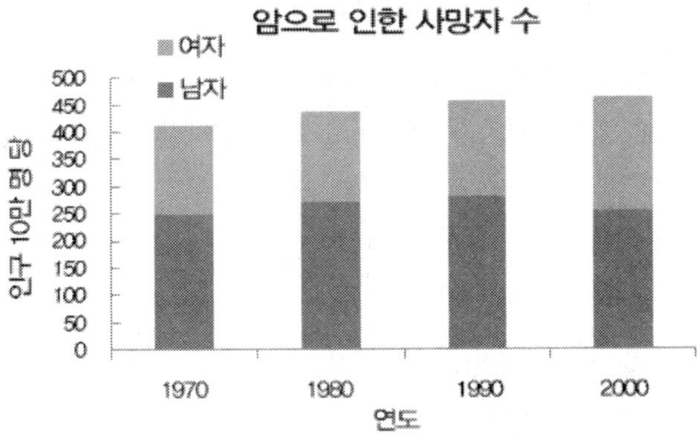

그림 6-7 적층 막대그래프는 개별 합을 구성하는 부분들을 비교한다

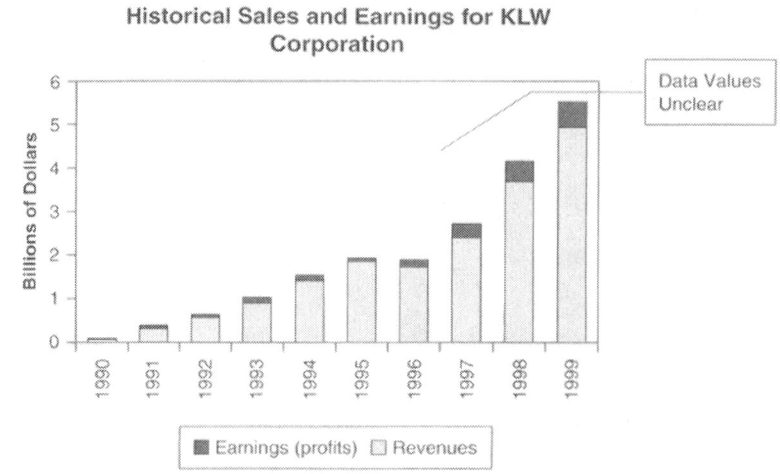

그림 6-8a 부실한 적층 막대그래프

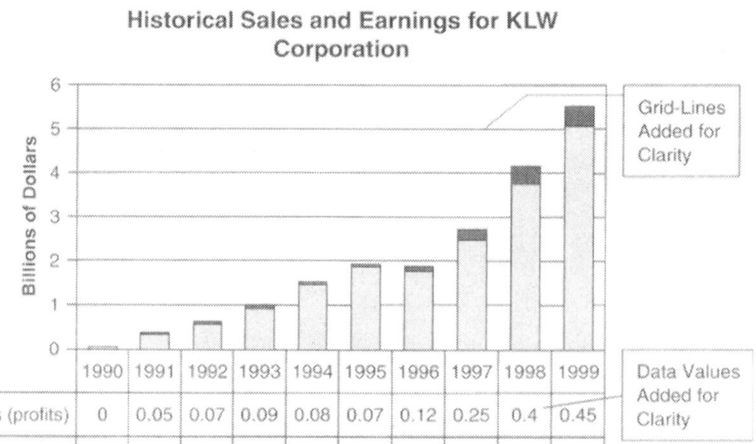

	1990	1991	1992	1993	1994	1995	1996	1997	1998	1999
Earnings (profits)	0	0.05	0.07	0.09	0.08	0.07	0.12	0.25	0.4	0.45
Revenues	0.05	0.28	0.53	0.91	1.43	1.83	1.73	2.45	3.75	5.05

그림 6-8b 데이터 표를 함께 그린 (combination, 조합)적층 막대그래프(Sorby, 2006, p. 167)

100 퍼센트 막대그래프

적층 막대그래프의 한 유형으로서, 100 퍼센트 막대그래프는 그림 6-9에서 보는 바처럼, 100 퍼센트를 구성하는 개별 부분의 값을 보여준다. 아무 막대그래프처럼 100 퍼센트 그래프는 수평이거나 수직 막대들을 가질 수 있다.

막대들의 수와 패턴들의 가지 수가 늘어남에 따라 막대그래프들을 해석하기가 어려워진다. 일반적인 청중을 위해서는, 그림 6-9에 나타난 데이터들에 대해서는 연도 별로 각각 파이 차트를 하나씩 그려도 될 것이다.

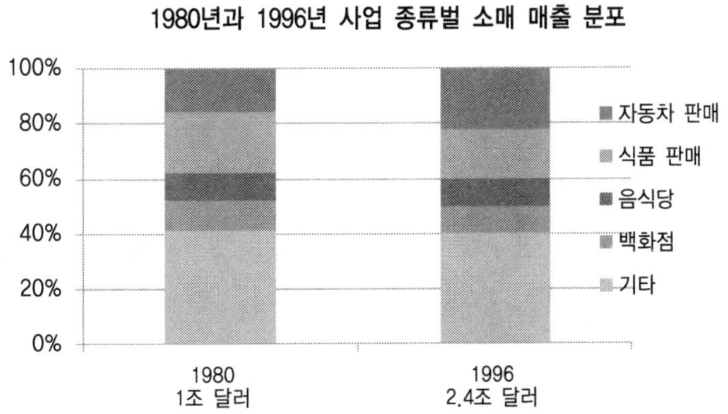

그림 6-9 100 퍼센트 막대그래프는 백분율 값을 비교한다

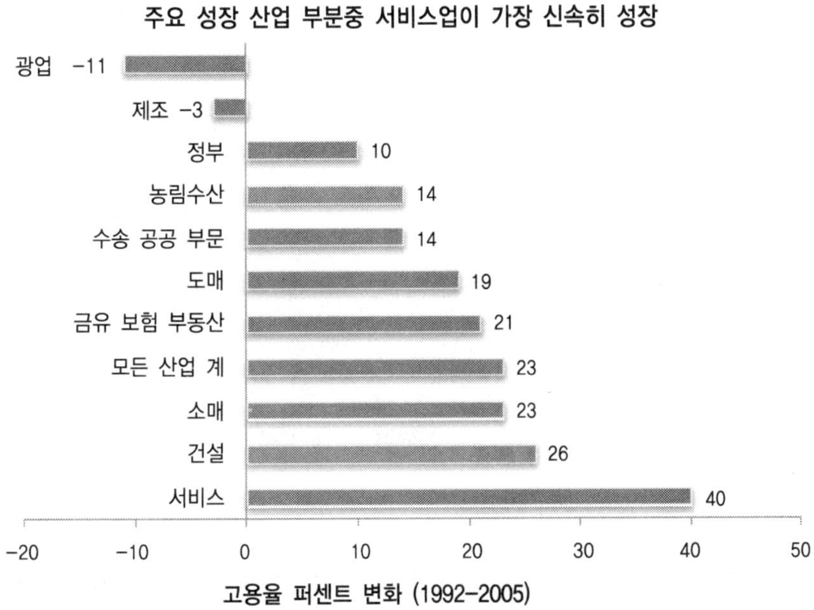

그림 6-10 편차 막대그래프는 양과 음 값 둘 다를 보여준다

편차 막대그래프

단지 양의 값들을 보여주기 위해서, 대부분의 그래프들은 축의 값이 0인 점에서 시작한다. 그렇지만, 편차 막대그래프는 그림 6-10에서 보는 바처럼 수평축에 관한 양과 음 값 둘 다를 드러내 보인다. 그래프의 양의 쪽과 똑같은 척도에 의해, 수평축이 어떻게 0 바탕선의 음의 쪽으로 확장하는지를 주목해라.

3차원 막대그래프

그래픽스 소프트웨어는 3차원 조망을 위해 이미지들을 그늘지게 하고 입체감 있게 보는 일을 쉽게 만든다. 그림 6-11에서 보는 것처럼 막대의 3차원 입체감으로 독자의 시선을 붙들어서 시각적으로 데이터를 강조한다.

3차원 차트는 특별히 두 개의 독립변수에 의한 종속 변수 데이터를 나타내는데 유용하다. 그래프가 차지하는 3차원 공간의 바닥 평면은 두 개의 독립변수들을 나타내는 직교하는 두 개의 수평 축에 의한 것이다.

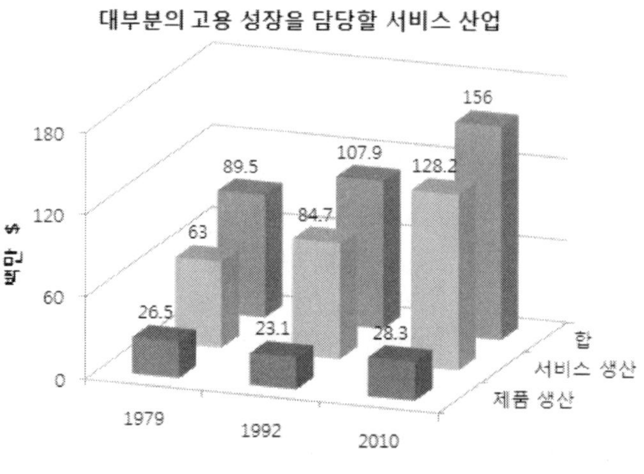

그림 6-11 두 개의 독립변수로 정의되는 종속변수를 나타내는 3차원 막대에 의한 막대그래프 (Lannon, 2008, p. 265)

Note

비록 3차원 그래프가 발표를 증진하고 극적으로 보이게 할 수 있을지라도, 과도하게 복잡한 그래프는 오도하거나 해석을 어렵게 할 수 있다. 2차원 본이 역할을 잘 할 수 없을 때에만 3차원을 이용해라. 시각 효과만을 위해서 분명성과 단순성을 희생해서는 결코 안 된다.

막대그래프를 어떻게 이용하나

어떤 유형의 막대그래프를 결정하고 나서, 사용자의 편의를 고려하는데 다음 제안들을 따르는 것이 좋다(Lannon, 2008, pp. 265−266).

- 현저하게 다른 값들을 비교하기 위해서만 막대그래프를 사용해라. 작은 값 차이들은 너무 비슷해서 비교하기 힘든 막대들을 산출할 것이다.
- 그래프를 단순하고 읽기 쉽게 유지해라. 막대들을 중첩할 때는 세 가지 유형 이상의 막대들을 플롯하지 말아라. 쓸데없는 시각적 자세함은 피해라.
- 청중에 친숙한 단위들로 축척을 매겨라. 1 또는 2, 5 또는 10의 배수 단위들이 가장 좋다. 숫자들 사이의 간격은 동등해야 한다.
- 측정되거나 비교되는 것이 무엇인지를 보이기 위해서 두 축척 모두에 꼬리표를 붙여라. 공간이 있다면, 읽기 더 쉽게 하기 위해서 모든 꼬리표들을 수평으로 적어라.
- 그래프 아래 부분에 개별 막대나 막대 뭉치들에 대한 꼬리표를 달아라.
- 축척의 분할 점들을 보여주기 위해서 작은 눈금(tick mark)들을 이용해라. 만약 그래프에 막대가 여러 개 있다면, 독자들이 막대들을 값들에 연관 짓는데 도움이 되게 눈금들을 눈금선(grid line)들까지 확대해라(그림 6−12).
- 혼란을 피하기 위해서, (그것들이 겹치지 않는 한) 모든 막대들이 같은 폭을 갖게 해라.
- 다중 막대그래프에서 한 뭉치의 여러 막대들을 구별하기 위해 다른 패턴, 색깔 또는 음영의 차이를 이용해라. 개별 패턴, 색깔 또는 음영을 확인할 수 있게 범례를 제공해라.
- 강조하려고 하면, 짙은 색의 막대가 같은 크기의 더 밝은 색 막대 보다 더 크고, 더 가까우며 그리고 더 중요하게 보이는 것을 알아라.
- 토의에서는 번호로("그림 1") 그래프를 지칭하고, 그리고 이용자가 무엇을 살펴야 하는지를 설명해라. 또는 그래프와 함께 산문 캡션을 포함해라.

• 데이터 원천을 그래프 바닥에 인용해라. 출판될 저작을 위해 복사 금지된 그래프를 이용하거나 재생산하는 때에는 그 저작권자로부터 서면 허락을 받아야 한다.

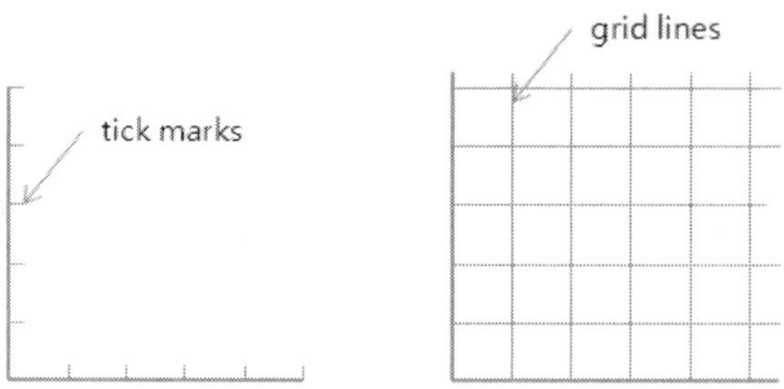

그림 6-12 작은 눈금(tick marks)들과 눈금 선(grid lines)

Note

시각자료를 만드는데 있어서 사용한 시각자료나 정보 원천들의 원저작자들을 인용하지 않으면 표절이 된다.

컴퓨터 그래픽스 프로그램들에는 위에 열거한 디자인 특성들의 대부분이 자동적으로 적용된다. 그렇지만, 시각자료들을 생산하는 사람들이라면 이 규약들에 대해 알아야 한다.

6-3-2 히스토그램[57)]

기능

히스토그램은 값들의 범위에 걸쳐 주어진 데이터 값들의 발생 회수를 보이기 위해 사용되는 막대그래프의 특별한 유형이다. 다른 말로 하면, 히스토그램들은 주어진 범위에 걸친 데이터의 분포를 보여준다. 히스토그램들은 평균과 같은 통계 값들이 할 수 없는 방식들로 데이터 세트 내에 데이터가 어떻게 분포돼 있는지를 보여주는데 특별히 유용하다. 예를 들어, 상대적으로 적은 개수의 데이터 점들에 대해서, 단 하나의 값이 평균값을 상당히 변경시킬 테지만, 히스토그램은 대부분의 데이터 점들이 주어진 값 주위에 뭉쳐져 있고 단지 한 두 개가 극단 한계들(보통 outlier들이라 부르는)에 있다는 것을 보여줄 수 있다. 시험과 퀴즈 점수들에 대한 성적 분포를 보여주기 위해 학교 선생님들이 히스토그램을 사용하는 것에 보통 사람들이 익숙

57) Sorby, 2006, pp. 168-169.

하다. 예를 들어, 시험에서 학생 5명이 A, 12명이 B, 35명이 C, 15명이 D, 4명이 F를 받았다는 것을 공지할 때, 그 결과는 히스토그램으로 그려 보여줄 수 있다.

형태

히스토그램은 수평 막대들 보다는 거의 항상 수직 막대들로 나타내고, 개별 막대들 사이에 간극이 없다. 수평축 데이터는 커지거나 작아지는(보통 커지는) 순서로 나열하고, 막대의 수직 높이는 구체적인 데이터 값의 발생 빈도를 나타낸다. 수평축 데이터 값은 구별되는 값이거나 값들의 한 범주일 수 있다. 예를 들어, 어떤 시험 점수의 성적 분포를 공지하는 경우에, - 주어진 데이터 막대에 상응하는 구별되는 개별 성적 - "A" 또는 "90-100"이라는 라벨을 붙일 것이다. 어느 방식으로든지, 결과하는 데이터 막대는 성적 A에 속하는 학생들의 수를 타나낸다. 데이터는 전형적으로 전체의 백분율이나 절대 숫자로 나타난다. 예를 들어, 학생 성적 분포의 경우에, 데이터는 개별 성적을 얻은 학생들의 백분율일 것이다(즉, A 범위는 12%, B 범위는 17%). 대안적으로, 데이터가 개별 성적을 얻은 학생들의 수를 나타내기도 한다. (즉, 15명이 A를, 23명이 B를 받았다.) 어느 방식으로든, 전체 표본 규모를 그래프 내의 어느 곳에 적어 넣어야 한다(표본 규모는 보통 n=#로 표시된다). 통계적으로, 상대적으로는 큰 표본 규모에 대한 데이터를 보여주는 히스토그램은 보통 작은 표본 규모에 대해서 그럴 것 보다는 더욱 의미가 있을 것이기 때문에, 표본 규모는 그래프에 포함되어야 한다.

기교

히스토그램을 생성하는 기교는 표준 막대그래프를 생성하기 위해 사용되는 것들과 동일하다. 하나의 예외는 나타내는 데이터 세트에 의존해서, y-축 명찰이 전형적으로 "___의 개수" 또는 "___의 백분율"이고, 그리고 단위들은 흔히 적지 않는다. 예를 들어, 시험 점수의 경우에, 그래프의 제목은 "시험1의 성적분포"가 될 것이며, 수평축 제목은 "성적 등급" (A, B, C, D, F의 데이터 값들을 갖는)이 될 것이며, 수직축 제목은 (수평축을 따르는 개별 점에 대한 발생 수에 상응하는 데이터 값들을 갖는) "학생 수" 일 것이다.

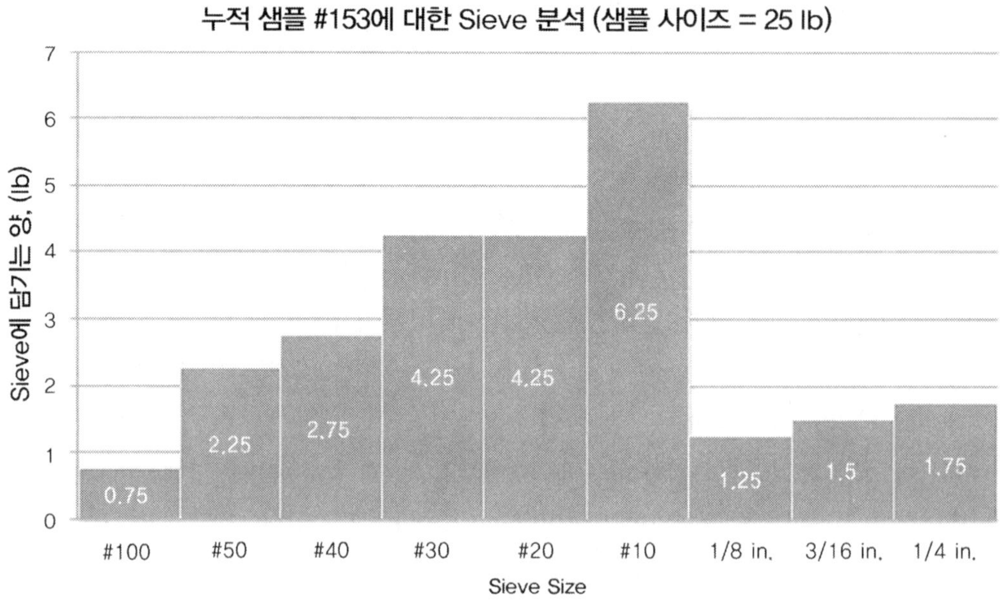

그림 6-13 데이터를 절대 값들로 보여주는 히스토그램

예제 1

그림 6-13(Sorby, 2006, p. 169)은 히스토그램의 예이다. 데이터 세트를 절대 숫자 값으로 보여준다. 이 그림에서 데이터 세트는, 주어진 카테고리에 속하는 학생들의 수와 같은, 셀 수 있는 항목들로 구성되어 있지 않다. 주어진 시브(sieve, (고운) 체)에 남아있는 누적 샘플의 무게가 적혀있다. (그래서 막대에 적힌 숫자들의 합이 25.0이다.)

예제 2[58]

어떤 발전소에서 엔지니어가 데이터를 수집하고 있다. 발전 계통의 어느 지점에서 증기압이 일정해야 하는데 실제로는 약간씩 변동한다. 100번 관찰한 데이터는 표 6-5와 같고, 그에 대한 히스토그램이 그림 6-14이다.

58) Burghardt, 1995, pp. 171-172.

표 6-5 100회 관찰 데이터

압력(psia)	빈도 (n)
397	1
398	3
399	11
400	26
401	33
402	17
403	6
404	3
합	100

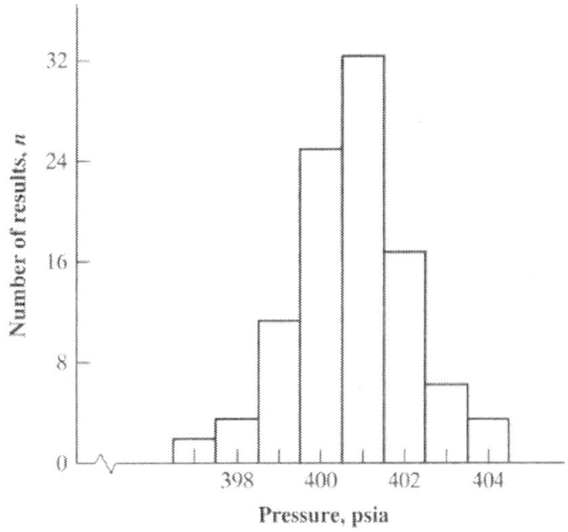

그림 6-14 표 6-5에 대한 히스토그램

6-3-3 선 그래프[59)]

선 그래프는 막대그래프보다 여러 가지 더 많은 데이터 점들(예를 들어, 매달 측정된, 12개월 경향 (그림 6-17))을 수용한다. 선 그래프는 정확한 양들이 강조되지 않아도 되는 큰 덩치의 정보를 독자들이 합성할 수 있게 한다.

선 그래프는 데이터를 드러내 보여주는 아마도 가장 친숙한 방식이다. 그것들은 시간에 걸쳐 측정한 값들을 보여주는데 가장 적합하다. 선 그래프들이 더욱 통상적으로 응용되는 예들은 다음과 같다(Sheehan, 2010, p. 281).

- 경향

선 그래프들은 특별히 양(量, quantity)들이 시간에 걸쳐 어떻게 증가하고 감소하는지를 보여주는데 좋다. 증권 시장의 시세의 동향을 예증하거나 어떤 화학 반응이 발생하는 동안 온도 변화들을 차트로 그리든지 간에, 선 그래프는 그 양이 얼마나 점진적으로 증가하거나 감소하는지를 보여줄 수 있다. 둘 이상의 선들을 선 그래프에 그리면, 양들이 어떻게 동반하여 세로로 상승하고 그리고 하강하는지(또는 그렇지 않는지) 보여줄 수 있다.

59) Sorby, 2006, pp. 170-174.

• 변수들 사이의 관계

선 그래프들은 또한 두 개의 다른 변수들의 상호작용을 그래프로 그리는 때에 도움이 된다. 예를 들어, 어떤 가스의 온도의 상승이 어떻게 가스의 체적의 상승을 수반하는 지를 예증하기 위해서는 선 그래프를 그려 보여주면 좋다.

기능

선 그래프는 직선이나 곡선 수학 함수들을 위해 사용된다. 선 그래프는 기술 문서들에서 데이터를 드러내기 위해 사용되는 가장 통상적인 시각자료들 중의 하나이다. 이 그래프들은 이산적인 값들에서 보다 연속적인 범위에 걸쳐 발생하는 데이터를 보여준다. 선 그래프는 제시하는 데이터의 경향들(증가하거나 감소하는)과 변화의 율(선형적이거나 지수적인)을 보여주기 위해서 사용될 수 있다. 실제 데이터 점들이 전형적으로 그래프에 보여 질 뿐만 아니라, 그 데이터들을 가장 잘 나타내는 이상화된 곡선(또는 직선)도 보여 지기 때문에, 선 그래프는 또한 실험 데이터가 이상화된 조건들에 얼마나 잘 맞는지를 보여주기 위해 사용될 수 있다. 선 그래프들은 하나의 그래프 위에 여러 데이터 세트들을 보여주려고 할 때 전형적으로 사용되어서, 데이터 세트들과 결과들이 비교될 수 있게 한다.

형태

곡선과 선을 연속적인 곡선들로 그래프에서 나타내어야 하고, 데이터 점들은 작은 동그라미나 'x'와 같은 어떤 유형의 상징 부호로서 표시해야 한다. 다른 데이터 세트들은 보통 다른 점 유형이나 다른 곡선 스타일을 가진다. 예를 들어, 한 데이터 세트에 대해서 작은 동그라미로 데이터 점들을 나타내면, 다른 데이터 세트에 대해서는 작은 세모로 데이터 점들을 나타낼 것이다. 다른 상황들에서, 한 곡선은 실선으로 다른 곡선은 점선으로 나타내기도 할 것이다. 어느 경우에서나, 어느 데이터 세트들이 어느 데이터 점들이나 곡선들에 속하는지를 가리키는 범례를 포함해야 하는데 그래야 독자들이 제시되는 데이터의 특성을 쉽게 결정할 수 있다. 일반적으로 여러 개의 점들이 제시되기 때문에, 그래프 상의 개별 데이터 점들의 값들은 보통 그래프에 적어 넣지 않는다. (모든 데이터 값들을 포함하면 그래프가 뒤죽박죽 흩트려져 보이고 읽기 힘들게 하기 때문이다.) 만약 독자들이 그래프에 있는 데이터 점들의 값들을 꼭 알아야 한다면, 그 데이터는 문서 내의 별도의 표로 제시하면 된다.

기교

대부분의 word-processing, graphing 또는 스프레드시트 소프트웨어 패키지들을 이용해서 선 그래프들을 쉽게 생성할 수 있지만, 별명이 없으면, 그것들은 보통 데이터 점들 사이를 "(점들을 직선으로) 연결" 할 것이다. 거의 모든 경우에, 점과 점을 연결한 dot-to-dot 그래프들은 기술 문서들에서 수용될 수 없다. 이유는 기술 문서에서 그래프는 연속적인 범위에 걸쳐 발생하는 데이터를 나타낸다. 데이터 점들은 이 범위 내에 있는 이산 값들에서 수집된 것들이다. 이 방식으로 점(dots)들을 연결하는 것은 데이터가 연속적인 함수로서 발생하기 보다는 한 점에서 다른 점으로 "도약"한다는 거짓 인상을 줄 수 있다. (이 제한에 대한 예외는 돈이나 비용 – 이 양들은 전형적으로 연속적인 범위에 걸쳐서라기보다 이산 점들에서 발생하는데 – 이 연관되는 그래프들에 대해서이다.)

선 그래프를 대부분의 소프트웨어 패키지로 올바로 생성하기 위해서, 그것이 자동적으로 곡선을 그리지 못하게 하고, 데이터 점들을 건드리지 말고 있는 그대로 남겨 두어야 한다. 그러고 나서 내부 소프트웨어 기능을 이용해서 데이터 점들을 거쳐 가는 고차 다항식 곡선이나 선을 짜 맞출(그림 6-15b와 그림 6-16b) 수 있다. 한 가지 통상적인 접근은 스플라인(spline, 구간별 3차 다항식) 함수를 이용하는 것이다. 이 접근의 장점은 무슨 유형의 함수가 데이터에 맞는지 몰라도 된다는 것이다. 단점은 스플라인 함수가 데이터 점들 둘레나 그 점들을 거쳐 지나가면서 난폭하게 변동하는 곡선을 생산할 것이라는 것이다. 만약 "난폭한" 곡선이 발생한다면, 스플라인 외의 어떤 것을 사용해야 할 텐데, 이 유형의 곡선이, 점들을 연결해서 생기는 곡선보다 더 이상 현실적이지 않기 때문이다. 대안적으로, 소프트웨어 패키지를 이용해서 산포 플롯으로 데이터 점들을 플롯하고 그래프 상의 데이터를 거쳐 가는 선들이나 곡선들을 짜 맞추어야(곡선 적합) 할 것이다(그림 6-16b). 만약 소프트웨어 패키지가 데이터 점들을 거쳐 가는 어떤 곡선을 짜 맞출 수 없다면, 계산기로 곡선의 방정식을 결정하고, 이 방정식으로부터 여러 점들을 계산해서, 그래프에 결과를 나타내야 하는데, 이때에는 데이터 점들을 꺼두고 곡선만을 켜두어야 한다.

많은 경우들에서, 만약 가능하다면, 그래프에 구현된 함수의 방정식을 포함해야 한다. 선형 함수의 기울기와 절편은 보통 그래프를 보는 아무에게나 특별히 관심거리이기 때문에, 만약 데이터에 직선을 짜 맞추었다면, 특별히 그 함수 방정식을 적어 넣어야 한다. 만약 스플라인을 쓴다면, 일반적으로 방정식은 보여주지 않아도 되며, 텍스트의 본론에 스플라인이 사용되었다고 진술만 하면 된다.

예제

그림 6-15a와 6-15b를 보면 잘못 그린 선 그래프와 제대로 그린 것을 비교할 수 있다.

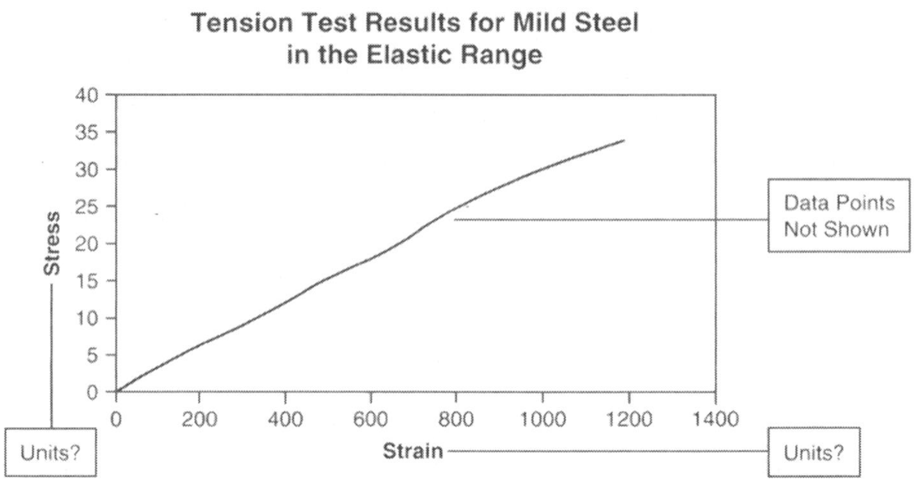

그림 6-15a 잘못 그린 선 그래프(Sorby, 2006, p. 172)

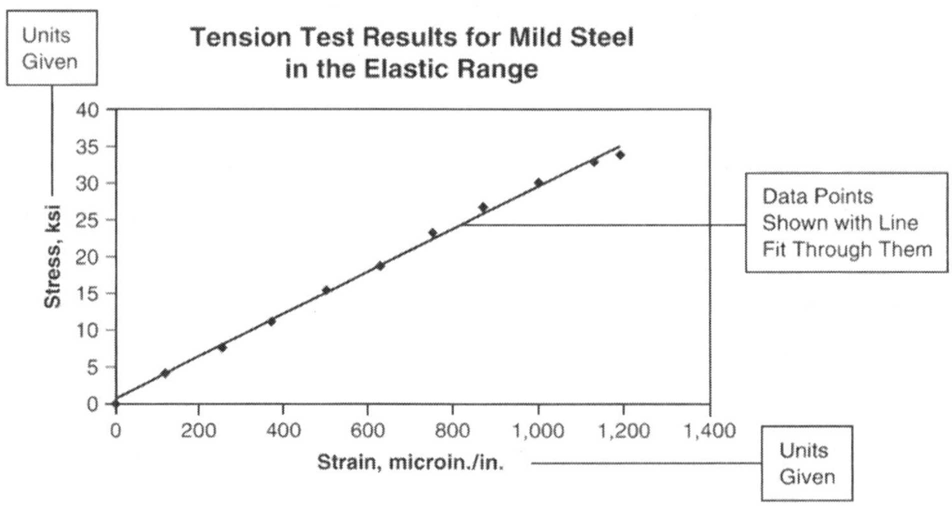

그림 6-15b 그림 6-15a를 고쳐 제대로 그린 것(Sorby, 2006, p. 172)

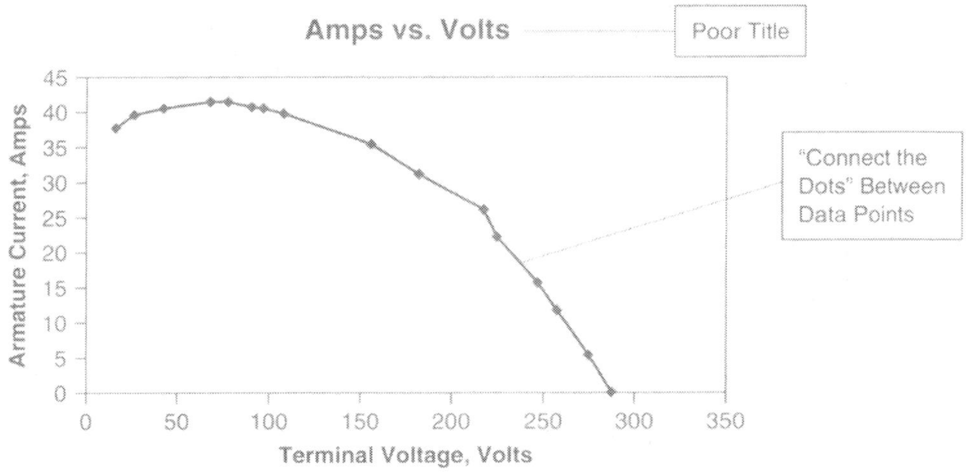

그림 6-16a 잘못 그린 그래프(Sorby, 2006, p. 173)

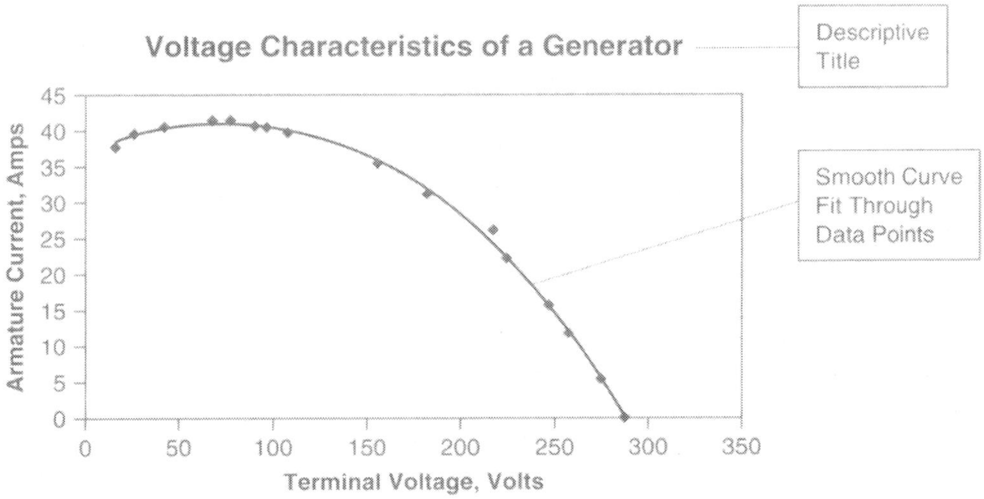

그림 6-16b 그림 6-16a를 제대로 그린 것(Sorby, 2006, p. 173)

단순 선 그래프

그림 6-17에서 보는 바처럼, 단순 선 그래프는 선 하나로 수평축 위의 시간 간격들 (또는 카테고리들)에 대한 값들을 수직축에 플롯 한다.

그림 6-17 단순 선 그래프는 하나의 관계를 드러내 보인다

선 그래프를 그리는 원리들은 수직 막대그래프에 대해 사용된 것들과 유사하다. 양을 축척하는 수직축은 0에서 시작해야 한다. 공간 제약들로 인해 0에서 시작하는 것이 비실제적이라면, 그림 6-18(Markel, 1988, p. 260)이 그러한 것처럼, 그 축에 축척의 줄임을 분명히 표시해라. 정밀성이 요구되는 곳에서는 작은 눈금들 보다, 수평 또는 수직 격자 선, 또는 둘 다를 함께 사용해라.

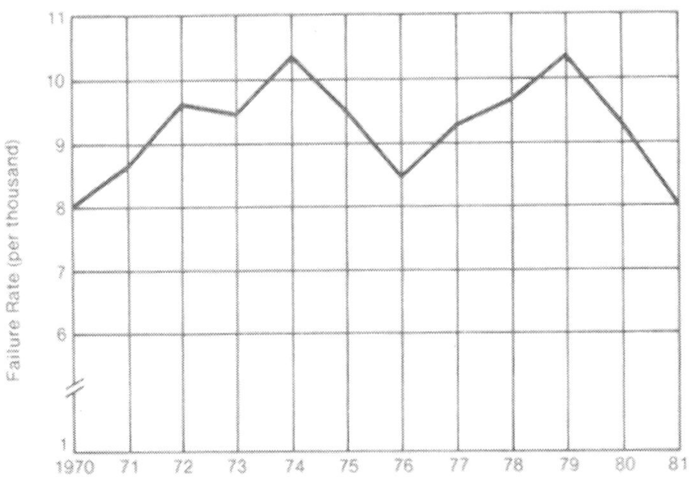

그림 6-18 세로축의 낮은 단위 구간 일부를 절단한 선 그래프

다중 선 그래프

다중 선 그래프는 그림 6-19에서 보는 바처럼, 여러 관계들을 동시적으로 드러내 보인다. 독자들이 알아보아야 할 관계들을 설명하는 캡션이 포함되어야 한다.

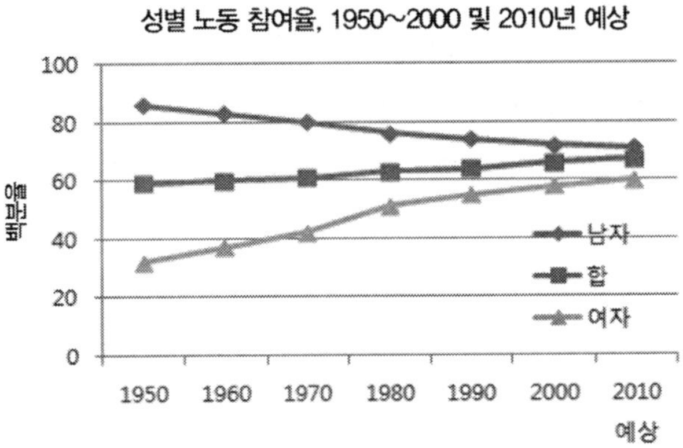

그림 6-19 다중 선 그래프는 복합 관계들을 드러내 보인다

편차 선 그래프

그림 6-20에서 보는 바처럼, 한 그래프에서 양과 음 값들을 드러내 보이기 위해서, 0 기준선 아래로 수직 축척을 확대한다. 기준선 아래의 값들은 그 위에 있는 것들과 동일한 간격들로 표시된다.

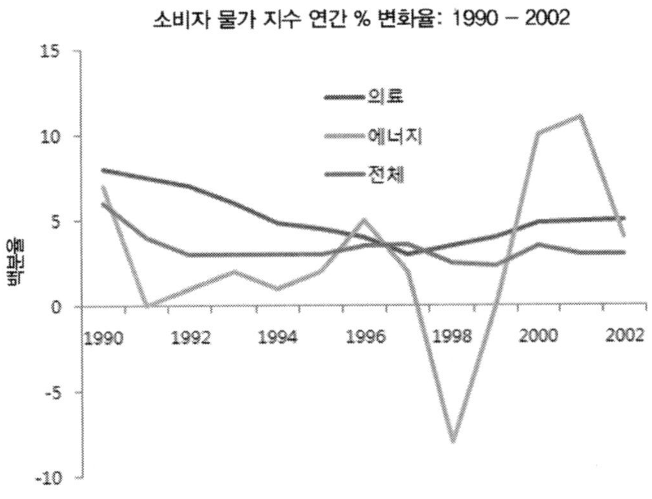

그림 6-20 편차 선 그래프는 양과 음의 값 둘 다를 나타낸다

선 그래프를 어떻게 이용하나

막대그래프를 드러내 보이기 위한 제안들과 더불어, 아래 제안들을 따라라:

- 한 그래프에 셋 이상의 선들을 드러내 보이지 말라.
- 개별 선을 그리는데 사용된 개별 데이터 점을 표시해라.
- (색깔, 심벌, 등등을 이용해서) 개별 선을 시각적으로 구별되게 표시해라.
- 사용자들이 개별 것이 나타내는 것을 알도록 범례를 넣어라.
- 플롯 선들과 혼동될 우려가 있으면, 격자 선들은 그려 넣지 마라.

6-4 차트

차트와 그래프는 흔히 상호 교환적으로 사용되는 용어이다. 그러나 차트는 그래프와 달리 좌표 시스템(x와 y 축)에서 그려 나타낼 수 없는 관계들(정량적인 또는 인과관계)을 드러내 보인다.

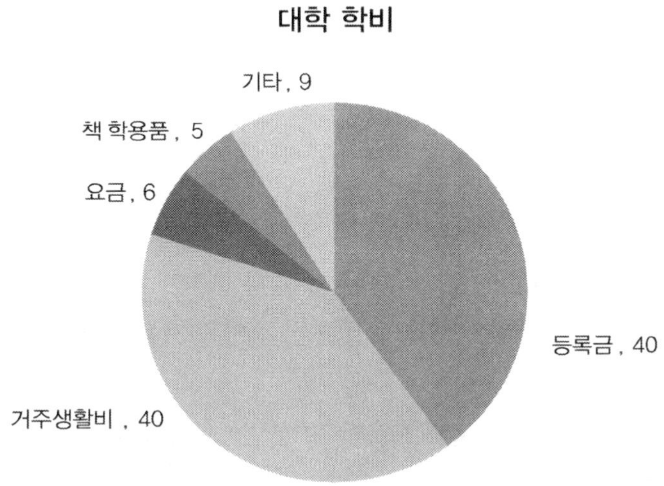

그림 6-21 단순 파이 차트는 전체에 대한 백분율 또는 부분들의 관계를 보여준다

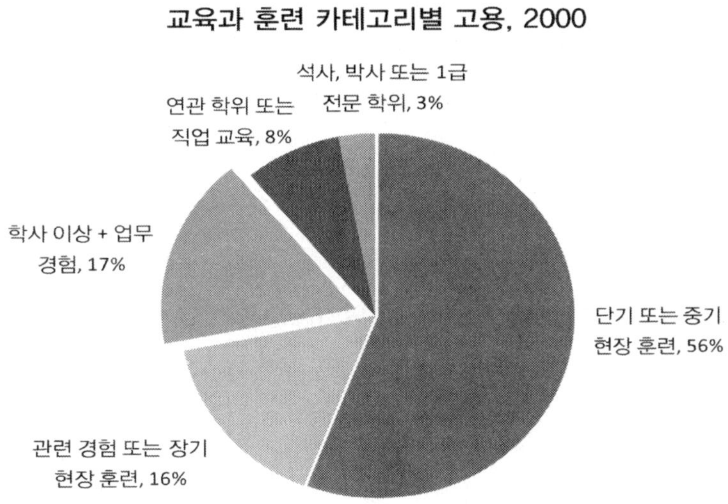

그림 6-22 분해 파이 차트

파이 차트

거의 누구에게나 이해하기 쉬워서, 파이 차트는 전체에 대한 백분율이나 부분들의 관계를 드러내 보여준다. 독자들은 부분들을 전체에 (무엇에 대해 얼마나 많이 지출되었고, 어느 원천들로부터 얼마나 많은 수입이 있는지 등) 대해서 뿐만 아니라 서로에 대해 비교할 수 있다. 그림 6-21(Lannon, 2006, p. 311)은 단순 파이 차트이고, 그림 6-22(Lannon, 2006, p. 311)는 분해(exploded) 파이 차트이다. 분해 파이 차트는 파이의 다양한 조각들을 강조하는데 효과적이다.

파이 차트를 드러내 보이기 위해서는 다음과 같이 하면 된다:

- 부분들이 더 해지면 100 퍼센트가 되는 것을 확인해라.
- 개별 조각을 분명히 구분해라. 다른 색깔 또는 음영을 사용하거나 다양한 파이 조각들을 "따로 빼내어" 구별해라.
- 독자들이 개별 조각을 확인하는데 도움이 되게 범례를 포함하거나, 개별 조각에 직접 꼬리표를 달아라.
- 파이 조각 개수는 둘 이상 여덟 개에 미만이어야 한다. 여덟 조각 이상인 경우, 특히 만약 조각들이 작다면, 해석하기 어려울 수 있다.
- 매우 작은 부분들은 합쳐서 "기타"라고 꼬리표를 붙여라.
- 읽기 쉽도록 모든 꼬리표들은 수평으로 달아라.

흐름 차트

흐름 차트는 절차나 과정의 처음부터 끝까지를 추적한다. 흐름 차트는 사건, 활동, 단계들 또는 의사결정들의 순차를 그려서 표현한다. 그림 6-23은 어떤 하드웨어 제어를 위한 컴퓨터 계산 과정을 추적한다.

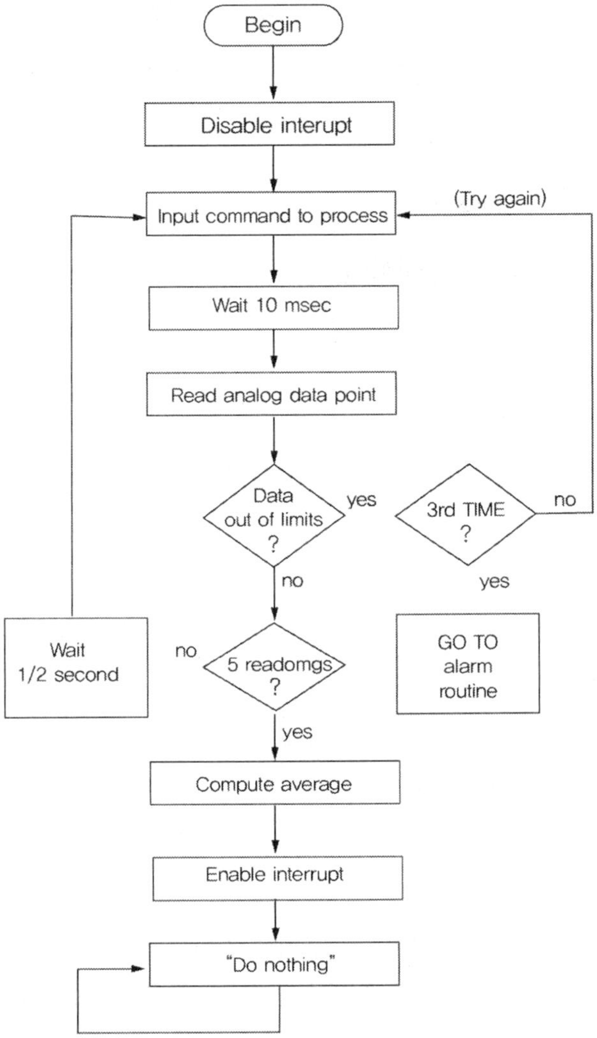

그림 6-23 흐름 차트는 사건, 활동, 단계들 또는 의사결정들의 순차를 그려서 표현한다

Gantt 차트

엔지니어 H. L. Gantt(1861-1919)의 이름을 딴, 갠트 차트는 어떤 아이디어나 개념의 부분들이 서로 어떻게 연관되는지를 그림으로 표현한다. 일련의 막대들이나 (시간을 나타내는)선들이 프로젝트에서 개별 국면이나 과제에 대한 시작과 마무리 날짜들을 가리킨다. 갠트 차트들은 (제안에서처럼)프로젝트를 계획하고, 그리고 (진도보고에서처럼) 그것을 좇아가는데 유

용하다. 그림 6-24에서 보는 갠트 차트는 어떤 제조 프로젝트를 위한 일정을 예시한다. 많은 직업전문가들은 프로젝트 관리 소프트웨어를 이용해서 Gantt와 유사한 차트들을 만든다.

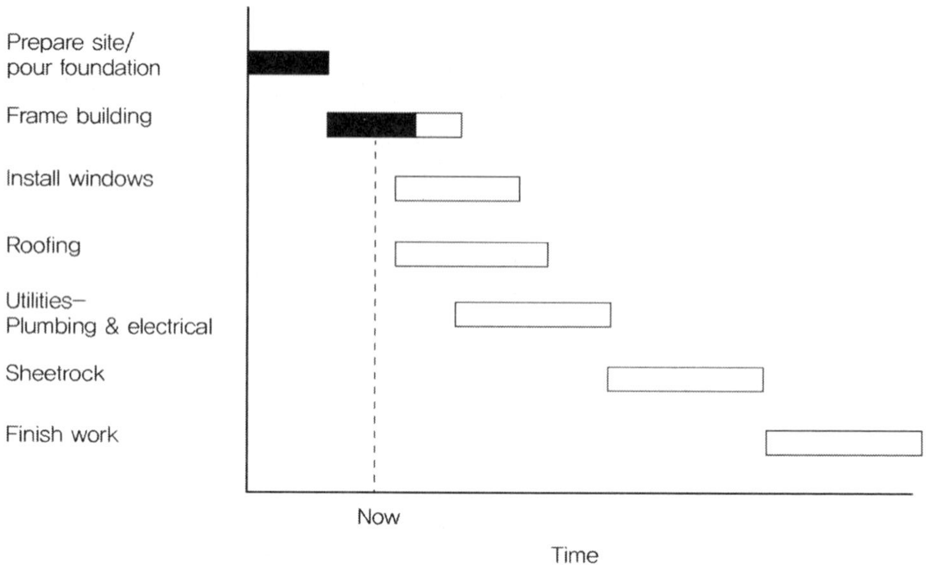

그림 6-24 갠트 차트는 어떤 프로젝트의 국면들이 서로 어떻게 연관되는지를 그려서 표현한다 (Burghardt, 1995, p. 207)

기능

갠트 차트는 프로젝트 일정을 도식적으로 보여주기 위해 사용된다. 대부분의 대규모 프로젝트들은 달성되어야 하는 여러 일거리들로 나누어 질 수 있기 때문에, 갠트 차트는 전형적으로 일거리 별로 일의 진행 계획 시점에 따라 그린다. 갠트 차트는 독자가 한눈에, 중요한 과업과 그것들을 완수하는데 걸리는 예상 시간을 개관할 수 있게 한다. 갠트 차트들은 제안서에서 제안된 과업에 속하는 개별 일거리들이 마무리 되는데 걸리는 추정 시간들을 보여주기 위해 사용될 수 있다. 갠트 차트들은 또한 마무리 된 일들과 미완성 일들을 보여주기 위해서 진도보고서에서 사용된다.

형태

갠트 차트는 X−Y 그래프와 같이 설정되는데, 프로젝트를 구성하는 세부 과제들은 Y축을 따라서 그리고 완료 시기는 X축을 따라서 표시된다. 수직축을 따라서 순서대로, 프로젝트 첫 세부 과제는 수직축의 제일 위에 배치되며 마지막 과제는 맨 아래에 배치된다. X축을 따르는 프로젝트 시간은 절대적인 또는 상대적인 항들로 열거될 수 있다. 이 축을 따라서 개별 과업의 시작과 끝나는 일자들이나 시작 일자로부터 날짜나 주 단위들의 숫자를 명시해야 한다. 개별 과제의 지속 기간은 빗금 친 막대로서 갠트 차트에 보인다. 현실적으로, 대규모 프로젝트에서, 한 일거리가 끝나고 또 다른 것이 시작되는 사이에 상당히 겹치는 부분들이 발생하는데, 그런 겹침은 갠트 차트의 막대들에 반영되어야 한다.

기교

갠트 차트의 수직 축을 따라서는 주요 과업 일거리나 활동들을 열거한다. 필요하다면, 개별 주된 과업에 대해서 그 일거리의 배경이 되는 자세한 것들을 보여주는 별도의 갠트 차트들을 생성할 수 있다. 갠트 차트들은 쉽게 대부분의 word-processing 소프트웨어 패키지들에서 Table 기능들을 사용해서 생성될 수 있다. 표 셀들에 빗금을 치거나 색을 칠하면 그 셀들이 차트의 수평 막대들로 되고, 일거리들은 표의 가장 왼쪽 열에 포함되고 시간은 표의 가장 위나 아래 행에 포함된다.

6-5 그래픽 도해

도해들은 다이어그램, 지도, 도면, 아이콘, 사진 또는 데이터나 말보다는 주로 그림에 의존하는 또 다른 종류의 시각자료일 수 있다. 예를 들어 그림 6-25에서 보는 안전벨트 잠금 기구의 다이어그램은 글말만으로는 할 수 없는, 작동중인 기구를 실감나게 보여준다.

아래 글말 만으로는 기구의 작동 설명이 부족해서 그림 6-25(Lannon, 2008, p. 275)의 다이어그램이 설명을 보충한다.

> 안전-벨트(seat belt)는 막대(lever)에 부착된 작은 진자(pendulum) 또는 잠금 기구를 포함한다. 급작스러운 감속이 생기면, 진자는 반시계 방향으로 회전한다. 그로 인해 잠금장치(inertia reel)가 작동하게 되어 벨트가 풀리지 못하게 막아 승객이 앞의 물체에 부딪치는 것을 방지한다.

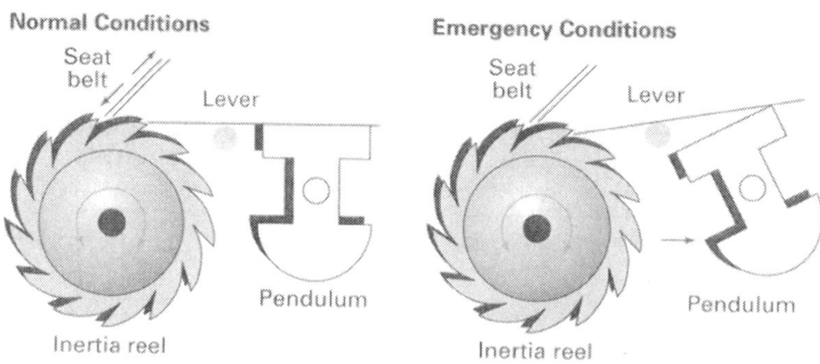

그림 6-25 안전벨트 잠금 기구의 다이어그램(Lannon, 2008, p. 275)

도해들은 공간적인 관계들을 전달하거나 청중이 무엇이 실제로 어떻게 생겼는지 알 수 있게 도움을 주어야 할 때 가치가 있다. 도면들은, 조망을 단순화하고, 불필요한 특징들을 없애며, 중요한 것에 초점을 맞출 수 있기 때문에, 사진들보다 더 효과적일 수 있다.

다이어그램

다이어그램은 사진을 찍거나 그 물건을 외부에서 눈으로 관찰해서는 포착하기 힘든 것들에 대한 조망을 제시하는데 특별히 효과적이다.

분해(exploded) 다이어그램은 그림 6-26에서 보는 바처럼, 어떤 물건의 부품들이 어떻게 조립되는지를 보여준다. 이것들은 흔히 수리나 정비 매뉴얼에 등장한다. 사용자가 문서 지침들을 쉽게 참고할 수 있도록 부품들에 어떻게 번호를 붙여두었는지를 주목해라.

절단(cutaway) 다이어그램은 그림 6-27에서 보는 바처럼, 외부 껍질들을 벗겨내어 물건의 내부 부분들을 드러내 보여준다. 구체적인 조망 관점이 즉각적으로 알아차려지지 않는 한, 가능하면, 조망 각도에 대한 이름을 "평면도", "측면도" 등으로 붙여라.

블록(block) 다이어그램은 물건, 원리, 시스템 또는 과정의 부분들 사이의 관계를 나타내는 단순화된 스케치들이다. 블록 다이어그램들이 (어떤 회로에서의 전류 흐름과 같은)개념을 예시하기 위해 디자인되었기 때문에, 부분들은 상징 부호들이나 모양들로 나타내진다. 그림 6-28에서 보는 블록 다이어그램은 마이크로프로세서의 작동 기구를 예증한다.

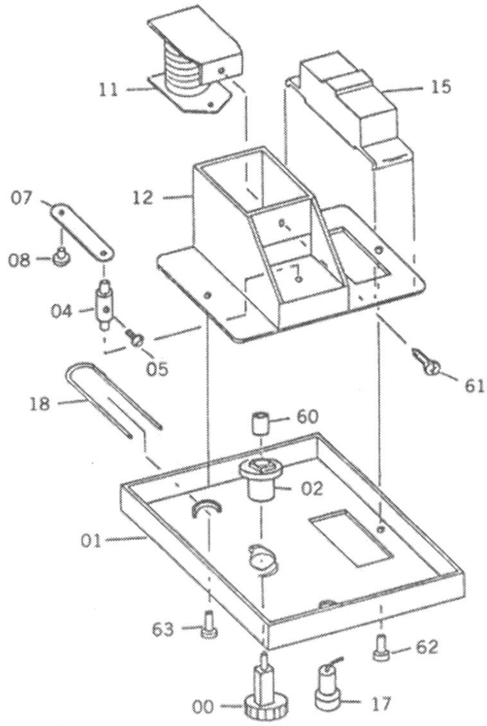

그림 6-26 부품들이 어떻게 조립되는지를 보여주는 분해 다이어그램

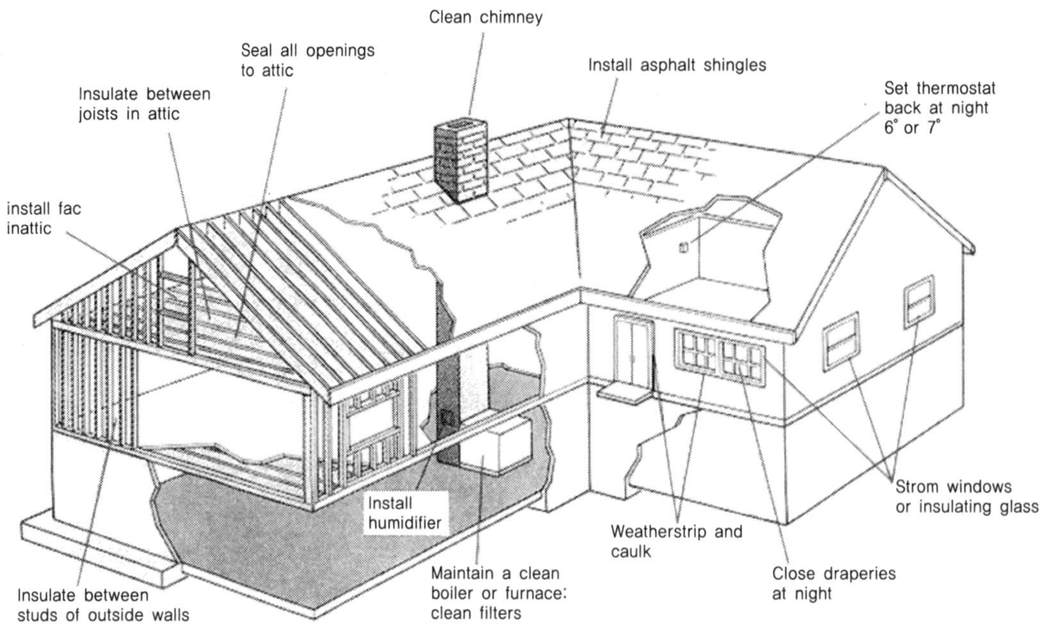

그림 6-27 외부 덮개를 걷어내어 물건의 내부 모습을 보여주는 절단 다이어그램(Markel, 1988, p. 268)

사진

사진은 무엇이 어떻게 생겼는지 또는 무엇이 어떻게 행해지는지를 정확히 보여주는데 유용하다. 그러나 사진은 만약 그것이 쓸데없이 자세한 것들을 포함하거나 중요한 제재를 확인해 내거나 강조하지 못한다면 해석하기 어렵다. 그래픽 디자인 전문가들은 기술 문서들에서 사진을 사용하는데 있어서 다음 사항들을 주의한다:

사진이나 그림들은, 그것들이 보기 좋아서가 아니라, 의미를 전달하는 그것들의 역량과 문서에 대한 그것들의 고유한 중대성 때문에 의사소통을 위한 중요한 도구이다.

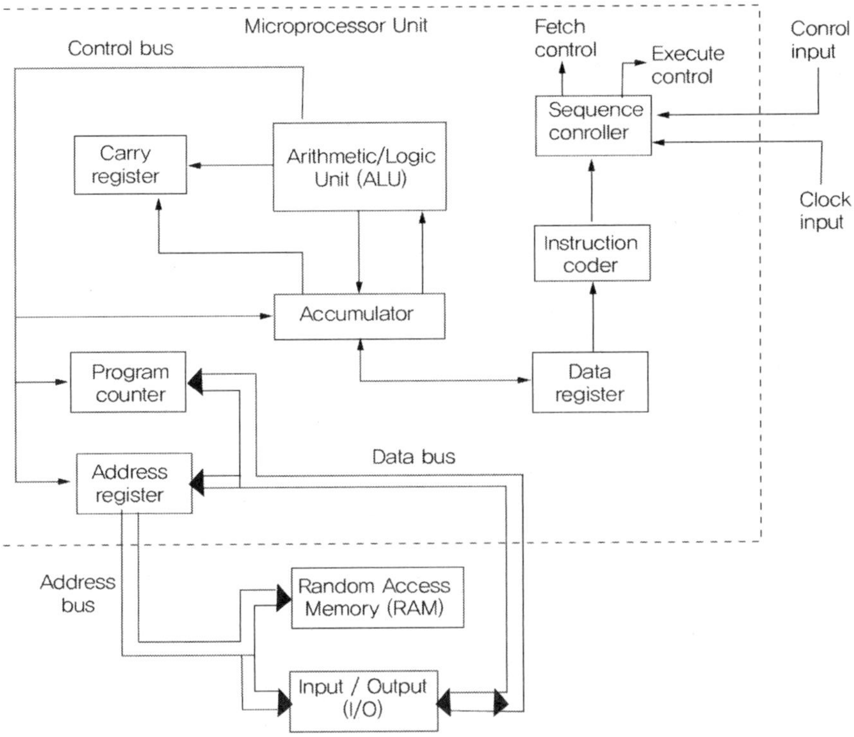

그림 6-28 피드백의 개념을 예증하는 블록 다이어그램

그림 6-29 마이크로 기계로 가공된 밀리미터보다 작은 특징을 갖는 부품

특수 사진들로 요망되는 초점과 강조를 성취하기 위해서, 각도, 조명 및 특별한 필름을 어떻게 사용하는지를 아는 전문가의 도움을 받는 것이 좋다.

문서나 발표에 사진을 포함하는 때에는 언제나, 아래 제안들을 따라라:

- 물건의 정체를 확인해내거나 조망을 하는데 있어서, 또는 지침이나 절차를 시행하는데 있어서, 독자들이 물건을 볼 때 취할 것 같은 시각의 어림 각도를 취하려고 애써라(그림 6-29).
- 쓸모없이 세세하지 않도록 사진의 필요 없는 부분은 잘라내라(그림 6-29).
- 복잡한 기구나 절차의 선정된 특징들을 강조하기 위해서, 사진 대신 보충 시각자료로 다이어그램들을 사용하는 것을 고려해라(그림 6-25).
- 독자들이 그 정체를 확인해 내는데 필요한 모든 부분들에 표찰을 붙여라.
- 독자들이 낯설어 할 영상을 위해서, 비교할 만한 사람, 자, 또는 어떤 익숙한 물건(손과 같은)을 사진에 포함함으로써 크기 비교의 감각을 제공해라. 그림 6-30은 2006년 3월 25일의 금값으로 산 100만원어치의 gold bar(왼쪽)와 2011년 3월 25일의 금값으로 산 100만원어치의 gold bar를 따로 쌓아올려 그 높이를 실감나게 비교해 보인다.
- 만약 문서가 출판될 것이라면, 사진에 등장하는 사람들의 서명동의를 받아야 하고 저작권자의 서면 허락을 받아야 한다. 사진 아래에, 사진가와 저작권자를 인용해라.
- 본문에서 사진은 그것에 붙은 그림 번호로 지칭하고 그리고 독자들이 살펴야할 것을 설명하는 산문 캡션을 포함해라.

그림 6-30 100만원어치 금, 5년 새 이렇게 줄었네(2011-3-16 조선일보)

CHAPTER

07

문장, 단락 및 글의 구성

CHAPTER

07 문장, 단락 및 글의 구성

이제 글을 쓰는데 필요한 기초 지식들을 복습할 때가 되었다. 여기 실은 내용들은 초벌을 개정하고, 편집하며 교정하는데 필요한 전반적인 것들이다. 공대생들의 글쓰기 훈련이 부족하다는 전제하에, 문장 쓰기 기초 사항부터 글을 쓰고 글의 체제를 갖추는 과정과 관련된 통상적인 문제들을 제시하고 설명한다. 여러 참고문헌들에서 필요한 자료들을 골라서, 편집하였기 때문에, 필요한 곳에는 참고문헌을 적절히 제시한다.

아는 바와 같이, 개정은 '숲을 보는 입장에서' 이미 쓴 초벌을 점검하고 다시 생각하는 것을 의미한다. 개정은 글의 내용과 구성이 주제를 명확히 하는지를 확인한다는 점에서 독자와의 의사소통에 중요하다. 경험 많은 필자들도 그들이 쓴 글을 개정하는데 애를 많이 쓴다. 개정하는 동안, 글 전체의 관점에서, 광범위하게 더하고 지우고 단락들의 순서를 다시 짜야할 지도 모른다. 이런 점에서, 글의 목적과 주제를 고려하여 글의 구성을 확인할 수 있어야 한다. 서론 단락들은 제대로 된 것들인지, 결론 단락들은 제대로 된 것들인지, 또한 본론 단락들 간의 연결성과 통일성이 글의 주제를 드러내는지를 확인할 수 있어야 한다.

편집을 위해서는, 필자가 표현하고자 하는 내용을 정확한 문장으로 썼는지, 자신이 의도하는 뜻이 독자에게 효과적으로 전달되도록 문장들이 이어져 있는지를 점검해야 한다. 따라서 문장 성분들을 분석할 수 있어야 하고, 성분들이 서로 어떻게 작용하는지를 이해하고, 성분들을 다른 방식들로 배열해서 문장을 고쳐 쓰는 기법도 익혀야 한다.

효과적인 문장들을 쓰는 일과 그 문장들을 더욱 읽기 쉽고, 흥미로우며, 품위 있고 궁극적으로 더욱 정확하게 만드는 일은 아무리 강조해도 지나침이 없다. 문장 구조와 어법, 관용법 등의 실수에 주의하고, 문장의 스타일(예를 들어, 올바른 단어와 구의 선택 및 문장과 단락의 구조)과 관련한 것들에도 주의하여야 한다. 올바른 문장 쓰기와 관련한 구두법, 철자, 문장 기호, 띄어쓰기 등에도 주의하여야 한다.

낱말(단어, 單語)은 말의 최소 단위로서, 문법의 가장 작은 단위이다.

어절(語節)은 문장을 이루는 성분의 마디로서 띄어쓰기 단위와 일치한다. 예를 들어,

철수가 사과를 먹는다.

위 문장은, 세 어절로 된, 문장이다.

구(句)는 문장을 구성하는 단위로서 주어와 서술어를 갖추지 않는 두 어절 이상의 덩어리이다. 예를 들어, 아래 문장은

빨간 벽돌집 한 채가 있다

다음과 같은 세 어절로 구성된 구를 포함한다.

빨간 벽돌집 한 채

절(節)은 문장을 구성하는 단위로서 주어와 서술어를 갖춘 것이다.

문장(文 글월(글, 문장) 문, 章 글 장)은 어떤 생각이나 느낌을 줄거리를 세워 글자로써 적어 나타낸 것이다. 문장은 의미상 하나의 완결된 생각, 감정을 나타내는 것이다. 여기서 '文'은 교차된 무늬를 형상한 글자이고 '章'은 자수나 문신의 색을 나타낸 글자이다(한국교원대학교, 1995, p. 15).

문장은 우리의 생각이나 감정을 완결된 내용으로 표현하는 최소의 언어 형식이다. 문장은 구성상으로 볼 때 주어와 서술어를 갖추어야 하며, 형식상으로 볼 때 문장이 끝났음을 나타내는 표지가 있어야 한다(이창근, 2010, p. 323).

** 아래 내용들은 다음과 같은 고등학생들을 위한 여러 교재들을 참고한 것들이다:

- *예비과정 국어*, 한국교육방송공사, 2009.
- *내신 1등급을 위한 내공의 힘. 기특한 고1 국어 상*, 한국교육방송공사, 2009.
- *1등급 만들기*, 미래언어, 2009.

문장 성분(成分)은 문장을 구성하는 요소이다. 문장은 필요한 성분을 빠짐없이 갖추고 있어야 한다. 문장을 구성하는 성분들은 주성분, 부속성분 및 독립성분으로 구분한다. 문장이 필요한 성분을 다 갖추고 있는지를 파악하려면, 문장 전체 구조를 통해 각 문장 성분 간의 호응(앞

에 어떤 말이 있을 때, 이에 응하는 말이 따르는 일) 관계를 따져 봐야 한다.

주(主)성분은 문장의 골격을 이루기 때문에 반드시 있어야 하는 성분을 말한다. 주어, 서술어, 목적어, 보어가 주성분들이다.

우리말 문장은 주성분들의 배열에 따라 다음과 같은 네 가지 기본 형태가 있다.

① 주어+서술어 : 개가 짖는다.
② 주어+목적어+서술어 : 개가 밥을 먹는다.
③ 주어+보어+서술어 : 이것은 개가 아니다.
④ 주어+목적어+보어+서술어 : 개는 사람을 주인으로 생각한다.

주어는 문장의 주인 또는 주체이다. 주어는 한 문장의 표현에서 말하거나 풀이하고자 하여 내세우는 사물이나 사람을 나타내는 말이다. 문장에서 동작, 상태, 성질의 주체로 '누가/무엇이'에 해당하는 성분이 주어이다. 주어는 '무엇이'에 해당하는 것으로, 말하고자 하는 대상을 가리킨다. 예를 들어,

철수는 밥을 먹는다.

에서 '철수는'이 주어이다.

서술어는 주어의 동작, 상태, 성질 등을 풀이하는 말로 '무엇이/어찌한다,' '무엇이/어떠하다,' '무엇이/무엇이다'에 해당하는 성분이다. 서술어는 주어에 대해서 무엇인가 풀이하거나 언급하는 말이다. 예를 들어,

철수는 밥을 먹는다.

에서 '먹는다'가 서술어이다.

주어와 서술어는 각기 하나 이상의 낱말로 만들어진다.

날씨가 좋다.
개가 짖는다.
우리 학교가 저기에 있다.
어느 나그네가 마을 사람에게 길을 묻는다.

위 네 문장에서 밑줄 친 부분이 각각 그 문장의 주어이다. 셋째와 넷째 문장에서 '우리'와 '어느'는 각각 그 뒤의 '학교'와 '나그네'를 꾸미는 수식어이다.

서술어의 품사(品詞, 단어를 문법상의 의미 · 직능 · 형태에 따라 분류한 갈래)에 따라 우리말 문장은 세 가지로 나눈다(최기호, 1994, p. 181).

> ① 철수가 간다 – 무엇이 어찌한다 (동사가 서술어)
> ② 꽃이 아름답다 – 무엇이 어떠하다 (형용사가 서술어)
> ③ 나는 학생이다 – 무엇이 무엇이다 (지정사가 서술어)

목적어는 서술어의 행위나 동작의 대상이 되는 말로 '무엇을/누구를'에 해당하는 성분이다. 예를 들어,

> 철수는 밥을 먹는다.

에서 '밥을'이 목적어이다.

보어는 서술어 '되다/아니다' 앞에 반드시 와야 하는 말로 '무엇이/누가' 에 해당하는 성분이다. 예를 들어,

> 철수는 고등학생이 되었다.

에서 '고등학생이'가 보어이다.

부속 성분은 주성분의 내용을 수식(修 닦을 수, 飾 꾸밀 식: 겉모양을 꾸밈)하는 성분으로, 관형어와 부사어가 있다.

관형어(冠 갓 관, 形 형상 형, 語)는 문장에서, 체언(體言: 조사의 도움을 받아 문장에서 주체의 구실을 하는 단어. 쓰임에 따라 주체 · 서술 · 수식의 구실을 함. 명사 · 대명사 · 수사가 이에 딸림) 앞에서 체언의 내용을 꾸미는 구실을 하는 성분이다. 예를 들어,

> 철수는 맛있는 밥을 먹는다.

에서, '맛있는'이 관형어이다.

부사어는 서술어 및 부사어, 관형어, 문장 전체를 수식하는 성분이다. 예를 들어,

> 철수는 밥을 맛있게 먹는다.

에서 '맛있게'가 부사어이다.

독립 성분은 문장의 다른 성분과 직접적인 관련 없이 따로 떨어져 문장 전체에 작용하는 것이다. 독립성분인, 독립어는 문장 안의 다른 성분들과 독립해서 문장 전체에 작용하는 성분으로, 감탄사 · 제시어 · 접속 부사 · 호격 조사가 붙은 명사 등을 이른다. 예를 들어,

아차, 늦었네.

에서 '아차'가 독립어이다.

아래 세 예문에서 문장의 여러 성분들을 확인할 수 있다(최기호, 1994, p. 181).

아,	노란	개나리가	예쁘게	피었다
독립어	관형어	주어	부사어	서술어

어린	아이가	밥을	잘	먹는다
관형어	주어	목적어	부사어	서술어

그는	유명한	소설가가	되었다.
주어	관형어	보어	서술어

문장은 홑문장과 겹문장으로 나눈다.

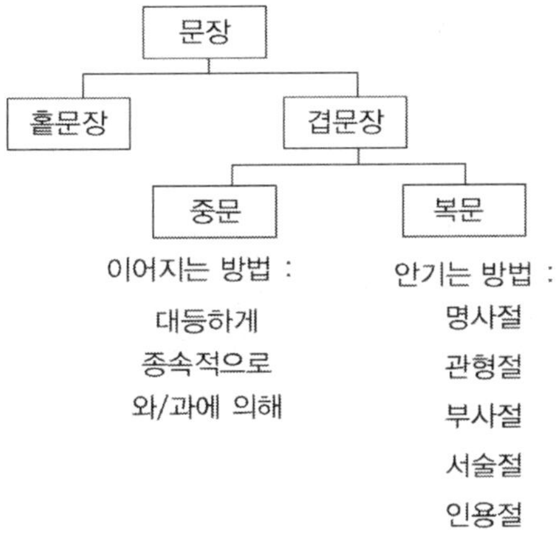

그림 7-1 홑문장, 중문, 복문

홑문장은 문장 안에서 주어와 서술어의 관계가 한 번씩만 이루어진 문장이다. 예를 들어,

내 소원은 대한 독립이오.

에서, 주어는 '소원은'이고 서술어는 '독립이오'이다. 또

나는 책을 많이 읽었다.

에서 주어는 '나는'이고 서술어는 '읽었다'이다. 주어와 서술어가 한 번씩만 있다.

홑문장은 단순하여 강렬하게 주제를 표현하는데 적절하고, 글쓴이의 생각을 간결하고 명쾌하게 전달하는 장점이 있다. 반면에 홑문장은 문장 간의 논리적인 관계가 명확하지 않아 설득력이 떨어지고, 내용의 연결성이 떨어져 주장하는 바가 산만하고 미숙한 느낌을 줄 수 있는 것이 단점이다. 계속 홑문장으로 된 글은 읽기가 지루하다.

겹문장은 문장 안에 주어와 서술어의 관계가 두 번 이상 있는 문장이다. 겹문장은 중문과 복문으로 나눈다(그림 7-1).

아래 예문에서 문장의 여러 경우를 살펴보자.

① 내 친구가 나를 파티에 초대했다. 나는 가고 싶지 않다.
② 내 친구가 나를 파티에 초대했고, 나는 가고 싶지 않다.
③ 내 친구가 초대한 파티에 나는 가고 싶지 않다.

①에는 단문이 두 개 있다. ②는 중문이다. ③은 대등하게 이어진 중문이다.

겹문장은 완곡한 어조로 표현할 수 있어 친밀감을 주고, 여러 가지 속성을 동등한 관계에서 대조, 비교, 열거함으로써 강조의 효과를 거두고, 전달하려는 내용을 집약적으로 표현하여 탄력적이고 집중력 있는 문장이 되는 장점이 있다. 겹문장은 또한 글쓴이의 복잡하고 심층적인 사고를 일관성 있고 응집성 있게 전달할 수 있으며, 강조의 효과를 거둘 수 있다. 반면에 겹문장은 말로 표현할 때에 듣는 이가 혼동하기 쉽고, 말이나 글이 복잡해져서 정확한 의미 전달이 어려워지는 단점이 있다.

이어진 문장(중문, 重文, compound sentence)은 두 개 이상의 독립된 절이 연결 어미(그리고, 그러나, 또는 등)에 의해 결합된 문장이다. 절이 이어지는 방법에 따라 '대등하게 이어진 문장,' '종속적으로 이어진 문장,' "와/과'에 의해 이어진 문장'으로 나뉜다.

'대등하게 이어진 문장'에서 이어지는 홑문장들의 의미 관계가 서로 대등하다. 이 문장은 두 개 이상의 절이 나열, 대조, 선택 등의 의미 관계로 이어지는 것으로, 대등적 연결 어미 '-고', '-(으)나', '-(으)며', '-지만' 등에 의해 이어진다.

> 철수는 산으로 갔고, 영수는 바다로 갔다.
> 예술은 길고, 인생은 짧다.
> 이 모양으로 모든 사상도 가고 신앙도 변한다.

'이 모양으로 모든 사상도 간다.'라는 문장과 '이 모양으로 신앙도 변한다.'라는 문장, 둘이 대등적 연결 어미 '-고'로 이어져 있다.

> 그러나 이것은 멀고 먼 장래에 바랄 것이요, 현실의 일은 아니다.

'종속적으로 이어진 문장'에서 앞 절과 뒤 절의 의미 관계가 종속적이다. 앞 절이 뒤 절에 대해 이유, 조건, 의도, 배경, 양보 등의 의미를 나타내는 것으로, 종속적 연결 어미 '-(아)서', '-(으)면', '-(으)려고', '-(으)ㄹ지라도' 등에 의해 이어진다.

> 봄이 오니 꽃이 피었다.
> (예) 봄이 오면 그는 고향으로 돌아갈 것이다.
> 집안이 불화하면 망하고, 나라 안이 갈려서 싸우면 망한다.

"와/과'에 의해 이어진 문장'은 여러 개의 주어가 접속 조사 '와/과'에 의해서 이어져 있고 서술어는 하나인 문장이다.

> 동포 간의 증오와 투쟁은 망조이다.

'동포 간의 증오는 망조이다.'와 '동포 간의 투쟁은 망조이다.', 두 절이 접속 조사 '와'에 의해 이어져 있는 문장이다. (서술어가 하나뿐이어서 마치 홑문장처럼 보인다.)

> (예) 영희와 철수는 먼 길을 떠났다.

어떤 문장이 다른 문장을 성분으로 안고 있을 때, 그 안고 있는 문장을 안은 문장이라 하고, 문장의 성분이 되는 문장을 '안긴 문장'이라 한다. (하나 이상의 종속절(안긴 문장)이 독립절(안은 문장)과 결합된 문장이 복문(複文, complex sentence)이다.) '안긴 문장'은 '안은 문장'에 안기는 방법에 따라 명사절, 관형절, 부사절, 서술절, 인용절로 나뉜다.

명사절은 명사형 어미 '-(으)ㅁ', '-기'나 의존 명사 '것'에 의해 실현된다. 명사절은 전체가 문장에서 주어, 목적어, 보어의 기능을 한다.

한 집이 되어 사는 것은 좋은 일이요.

'한 집이 되어 산다.'라는 문장에 의존 명사 '것'이 붙어 '(주어 생략) 좋은 일이요.'라는 문장의 주어 역할을 한다.

(예) 우리는 그가 성실한 사람임을 알고 있었다.

'우리는 알고 있었다.'라는 (안은) 문장이 명사형 어미 '-ㅁ'을 사용하여 '그는 성실한 사람이다.'라는 (목적어 역할을 하는)(안긴) 문장을 안고 있다.

관형절은 관형사형 어미 '-(으)ㄴ', '-는', '-(으)ㄹ', '-던'을 통해 실현된다. 관형절은 전체가 문장에서 관형어의 기능을 한다.

나는 우리나라가 세계에서 가장 아름다운 나라가 되기를 원한다.

'우리나라가 세계에서 가장 아름답다.'라는 문장의 '아름답다'를 관형사형 어미 '-은'을 붙여서 '아름다운'으로 고쳐 써서 체언 '나라'를 꾸며 주는 관형어 역할을 한다.

(예) 나는 내가 직접 그녀를 본 기억이 없다.

'나는 기억이 없다.' 라는 문장이 관형사형 어미 '-ㄴ'을 사용하여 '내가 직접 그녀를 보다.'라는 문장을 안고 있다.

나무가 많은 마을이 아름답다.

이 문장은 절 두개로 된 문장이다. 관형절이라고 표시된 '나무가 많은'은 '나무가 많다'라는 주어와 서술어로 된 독립된 문장이 될 수 있는 것이다. 그 문장은 다음 문장의 주어인, '마을'을 꾸며주는 관형절이다.

부사절은 주로 부사 파생 접미사 '-이', 활용 어미 '-(아)서', '-게', '-도록' 등을 통해 실현된다. 절 전체가 문장에서 부사어 역할을 하여 서술어를 수식한다.

(예) 그는 인사도 없이 우리 곁을 떠나 버렸다.

'그는 우리 곁을 떠나 버렸다.'라는 문장이 부사 파생 접미사 '-이'를 사용하여 '(그는) 인사도 없다.'라는 문장을 안고 있다.

서술절은 '주어+(주어+서술어)'와 같은 구조로, 전체 문장의 서술어 역할을 한다. 특정한 절 표지가 따로 없다.

(예) 그 아이는 재능이 뛰어나다.

'그 아이는(주어) 뛰어나다(서술어).' 라는 문장이 '재능이 뛰어나다.'라는 문장을 안고 있다.

내가 남의 침략에 가슴이 아팠으니

'안긴문장' '남의 침략에 가슴이 아프다.'가 '내가 아프다.'라는 '안은문장'의 서술어 역할을 한다.

인용절은 인용의 의미를 지니는 것으로, 주어진 문장에 직접 인용을 나타내는 조사 '라고'나 간접 인용을 나타내는 조사 '고'를 붙인다.

(예) 우리는 그에게 현명하지 못한 판단을 했다고 말했다.

'우리는 말했다.'라는 문장이 조사 '고'를 사용하여 '그는 현명하지 못한 판단을 했다.'라는 문장을 안고 있다. 직접 인용은 아래 문장과 같이, 인용하는 부분을 부호(겹따옴표)로 둘러싸서 표시하고, 조사 '라고'를 붙인다.

(예) 그 여자는 "그 판단은 현명하지 못한 것이다"라고 말했다.

여덟 가지 기본 문형

단문(홑문): '주어-서술어'가 한 개만 들어 있는 것

① 철수는 영희를 기다린다.

겹문(복문): 주절과 종속절의 관계로 두 절 이상이 겹쳐있는 문장

② 철수는 영희가 편지를 보내오기를 기다린다. - 명사절

③ 철수는 영국에 간 영희를 기다린다. - 관형절
④ 그는 인사도 없이 우리 곁을 떠나 버렸다 - 부사절
⑤ 철수는 머리가 크다. - 서술절
⑥ 철수가 "나는 영희를 좋아한다"고 말했다. - 인용절

겹문(중문): 대등하거나 종속적으로 두 절 이상이 겹쳐있는 문장

⑦ 영희는 영수를 기다리고 철수는 영희를 기다린다. - 대등적으로 이어진
⑧ 가을이 되면 철수는 영희를 기다린다. - 종속적으로 이어진

어떤 유형의 문장들을 사용해야 할지는 주로 소통될 내용에 따라 달라진다. 소통에 적절하거나 관련된 다른 인자들은 소통의 목적과 메시지의 청중이다. 기술문의 효율성은 작문의 분명성, 간결성, 정밀성 및 목적성에 의존한다. 예와 분석을 위해서, 아래 문장(단문)을 점검해보자. 언뜻 보기에, 문장은 복잡하지 않은 생각을 간결하고 그리고 분명하게 표현한 것 같다 (Weisman, 1974, p. 314).

무거운 물체는 쉽게 가라앉을 것이다.

더 세밀히 점검해보면, 문장의 뜻이 겉보기만큼 분명하지 않다. 수식어 '무거운'과 '쉽게'가 의미하는 바가 모호하다. '무거운'과 '쉽게'는 주관적인 판단이다. 짧기는 해도, 위 문장은 생각을 분명하고, 정밀하며, 객관으로 표현하지 못한다. 짧은 것은 간결한 것과 다르다. 간결함은 간명함을 요구한다. 생각을 더욱 효율적으로 소통하기 위해서 문장을 다시 써보자.

밀도가 대단히 높은 물체는 매우 신속하게 가라앉을 것이다.

단문으로 개선된 문장이다. 이 문장에서 단어 '밀도(density)'가 어떤 사실에 입각한 심각성을 전달한다 하더라도, 강조하는 '대단히'가 그러한 것처럼 형용사 '매우'는 주관성을 반영한다. 주관성의 측면을 가지고 있다하더라도, '신속히'는 '쉽게' 보다는 더 적절한데 그것이 행동의 스피드를 나타내는 고유한 역량을 가지기 때문이고, 반면에, '쉽게'는 순응이나 반응의 스피드를 제시한다. 다시 고쳐 써 보자. 이번에는 문장에서 사용되는 단어들이나 절들의 많음에 개의치 않고 적절히 표현하도록 애써보자.

> 무거운 물체는 그것의 밀도로 인해 그것이 물에 잠길 때 그 자신의 무게만큼 물을 밀쳐 내지 않는 것으로 정의되고, 그래서, 그것은 신속히 가라앉을 것이다.

이 29 개의 단어로 된 복-중문은 목적을 달성했다. 이처럼, 중무장한 문장 구조가 최근에 기술문들에서 자주 눈에 띈다. 이 문장은 아래와 같이 더 낫게 고쳐 쓸 수 있다:

> 자신의 무게만큼 물을 밀쳐 내지 않는 물체는 신속히 가라앉을 것이다.

이 복문에서, 물체가 가라앉도록 하는 무게 인자와 가라앉는 방식의 핵심적인 품질, 둘 다가 분명히, 객관적으로, 정밀하게, 그리고 간결하게 표현돼 있다. 종속절이 정확하게 하는 정밀성과 분명성을 위한 수식의 역량을 가지기 때문에, 복문은 기술문에서 효과적이다.

7-1 올바른 문장

먼저, 올바른 문장을 쓰는 일에 대해 알아보자. 올바른 문장이란, 한글 맞춤법, 표준어 규정, 문장 부호와 국어사전을 좇아 표기를 제대로 하고, 문법에 맞게 성분을 갖추어 쓴 것을 말한다. 맞춤법에 맞게 쓴 문장은 독자가 빠르고 쉽게 읽을 수 있어서 이해하기 쉽다. 맞춤법은 말을 글자로 적을 때에 지켜야 하는 일정한 규칙으로, 철자법(綴字法)을 말한다. 철자란 말의 소리를 소리글자로써 맞추어 나타냄 또는 그렇게 짜 맞춘 글자를 말한다. 그러므로 올바른 문장을 쓰기 위해서는 한글 맞춤법, 표준어 규정 및 문장 부호를 공부해야 한다.

아래에 인용한 다양한 예문들은, 학생들이 쓴 글 중에서 고른 것들도 있고, 신문 기사들의 일부인 것들도 있다. 학생들이 쓴 글은 대체로 온전치 않은 것들인데, 다양한 인용 목적을 위해, 그대로 두었다.

(1) 아무 문장이라도, 그 문장을 구성하는 낱말들의 문장 성분이 분명하여야 한다. 즉, 어떤 문장에서 어느 낱말이 주어이고 어느 낱말이 서술어이며 어느 낱말이 목적어이고 보어인지가 구별되어야 한다. 이런 면에서 우리말 문장의 (주성분 배열에 의한) 네 가지 기본 형태와, 여덟 가지 기본 문형을 이해하면 주어와 서술어를 일치시키는데 도움이 된다.

아래 글은, 조선일보 2010년 8월 5일 목요일 51판 A35면, 광고문을 약간 고친 것이다.

학교법인 고등학원의 정상화는 대법원 전원합의체 판결과 헌법정신에 따라 설립자와 종전이사들에게 경영권을 원상회복해 주는 것이 정당한 법치 실현입니다.

이 문장의 주어는 무엇인가? 서술어는 무엇인가? 주어와 호응하는 서술어가 있는가? 서술어에 호응하는 주어가 있는가?. 이 문장의 주어는 '학교법인 고등학원의 정상화'인 것 같다. 그런데 문장은 서술어 '.... 입니다'로 끝났다. 그런데, '실현입니다'의 주어는, 사실은, 그 앞의 '주는 것이'이다. 이 문장은 올바른 문장이 아니다.

올바른 문장으로 고쳐 쓰기 위해서, 이 문장이 뜻하는 것이 무엇인지 생각해보자. 올바른 문장이 아니라서, 그것이 분명하지 않다. 그래서 이 문장의 뜻을 미루어 짐작해 보면, 이런 것일 것으로 추정된다.

학교법인 고등학원의 정상화는 대법원 전원합의체 판결과 헌법정신에 따라 설립자와 종전이사들에게 경영권을 원상회복해 주는 것을 의미한다. 그렇게 하는 것이 정당한 법치의 실현이다.

그러니까 원래 문장에는 두 가지 뜻이 들어 있었다고 볼 수 있다. 한 문장에는 한 가지 뜻만 있어야 한다. 그래야 정확한 문장이다.

(2) 문장을 구성하는데 꼭 필요한 성분이 빠지면 비문법적인 문장(비문, 非文)이 된다. 특히 문장에서 주어나 서술어가 없으면 안 된다. 주어와 서술어가 분명한 문장을 써야 한다. 주어가 없거나 주어가 불명확한 문장을 쓰지 않도록 특별히 주의해야 한다. 이런 면에서, 주어와 서술어는 되도록 가까이 두는 것이 좋다.

우리말은 '장면 의존'이 강하여 문장 성분을 빠트리기가 쉽다. 그래도 입말에서는 듣는 이가 대화의 앞뒤 흐름으로 미루어 주어를 충분히 알 수 있지만(한효석, 2000, p. 175), 글말에서는 주어를 빠트리지 않도록 주의하여야 한다.

휴대전화가 보편화되기 전 우리는 꼭 필요한 전화번호는 외우고 다녔다. 집안 식구, 친한 친구, 중요한 거래처 등 수십 개의 전화번호가 예전에는 우리의 뇌 속에 들어 있었다. 그러나 지금은 휴대전화 속의 전화번호부에만 존재한다. 컴퓨터에 대한 의존도도 절대적이어서 잘 돌아가던 컴퓨터가 고장이라도 나면 주식시장도, 백화점도, 발전소도 멈출 수밖에 없다.

'그러나 지금은 휴대전화 속의 전화번호부에만 존재한다.' 이 문장에 주어가 있는가?

있어야 할 것들은 반드시 있어야 하지만, 불필요한 것들이나 중복된 성분들이 있어도 곤란하다. 이와 관련하여, 입말 하듯이 문장을 쓰면 불필요한 성분을 반복하기가 쉽고, 강조나 수식이 지나치면 의미상 두 개 이상의 성분이 겹치기 쉽다. 이처럼 불필요한 성분이 포함된 문장은 형식상으로 비문법적인 문장이 되기 쉽고, 의미상으로 내용이 중복되기 쉽다.

요즘 같은 때에는 공기를 자주 환기해야 감기에 안 걸리는 거야.

이 문장에서, '환기'라는 단어는 '탁한 공기를 빼고 새 공기로 바꿈'의 뜻을 가진 말이다. 그러므로 '공기'나 '환기' 두 단어 중 어느 하나는 문장에서 의미가 중복되는 말이다.

> 주로 몸이 불편한 분들이 계시는 곳에서 봉사를 했기에 작은 것에도 감사할 수 있는 마음과 다른 사람을 위해 진정으로 빌어줄 수 있는 마음을 가질 수 있게 되었고 이러한 봉사활동 통해 삶을 보다 긍정적으로 바라볼 수 있는 태도를 가지게 하였다.

이 문장에 '봉사'라는 말이 두 번 나와 있다. 문장이 너무 길어서 그런 문제가 생긴 것으로 생각되는데, 같은 단어를 한 문장에서 중복해서 쓰는 것은 좋지 않다.

(3) 문장에서 주어와 서술어는 일치하여야 한다. 즉 그 둘이 서로 짝을 이루어 문장의 뜻이 통해야 한다. 또한 목적어와 서술어도 호응해야 한다. 목적어는 타동사와 호응하는데, 타동사가 서술어가 아니면 올바른 문장이 될 수 없다.

기본 형태의 관점에서만 보면, 예를 들어, 아래 문장은 올바르다.

> 빵이 김탁구를 먹었다.

그렇지만 주어 '빵'이 서술어 '먹었다'와 호응하지 않는다.

> 훼손된 자연 환경을 복구하려면, 많은 비용과 노력뿐 아니라 시간이 든다.

이 문장의 주절 '많은 비용과 노력뿐 아니라 시간이 든다.'에서 주어와 서술어가 제대로 호응하는가? 제대로 쓰자면, '많은 비용과 노력이 들고, 시간도 오래 걸린다.'로 해야 한다.

7-2 정확한 문장

정확한 문장이란 올바른 문장으로, 누가 그 문장을 읽더라도 단 하나의 뜻으로 이해할 수 있는 문장을 말한다. 한 문장의 뜻이 불분명하면 다음에 오는 문장에도 나쁜 영향을 미친다. 뜻이 분명하지 않은 문장들을 모아서는 소주제가 분명한 단락을 쓸 수 없다.

(1) 문장의 주어는 문법적으로 뿐만 아니라 문장이 뜻하는 바에 의해 진정한 주체여야 한다. 우리말에서 동작 주체가 '우리' 또는, '사람(들)'과 같은 막연한 사람이거나, 대화 상대방이 서로 잘 아는 내용이면 주어를 빼고 말하기도 한다. 그러나 글을 쓸 때는 주어가 생략되어 뜻이 모호한 문장이 되지 않도록 주의하여야 한다.

원화 절하에 힘입어 수출이 늘어난 반면에 투자와 소비 위축으로 수입은 줄었다.

이 문장에서 진정한 주어는 무엇인가? 그러면 어떻게 고쳐 써야 진정한 주어가 드러나겠는가? 문장에서 진정한 주어가 중요한 것은, 한 문장은 하나의 뜻만을 나타내어야 하기 때문이기도 하다.

두 번째로는 영어다. 영어는 다방면으로 필요한 언어이며, 현 시점에서 영어가 필수이다. 그래서 TOEIC 특강을 신청했다. 어디서든 영어를 할 줄 알아야 이 시대에 살아갈 수 있다고 생각한다. 고인력이 되기 위해선 배울 수밖에 없다.

둘째 문장은 무엇을 뜻하는가? 그 문장에는 두 가지 뜻이 들어 있는 것 같다. 그렇지만, 정확하게 뜻 하는 바가 무엇인지 알 수 가 없다. 첫째 뜻은, 영어는 어디에서나 쓰이는 언어이다. 그런가? 둘째 뜻은, 현재 영어가 반드시 필요하다. 그런 뜻인가? 만약 그 두 가지 뜻을 가진 문장이라면, 두 문장으로 나누어 쓰는 것이 옳다.

(2) 뜻이 여럿인 낱말을 쓰면 문장의 뜻이 모호해 진다. 그러므로 문장에서 그 뜻이 분명한 낱말을 골라 써야 한다. 학생들이 생각을 제대로 표현하는데 필요한 어휘력이 부족하여 문장에 적절한 낱말을 선택하지 못하는 것도 문제이다. 말을 정확하게 하지 않는 학생들이, 말 하듯이 글을 써서는, 문장이 문법적으로 올바르지 못하며, 문장들이 자연스럽게

또는 논리적으로 연결되지 못한다는 것을 깨달아야 한다.

학기 초 친구들과 동아리에 가입하려고 둘러보았다. 많은 동아리 중에 미식축구 부를 보게 되었다. 미식축구라는 운동이 흔하지 않고 평소에 접해보기 힘든 운동이고 재미있어 보여서 친구들과 하게 되었다. 미식축구가 처음해보는 운동이라 어렵고 힘들었다. 하지만 시간이 지날수록 점차 체력도 늘어나고 힘도 길러졌다. 동아리가 운동 동아리이다 보니 아는 선배는 대체로 체대 사람들이 많다.

'미식축구라는 운동이 흔하지 않고 평소에 접해보기 힘든 운동이고 재미있어 보여서 친구들과 하게 되었다.' 이 문장에서 '접해보기'의 뜻은 무엇인가? 사전을 찾아보면 '접하다'라는 말의 뜻은 다섯 가지가 있다. 그 중 어느 것이 위 문장의 '접해보기'의 뜻인가?

요즘 많이 신문, 텔레비전 등 다양한 매체에서 대학 졸업 후 취업률이 낮아진다는 소식을 쉽게 접할 수 있습니다.

이 문장에서 '접할 수'의 '접하다'는 무슨 뜻인가?

정확한 문장을 쓰려는 노력은 문장을 만드는 시점에서 시작되는 것이 아니라, 단어를 선택하는 시점에서부터 시작된다. 특히 공학도들은 적확한 단어를 찾는데 노력을 기울여야 한다. '무엇을 말하려 하든, 그것을 표현하는 단 하나의 단어와 그것에 숨을 불어넣는 단 하나의 동사, 그리고 그것을 수식하는 단 하나의 형용사만 존재한다(플로베르가 모파상에게 보낸 편지글 중에서 인용(모라이어티, 2008))'고 생각하고 글을 써야 한다.

한 번은 괜찮지만 한 번 이상은 곤란하다.

이것은 정확한 문장인가? '한 번 이상'이라면 몇 번부터를 뜻하는가? '이상(以上)'의 뜻은 '그것을 포함하여, 그것보다 많거나 위임'이다. 그러므로 '한 번 이상'은 한 번을 포함한다. 그렇다면, '한 번 이상은 곤란하다'라는 것은 앞에서 '한 번은' 괜찮다고 한 말과 모순이 된다.

그러므로 글을 쓸 때는 국어사전을 옆에 두고 뜻이 긴가민가한 낱말들은 그 뜻을 확인하며 글을 쓰는 습관을 길러야 한다.

전기와 전자는 서로 틀린 것이다.

이 문장은 정확한가? '틀리다'의 뜻은 '[계산이나 일 따위가] 어긋나거나 맞지 않다'이다. 그렇다면 전기와 전자가 서로 맞지 않다고 하는 것은 그야말로 틀린 것이다. '전기와 전자는 서로 다른 것이다.'라고 해야 옳다.

(3) 문장 성분을 꾸미는 말들이 여럿이거나 제자리에 있지 않는 경우에도 문장은 그 뜻이 불분명해 진다. 홑문장에서 주어와 서술어 사이에 수식어를 많이 넣지 말아야 한다. 수식어는 피수식어 앞에 놓아야 한다.

한결같이 어려운 이웃을 돕는 사람들이 많습니다.

이 문장에서, '한결같이'라는 수식어는 어려운 이웃을 꾸미는 말인가? 아니면, 그 사람들을 돕는 사람들을 꾸미는 말인가? 그렇다면,

어려운 이웃을 한결같이 돕는 사람들이 많습니다.

로 고쳐 써야, 정확한 문장이 된다.

(4) 문장을 이어가는 중에, 어떤 낱말을 반복하지 않기 위해 사용하는 것이 지시어이다. 그런데 그 지시어가 가리키는 것이 애매하면 그 문장의 뜻이 불분명할 수 있다. 그러므로 특정 지시어가 무엇을 가리키는지가 명확하도록 문장을 써야 한다. 어떤 문장의 대명사가 앞 문장 중의 선행사와 유일하게 대응하는지를 확인해야 한다.

국내 연구진이 휴대폰에 들어가는 플래시 메모리의 집적도와 반응속도를 획기적으로 향상시키는 원천 기술을 개발했다. 이에 따라 휴대폰 전화번호 저장량이 대폭 늘어나고 검색속도가 빨라질 전망이다.

둘째 문장에서, '이에 따라'라는 말의 '이'는 무엇을 가리키는가? '이' 한 글자는 앞 문장의 내용 전체를 가리키는 효과적인 지시어이다.

'이', '그', '저' 등의 지시어를 사용하여 글의 일관성을 유지할 수 있고, 접속어를 적절히 사용하여 앞뒤 문장의 관계를 분명하게 하면서 글의 전개 방향을 예고할 수 있다.

선생님께서 화가 나셨다. 선생님이 큰 소리를 치셨다. 학생들이 잔뜩 겁을 먹었다.
→ 선생님께서 화가 나서 큰 소리를 치셨다. 그 바람에 학생들이 잔뜩 겁을 먹었다.

('-아서/-어서', '그 바람에' 등의 접속과 지시 관계어들이 행동의 인과관계를 분명하게 드러내고 있어 연결성을 갖추게 되었다.)

(5) 우리말은 서술어가 맨 끝에 온다. 그래서 비슷하게 보이는 문장도 끝 부분의 서술어에 따라 뜻이 다른 문장이 된다. 그러므로 끝 부분의 서술어가 명확한 문장을 써야 한다. 필자가 쓰고자 하는 내용을 잘 모르거나 자신의 뜻을 분명히 밝히기를 꺼리는 경우에, 끝 부분이 애매한 문장이 된다. 문장에서 주체와 객체가 혼동되지 않도록 서술어를 정확하게 써야 한다.

수학과 물리 같은 경우 거의 백지에 가까운 상태라 각 강의시간에 대부분을 받아 적고 수업이 끝나고 기초부터 공부를 하면서 강의내용을 이해하는 방법밖에 없는듯하다.

이 문장은 올바르지도 정확하지도 않은 문장이다. 문장의 끝이, '방법밖에 없는듯하다'이다. 그러면 독자는, '아, 필자는 공부 방법에 대해 자신이 없구나.'라고 생각할 수 있다. 또는 '다른 방법도 있다는 말이구나.'라고 이해할 수 있다. '방법밖에 없다'로 쓰든가, 아니면, 생각을 더 깊이하거나 다른 자료를 참고해서, 뜻이 명확한 문장을 써야 한다.

(6) 명사나 동사를 다른 동사에 덧붙여 뜻을 정확하게 나타내려고 하기보다는, 관련된 뜻을 나타내는 동사는 단 하나 밖에 없다는 생각으로 진정한 동사를 골라 쓰도록 하여야 한다.

소득 감소가 급격히 이루어지다.
→ 소득이 급격히 감소하다.

고쳐 쓴 문장에서 서술어 '감소하다'가 진정한 동사이다.

모든 가능한 대안들에 대한 검토가 실시되었다.
→ 모든 가능한 대안들이 검토되었다.

배출장치, 운전, 및 플랜트에서의 모든 활동들에 대한 목록이 표 3-1에 제시되어 있다.
→ 배출장치, 운전, 및 플랜트에서의 모든 활동들이 표 3-1에 열거되어 있다.

'명사화 구성'이란 명사가 아닌 품사의 단어를 명사형으로 만들어 문장 속에서 주어, 목적어, 보어의 역할을 하게 만드는 것을 말한다. 명사형(名詞形)은 용언의 활용형의 한 가지. 어간에 명사형 어미 '-(으)ㅁ'· '-기'가 붙어, 문장에서 서술의 기능을 가지면서 명사의 구실을 하는 것. ('그는 놀기보다 공부하기를 더 좋아한다.'에서 '놀기'· '공부하기' 따위.)

명사화 구성의 실현 방법은 다음과 같다:

- 서술어에 의존 명사 '것'을 붙임
  (예) 네가 가는 것이 좋겠다.
- 서술어에 명사형 어미 '-음', '-기'를 붙임
  (예) 밤이 깊었음을 아직도 몰랐소? / 제비는 겨울이 오기 전에 떠날 것이다.
- 명사의 나열
  (예) 공장부지 확충이 우리의 급선무이다.

명사와 명사를 묶거나, 명사와 동사를 묶거나, 동사와 동사를 묶어서 명사형으로 표현하면, 서술을 위한 다른 동사를 덧붙여야 한다. 이렇게 되면 문장이 더 길어지게 된다. 또한 동사나 형용사를 명사화하면 문장의 주체나 서술 내용이 모호해 질 수 있다. 이런 것들은 결국 문장의 뜻을 분명히 하는 장애 요소가 된다.
명사화 구성으로 어색해진 예문 몇 개를 바르게 고쳐보자.

그가 그 문제를 명쾌하게 해결할 것으로 예상되는 것이다.
→ 그가 그 문제를 명쾌하게 해결할 것으로 예상된다.

위 문장은 의존 명사 '것'을 사용한 명사화 구성이 중첩되어 어색해진 경우이다.

우리말 어법에 따르면, 명사화하여 표현하는 것보다는 동사나 형용사로 풀어서 설명해주는 것이 더 자연스러울 때가 많다.

달동네에까지 연탄배달이 이루어졌다.
→ 달동네에까지 연탄이 배달되었다.

인구감소가 이루어지다.
→ 인구가 감소하다.

은주는 권장 도서 목록 선정이 너무 주관적이라며 불만을 터뜨렸습니다.
→ 은주는 권장 도서 목록을 선정하는 것이 너무 주관적이라며 불만을 터뜨렸습니다.
→ 은주는 권장 도서 목록을 너무 주관적으로 선정하는데 대해서 불만을 터뜨렸습니다.

연탄배달, 인구감소와 같은 묶은 말에 맞추어 문장을 짜면, 다른 서술어나 군말이 붙어서 문장이 길어지고, 성분이 달라져서 서양식 말투의 피동문이 되기 쉽다.

(7) 시제(時制)－말하는 이가 말한 시간을 기준으로 하여 사건이나 동작이 일어난 시간의 앞뒤를 제한하는 것. 우리말의 경우 활용어(동사 · 형용사 · 서술격 조사)의 종결 어미와 관형사형 어미로 나타냄. 현재 시제 · 과거 시제 · 미래 시제의 구별이 있음.

문장 내에서 시제가 일치하도록 문장을 써야 한다. 한 문장 내에서, 말하는 시점이 일치하도록 서술어들 끼리 시제가 일치해야 한다. 과거 시제와 과거 완료 시제를 굳이 구별하여 적을 때 표현이 어색하지 않도록 주의한다. 서술에 있어서도, 일반적으로 받아들여지는 사실은 현재 시제로 표현하고 그렇지 않으면 과거 시제로 서술한다. 반복되는 사건에 대해서는 현재 진행형을 쓰고, 그림과 표에 대해 설명할 때는 현재형으로 서술한다.

대학을 입학했고 그 때 왜 더 열심히 하지 않았나 하는 막연한 후회를 했지만 지금부터 라도 후회없이 살아가고 싶어졌습니다.

저는 2학년이 되면서 가장 먼저 계획한 것이 나 자신의 상품 가치를 올리는 것이었습니다. 2학년부터 시작하는 전공과목은…

첫째 문장의 뜻은 현재에 관한 것인가 과거에 관한 것인가? '그 때'는 언제인가? '지금'은 또 언제인가? 같은 문장에 '그 때'와 '지금'이 섞여 있어, 독자는 혼란스럽다.

(8) 문장 부호는 문장의 뜻을 돕거나 알아보기 쉽게 하기 위하여 쓰이는 여러 가지 부호이다. 문장 부호는 낱말, 문장, 단락 못지않게 글쓰기에서 중요한 역할을 한다. 문장 부호를 잘못

사용하면 뜻이 완전히 다른 문장이 될 수 있는 예가 많다. 그만큼 문장 부호의 표현적 효과는 크다. 문장 부호는 문장의 뜻뿐만 아니라 독자가 눈으로 글을 읽는데도 도움을 주어, 정확한 문장을 쓰는데 필요한 어떤 요소 못지않게 중요한 것이다. 문장 부호는 "글자나 맞춤법과 함께 글쓰기에 없어서는 안 될 요소이다. 그것을 잘못 쓰거나 빠트리게 되면 엉뚱한 뜻의 글이 될 뿐 아니라 글의 품위를 떨어뜨리게 된다. 따라서 글을 쓰는 이는 모두 그 사용법을 정확히 알아두어야 한다."

문장 부호는 국립국어원 홈페이지, '찾기 마당'의 '한글 맞춤법' 중, 부록 '문장 부호'에 자세히 설명돼 있다. (http://www.korean.go.kr)

문장 부호에는 일곱 가지 표가 있다: 마침표, 쉼표, 따옴표, 묶음표, 이음표, 드러냄표, 안드러냄표. 이 중에서, 쉼표에 속하는 반점, 가운뎃점, 쌍점과 이음표에 속하는 줄표가 기술문 쓰기에 특히 유용한 것들이다.

1. 반점

가로쓰기에는 반점, 세로쓰기에는 모점을 쓴다.

문장 안에서 짧은 휴지를 나타낸다.

① 같은 자격의 어구가 열거될 때에 쓴다.

근면, 검소, 협동은 우리 겨레의 미덕이다.

② 짝을 지어 구별할 필요가 있을 때에 쓴다.

닭과 지네, 개와 고양이는 상극이다.

③ 바로 다음의 말을 꾸미지 않을 때에 쓴다.

슬픈 사연을 간직한, 경주 불국사의 무영탑

성질 급한, 철수의 누이동생이 화를 내었다.

④ 대등하거나 종속적인 절이 이어질 때에 절 사이에 쓴다.

콩 심으면 콩 나고, 팥 심으면 팥 난다.

흰 눈이 내리니, 경치가 더욱 아름답다.

⑤ 부르는 말이나 대답하는 말 뒤에 쓴다.

얘야, 이리 오너라.

예, 지금 가겠습니다.

⑥ 제시어 다음에 쓴다.

빵, 빵이 인생의 전부이더냐?

용기, 이것이야말로 무엇과도 바꿀 수 없는 젊은이의 자산이다.

⑦ 도치된 문장에 쓴다.

이리 오세요, 어머님.

다시 보자, 한강수야.

⑧ 가벼운 감탄을 나타내는 말 뒤에 쓴다.

아, 깜빡 잊었구나.

⑨ 문장 첫머리의 접속이나 연결을 나타내는 말 다음에 쓴다.

첫째, 몸이 튼튼해야 된다.

아무튼, 나는 집으로 돌아가겠다.

다만, 일반적으로 쓰이는 접속어(그러나, 그러므로, 그리고, 그런데 등) 뒤에는 쓰지 않음을 원칙으로 한다.

그러나 너는 실망할 필요가 없다.

⑩ 문장 중간에 끼어든 구절 앞뒤에 쓴다.

나는, 솔직히 말하면, 그 말이 별로 탐탐하지 않소.

철수는 미소를 띠고, 속으로는 화가 치밀었지만, 그들을 맞았다.

⑪ 되풀이를 피하기 위하여 한 부분을 줄일 때에 쓴다.

여름에는 바다에서, 겨울에는 산에서 휴가를 즐겼다.

⑫ 문맥상 끊어 읽어야 할 곳에 쓴다.

갑돌이가 울면서, 떠나는 갑순이를 배웅했다.

철수가, 내가 제일 좋아하는 친구이다.

남을 괴롭히는 사람들은, 만약 그들이 다른 사람에게 괴롭힘을 당해 본다면, 남을 괴롭히는 일이 얼마나 나쁜 일인지 깨달을 것이다.

⑬ 숫자를 나열할 때에 쓴다.

1, 2, 3, 4

⑭ 수의 폭이나 개략의 수를 나타낼 때에 쓴다.

5, 6세기 6, 7개

⑮ 수의 자릿점을 나열할 때에 쓴다.

14,314

반점에 대한 다음 예문을 보자.

몇 해 전 암에 걸려 투병중인 내가 좋아하는 어떤 이가 암에 좋다고 돌나물을 열심히 먹는다고 들은 기억 때문일 것이다. 그이는 암을 이기지 못했다.

이 두 문장에서, 암에 걸려 투병 중인 사람은 '내' 인가 '어떤 이'인가? 그 뜻을 분명히 하자면, 어떻게 하면 좋은가?

몇 해 전 암에 걸려 투병중인, 내가 좋아하는 어떤 이가 암에 좋다고 돌나물을 열심히 먹는다고 들은 기억 때문일 것이다.

다음 예(중앙일보 기사)를 보자.

(계약은) 합의일로부터 5년간, 그리고 그 이후 5년간, 계약종료 1년 전까지 서면통지가 없는 한 유효하다.

(계약은) 합의일로부터 5년간, 그리고 그 이후 5년간 계약종료 1년 전까지 서면통지가 없는 한 유효하다.

이 두 문장이 뜻하는 바의 차이점은 무엇인가?

2. 가운뎃점(·)

열거된 여러 단위가 대등하거나 밀접한 관계임을 나타낸다.

① 쉼표로 열거된 어구가 다시 여러 단위로 나누어질 때에 쓴다.

철수 · 영이, 영수 · 순이가 서로 짝이 되어 윷놀이를 하였다.

② 특정한 의미를 가지는 날을 나타내는 숫자에 쓴다.

3 · 1운동 8 · 15 광복

③ 같은 계열의 단어 사이에 쓴다.

경북 방언의 조사 · 연구

충북 · 충남 두 도를 합하여 충청도라고 한다.

동사 · 형용사를 합하여 용언이라고 한다.

3. 쌍점(:)

① 내포되는 종류를 들 적에 쓴다.

문장 부호 : 마침표, 쉼표, 따옴표, 묶음표 등

문방사우 : 붓, 먹, 벼루, 종이

② 소표제 뒤에 간단한 설명이 붙을 때에 쓴다.

일시 : 1984년 10월 15일 10시

마침표 : 문장이 끝남을 나타낸다.

③ 저자명 다음에 저서명을 적을 때에 쓴다.

정약용 : 목민심서, 경세유표

주시경 : 국어 문법, 서울 박문서관, 1910.

④ 시(時)와 분(分), 장(章)과 절(節) 따위를 구별할 때나, 둘 이상을 대비할 때에 쓴다.

오전 10 : 20 (오전 10시 20분)

요한 3 : 16 (요한복음 3장 16절)

대비 65:60(65대 60)

4. 줄표(—)

이미 말한 내용을 다른 말로 부연하거나 보충함을 나타낸다.

① 문장 중간에 앞의 내용에 대해 부연하는 말이 끼어 들 때에 쓴다.

그 신동은 네 살에 — 보통 아이 같으면 천자문도 모를 나이에 — 벌써 시를 지었다.

② 앞의 말을 정정 또는 변명하는 말이 이어질 때에 쓴다.

어머님께 말했다가 — 아니, 말씀드렸다가 — 꾸중만 들었다.

이건 내 것이니까 — 아니, 내가 처음 발견한 것이니까 — 절대로 양보할 수가 없다.

(9) 사람과 사물의 관계를 나타내는 문장의 주어는 대체로 사람이다. 그런데 일인칭 주어 '나' 나 '우리'가 주어가 되는 때에는, 문장이 외견상 그리고 문장의 내용이 너무 주관적으로 비치지 않도록 주의하여야 한다. 또한 '우리' 라는 낱말이 뜻하는 사람들이 누구인지 분명히 하여야 한다. 행위의 주체가 되는 필자와 필자의 동료를 포함하는 '우리'인지, 아니면, 필자와 독자만을 말하는지, 아니면, 필자와 그 동료 그리고 독자를 모두 포함하는지를 분명히 하여야 한다.

행위의 주체가 분명한 경우에는, 예를 들어, 자기소개서나 학업계획서 등에서는 소개의 주체나 학업을 계획한 사람 즉, "나는"을 생략할 수 있다. 이런 글에서, 모든 문장을 "내가" "나는" 등으로 시작한다면 얼마나 어색한 글이 되겠는가?

(10) 독자를 낮추어 보는듯한 말투나 존대 말투는 부적절하다. 존대 말씨(높임말, 격식체)로 표현하는 일은, 필자가 객관적으로 정보를 기술하는데 알게 모르게 제약 요소로 작용할 수 있다. 어떤 경우에는 독자를 높이거나 낮추는 일로 인해, 독자가 문장을 읽어 가는데 거부감을 느낄 수 있다. 그래서 문장을 "해라체"라고 하는 평어체(문장체)로 끝맺는 것이 좋다.

친구들과의 만남을 좋아해서인지 어렸을 때 같이 운동할 수 있는 농구를 즐겨 하였고, 군 시절에서도 농구클럽에 가입하여 전우들과 팀워크를 자랑하기도 하였습니다. 그 외에도 건강관리를 할 수 있는 헬스와 영화 감상을 즐겨 하는 편입니다.

사람들 사이의 서신이나, 개인적인 글이 아닌 이상, 대학문 쓰기에서, 비록 독자가 필자보다 나이가 많을 것으로 생각되더라도, 존칭어로 문장을 쓰지 않는 것이 좋다.

(11) 우리말은 피동문 보다 능동문이 더 자연스럽다. 사람과 사물의 관계를 표현하는 문장은 사람 중심으로 서술하는 능동문으로 써야 한다.

경찰이 도둑을 잡았다.
도둑이 경찰에게 잡히었다.

위 두 문장에서, 첫째 것은 능동문이고 둘째 것은 피동문이다. 대부분, 피동문보다 능동문을 선호한다. 능동문은 문장의 주체인 사람을 강조한다. 더욱이, 능동문은 더 짧아서 좋다. 과학 기술자들은 사실을 객관적으로 표현하고 그 사실과 연관된 행위 주체는 드러나지 않기를 원해서 피동형으로 문장을 쓰는데 익숙하다. 그런데 피동형 표현을 많이 하면 글 쓰는 사람이 피동적 존재로 비칠 수 있고, 글이 소극적, 수동적인 느낌을 주기 쉽다. 그러나 문맥에 의해 행위자가 분명하거나, 행위자를 알 수 없거나, 행위 주체보다 행위 자체가 더 중요하거나, 행위자를 거론하는 것이 부적절할 경우에는 피동문을 쓰는 것이 적절하다.

그렇지만, 피동문은 일반적으로 다음 네 가지 경우에 더욱 적절하다 :

1. 문맥으로 보아 행위자가 분명하다.

예 : 학생들은 글쓰기 과목 둘 다를 이수해야 한다.

문맥으로 보아, 대학이 학생들에게 글쓰기 과목 둘 다를 수강하도록 요구한다는 것이 명백하다.

2. 행위자가 알려져 있지 않다.

예 : 혜성은 어떤 고대 이집트 문서에서 처음으로 언급되었다.

누가 혜성을 지칭했는지를 알 수 없다.

3. 행위자가 행위보다 덜 중요하다.

예 : 문서는 오늘 아침에 배부되었다.

문서를 배포한 사람이 누구인지는 중요하지 않다.

4. 행위자를 지칭하면 상황이 당황스럽게 되거나, 위험하거나 또는 다른 관점에서 부적절하다.

예 : 유동량에 대해 틀린 데이터가 기록되었다.

누가 틀린 데이터를 기록했는지를 말하는 것이 부적절할지 모른다.

정보의 양이 많지 않았던, 한 세대 전쯤에는 능동형 문장이, 일 자체보다 일을 한 사람을 강조하고 그래서 글의 객관성을 해치기 때문에, 능동문이 부적절하다고 했다. 많은 경우들에서, 이런 생각은 여전히 유효하다.

샘플에 요오드의 흔적이 있는지 분석되었다."

라고 말할 수 있을 때, 굳이

내가 샘플에 요오드의 흔적이 있는지 분석하였다."

라고 하지 않아도 되지 않겠나? 만약 누가 분석을 했는지에 관해 궁금해 할 상황이 아니라면, 또는 누가 분석을 했는지를 꼭 확인할 필요가 없다면, 하는 일에 초점을 두는 것이 적절하다.

능동문을 선호하는 관점에서, 피동문은 이중적인 모호성을 가진다고 논박한다.

샘플에 요오드의 흔적이 있는지가 분석되었다."

라고 쓸 때, 독자는 누가(필자 또는 필자가 아닌 또 다른 사람) 분석을 했는지 또는 언제 그 일을 했는지(글과 관련된 과제의 부분으로 한 일인지 아니면 그 과제 이전에 했던 일인지)가 어리둥절해진다. 비록 피동문이 능동문에 담을 수 있는 모든 정보를 담을 수 있다고 하더라도, 흔히 피동문에서는 행위자가 드러나지 않는다.

다음 두 문장을 보자.

그가 문을 들어 올렸고, 그리고 큰 봉투가 보였다.
그가 문을 들어 올렸고 큰 봉투를 보았다.

첫째 문장에서 첫째 절은 능동문이고, 둘째 절은 피동문이다. 이렇게 하면 안 된다. 반면에, 둘째 문장의 두 절은 모두 능동형으로 쓴 것이다. 그 문장의 주체는 '그'로서, 그가 문을 들어 올렸을 때 그가 거기 있는 큰 봉투를 보았다는 것이다.

(12) 문장은, 같은 뜻을 나타내면, 짧을수록 좋다. 말하려는 내용이 불분명하여 중언부언하면 대체로 문장이 길어진다. 문장이 지나치게 길어서, 서너 번 쉬어가며 문장을 읽을 때, 독자는 주어를 놓칠 수 도 있다. 수식어를 여기저기 붙이면 문장 구성 성분조차도 불분명해질 수 있다. 관형어 다음에 명사를 여럿 붙여 놓으면 문장이 길어질뿐더러 뜻도 모호해지기 십상이다. 부사어를 적절히 사용하면 문장의 뜻이 분명해지지만, 잘 못 쓰면 꾸미고

자 하는 성분이 불분명하여 문장의 뜻이 달라질 수 도 있고 문장도 길어진다. 독자가 한 숨에 읽기 힘들 정도로 문장이 길어진다면, 두 세 개의 문장으로 갈라서 써야 한다.

저는 고등학교 졸업이후 앞으로 앞으로의 대학생활을 구체적으로 생각해 본적은 없지만 1학년 때는 그저 놀기 좋아서 공부는 뒷전으로 하고 놀기에 바빴던 것 같아 지금에 와서야 많은 후회가 되지만 그것도 경험으로 생각하고 앞으로는 착실히 대학생활을 할 것입니다.

문장은 짧을 수 록 좋다는 관점에서, 길게 늘어지는 문장을 쓰는 것을 억제하기 위해서, 한 문장에서 최대 낱말을 개수를 따지기도 한다. 한 문장에 15-20개의 낱말이 적절하다고 하고, 30개 이상의 낱말로 된 문장은 지나치게 긴 것으로 간주한다. 문장 길이에 관해 판단하는 가장 좋은 방법은, 뜻이 온전하다는 전제하에, 문장을 한 숨에 큰 소리로 읽을 수 있는가를 고려하는 것이다. 위 예문은 얼마나 긴 문장인가!

군 제대 후 했던 다짐인 '대학교에 복학하면 무엇이든지 열심히 열정적으로 해보자!'라는 다짐을 이루기 위해서 우선 영어 학술동아리 '헤르메스'에서는 부회장을 맡아 동아리 활동을 활발히 하고 후배들을 잘 이끌어 나가며 동아리에서 일 년에 한번 씩 하는 큰 행사인 '대구지역연합 대학생 영어웅변대회'를 추진하고 있습니다.

이 문장에는 낱말이 몇 개 있는가? 읽으면 뜻을 쉽게 알 수 있나? 몇 가지 생각이 이 문장에 들어있나? 너무 길어서, 문장을 읽어 가다 보면, 처음 읽은 내용이 무엇이었는지 독자가 기억할 수 가 없게 된다.

그렇지만 짧은 문장을 서너 개씩 죽 늘어놓으면, 독자가 글을 읽기에 지루한 느낌을 받을 수 있다.

노인이 화가 났다. 노인은 지팡이를 내리 쳤다. 아이들은 겁을 먹었다.

이 짧은 세 개의 단문이 나타내는 생각은, '노인이 화가 나서 지팡이를 내리쳤다. 그래서 아이들은 겁을 먹었다.'로 쓰는 것이 더 낫겠다.

7-3 문장 이어가기 – 단락

한마디 한마디를 이어가야 말이 되고, 뜻이 통하는 그런 말들을 주고받아야 대화가 된다. 이와 마찬가지로 올바르고 정확한 한 문장 한 문장을 이어가야 결과적으로 제대로 된 글이 된다. 어떤 문장 다음에 쓰는 문장은 그 앞 문장과 어떤 관계가 있어서 그 자리에 오는 것이다. 그런 '어떤 관계'에 의해 문장들의 순서가 정해지는 것이다. 한 문장과 그 다음 문장 사이의 그 '관계'가 뚜렷하도록 문장들을 이어가야 한다.

문장들이 이어져서 만들어지는 글의 중간 조직체를 단락이라고 한다. 문장이 독립된 의미 표현의 최소 단위라고 하면, 단락은 문장들을 모아서 글의 주제와 관련된 사고와 판단을 표현한다. 그렇지만 문장 여러 개를 단순히 모아두는 것만으로는 단락이 될 수 없다. 단락은 그 자체로서 의미 있는 소주제를 가지고 글의 주제를 드러내는데 이바지하여야 한다. 그러므로 제대로 된 단락이 되기 위해서는, 단락을 구성하는 문장 하나하나가 모두 통일성을 가지고 서로 간의 관계에 따라 응집성 있게 연결되어야 한다. (3-3-2 절, 본론 단락 쓰기 5 단계에서 이미 살핀 바 있다.)

그래서 단락 형성의 관점에서, 일반 단락을 구성하는 문장들을 네 가지(① 소주제 문장, ② 뒷받침문장들, ③ 전환 문장(선택적), ④ 요점 문장(선택적))로 구분하기도 한다. 단락 내의 이 네 가지 유형의 문장들 중에서, 소주제문과 뒷받침문장들은 제대로 된 단락을 쓰는데 반드시 있어야 하는 것들이다. 전환 문장들과 요점 문장들은 앞이나 뒤 단락들 사이를 연결하는 다리가 있어야 하거나 구체적인 요점들이 강화되어야 하는 상황에서 유용한 것들이다. 아래 예문 단락 (a)(Sheehan, 2010, p. 217)에서 단락 구성의 네 가지 요소들을 알아 볼 수 있다.

(a)

이 다섯 가지 목표를 어떻게 달성할 수 있나 (전환 문장)? 대학들은 원격교육(distance education)이 전통적인 강의실 교육에 대한 실행 가능한 대안인지를 결정하기 위해서 그들의 핵심 사명을 검토해야 한다 (소주제문). 만약 대학들이 과목들을 온라인으로 옮겨 개설할 때에 현재의 학사관리 수준들을 유지할 수 있다면, 원격 교육이 새로운 매체를 제공하는 것이 되어서 비전통적인 학생들이 과목들을 수강할 수 있고 아마도 학위도 딸 수 있게 될 것이다. 예를 들어, Utah 주는, 온라인 과정들에 등록한 학생들이 담당 교수들의 기대 수준을 충족하거나 넘어선다고 보고하고 있다. 그러나 만약에 현재의 수준을 유지할 수 없다면, 대학들은 캠퍼스에서 시행하는 교육의 전통적인 모델에 더욱 충실해야 한다. 요약하면, 대학의 핵심 사명을 충족하는 능력은 원격 교육이 작동할 것인지를 측정하는 리트머스 시험이다 (요점 문장).

아래 단락 (b)(Sheehan, 2010, p. 217)은 전환 문장과 요점 문장을 제거한 것이다.

(b)

대학들은 원격교육(distance education)이 전통적인 강의실 교육에 대한 실행 가능한 대안인지를 결정하기 위해서 그들의 핵심 사명을 검토해야 한다 (소주제문). 만약 대학들이 과목들을 온라인으로 옮겨 개설할 때에 현재의 학사관리 수준들을 유지할 수 있다면, 원격 교육이 새로운 매체를 제공하는 것이 되어서 비전통적인 학생들이 과목들을 수강할 수 있고 아마도 학위도 딸 수 있게 될 것이다. 예를 들어, Utah 주는, 온라인 과정들에 등록한 학생들이 담당 교수들의 기대 수준을 충족하거나 넘어선다고 보고하고 있다. 그러나 만약에 그 수준을 유지할 수 없다면, 대학들은 캠퍼스에서 시행하는 교육의 전통적인 모델에 더욱 충실해야 한다.

단락 (b)에서 볼 수 있듯이, 어떤 단락은 전환 문장과 요점 문장이 없어도 괜찮다. 그럼에도 불구하고, 전환과 요점 문장들은 중요한 요점들을 강조하면서 텍스트를 읽기 더 쉽게 만들 수 있다.

- 단락은 글의 주제를 분명히 뒷받침해야 한다

글에 얼마나 많은 본론 단락들이 있든지 간에 –셋, 넷, 다섯 또는 심지어 그 이상– 본론의 개별 단락은 글의 주제를 뒷받침하는 소주제 문장이 먼저 제시되고 그 다음에 소주제가 점차 전개되어야 한다. 개별 단락의 소주제 문장은 주제를 뒷받침하는 요점들 중 하나를 표현해야 한다.

단락의 소주제를 어디에 두는가에 따라, 두괄식, 미괄식, 양괄식 등으로 단락의 구조를 구분한다. 보통의 경우에, 특히 기술문에서는, 두괄식이 가장 효과적인 단락 형성 방법이다. 즉 단락의 소주제 문장을 단락의 첫 문장으로 쓰는 것이다. 단락의 소주제는 화제들 또는 그와 관련된 제재들과 밀접한 관련이 있다. 즉 제재들을 대표하는 아이디어가 소주제이다. 그러면, 대표 제재와 통일성을 갖는 제재들을 온전한 문장으로 표현한 것이 뒷받침문장들인 셈이다.

소주제문
뒷받침 문장 1
⋮
(소주제의 다짐)

그림 7-2 두괄식 단락의 겉모양

단락을 구성하는 문장들은 그 단락의 소주제를 드러내기 위해서 필요한 것들이다. 그래서 단락내의 문장들은 뒷받침문장들이라 부른다. 그것들은 소주제를 뒷받침하기 위해 예를 들어, 소주제에 관한 사실을 제시하거나, 예시하거나, 이유를 들거나, 증거를 제시하는 것들이다. 그러므로 뒷받침문장들은 자연적(시간이나 공간적) 순서를 따르거나 논리적인(효과와 원인, 원인과 효과, 강조의 순서, 문제와 해결책, 비교와 대조 등) 순서로 나열된다. 그림 7-2는 문장들을 이어서 쓴 두괄식 단락의 겉모양을 묘사한 것이다.

단락내의 뒷받침문장들이 소주제를 잘 드러내기 위해서는 통일성, 연결성, 강조성을 갖추어야 한다.

- 뒷받침문장들은 통일성이 있어야 한다

단락내의 문장 하나하나가 그 단락의 주된 아이디어(소주제)에 직접적으로 연관되는 때에 뒷받침문장들은 통일성을 가진다. 단락의 주된 아이디어는, 제재들의 내용을 대표하는 문장, 즉 소주제 문장으로 적는다. 글의 주제 문장처럼, 소주제 문장은 단락 전개의 길잡이 구실을 해서, 독자들이 그 단락의 내용 전개를 쉽게 따라 갈 수 있게 한다. 비록 소주제 문장을 적는 곳이 필자의 목적과 제재에 따라 달라질 수 있다 하더라도, 보통 그것을 그 단락의 첫 번째 문장으로 적는 것이 좋다.

가끔 단락의 소주제가 단락에 있는 문장들에 의해서 함축되기도 한다. 직업 전문 필자들은 이 기법을 자주 쓰는데 그들은 일부 상황들에서 - 특별히 이야기와 기술에서- 소주제 문장은 강압적이거나 어색해 보일 수 있다고 믿기 때문이다. 초보 필자로서, 그렇지만, 여러분은 보통 단락들이 초점이 맞춰지도록 하기 위해서 소주제 문장을 명시적으로 적어야 한다.

명시적으로 진술된 소주제 문장을 포함하건 하지 않건, 단락의 개별 문장들은 그 단락의 소주제를 뒷받침해야 한다. 만약 단락에 있는 문장들이 그 소주제를 뒷받침하지 않는다면,

그 단락은 통일성을 결여할 것이다.

어떤 학생이 쓴 에세이에서 발췌한 다음 단락에서, 소주제 문장이 단락의 주된 아이디어를 요약함으로써 어떻게 그 단락을 통일하고 있는지 주목해라.

> 패스트푸드의 또 다른 문제는 그것에 첨가물이 들어 있다는 것이다. 패스트푸드 회사들은 고객들을 행복하게 붙들어두기 위해서, 고객들에게 맛있는 음식을 팔아야 한다는 것을 알고 있는데, 이것이 말썽의 원인이 되는 것이다. 예를 들어, McDonald's는 감자 프라이(fries)의 맛을 내기 위해서 최근까지만 해도 감자를 쇠고기 기름에 튀겼다. 놀랍게도, 기름에 튀긴 프라이에는 실제로 햄버거들보다 더 많은 포화 지방이 들어 있었다. 프라이가 얼마나 건강에 해로운가를 사람들이 알게 되자, 회사는 채소 오일을 쓰기로 했다. 그러나 대부분의 사람들이 모르고 있는 것은 쇠고기 기름 맛을 내기 위해서 튀김용 채소 오일에 동물들로부터 유도한 화학물이 첨가된다는 것이다(Kirszner, 2010, p. 42).

단락의 처음에 명시적으로 드러난, 소주제 문장은 독자들이 필자의 요점을 즉각적으로 알 수 있게 해준다. 소주제 문장에 이어지는 문장들은 모두 그 소주제를 뒷받침하여, 단락이 초점이 맞고 통일되게 만든다.

- 뒷받침문장들은 연결성이 있어야 한다

뒷받침문장들이 서로 부드럽게, 자연스럽게 그리고 논리적으로 연결돼 있으면, 단락은 연결성이 있는 것이다. 뒷받침문장들의 연결성과 관련하여, 단락 내의 문장과 문장은 그 두 문장이 뜻하는 것의 시간적, 공간적 또는 다른 자연스러운 관계로 이어지거나 논리적 관계로 이어져야 한다. 그렇지 않고, 마주하는 상대방이 무슨 말을 하는지 그 뜻을 알 수 없는 횡설수설을 듣게 되는 것과 같이, 이어진 문장들 사이의 관계가 희미하면, 단락의 소주제가 드러나지 않아, 독자가 글을 제대로 읽어 갈 수 없게 된다. 대화 상대방이 서로 같은 주제에 대해서 말을 하면 이야기를 주고받기가 쉽다. 그와 같이 필자가 전달하고자 하는 바를 뚜렷이 하여 한 문장 한 문장의 뜻이 이어지도록 쓴 글을 읽기가 쉽다. 연결성은 응집성과도 관련되는 특성이다.

(단락 구성의 관점에서 말하는) 뒷받침문장들이 소주제의 시간 변화에 관한 것일 때, 뜻이 시간의 흐름 순서에 따라 이어지도록 문장들을 연결해 가는 방법이 시간적 연결 방법이다. 소주제가 공간과 관련 있을 때, 뒷받침문장들이 공간의 이동 순서에 따라 이어지도록 연결해

가는 것이 공간적 연결 방법이다. 양이나 정도의 차이로 기술될 수 있는 것들에 대해서는 양이나 정도가 커지거나 작아지는 순서로, 뒷받침문장들을 이어갈 수 도 있다. 소주제를 뒷받침하는 다양한 문장들을 논리적 방법(비교/대조, 원인/결과, 귀납, 연역, 분류/분석, 강조의 수준별, 문제/원인/해법 등)으로 연결하는 것도 기본적인 방법이다.

연결성 또는 응집성은 세가지 기법들로 성취될 수 있다. ① 첫째로, 한 문장으로부터 다음 문장으로 개념을 이송하고 그리고 중요한 용어의 메아리를 만들기 위해서 주요 단어(key words)들을 반복할 수 있다. ② 둘째로, 앞 문장에 있는 주요 명사를 지칭하는 대명사들을 사용할 수 있다. ③ 마지막으로, 연대기적인(chronological) 순서, 원인과 결과, 등을 보여주는 단어들이나 표현들인, 전환 어구(transitions)(표 7-1(Kirszner, 2010, p. 43))들을 사용할 수 있다. 문장들을 연결하기 위한 이 전략들은 -또한 에세이 내에서 단락들을 연결하기 위해서 사용할 수 있는 - 아이디어들 사이의 정확한 관계들을 독자들에게 하나하나 강조하여 보여준다.

표 7-1 단락 내에서 문장들을 응집성 있게 연결하는 전환 어구 목록

차례 또는 덧붙이기

다시, 첫 번째, 두 번째, 셋째로, 다음에, 또한, 더욱이, 하나 그 다음에, 그리고, 게다가, 여전히, 그 외에도, 마침내, 역시, 드디어, 그 위에

시간

나중에, 드디어, 동시에, 하자마자, 즉각, 이대로, 처음에, 그러는 동안, 곧, 동시에, 나중에, 그 이후로, 이전에, 그러는 중에, 그러고 나서, 일찍이, 다음에, 그때까지, 마침내, 이제

비교

또한, 같은 방식으로, 마찬가지로, 유사하게, 비교해서

대조

비록, 대조적으로, 한편으로..... 다른 한편으로, 그러나, 대신, 여전히, 역으로, 럼에도 불구하고, 반면에, 불구하고, 그렇더라도, 그런데도, 그렇다 하더라도, 그에 반하여, 그렇지만

예

예를 들어, 구체적으로, 예를 들면, 즉, 사실, 그래서

결론 또는 요약

그 결과로, 요약해서, 결론적으로, 그래서, 요컨대, 따라서

원인이나 결과

그 결과로, 그래서, 때문에, 그러고 나서, 따라서, 그리하여

그림 7-3은 문장 잇기를 나타내는 그림인데, 블록 하나가 문장 하나를 나타내고, 길이가 다양한 문장들의 연결 관계를 나타낸다. 블록 둘 사이가 선으로 연결된 것은 두 문장이 명시적으로 연결된 것을 의미하고, 연결선 없이 가까이 붙여둔 두 문장은 묵시적으로 연결된 것을 의미한다.

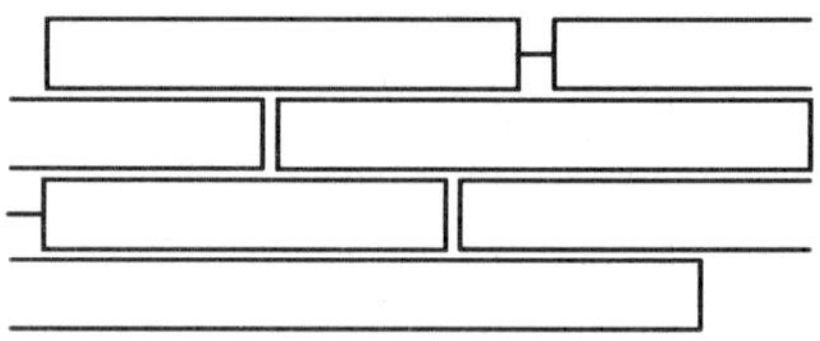

그림 7-3 문장 잇기

문장들을 이어갈 때, 문장과 문장을 접속어나 접속(전환) 어구들을 사용하여 연결하는 것을 문장의 명시적 연결이라 한다. 접속어구나 접속어는 낱말과 낱말, 구와 구, 문장과 문장을 잇는 구실을 한다. 글을 잘 쓰는 사람들은 굳이 접속어를 쓰지 않고도 문장을 매끄럽게 잘 이어 갈 수 있다. 그러나 글쓰기에 익숙지 않은 학생들은, 특히 글쓰기 연습을 할 때 일부러 접속어를 많이 쓰려고 노력하는 것이 좋다. 중요한 낱말이나 구를 다음에 오는 문장에서 반복해서 써서 문장을 이어가는 것도 명시적 연결 방법이다.

또 앞 문장에서 언급한 주요 어구들을 줄여서 다음 문장에서 표현하는 것도 좋은 문장 연결 방법이다. 또한 앞 문장의 내용을 압축적으로 표현하는 복합 명사를 만들어서 다음 문장에서 사용할 수 도 있다. 뒤에 오는 문장에서는 앞 문장의 주요 낱말과 같은 의미의 다른 낱말을 사용하는 것도 쉬운 문장 연결의 방법이다.

접속어나 연결어와 같이 드러나게 문장을 이어주는 요소 없이 문장과 문장을 연결하는 것을 문장의 묵시적 연결이라 한다. 그러니까 묵시적 문장 연결이란, 문장들의 속뜻이 서로 이어져 가도록 문장들을 연결하는 것을 말한다. 그런 문장 연결 방법은 글을 잘 쓰는 사람들이 할 수 있는 것인데, 다양한 묵시적 연결 방법들이 있다.

독자가 아는 정보에 관한 문장으로 시작해서, 그 정보를 바탕으로 하는 새로운 정보에 관한 문장을 다음에 쓰는 방식으로 문장을 이어갈 수 있다. 뒤에 오는 문장에서 앞 문장의 정보를 언급하기 위해서 사용하는 손쉬운 도구가 지시어이다. 지시어를 쓸 때는 그것이 어떤 선행 명사구를 가리키는 것인지가 분명하도록 조심해야 한다.

이런 기록적인 한파를 보면, 지구가 더워지고 있다는, 지구 온난화가 진행되고 있다는 말이 맞는가 하는 의문이 들기도 한다. 그렇지만 학자들은 최근의 기록적인 추위와 폭설이 지구 온난화를 거스르는 현상은 아니라고 말한다. 지구 온난화는 최근 200년간의 온도 변화를 바탕으로 이끌어낸 결론이기 때문이다. 한반도만 하더라도 지난 100년간 연평균 섭씨온도가 1.5도 상승했다고 한다. 국립산림과학원은 현재의 추세대로 한반도의 기온이 상승한다면 2100년에는 현재보다 섭씨 4도 상승할 것으로 전망한다. 이것은 200년 만에 한반도의 연평균 섭씨온도가 5.5도 상승한다는 뜻이다. 평양과 제주도의 연평균 섭씨온도 차이가 5도라는 점을 감안하면 이것은 엄청난 상승이다.

이 단락의 둘째 문장부터 넷째 문장까지 세 문장은 계속해서 '지구 온난화'라는 낱말을 매개로 이어져 있다.

단락 쓰기의 관점에서, 단락 내의 문장들은 서로 같은 주어를 쓰는 것이 좋다. 같은 뜻을 나타내면서도 문장마다 주어를 달리하면 독자가 글을 읽는데 쓸데없는 부담을 갖게 된다. 주어를 정렬하기 위해서는 뒷받침문장들이 서로 통일성이 있어야 한다.

이탈리아의 르네상스 미술이 전성기를 누린 시기는 레오나르도 다 빈치, 미켈란젤로, 라파엘로가 같이 활약했던 1500년에서 약 20년간이다. 이 세 미술가가 이루어낸 독창적이고 지적이면서 완벽한 조화를 이루는 미술 작품들은 이 짧은 기간을 가장 감동적인 시기로 기억하게 만든다. 가장 나이가 많았던 인물은 레오나르도 다 빈치였다. 레오나르도는 화가, 조각가, 미술 이론가였을 뿐 아니라 과학자, 엔지니어이기도 했던 만능인이었다. 그는 베로키오의 공방에서 미술을 배웠는데 베로키오가 레오나르도가 그린 천사에 감명을 받고 붓을 꺾고 조각에만 전념했다는 이야기는 유명하다. …

이 단락을 보면, 글의 주제는 레오나르도 다 빈치에 관한 것이다. 그렇다면, 첫 문장도 레오나르도 다 빈치를 가장 앞세워 사람을 주어로 하는 것이 더 낫다. 즉 '레오나르도 다 빈치, 미켈란젤로, 라파엘로가 같이 활약했던 1500년에서 약 20년간은 이탈리아의 르네상스 미술이 전성기를 누린 시기이다.' 셋째 문장도, '레오나르도 다 빈치(1452~1519)가 그 중에서 가장 나이가 많았다.'로 하는 것이 단락 내의 문장들의 주어를 정렬하는 면에서 더 낫다.

• **단락의 소주제는 충분한 개수의 문장들로 전개되어야 한다**

(독자들이 그것의 주된 아이디어를 이해하는데 필요한) 예, 사실, 및 설명들을 포함하고 있는 단락은 잘 전개된 것이다. 만약 단락이 적절히 전개되어 있지 않다면, 독자들은 필자가 그들에게 문제의 일부에 대해서만 말하고 있는 것으로 느끼게 될 것이다. 얼마나 많은 정보가 필요한지는 단순히 청중, 목적 및 소주제문에서 필자가 펼치려는 요점에 따라 다르다.

만약 단락을 전개하는데 더 많은 정보가 필요하다면, 브레인스토밍 노트들을 다시 살펴보는 것이 좋다. 만약 그것이 도움이 되지 않는다면, 과목 담당자와 상담하거나, 문제에 관해 더 많이 읽거나, 또는(여러분의 과목 담당자의 허락을 받아) 연구를 조금 더 할 수도 있다. 문제와 화제들은 필자가 확보해야 하는 정보의 종류와 양을 결정할 것이다.

다음 단락에서 두 가지 예가 단락의 소주제를 뒷받침하고 있다.

> 방종한 언행이 적극적인 성격에 의한 것이라고 남성들이 어떻게 교육을 받았는지를 단순히 살펴보라. Dickens의 *A Christmas Carol*의 주인공인 Scrooge는, 그가 그의 인색한 방식들을 포기하고 크리스마스 날에 사람들에게 선물과 돈을 공짜로 나눠주는 때 까지는, 사악한 남자로서 묘사된다. 사람들이 그에 관한 그들의 의견을 바꾸고 그가 결국에는 그렇게 나쁜 사람이 아니었다라고 판단하는 때에 이 행동은, 물론, 보답된다. Diamond Jim Brady는 또 다른 흥미 있는 예이다. 그 사람은 여성과 음식에 대해서 방종한 취향을 가진 것으로 알려진 돈 많은 사람이었다. 그는 19세기 말 어느 날 밤에, 뉴욕의 거리를 배회하는 수많은 불쌍한 사람들 적어도 10명이 먹을 수 있는 양의 음식을 혼자 먹어치우곤 했다. 게다가, 그의 이기심과 어린아이 같은 자기만족에도 불구하고, Diamond Jim Brady의 이름은 멋진 인생과 동의어가 되게 되었다(Kirszner, 2010, p. 45).

• **단락은 특별한 전개 패턴을 따라야 한다**

단락들이 통일되고, 응집력 있으며, 잘 전개돼 있음을 확실히 하는 외에, 전개의 구체적인 패턴을 따라서 혹은 특정한 장르에 어울리도록 개별 단락을 구성해야 한다. (4장에는 여러 가지 패턴 각각에 대한 예문 한 단락씩이 제시되어 있다.)

표 7-2 제재들을 패턴에 따라 배열하기 위한 점검 목록(Kirszner, 2010, p. 38)

패턴을 구별하기 위한 점검 목록	
무슨 일이 발생했나? 언제 그 일이 발생했나? 어디서 그 일이 발생했나? 누가 그 일을 저질렀나?	서사 (이야기) narration
무엇같이 생겼나? 그것의 특성들을 무엇인가? 어떤 인상을 주나?	묘사 혹은 기술 description
그것의 일부 전형적인 경우들이나 예들을 무엇인가?	예증 exemplification
어떻게 그것이 발생했나? 무엇이 그것이 작동하게 하나? 그것은 어떻게 만들어졌나?	과정 process
왜 그 일이 발생했나? 무엇이 그 일을 초래했나? 그 일은 무엇을 초래했나? 그것이 미친 영향들은 무엇인가?	원인과 결과 cause and effect
그것은 다른 것들처럼 보이나? 그것은 다른 것들과 얼마나 다른가?	비교와 대조 comparison and contrast
그것의 부분들과 유형들은 무엇인가? 그것의 부분들과 유형들은 어떻게 구분되거나 무리가 되나? 그것의 부분들이나 유형들은 어떤 논리적인 순서에 맞춰 드는가? 그것의 부분들이나 유형들은 무슨 카테고리들 속으로 배열될 수 있나? 무슨 바탕 위에서 그것은 한 무리가 될 수 있나?	분류와 분할 classification and division
그것은 무엇인가? 그것은 그것의 부류의 다른 구성원들과 어떻게 닮았나? 그것은 그것의 부류의 다른 구성원들과 어떻게 다른가? 그것의 제약 사항들은 무엇인가?	정의 definition

패턴(pattern, 서술 방식)

글쓰기를 위한 패턴들에 대해서는 4장에서 이미 자세히 배운바 있다.

아이디어(제재)들을 어떻게 배열하는지를 결정하는 일은 가끔 쉬울 수 있는데, 주어진 문제가 전개의 특별한 패턴을 규정할 수 있기 때문이다. 이것은 흔히 글쓰기 수업에 해당하는 경우일 수 있는데, 거기서 교수는, 예를 들어, 묘사나 기술(記述) 또는 서사(敍事) 에세이를 부과할지도 모른다. 또한, 어떤 문제나 시험 문제 자체가 글이 어떤 구조를 갖추어져야 하는지를 제시하기도 한다. 아마도 '기초 글쓰기'를 가르치는 교수 외의 아무도 "서사 에세이를 써라"고 말하지 않을 것이지만, "설명해라," 또는 "그것에 관해 말해라"로 끝나는 과제 지시문을 받을 수 도 있을 것이다. 마찬가지로, 명시적으로 '과정(process) 과제'라고 말하지 않더라도, 어떤 교수는 어떤 일이 어떻게 작동하는지를 설명하기를 요청할 것이다. 유사하게, 어떤 시험 문제는 어떤 사건에 이르기까지의 환경들을 추적하기를 요구할지도 모른다. 통찰력 있는 필자는 그 질문이 '서사'나 '원인과 결과' 답 중 어느 것에 관한 것인지를 깨닫게 될 것이다. 중요한 것은 과제들이 주는 그런 실마리들이나 과제 지시문에서 그런 것들을 알아차려서 에세이의 구조를 적절히 갖추는 것이다.

주어진 문제나 화제를 탐구할 때 가장 도움이 되는 것으로 판명되었던 질문들 속에서 에세이에 어울릴 패턴에 대한 실마리를 찾을 수 있을지도 모른다. 예를 들어, 만약 "무슨 일이 생겼나?" 그리고 "그 일이 언제 생겼나?"와 같은 질문들이 만약 가장 유용한 화제나 제재를 제시했다면, 글을 '서사(이야기)' 구조를 갖추도록 고려할지도 모른다. 표 7-2(Kirszner, 2010, p. 38)에 주어진 점검 목록은 다양한 질문들을 그것들이 제시하는 전개 패턴들에 연결한다. 오른쪽 열에 있는 용어들이 -서사, 묘사 예증 등이- 아이디어들을 배열하는 순서를 정하는데 도움을 줄 수 있는 전개 패턴들이다.

많은 학생들이 단락을 만드는데 서툰 첫 번째 이유는 그들이 단락이 무엇인지를 잘 모르기 때문이다. 두 번째 이유는 단락의 소주제를 뒷받침할만한 제재가 부족하기 때문이다. 화제로부터 제재들을 충분히 발굴하지 않아서, 소주제 문장을 쓰고 나서 달리 말을 이어갈 수 없는 것이다. 그러므로 단락에서 문장들을 제대로 연결해 나가자면, 소주제를 드러내는데 쓸 다양한 제재들을 미리 충분히 마련해 두어야 한다. 이런 관점에서, 혹 특정 소주제를 충분히 뒷받침할 수 없다면, 3-2 쓰기 전의 (3), (4), (5)절로 되돌아가, 문제에 대해 더 연구하여 화제를 더욱 전개해야 할 것이다. 소주제를 뒷받침하는 제재들을 발굴하기 위해서는 '탐구 질문하기' '초점 자유쓰기' 또는 '브레인스토밍'을 다시 하여야 한다.

한 단락은 어느 정도 길어질 수 있는가? 즉 단락에서 뒷받침문장들은 몇 개가 있어야 하는가? 일반적으로, 소주제문 하나와 다섯 개의 뒷받침문장들로 된 단락은 75 내지 125개의 낱말로 구성될 것이다. 긴 단락은 짧은 단락보다 읽기가 더욱 어려운데, 독자들이 더 오래 동안 집중해야 하기 때문이다. 단락이 길어져서 문장들이 지루하게 이어진다면 독자들의 주의력이 약해질 수 있다. 그러면 어떤 독자들은 그 단락 읽기를 포기할지도 모른다. 그런 단락들이 여럿이 되면, 독자가 그 글 읽기를 포기할 것이다. 그러면 그 글은 죽는다.

그렇다고 무조건 단락의 길이를 짧게 해야 하는 것은 아니다. 청중과 글의 목적 및 단락의 용도에 따라 단락의 길이는 다양해 질 수 있다. 그러나 낱말의 수가 200 내지 300개 이상으로 길어지는 단락이라면 소주제를 세분하여 두 단락으로 분리하는 것이 좋다.

7-4 단락 이어가기 - 글

단락 내에서 문장들이 서로 어떤 관계에 의해서 배열되어야 하는 것과 마찬가지로, 글을 구성하는 단락들도 서로 어떤 관계에 의해 배열되어야 한다. 그래야 독자들이 한 단락씩 글을 읽기가 쉽다. 그렇게 되면 독자는 단락들의 소주제들을 훑어감으로써 글의 주제를 쉽게 알아낼 수 있게 된다.

단락들은 글의 개요가 구체적으로 짜여 있으면 연결하기가 쉽다. 개요에 따라, 소주제들이 전개되는 순서대로, 단락을 배열하면 된다. 특정한 단락들을 매끄럽게 연결하기 위해서 주의해야 한다.

무엇보다도, 글이 몇 개의 단락으로 구성되어 있는지를 눈으로 보아 알 수 있어야 한다. 단락을 구분하는 방법으로는 들여쓰기, 내어 쓰기, 줄바꾸기 등이 있다. 그 중 들여쓰기가 가장 일반적인 단락 구분 방법이다.

단락들도, 문장들을 접속 어구(표 7-1)들을 써서 연결하듯이, 연결되는 단락들의 소주제와 그들 사이의 관계를 독자들이 쉽게 알아보고 이해하는데 도움을 줄 접속어구나 신호를 곁들이거나 하는 등으로 명시적으로 연결할 수 있다.

> …. 또 전륜구동차량은 엔진구동장치가 전부 차량 앞쪽에 몰려 있어 앞바퀴에 차량 전체 무게의 70%가 걸리기 때문에 접지력을 얻는 것이 더 쉽다. 반면 후륜구동차량은 뒷바퀴에 차량 무게의 절반밖에 걸리지 않기 때문에 같은 노면 조건에서 더 쉽게 미끄러진다.
> 리어카를 앞에서 끄는 것과 뒤에서 미는 것을 상상해도 이해가 쉽다. 앞에서 끄는 경우(전륜구동차) 뒤쪽은 앞에서 끄는 대로 따라오게 되지만, 뒤에서 미는 경우(후륜구동차) 앞쪽이 다른 곳을 가려고 할 때 방향을 잡아줄 방법이 없는 것과 비슷한 원리다.

두 번째 단락 첫 번째 문장에서,

> 리어카를 앞에서 끄는 것과 뒤에서 미는 것을 상상해도 이해가 쉽다.'

주어는 무엇이고 서술어는 무엇인가? 무엇을 이해하기 쉽다는 말인가? 이 문장은 앞 단락과의 문맥을 생각해 보면 아래와 같이 고쳐 써야할 것이다.

이런 현상은 리어카를 앞에서 끄는 것과 뒤에서 미는 것을 상상하면 이해하기가 쉽다.'

이렇게 고쳐 쓰고 보면, '이런 현상은'이라는 두 어절은 앞 뒤 두 단락을 이어주는 이음새 역할을 한다. 즉, '이런' 이라는 지시어는 앞 단락에서 설명한 내용 전체를 언급하면서 두 단락 사이의 문맥을 이어준다.

묵시적 방법으로 단락을 연결하기 위해서는, 단락을 이어가는 관점에서, 단락의 마지막 문장과 다음 단락의 첫 문장이 대단히 중요하다. 특히, 다음 단락이 두괄식 단락이라면, 그 단락의 첫 문장은 그 단락의 소주제문이다. 그러므로 그 첫 문장은 앞 단락의 소주제와 그 단락의 소주제 사이의 관계를 분명히 드러내는 것이어야 한다.

이런 묵시적 연결을 위해서도, 문장을 연결하는데 자연적이나 논리적인 다양한 방법들이 적용될 수 있다. 다만, 단순한 두 문장의 연결이 아니라, 이어지는 두 단락이 드러내는 두 소주제가 자연적이나 논리적인 방법으로 연결되어야 한다는데 주의를 하여야 한다. 그런 만큼, 단락의 첫 문장이 중요하다.

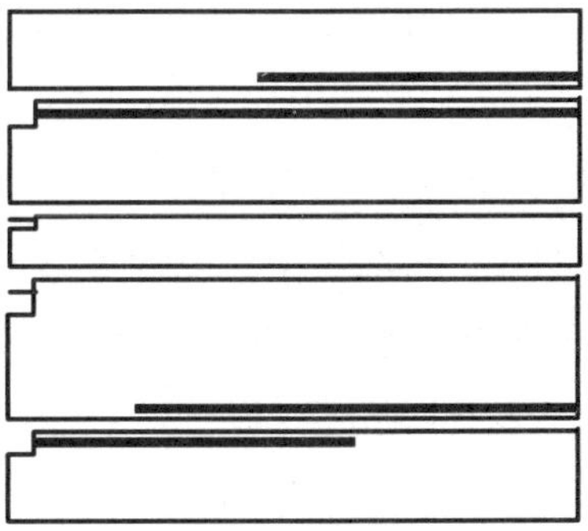

그림 7-4 단락 잇기

그림 7-4는 어떤 글의 본론이 다섯 단락으로 되어 있고, 그 단락들의 잇기를 나타내는 개념도이다. 두 번째 단락부터는 첫 문장을 들여쓰기 한 것을 보여준다. 첫 단락의 끝 부분에 있는 굵은 선과 두 번째 단락의 첫 부분에 있는 굵은 선은 그 두 단락의 끝 문장과 첫 문장을 의미한다. 그 두 문장을 같은 굵기의 선으로 표시한 것은, 그 두 문장으로 인해 두 단락이 묵시적으로 연결된 것을 의미한다. 네 번째와 다섯 번째 단락들도 마찬가지로 묵시적으로 연결된 것을 의미한다. 세 번째와 네 번째 단락의 첫 문장 표시 앞에 그린 짧은 선은, 그 두 단락들이 앞 단락에 연결사나 접속 어구에 의해 명시적으로 연결된 것을 의미한다.

7-5 글의 구성

비록 조금씩 다르다 하더라도, 기술문을 포함하는, 대부분의 글은 보통 서론-본론-결론의 구조로 조직된다. 이것은 도입-본론-종결의 구조라 할 수 있다. 물론 장르에 따라, 구체적인 글의 구성은 다를 수 있지만, 특히 기술문은 서론-본론-결론의 구조를 기본으로 한다.

글의 밑그림을 그리기 위해서뿐만 아니라, 초벌을 쓰기 전에, 목적을 달성하는 방식으로 필자가 마련한 제재들을 어떤 틀로 조직할 것인지를 결정해야 한다.

서론, 본론 및 결론

모든 문서들은 대체로 시작(서론), 중간(본론), 및 끝(결론)을 가진다(그림 7-5(Kirszner, 2010, p. 46)).

서론은 독자들에게 주제, 목적 및 요점을 말해줌으로써 문서를 위한 문맥을 설정한다. 그것은 또한 주제의 중요성을 강조하고 문서의 나머지의 구조를 예보하면서 주제에 관한 배경정보를 제공할 것이다.

본론은 문서의 내용을 제시한다. 본론은 사실, 데이터, 추론, 논의 및 문서가 그것의 목적을 달성하고 그것의 요점을 증명하는데 도움을 주는 예들을 포함한다.

결론은 요점을 다시 진술하고, 독자들에게 주제의 중요성을 다시 강조하여 미래를 전망함으로써 문서를 위한 문맥을 다시 정립한다.

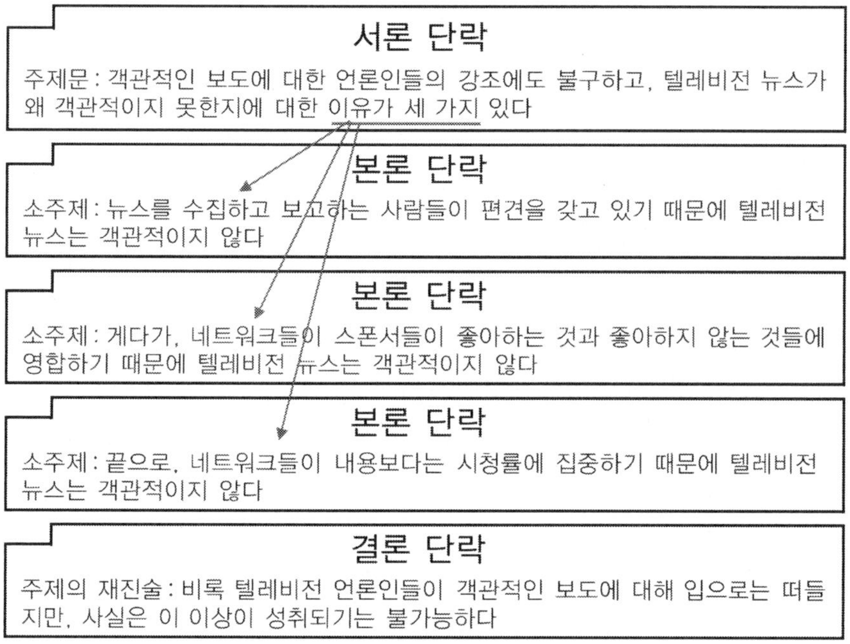

그림 7-5 본론 단락들의 소주제들은 주제를 드러내도록 배치된다

본론

본론을 구성하는 단락들은, 앞에서 언급한 단락 이어가기 기법들을 적용하여 전개할 수 있다.

글의 중간 부분 또는 본론은 주제를 전개하는 글의 몸통이다. 본론 단락들은 주제가 합당하다는 것을 청중에게 확신시키기 위해 소주제들을 바탕으로 세부 사항들을 제시한다. 그렇게 하기 위해서, 개별 본론 단락들의 소주제들은, 글의 주제의 관점에서, 통일성이 있어야 하고, (응집성)연결성이 있어야 하며, 소주제들에 의해서 주제가 명확해지기에 충분한 정도로 전개되어야 한다. 그것들은 또한 주제가 분명히 드러나도록 전개의 특별한 패턴을 따라 배열되어야 한다.

기술문에서 도입(서론)과 마무리(결론) 단락은 특별히 중요하다. 그것들이 문서의 본론에 있는 내용을 이해하기 위한 문맥 또는 뼈대를 제공하기 때문이다.

서론

서론은, 보통은 하나 혹시 드물게 두 개 이상의 단락이 문제나 화제를 소개하여, 독자들의 관심을 끌어들인 후 주제를 제시한다.

일반적인 글의 서론은 독자의 호기심을 자극하고 글의 주제와 관련한 주의를 환기하는 역할을 한다. 특히, 기술문 쓰기에서는, 독자가 문서에 대해서 가지고 있는 기대가 충족될 것 같다는 기분이 들도록 서론을 써야 한다. 그래서 서론의 첫 문장이 중요하다.

서론에서는 문제나 문제의 배경과 관련된 넓고 일반적인 개념의 문장으로 시작해서 서서히 주제와 관련된 좁고 구체적인(화제와 관련된) 내용의 문장들로 전개해 나간다. 필자는 이 글을 왜 쓰며 독자는 왜 이 글을 읽어야 하는지를 흥미롭게 서술해간다. 그래서 독자가 글의 주제에 대해 궁금하도록 이끌어가다가 마지막에 글의 주제를 드러낸다. 서론을 한 단락으로 본다면, 서론은 미괄식 단락이어야 한다.

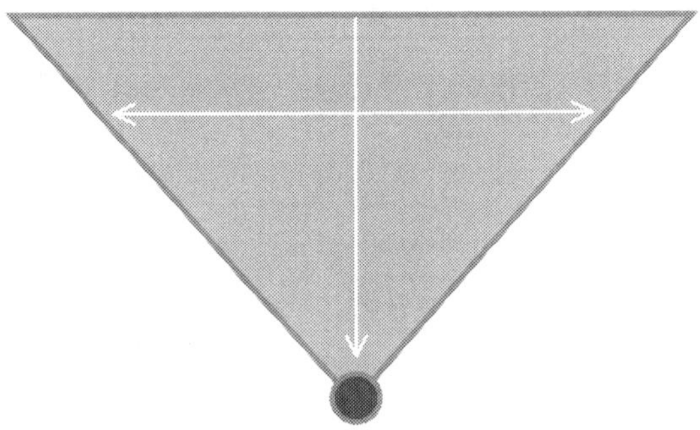

그림 7-6 서론의 구조

그림 7-6은 서론의 구조를 나타내는 개략도이다. 그림에서 아래로 향하는 수직선은 서론의 첫 문장에서 시작해서 다음 문장으로 나아갈 수 록, 글의 주제를 향해 더 가까이 다가가는 문맥을 의미한다. 그러므로 예를 들어, 서론이 한 단락으로 구성된다면, 서론의 가장 마지막 문장은 글의 주제문이다. 또 그림에서 가로선의 폭은, 글의 주제가 삼각형 맨 아래 꼭짓점으로 표시될 때, 서론에 쓴 문장이 뜻하는 아이디어의 구체성의 정도를 나타낸다. 그러므로 첫 문장은 주제 관련 가장 일반적인 개념의 (문제와 관련된)뜻이고 아래로 내려갈 수 록 문장들의 뜻이 점점 주제에 다가간다. 예를 들어, 첫 문장이 문제 수준의 뜻이면, 다음 문장은 화제 수준의 것이며, 그 다음은 제재 수준의 문장이 되고, 서론 마지막은 글의 주제 문장이다.

서론에서 에세이를 소개하고 독자들의 관심을 끌어들일 수 있는 몇 가지 방식이 있다 (Kirszner, 2010, p. 39). 다음은 에세이를 시작하는 서론을 쓰는데 이용하기 좋은 몇 가지 옵션들이다. 아래 단락들에서, 첫 문장에서 시작해서 갈 수 록 점점 문장의 뜻이 주제에 다가 가는 것을 주목하기 바란다. 그래서 마지막 밑줄 친 문장이 주제문이다.

1. 배경 정보를 조금 주고 나서 주제문으로 곧바로 이동할 수 있다. 이 접근은, 청중이 이미 토픽에 흥미를 가지고 있고 그래서 요점에 곧바로 다가갈 수 있다는 것을 필자가 알 때, 잘 작동한다. 이 전략은, 정교하지 않아도 되는(정교하게 전개할 시간이 없는) 곳인, 시험에서 특별히 유용하다.

   인플레이션이 서서히 진정됨에 따라, 많은 회사들이 이해할 만한 수준으로 상품 가격들을 낮추었는데, 석유 산업계도 예외가 아니었다. 따라서 주택 소유자들은 주어진 경제 여건 하에서 가정용 난방 석유 가격이 상대적으로 비싼 것이 정당한 것인지에 대해 의아해 하기 시작했다. 그러므로 우리가 국내의 주요 석유 회사들의 가격 정책들을 점검하기를 시작하는 것이 의미가 있다.

2. 연관된 용어나 개념의 정의로 에세이의 서론을 시작할 수 있다. (그렇지만, 어떤 용어를 정의한다고, "Webster 사전에 의하면......" 형식은 남용되어 진부하다.) 이 기법은 특별히 어떤 용어가 핵심이 되는 연구 논문들이나 시험에서 유용하다.

   민주주의는 궁극적으로 국민에게 주어진 권위가 헌법에 의해 행사되는 정부 형태의 하나이다. 이론적으로는 그렇지만, 최근 일부 지역의 선거 행태는 민주주의의 장래에 관해 우려하게 한다. 광범위한 자동투표 계산기 불법들과 유령투표는 민주적 과정에 대한 사람들의 신념을 심각한 위험에 빠트린다.

3. 독자들을 주제로 이끄는 일화 또는 이야기로 에세이를 시작할 수 있다.

   3년 전 나는 할아버지와 함께 처음으로 경매장에 갔다. 펜실베이니아 주 Lancaster 시 교외의 한 작은 마을에 살고 있는 사람들은, 그 동네 어떤 집의 누군가가 죽거나 이사할 때 그 집 살림살이들을 친척들이 경매로 파는 관습을 가지고 있다. 군중들 사이를 걷고 있을 때, 나는 음식을 파는 트럭들에서 새어 나오는 장례 케이크들의 냄새를 맡았고, 경매자의 최면술의 영창을 들었으며, 군중의 흥분을 느꼈다. 두 시간 후에, 나는 30불을 주고 산 낡은 트렁크와 내가 오늘날도 여전히 가지고 있는 경매에 대한 열정을 가지고 떠나가고 있었다.

4. 질문으로 시작할 수 있다.

Holocaust를 견뎌내며 사는 것이 어땠을까? *One Generation After*에서, Elie Wiesel은 Nazi 죽음 캠프에 갇혀 지냈던 적이 있는 보통 사람들에 관한 몇 가지 이야기를 함으로써 이 물음에 답한다. 그렇게 해서, 그는 우리가 물질주의적 사회에서 우리들이 가지고 있는 일부 독선적인 가정들에 도전한다.

5. 인용으로 시작할 수 있다. 만약 인용문이 관심을 불러일으킨다면, 그것은 청중이 그 다음 내용을 읽고 싶게 할 것이다.

부자들은 다르다." 고 F. Scott Fitggerald가 50년도 더 되는 그 전에 말했다. 분명히, 부자들은 여전히 그렇다. 세법에 대해 검토한 것이 보여주는 바처럼, 부자들은 중산층이나 가난한 사람들이 그러하는 것 보다 여러 가지 더 많은 혜택들을 받고 있다.

6. 놀랄만한 진술문으로 시작할 수 있다. 예상하지 못한 진술은 독자의 주의를 끌어서 그들이 더 읽고 싶은 마음이 생기게 한다.

믿거나 말거나, 교외에 사는 대부분의 사람들은 백인 부자들이 아니다. 예를 들어 내 가족은 이 카테고리들의 어디에도 속하지 않는다. 10년 전, 내 가족과 나는 파키스탄에서 미국으로 이민 왔다. 그때 내 부모들은 가난했고, 비록 부모 두 분이 두 가지 직업을 가지고 일을 했는데도 불구하고, 어떤 기준으로 봐도, 그들은 여전히 가난하다. 그러다가 마침내는 시카고의 교외에 있는 작은 집을 하나 살 수 있는 정도의 돈을 모았다. 전국 어디를 가더라도, 기껏해야 자녀들이 좋은 교육을 받고 대학에 다닐 수 있을 정도로 살아가기 위해 열심히 일하는 나와 같은 가족들이 교외에 많이 산다.

7. 모순으로 시작할 수 있다. 대부분의 사람들이 진실인 것으로 믿는 어떤 아이디어로 에세이를 시작해서 그것이 부정확하거나 와전된 것이라는 것을 보여줌으로써 독자들의 주의를 붙잡을 수 있다.

많은 사람들은 1776년에 독립선언서가 서명된 후에, 식민지 사람들은 싸우는 전투마다 영국 군대를 물리친 것으로 생각한다. 통상적으로 그런 것으로 여겨지는 이 믿음은 부정확하다. 사실 식민지 군대는 그 전투에서 많이 패했다. 식민지 군대가 더 강해서가 아니라, 큰 희생을 낼 승자 독식 전투에 George Washington이 말려들기를 거절했고, 영국 정부가 고국으로부터 3천마일이나 떨어진 곳에서 값비싼 전쟁을 계속해 나가는데 대한 관심을 잃었기 때문에 영국이 패했던 것이다.

8. 사실이나 통계로 시작할 수 있다.

> 최근 정부의 어떤 연구에 따르면, Medicare 수령자들은 다음 10년 동안 약값으로 10억불을 지불할 것이라고 한다. 이것은 매우 큰돈이고, 이 사실이 왜 의회 의원들이 미국 노인들의 약물치료 비용 부담을 줄이는데 도움이 되도록 더 일해야 하는지를 예증한다. 비록 현재의 입법이 중요한 첫 단계라 하더라도, 노인들이 필요한 약을 살 수 있도록 돕기 위해서는 더 많은 조치들이 취해져야 한다.

어느 전략을 선정하든지 간에, 서론은 어조(tone)에 있어서 에세이의 나머지 부분과 일관성이 있어야 한다. 만약 그렇지 않다면, 서론이 필자의 의도들을 그릇되게 나타내고 심지어 필자의 신뢰성을 무너뜨릴 수 있다. (이 이유 때문에 초벌의 나머지 부분을 완성한 후에, 맨 나중에 서론을 쓰는 것이 좋은 방법이다.) 예를 들어, 기술문은 그 문서의 목적과 주제에 적절한 장르에 어울리는 공식성과 객관성을 반영하는 서론을 갖추어야 한다. 그렇지만 자서전적 에세이나 사적인 편지에 대한 서론은, 더욱 비공식적, 주관적인 어조를 가져도 될 것이다.

다음 단락은 이런 개념을 반영하여 쓴 서론의 한 예문이다.

> 우리 대학을 졸업하는 많은 학생들은 기업에 취직을 한다. 그러므로 학교를 다니는 동안 학생들은 기업에서 해야 할 일을 감당하는데 필요한 충분한 준비를 하여야 한다. 그런 준비를 위해서는 학과 공부를 열심히 하는 것은 말할 것도 없고, 사람들과 어울려 협동하는 기량도 그에 못지않게 중요하다. 조직 내의 사람들과 어울려 일하기 위해서는 사회생활에 필요한 교양이나 의사소통 기량 및 인간관계를 형성하는 소양도 필요하다. 그래서 대학을 성공의 발판으로 삼기 위해서는 학업을 하는 동안 인간관계를 형성하는 소양을 개발하는 것이 무엇보다 중요하다.

이것이 어떤 글의 서론이라면, 그 글의 주제는 무엇이겠는가?

결론

독자들은 그들이 마지막에 읽은 것을 가장 잘 기억하기 때문에, 결론은 극히 중요하다. 항상 주제와 목적을 강화하는 방식으로 에세이를 끝내야 한다.

결론을 한 단락으로 쓴다면, 두괄식이어야 한다. 즉 결론의 첫 문장에서는, 서론에서 분명히 밝히고 본론에서 여러 소주제들로 드러낸 글의 주제를 다시 요약하여야 한다. 그 요약은 서론의 마지막 단락에 제시한 주제의 다짐이기도 하다. 이런 구성을 갖추면, 서론-본론-결론의 구성이 본론을 중심으로 한 대칭 구조를 갖출 수 있다. 글을 끝내기 전에, 결론의 마지막에서는, 글의 주제와 관련된 전망을 제시한다.

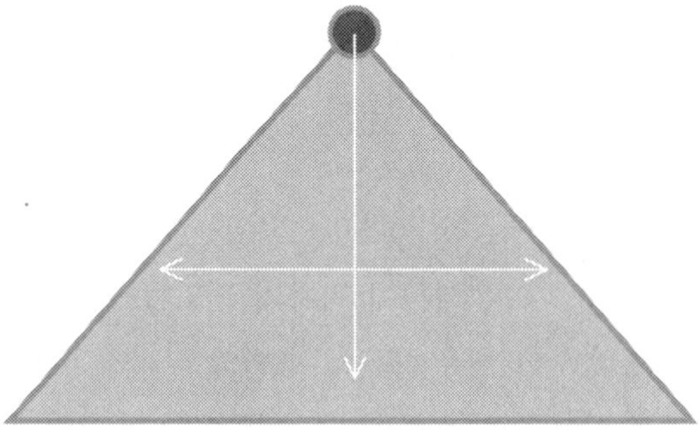

그림 7-7 결론의 구조

그림 7-7은 결론 단락의 구조를 나타내는 개략도이다. 그림에서 아래로 향하는 수직선은 결론의 첫 문장에서 시작해서 다음 문장으로 나아갈 수 록, 문장의 뜻이 점점 글의 주제로부터 멀어지는 것을 의미한다. 그러므로 예를 들어, 결론이 한 단락으로 구성된다면, 결론의 마지막 문장은 글을 쓰게 된 문제와 연관된, 주제에 관한 전망에 대한 것이어야 한다. 또 그림에서 가로선의 폭은, 서론에서와 같이, 문장이 뜻하는 주제 관련 구체성의 정도를 나타낸다. 그러므로 결론 첫 문장이 주제의 다짐이고, 아래로 갈 수 록 점점 더, 예를 들어, 제재, 화제, 문제와 연관되는 뜻의 문장이 된다.

서론처럼, 결론도 간결해야 한다. 짧은 에세이에서 결론이 한 단락 이상으로 길어지는 일은 드물다. 그것의 길이와 상관없이, 그러나 결론은 에세이의 내용과 일관되어야 한다. 본론에서 논의한 적이 없는 뒷받침하는 제재들을 결론에서 새롭게 말하지 않아야 한다. 자주, 결론은 에세이의 주된 아이디어를 다른 말들로 요약하여, 주제를 재 진술하거나 주요 요점들을 재음미 할 것이다. 주제 진술처럼, 효과적인 결론은 그것에 대해 미리 공지할 필요가 없어서, '결론적으로' 라는 인위적인 구로 결론을 시작하는 것을 피해야 한다.

결론은 서론만큼이나 구축하기에 힘든 일일 수 있다. 에세이를 결론짓는 여러 방식들이 있다(Kirszner, 2010, p. 47).

1. 주요 요점들을 재음미하거나 주제를 다시 진술함으로써 글을 마무리할 수 있다

농작물의 윤작은 여러 가지 장점이 있었다. 윤작은 땅에 휴식을 줌으로써 땅을 기름지게 했다;

그것이 농부들로 하여금 그들의 생산을 다양하게 할 수 있게 했으며; 그리고 면화가 주된 농작물이었을 때 그것이 남북전쟁 이전의 남부의 경제의 특성이었던 (풍작 아니면 흉작)boom or bust"의 사이클을 끝냈다. 물론, 이 혁신이 전후 남부의 모든 경제적 문제들을 해결하지는 않았지만, 그것은 이 지역이 오늘날 누리고 있는 건실한 경제의 밑바탕이 되었다.

2. 행동이나 조치를 위한 과정을 추천함으로써 문제에 대한 논의를 끝낼 수 있다

아직 시간 여유가 있을 때, 미국 엔지니어링은 그것의 우선순위를 다시 정해야 한다. 우리는 디자인에 있어서 순전히 심미적인 이유들로 인해, 이국적 취향과 낭비적인 실험들의 사치를 더 이상 가지고 있지 않다. 그 대신, 우리는 상식과 경제적 타당성에 근거한 기술이 필요하다. 제안된 우주 정거장이 실제적인 응용들이 거의 없어 보인다는 것이 우리가 옛 방식의 상식과 발명의 재주로부터 얼마나 멀리 방황하고 있었는지를 예증한다.

3. 예측으로 종결할 수 있다. 그렇지만, 방향은 에세이에서 밝혀 둔 요점들을 논리적으로 분명히 따라가야 한다. 결론에서 새로운 요점들을 밝히거나 방향을 바꾸어서는 안 된다

플로리다 주 북부에 있는 아주 큰 늪들의 일부를 구하기에는 너무 늦었지만, 그 주의 남부 지역에 있는 Everglades들을 보존하기에는 아직 너무 늦지는 않았다. 현명한 계획과 Army Corps of Engineers에 의한 댐 건설 프로그램을 중지함으로써, 우리는 아메리카 원주민들이 "Timeless Swamp"라고 불렀던 것의 파괴를 중지할 수 있을 것이다.

4. 연관된 인용으로 끝낼 수 있다

*Walden*에서 Henry David Thoreau는 "한 무리의 남자들이 무기력한 절망의 삶들을 개척하기 위해 노력했다"고 말한다. 이 감정은 우리가 사는 도시의 Hill District에서 생겨난 어떤 구동력에 의해 강화된다. Jefferson Street에서 클리닉을 운영했던 남자들과 여자들의 업적이 아마도 이 상황을 전적으로 바꾸지는 못하지만, 그것은 적어도 몇 몇 사람들이 우리 모두의 삶을 개선하기 위해 일을 하고 있다는 것을 알게 하는 희망을 우리에게 준다.

다음 단락은 위에서 본, 서론 예문과 짝을 이루는 결론 예문이다.

대학을 다니는 동안 학업을 같이 하던 친구, 마음과 뜻을 같이 해 어울리던 동아리의 선배와 후배, 그리고 교수님들과의 좋은 인간관계는 사회에서 성공을 위한 밑거름이 될 것이다. 우리가

졸업해서 일하는 곳들은 경력을 쌓아가기 위한 치열한 경쟁의 장이다. 경쟁의 장에서 만나는 친구나 선배님들은 우리에게 큰 힘이 되어 줄 수 있을 것이다. 그런 사람들을 만나기 전에, 학교를 다니는 동안 실력을 길러서 다른 사람들을 도울 수 있도록 대비해야 한다. 마지막으로, 우리 사회가 경쟁하면서도 서로 돕고 사는 더욱 공정한 사회로 발전해 가기를 바란다.

그림 7-8은 예를 들어, 다섯 단락으로 된 글의 구조를 나타낸다. 이런 구조에서 본론의 단락들은 7-4 절에서 기술한 방식으로 배열된다. 사실 그림 7-8은 일부 미국 고등학교에서 글쓰기 과제의 기본 모델로 삼는 '5-단락 글(five paragraph theme)'의 구조이기도 하다. 이런 정형화된 글의 구조는 대학문 쓰기에 어울리지 않는다고 말하는 사람들이 있기도 하지만, 공대생들이 기초 글쓰기 실력을 기르고, 이 과목을 위한 쓰기 과제를 작성하는 모델로 삼아도 좋다.

앞에서 본 서론 관련 마지막 예문이 제시하는 세 가지 소주제나, 결론 단락에서의 다짐한 세 가지 소주제를 생각한다면, 위의 서론과 결론에 어울리는 본론은 세 단락으로 구성되어야 한다. 그렇다면, 글은 서론-본론-결론을 구조로 하는 5-단락짜리가 되는 것이다.

그림 7-8 다섯-단락 글쓰기의 기본 구조

그림 7-9는 서론-본론-결론 구성에 의한 글의 구성을 나타내는 그림이다. 이 그림에서, 맨 위에 거꾸로 선 삼각형은 서론, 가운데 긴 사각형은 본론, 맨 아래 바로 앉은 삼각형은

결론을 의미한다. 서론 끝 부분의 원은 글의 주제를 의미하고 결론 끝 부분의 원은 주제의 다짐을 나타낸다. 이 그림은 또한 그림 7-8의 서론-본론-결론 구성에 의한 단락 배열을 대칭 구조로 나타난 것인데, 기술문의 대표적인 구성을 나타내는 개략도이다.

그림 7-9 서론-본론-결론의 구성

참 고 문 헌

경북대학교 글쓰기교과연구회, *과학기술 글쓰기*, 경북대학교출판부, 2010.

교재편찬위원회, *교양글쓰기*, 계명대학교출판부, 2010.

권성규, "공대생을 위한 '기초 글쓰기' 교과 내용 탐색," *계명대학교 산업기술연구소 논문보고집*, 제33권 1호, 2010, pp. 1-22.

권성규, "문제 해결 방식의 아홉 단계 '쓰기 전' 과정," *공학교육연구*, 제15권 제3호, pp. 2012, pp. 22-39.

김광해, "정확한 문장 쓰기," *국어문화학교*, 제2권, 국립국어연구원, 2000, pp. 1−32.

김기호 외 2인, *명저 읽기와 글쓰기: 이공계열*, Pegasus, 영남대학교출판부, 2011.

김봉순, "국어교육을 위한 텍스트언어학," *국어교육학연구*, 제12집, 국어교육학회, 2001, pp. 123−149.

김봉순, "독서와 작문 통합 지도의 전망: 비문학 담화를 중심으로," *독서연구*, 제11호, 한국독서학회, 2004, pp. 83−112.

김종현, "국어과 교육과정을 위한 담화 개념의 위상," *국어교육학연구*, 제44집, 국어교육학회, 2012, pp. 167−201.

나은미, "장르의 전형성과 역동성, 그리고 대학 글쓰기 교육," *한국작문학회 제24회 연구발표회 자료집*, 2011, pp. 1−12.

모라이어티, *비판적 사고와 과학 글쓰기*, 연세대학교 출판부, 2008.

박선양, "이공계 글쓰기 교육의 효과적 교수방안 연구," *국어문학*, 제49집, 2010, pp. 175−197.

박태호, "장르 중심 작문 교육의 내용 체계," *국어교육학연구*, 제9집, 국어교육학회, 1999, pp. 199-234.

박태호, *장르 중심 작문 교수 학습론*, 도서출판 박이정, 2000.

서울대학교 대학국어편찬위원회, *대학국어: 글읽기와 글쓰기*, 서울대학교출판문화원, 2009.

서정수, *문장력 향상의 길잡이*, 동광출판사, 2001.

신선경, "실용문 제목 달기," *공학교육연구*, Vol. 17, No. 3, 공학교육학회, 2010. 9. pp. 13−15.

아주대학교 국어작문편찬위원회, *국어 작문*, 관동출판, 2002.

윌리엄 진서, 이한중 옮김, *글쓰기 생각쓰기*, 돌베개, 2008.

원진숙, "대학생들의 학술적 글쓰기 능력 신장을 위한 작문 교육 방법," *어문논집* 51, 민족어문학회, 2005, pp. 51-86.

이성복, *한국어 맛이 나는 쉬운 문장*, 세창미디어, 2007.

이오덕, *글쓰기 어떻게 가르칠까*, 보리, 1993.

이재기 "작문 연구의 동향과 과제 - 작문에 대한 세 가지 가치론적 접근법," *청람어문교육*, 제38집, 청람어문교육학회, 2008, pp. 185-217.

이재승, "쓰기 교육에서 과정 중심 접근의 의미," *한국초등국어교육*, 제13집, 한국초등국어교육학회, 1997, pp. 204-240.

이창근, "초등학교 문장 쓰기 지도 내용," *문법 교육*, 제12집, 한국문법교육학회, 2010년 6월, pp. 321-341.

임재춘, *한국의 이공계는 글쓰기가 두렵다*, 마이넌, 2002.

조진호, *21세기는 글쓰기가 경쟁력이다*. 북코리아, 2011.

정희모, "대학문 쓰기 교육의 현황과 방향," *작문연구*, 제1집(창간호), 2005, pp. 111-136.

정희모, "대학문 쓰기 교재의 분석 및 평가 준거 연구," *국어국문학*, 제148호, 2008, pp. 243-277.

정희모 외, *대학문 쓰기*, 삼인, 2008.

최기호, *한글맞춤법 새 길라잡이*, 토담, 1994.

최상민, "'공학인증제'와 글쓰기교육," *한국어문학*, 제68집, 2009, pp. 165-186.

최웅 외, *과학 기술자를 위한 이공계 글쓰기*, (주)북스힐, 2005.

최현섭, "과정중심의 전략적 글쓰기 지도 방안," *한국초등국어교육*, 한국초등국어교육학회, 제10호, 1994, pp. 199-244.

페터 레헨베르크, *기술문서작성, 원칙과 실제*, 두양사, 2006.

한효석, *이렇게 해야 바로 쓴다*, 한겨레출판, 2000.

한국교원대학교부설 한국어문교육연구소 편, *문장의 이론과 논문작성*, 최신개정판, 한국문화사, 1995.

황소웅, *바른 글 좋은 글*, 랜덤하우스중앙, 2005.

Beaufort, Anne, *College Writing and Behond: A New Framework for University Writing Instruction*, Utah State University Press, 2007.

Beer, David Beer and David McMurrey, *A Guide to Writing as an Engineer*, John Wiley & Sons, Inc, 2005.

Bruce, Ian, *Academic Writing and Genre: A Systematic Analysis*, Continuum, 2008.

Burghardt, M. David, *Introduction to the Engineering Profession*, Second Edition, Harper CollinsCollegePublishers, 1995.

Burnett, Rebecca E., *Technical Communication*, 5th Edition, Harcourt College Publishers, 2001.

Dean, Deborah, *Genre Theory: Teaching, Writing, and Being*, National Council of Teachers of English, 2008.

Dixon, John R. *Design Engineering: Inventiveness, Analysis, and Decision Making*, McGraw-Hill Book Company, 1966.

English, Fiona, *Student Writing and Genre: Reconfiguring Academic Knowledge*, Continuum, 2011.

Gerson, Sharon J. and Gerson, Steven M., *Technical Writing Process and Product*, Fifth Edition, Pearson Prentice Hall, 2014.

Harris, Jeanette and Moseley, Ann, *Strategies for College Writing: Sentences, Paragraphs, Essays*, Allyn and Bacon, 2000.

Ian Bruce, *Academic Writing and Genre: A Systematic Analysis*, Continuum, 2008.

Kirszner, Laurie G. and Mandell, Stephen R., *Patterns for College Writing: A Rhetorical Reader and Guide,*, Eighth Edition, Bedford/St. Martin's, 2001.

Kirszner, Laurie G. and Mandell, Stephen R., *Patterns for College Writing: A Rhetorical Reader and Guide,*, Eleventh Edition, Bedford/St. Martin's, 2010.

Knapp, Peter and Watkins, Megan, *Genre, Text, Grammar: Technologies for Teaching and Assessing Writing*, UNSW Press, 2009.

Lannon, M. John, *Technical Communication*, 11th Edition, Pearson Longman, 2008.

Lay, Mary M., *Strategies For Technical Writing: A Rhetoric with Readings*, Holt, Rinehart and Winston, 1982.

Markel, Michael H., *Technical Writing Situation and Strategies*, 2nd Edition, St. Martin's Press Inc., 1988.

Markel, Michael H., *Technical Communication*, Tenth Edition, Bedford/St. Martin's, 2012.

Murray, Donald M., *Learning by Writing: Selected Articles on Writing and Teaching*, Boynton / Cook Publishers, 1982.

Murray, Donald M., *Write to Learn*, Seventh Edition, Hartcourt College Publishers, 2002.

Murray, Donald M., *A Writer Teaches Writing*, Revised Second Edition, Heinle Cengage Learning, 2004.

Murray, Donald M., *Write to Learn*, eighth edition, Thompson Wadworth, 2005.

Paretti, Marie C., "Teaching Communication in Capstone Design: The Role of the Instructor in Situated Learning," *Journal of Engineering Education,* Vol. 97 No. 4: 491−503. 2008.

Pauley, Steven E., *Technical Report Writing Today*, Second Edition, Houghton Mifflin Company, Boston, 1979.

Pfeiffer, William Sanborn, *Technical communication: A Practical Approach*, 6th Edition, Pearson Prentice-Hall, 2006.

Pfeiffer, William Sanborn and Adkins, Kaye E., *Technical Communication, A Practical Approach*, 7th Edition, Pearson Prentice-Hall, 2010.

Reep, Diana C., *Technical Writing: Principles, Strategies, and Readings*, Eighth Edition, Pearson, 2011.

Research Guide/Index, Volume 22, *The World Book Encyclopedia*, World Book, Inc., 1990.

Schramm, Wilbur, "The Nature of Communication Between Humans," in *The Process and Effects of Mass Communication*, Revised Edition, Wibur Schramm and Donald F. Roberts, Editors, University of Illinois Press, 1971, pp. 3−53.

Sheehan, Richard John-, *Technical Communication Today*, Third Edition, Longman, 2010.

Sorby, Sheryl A. and Bulleit, William M., *An Engineer's Guide to Tehnical Communication*, Pearson Prenctice Hall, 2006.

Stratton, Charles R., *Technical Writing: Process and Product*, CBS College Publishing, 1984.

Strunk, Jr., William and White, E. B., *The Elements of Style*, Second Edition, The Macmillan Company, 1972.

UNC, http://www.unc.edu/depts/wcweb/handouts/college_writing.ht, 2010.

Weisman, Herman M., *Basic Technical Writing*, 3rd Edition, Charles E. Merrill Publishing Company, 1974.

Winsor, Dorothy A., *Writing Like an Engineer: A Rhetorical Education*, Lawrence Wrlbaum Associates, Publishers, 1996.

Woolever, Kristin R., *Writing for the Technical Professions*, 4th Edition, Pearson Longman, 2008.

찾 아 보 기

1 ~ 5

A ~ Z

ㄱ

ㅇ

ㅈ

저자약력

권성규

1990년 Louisiana State University 기계공학 Ph.D.
1991년 한국원자력연구소 선임연구원
1995년 계명대학교 기계자동차공학과 교수
강의 전공과목 : 로봇공학, 기구학
관심 교육 분야 : 공학글쓰기

저서

기구학 (권성규 외 5인) (역서)
Programming with FORTRAN 77 (역서)
과학기술문 작성법 (권성규 외 6인)
글쓰기의 기본 이론과 과학기술문 작성법 (권성규 외 6인)
수치해석 (권성규 외 3인) (역서)
미분적분학과 해석기하학 (권성규 외 29인) (역서)

공학도를 위한 글쓰기

발 행 일 | 2015년 2월 10일
저 자 | 권성규
발 행 인 | 문정임
발 행 처 | 학산미디어
기 획 | 이덕선
주 소 | 서울특별시 노원구 동일로245가길 41
전 화 | 02-935-0670 / 010-3223-7340
팩 스 | 02-932-0670
이 메 일 | sorgento2000@hanmail.net
등록번호 | 제 25100-2011-000001호
표 지 | 디자인콤마
ISBN 979-11-85294-09-4 03500
정가 | 20,000원

이 도서의 국립중앙도서관 출판시도서목록(CIP)은 서지정보유통지원시스템 홈페이지(http://seoji.nl.go.kr)와 국가자료공동목록시스템(http://www.nl.go.kr/kolisnet)에서 이용하실 수 있습니다.
(CIP제어번호: CIP2015003538)